能源法学

赵爽 主编

西南政法大学校级规划教材
重庆市第六批优质研究生课程『能源与气候变化法』建设教材

法律出版社
—北京

图书在版编目(CIP)数据

能源法学 / 赵爽主编. -- 北京 : 法律出版社, 2022

ISBN 978-7-5197-5715-1

Ⅰ. ①能… Ⅱ. ①赵… Ⅲ. ①能源法-法的理论-中国 Ⅳ. ①D922.671

中国版本图书馆CIP数据核字(2021)第119732号

能源法学
NENGYUAN FAXUE

赵 爽 主编

策划编辑 沈小英
责任编辑 陈 妮 毛镜澄
装帧设计 马 帅

出版发行 法律出版社
编辑统筹 法治与经济出版分社
责任校对 王晓萍
责任印制 吕亚莉
经　　销 新华书店

开本 710毫米×1000毫米 1/16
印张 20.5 **字数** 410千
版本 2022年1月第1版
印次 2022年1月第1次印刷
印刷 固安华明印业有限公司

地址:北京市丰台区莲花池西里7号(100073)
网址:www.lawpress.com.cn
投稿邮箱:info@lawpress.com.cn
举报盗版邮箱:jbwq@lawpress.com.cn

销售电话:010-83938349
客服电话:010-83938350
咨询电话:010-63939796

书号:ISBN 978-7-5197-5715-1 **定价**:88.00元

凡购买本社图书,如有印装错误,我社负责退换。电话:010-83938349

主编简介

赵爽

西南政法大学副教授、环境资源法硕士研究生导师，重庆市第六批研究生教育优质课程“能源法与气候变化应对”负责人，环境资源法学博士。2015年至2016年受国家留学基金委资助公派赴美国访学。

在各级学术期刊发表论文30余篇。出版《能源法律制度生态化研究》（法律出版社2010年版，入选西南政法大学校庆60周年文库）等能源法方向学术专著四部，执行主编《环境与资源保护法》教材一部。主持国家社科基金项目一项、教育部课题两项、法学会项目一项，主持、主研其他国家级、省部级科研项目多项。

撰稿人简介

（按撰写章节先后排序）

赵　爽　法学博士，西南政法大学副教授、硕士研究生导师，国家留基委公派赴美访问学者。主要研究领域为能源法、环境资源法。撰写本书第一章、第二章和统稿。

印　辉　法学博士，西南政法大学副教授、硕士研究生导师，加拿大约克大学奥斯古德霍尔法学院访问学者。主要研究方向为国际能源管理和国际环境法。撰写本书第三章。

吴胜利　法学博士，西南政法大学副教授、硕士研究生导师。主要研究领域为环境法、土地法。撰写本书第四章。

孟　甜　法学博士，西南政法大学讲师、硕士研究生导师。主要研究领域为环境资源法。撰写本书第五章、第十二章。

庞子渊　法学博士，西南政法大学讲师、硕士研究生导师。主要研究领域为环境法、自然资源法。撰写本书第六章、第八章。

周骁然　法学博士，西南政法大学讲师、硕士研究生导师。主要研究领域为环境资源法。撰写本书第七章。

郭美含　法学博士，西南政法大学副教授、硕士研究生导师。主要研究领域为环境资源法。撰写本书第九章、第十章。

何　江　法学博士，西南政法大学讲师、硕士研究生导师。主要研究领域为环境资源法、能源法。撰写本书第十一章。

目　录

第一章　能源与能源问题 ………………………………………… (1)
导言 ………………………………………………………………… (1)
第一节　能源的概念及其分类 ………………………………………… (1)
一、能源的概念 ……………………………………………………… (1)
(一)能源科学中的能源概念 ………………………………………… (1)
(二)法律文件中对能源相关概念的表述 …………………………… (2)
二、能源的分类 ……………………………………………………… (3)
第二节　能源问题、能源变革与能源可持续发展 ……………………… (4)
一、能源问题及其分类 ……………………………………………… (4)
(一)能源问题的重要性 ……………………………………………… (4)
(二)能源问题的实质 ………………………………………………… (5)
(三)能源问题的分类 ………………………………………………… (6)
(四)全球性能源问题与国内能源问题 ……………………………… (7)
二、人类发展简史中的能源变革与发展趋势 ………………………… (7)
(一)人类发展简史中的能源变革 …………………………………… (8)
(二)能源变革的发展趋势——以能源安全与可持续发展为核心诉求…… (10)
(三)能源对人类经济社会发展具有重大影响 ……………………… (11)
三、能源可持续发展 ………………………………………………… (12)
(一)全球能源可持续发展概况 ……………………………………… (12)
(二)我国能源可持续发展进程与展望 ……………………………… (13)
第三节　我国能源法律制度对能源变革的回应 ……………………… (15)
一、早期的能源法律制度主要解决能源的有效供应问题,能源生态
目标缺位 ………………………………………………………… (15)
(一)以确保为经济发展提供有效供应为核心目标的早期煤炭立法 …… (15)
(二)以确保为经济发展提供有效供应为核心目标的早期电力立法 …… (16)
二、能源法律制度变革的萌芽与展开 ………………………………… (17)
(一)能源法律制度变革肇端:单行能源立法出现——在关注有效供给

的同时开始对新型能源及能源效率给予关注 …………………… (17)
(二)能源法律制度对能源变革的加速回应——能源法律制度生态化变革的全面展开 …………………… (19)
三、能源法律制度对能源安全与可持续发展的新回应与新发展 ………… (21)
(一)2017年《核安全法》的出台是对加强能源安全保障制度建设的新回应 …………………… (21)
(二)2018年第二次修正的《节约能源法》强化了对能源生态安全与可持续发展的关注 …………………… (21)
(三)时代呼唤能源领域基本法能源法早日出台 …………………… (22)
第二章 能源法概述 …………………… (25)
导言 …………………… (25)
第一节 能源法的基本概念、特征与目的 …………………… (25)
一、能源法的基本概念与特征 …………………… (25)
(一)能源法的基本概念 …………………… (25)
(二)能源法的特征 …………………… (26)
二、能源法的立法目的 …………………… (27)
(一)规范能源开发利用和管理行为 …………………… (27)
(二)提高能源利用效率 …………………… (27)
(三)保护和改善环境 …………………… (28)
(四)保障能源安全 …………………… (28)
(五)促进能源可持续发展 …………………… (28)
第二节 能源法的基本原则 …………………… (28)
一、能源安全原则 …………………… (28)
二、节能与能源效率原则 …………………… (30)
三、能源开发利用与生态环境保护相协调原则 …………………… (31)
四、能源可持续利用原则 …………………… (33)
五、市场化配置能源资源原则 …………………… (35)
六、能源激励创新原则 …………………… (36)
七、能源环境责任及能源生态补偿原则 …………………… (37)
八、能源公众参与原则 …………………… (38)
第三节 能源法律关系 …………………… (39)
一、能源法律关系概述 …………………… (39)

二、能源法律关系主体 …… (39)
三、能源法律关系客体 …… (40)
四、能源法律关系内容 …… (41)
第四节　能源法的渊源与体系 …… (41)
一、能源法的渊源 …… (42)
(一)能源法的国内法渊源 …… (42)
(二)能源法的国际法渊源 …… (43)
二、能源法的体系 …… (44)
第三章　能源管理与公共政策 …… (47)
导言 …… (47)
第一节　能源管理制度 …… (47)
一、能源行政管理 …… (47)
(一)能源行政管理的概念 …… (47)
(二)中国能源管理的历史和现状 …… (48)
(三)能源行政管理的作用和主要问题 …… (60)
二、能源监督管理 …… (61)
(一)能源监管的概念 …… (61)
(二)能源监管的范围 …… (62)
(三)能源监管的分类 …… (63)
三、我国能源管理体制改革 …… (64)
(一)能源管理体制改革原则 …… (64)
(二)能源行政管理职责 …… (65)
(三)能源监督管理职责 …… (65)
第二节　能源管理机构 …… (67)
一、能源管理机构的发展沿革与改革方向 …… (67)
(一)能源管理机构的历史和现状 …… (67)
(二)能源管理机构的改革方向 …… (69)
二、行业自律组织 …… (70)
(一)能源行业协会的性质与作用 …… (71)
(二)能源行业协会改革及其目标 …… (72)
第三节　能源管理政策 …… (73)
一、财税政策 …… (73)

(一)税收优惠政策 …… (73)
(二)财政补贴政策 …… (74)
(三)投资鼓励政策 …… (75)
(四)国债和企业债政策 …… (76)
二、价格激励政策 …… (76)
(一)能源生产价格激励 …… (76)
(二)能源使用价格激励 …… (77)
三、节能采购政策 …… (77)
(一)政府采购节能产品管理 …… (78)
(二)节能产品认证机制 …… (79)
四、公平定价机制 …… (80)
(一)能源定价机制的历史沿革 …… (80)
(二)能源定价机制的改革目标 …… (83)
(三)实施能源公平定价机制 …… (85)
第四章 能源法基本制度 …… (87)
导言 …… (87)
第一节 能源战略与能源规划制度 …… (87)
一、能源战略与能源规划的含义 …… (87)
二、能源战略制度 …… (88)
三、能源规划制度 …… (89)
第二节 能源安全制度 …… (89)
一、能源安全内涵变迁与能源安全保障 …… (89)
二、能源储备制度 …… (90)
(一)能源储备模式 …… (90)
(二)能源储备管理体制 …… (90)
(三)储备主体 …… (91)
(四)储备义务 …… (91)
(五)储备品种 …… (92)
(六)储备动用 …… (92)
三、能源基础设施安全制度 …… (92)
(一)石油天然气管道保护法律制度 …… (92)
(二)电力设施保护法律制度 …… (93)

第三节　能源市场规制制度 …………………………………………………… (94)
一、能源市场准入 ………………………………………………………………… (95)
(一)油气市场准入 ………………………………………………………………… (95)
(二)电力市场准入 ………………………………………………………………… (96)
(三)煤炭产业准入 ………………………………………………………………… (97)
(四)可再生能源市场准入 ……………………………………………………… (97)
二、能源价格规制 ………………………………………………………………… (97)
(一)油气价格规制 ………………………………………………………………… (97)
(二)电力价格规制 ………………………………………………………………… (98)
三、能源市场垄断行为规制 ……………………………………………………… (98)
(一)油气行业垄断行为规制 …………………………………………………… (98)
(二)电力行业垄断行为规制 …………………………………………………… (99)
第四节　能源社会性规制制度 ……………………………………………… (101)
一、能源普遍服务制度 ………………………………………………………… (101)
(一)能源普遍服务的内涵 ……………………………………………………… (101)
(二)能源普遍服务的法律规制 ………………………………………………… (101)
(三)能源普遍服务制度的内容 ………………………………………………… (102)
二、能源环境保护制度 ………………………………………………………… (102)
(一)能源企业环境保护义务 …………………………………………………… (103)
(二)控制能耗总量和强度 ……………………………………………………… (103)
(三)促进清洁能源供应 ………………………………………………………… (103)
三、能源安全生产制度 ………………………………………………………… (103)
(一)能源安全生产责任主体 …………………………………………………… (103)
(二)能源安全风险的预控 ……………………………………………………… (104)
(三)能源安全生产的监管 ……………………………………………………… (104)
第五节　能源经济激励制度 ………………………………………………… (104)
一、能源财税制度 ……………………………………………………………… (105)
(一)能源财政补贴 ……………………………………………………………… (105)
(二)能源税收 …………………………………………………………………… (105)
(三)信贷支持 …………………………………………………………………… (105)
二、节能激励制度 ……………………………………………………………… (106)
(一)合同能源管理制度 ………………………………………………………… (106)

(二)能源需求侧管理 …………………………………………………… (106)
(三)能效标识制度 ……………………………………………………… (106)
(四)能效"领跑者"制度 ………………………………………………… (107)
(五)用能权有偿使用和交易制度 ……………………………………… (107)
(六)节能自愿协议 ……………………………………………………… (107)
第五章　能源法律责任 ……………………………………………… (109)
导言 ………………………………………………………………………… (109)
第一节　能源法律责任基本理论 ………………………………………… (109)
一、能源法律责任的概念及特征 ………………………………………… (109)
(一)能源法律责任的概念 ……………………………………………… (109)
(二)能源法律责任的特征 ……………………………………………… (110)
二、能源法律责任的功能 ………………………………………………… (111)
(一)能源法律责任的惩罚功能 ………………………………………… (111)
(二)能源法律责任的救济功能 ………………………………………… (111)
(三)能源法律责任的预防功能 ………………………………………… (112)
三、能源法律责任的实现 ………………………………………………… (112)
第二节　能源行政责任 …………………………………………………… (113)
一、能源行政责任的概念 ………………………………………………… (113)
二、能源行政责任的构成要件 …………………………………………… (114)
(一)行为人的行为违法 ………………………………………………… (114)
(二)危害后果 …………………………………………………………… (115)
(三)违法行为与危害后果之间的因果关系 …………………………… (115)
(四)行为人的主观过错 ………………………………………………… (115)
三、能源行政责任的责任形式 …………………………………………… (116)
(一)行政机关能源行政责任的责任形式 ……………………………… (116)
(二)行政机关工作人员能源行政责任的责任形式 …………………… (117)
(三)行政相对人能源行政责任的责任形式 …………………………… (117)
四、能源行政责任的实现 ………………………………………………… (117)
(一)能源行政处分 ……………………………………………………… (117)
(二)能源行政处罚 ……………………………………………………… (119)
第三节　能源民事责任 …………………………………………………… (120)
一、能源民事责任的概念与特征 ………………………………………… (120)

(一)能源民事责任的概念 …………………………………… (120)
(二)能源民事责任的特征 …………………………………… (121)
二、能源民事责任的构成要件 …………………………………… (121)
(一)能源合同违约责任的构成要件 …………………………… (121)
(二)能源侵权责任的构成要件 ………………………………… (122)
三、能源民事责任的承担方式 …………………………………… (123)
第四节　能源刑事责任 …………………………………………… (123)
一、能源刑事责任的概念与特征 ………………………………… (123)
(一)能源刑事责任的概念 …………………………………… (123)
(二)能源刑事责任的特征 …………………………………… (124)
(三)能源犯罪行为 …………………………………………… (124)
二、能源刑事责任的犯罪构成 …………………………………… (125)
(一)能源犯罪主体 …………………………………………… (125)
(二)能源犯罪的主观方面 …………………………………… (125)
(三)能源犯罪客体 …………………………………………… (125)
(四)能源犯罪的客观方面 …………………………………… (126)
三、能源刑事责任的承担方式 …………………………………… (126)
(一)能源法律中关于刑事责任承担的规定 …………………… (126)
(二)刑法关于能源刑事责任承担的规定 ……………………… (127)
第六章　节约能源法 ……………………………………………… (132)
导言 ……………………………………………………………… (132)
第一节　节约能源概述 …………………………………………… (132)
一、节约能源的概念 ……………………………………………… (132)
(一)节能应当以加强用能管理为手段 ………………………… (133)
(二)节能措施应当从社会实际出发 …………………………… (133)
(三)节能贯穿于从能源生产到消费的全过程 ………………… (133)
(四)节能以有效、合理地利用能源为目标……………………… (134)
二、节约能源的必要性 …………………………………………… (134)
(一)节约能源是可持续发展理念的必然选择 ………………… (134)
(二)节约能源能够有效解决生态环境问题 …………………… (134)
(三)节约能源在国家层面上具有重要战略地位 ……………… (135)
三、节约能源现状及不足 ………………………………………… (135)

(一)我国节约能源现状 …………………………………………………… (135)
(二)我国节能实践中的不足 ……………………………………………… (136)
第二节 节约能源法概述 ……………………………………………… (137)
一、节约能源法的概念及调整对象 ………………………………………… (137)
(一)节约能源法的概念 …………………………………………………… (137)
(二)节约能源法的调整对象 ……………………………………………… (138)
二、节约能源法的立法进程 ……………………………………………… (139)
三、节约能源法的法律体系 ……………………………………………… (140)
第三节 节约能源法的主要法律制度 ……………………………………… (141)
一、节约能源管理制度 …………………………………………………… (142)
(一)节能标准制度 ……………………………………………………… (142)
(二)用能产品、设备和生产工艺淘汰制度……………………………… (143)
(三)能源效率标识管理制度 ……………………………………………… (144)
(四)节能产品认证制度 …………………………………………………… (145)
二、合理使用与节约能源制度 ……………………………………………… (146)
(一)工业节能 …………………………………………………………… (146)
(二)建筑节能 …………………………………………………………… (147)
(三)交通运输节能 ……………………………………………………… (148)
(四)公共机构节能 ……………………………………………………… (149)
(五)重点用能单位节能 ………………………………………………… (150)
三、节约能源激励制度 …………………………………………………… (151)
(一)节能税收优惠 ……………………………………………………… (151)
(二)节能信贷优惠及价格政策支持 ……………………………………… (152)
(三)表彰和奖励措施 …………………………………………………… (153)
第七章 可再生能源法 ……………………………………………… (155)
导言 ……………………………………………………………………… (155)
第一节 可再生能源概述 ……………………………………………… (155)
一、可再生能源的概念 …………………………………………………… (156)
(一)可再生能源的基本概念 ……………………………………………… (156)
(二)可再生能源的法定概念 ……………………………………………… (156)
(三)与可再生能源相近概念的辨析 ……………………………………… (156)
二、可再生能源的特征 …………………………………………………… (157)

三、可再生能源的主要类型 …………………………………………………… (157)
四、开发和利用可再生能源的意义 …………………………………………… (158)
五、我国可再生能源利用概况 ………………………………………………… (159)
第二节　可再生能源法概述 ………………………………………………… (160)
一、可再生能源法的基本概念 ………………………………………………… (161)
二、可再生能源法的立法模式 ………………………………………………… (161)
三、可再生能源法的基本原则 ………………………………………………… (162)
(一)可再生能源法的基本原则概述 ………………………………………… (162)
(二)国家责任和全民义务相结合原则 ……………………………………… (163)
(三)政府推动和市场引导相结合原则 ……………………………………… (163)
四、可再生能源法的基本制度 ………………………………………………… (164)
(一)总量目标制度 …………………………………………………………… (164)
(二)强制上网制度 …………………………………………………………… (165)
(三)分类电价制度 …………………………………………………………… (165)
(四)费用补偿制度 …………………………………………………………… (165)
(五)强制配额制度 …………………………………………………………… (165)
(六)优惠补贴制度 …………………………………………………………… (166)
第三节　我国可再生能源法基本体系与主要内容 ………………………… (166)
一、我国可再生能源立法体系概况 …………………………………………… (166)
(一)可再生能源的综合性法律 ……………………………………………… (166)
(二)可再生能源的专门性规范性文件 ……………………………………… (167)
(三)有关可再生能源的非专门性规范性文件 ……………………………… (168)
二、《可再生能源法》的主要制度 ……………………………………………… (169)
(一)资源调查与发展规划制度 ……………………………………………… (169)
(二)产业指导与技术支持制度 ……………………………………………… (169)
(三)推广与应用制度 ………………………………………………………… (169)
(四)价格管理与费用补偿制度 ……………………………………………… (170)
(五)经济激励与监督措施制度 ……………………………………………… (170)
(六)法律责任制度 …………………………………………………………… (171)
三、我国可再生能源立法中的问题与完善 …………………………………… (171)
(一)从政策性立法向应用性立法转变 ……………………………………… (171)
(二)注重专门性立法体系的构筑 …………………………………………… (172)

(三)与其他法律制度相协调 …… (173)
(四)进一步发挥政府的主导作用及法律的引导和促进作用 …… (173)
第四节 我国可再生能源政策体系现状与未来发展 …… (174)
一、综合性可再生能源政策 …… (174)
(一)综合性可再生能源政策体系概况 …… (174)
(二)域外综合性可再生能源政策的借鉴 …… (176)
(三)我国综合性可再生能源政策的未来发展 …… (178)
二、专门性可再生能源政策 …… (179)
(一)风电发展领域专项政策的基本情况 …… (179)
(二)太阳能发展领域专项政策的基本情况 …… (180)
(三)生物质能发展领域专项政策概况 …… (182)
(四)我国专门性可再生能源政策体系的未来发展 …… (184)
第八章 电力法 …… (188)
导言 …… (188)
第一节 电力法概述 …… (188)
一、电力法的概念 …… (188)
二、电力法的性质 …… (189)
三、我国电力法体系 …… (189)
第二节 电力法基本制度 …… (193)
一、电力规划制度 …… (193)
(一)电力规划制度的概念及规划制订的原则 …… (193)
(二)电力规划制度的主要内容 …… (195)
二、电力业务许可制度 …… (195)
(一)电力业务许可证的类别 …… (195)
(二)申请电力业务许可证的条件 …… (196)
(三)电力业务许可证的申请与受理 …… (196)
三、电力监管制度 …… (197)
(一)电力监管的概念 …… (197)
(二)电力监管的目标 …… (197)
(三)电力监管的原则 …… (197)
(四)电力监管的内容 …… (198)
(五)电力监管的措施 …… (198)

(六)违反电力监管的法律责任 …… (199)
四、电价定价制度 …… (200)
(一)电价的概念 …… (200)
(二)我国现行电价的类别及确定 …… (200)
五、供用电合同制度 …… (201)
(一)供用电合同的概念及内容 …… (201)
(二)供用电合同的责任承担 …… (201)
六、绿色电力证书制度 …… (202)
(一)绿色电力证书的概念 …… (202)
(二)绿色电力证书制度的内容 …… (202)
第三节 电力体制改革 …… (203)
一、电力体制改革内容 …… (203)
(一)有序推进电价改革,理顺电价形成机制 …… (203)
(二)推进电力交易体制改革,完善市场化交易机制 …… (204)
(三)建立相对独立的电力交易机构,形成公平规范的市场交易平台 …… (205)
(四)推进发用电计划改革,更多发挥市场机制的作用 …… (206)
(五)稳步推进售电侧改革,有序向社会资本放开售电业务 …… (207)
(六)开放电网公平接入,建立分布式电源发展新机制 …… (208)
(七)加强电力统筹规划和科学监管,提高电力安全可靠水平 …… (208)
二、电力体制改革与电力立法 …… (209)
第九章 煤炭法 …… (214)
导言 …… (214)
第一节 煤炭法概述 …… (214)
一、我国的煤炭产业 …… (214)
(一)煤炭产业的发展 …… (215)
(二)煤炭产业存在的问题 …… (217)
二、煤炭法的概念与特征 …… (218)
三、我国的煤炭法体系 …… (219)
(一)历史发展概述 …… (219)
(二)国家政策及规划 …… (220)
(三)我国的煤炭法体系 …… (222)
第二节 煤炭法的基本制度 …… (224)

一、煤炭生产开发规划与煤矿建设制度 …………………………………… (224)
(一)煤炭生产开发规划制度 ……………………………………………… (224)
(二)煤矿建设制度 ………………………………………………………… (225)
二、煤炭生产与煤矿安全制度 ……………………………………………… (227)
(一)煤炭生产制度 ………………………………………………………… (227)
(二)煤矿安全制度 ………………………………………………………… (228)
三、煤炭经营与监督检查制度 ……………………………………………… (230)
(一)煤炭企业经营资格制度 ……………………………………………… (231)
(二)煤炭资源定价管理制度 ……………………………………………… (231)
(三)煤炭企业直销制度 …………………………………………………… (232)
(四)煤炭质量管理制度 …………………………………………………… (232)
(五)煤炭企业监督检查制度 ……………………………………………… (233)
四、煤矿矿区保护制度 ……………………………………………………… (233)
第十章　石油天然气法律制度 ………………………………………… (236)
导言 ……………………………………………………………………………… (236)
第一节　石油法 ………………………………………………………………… (236)
一、石油法概述 ……………………………………………………………… (236)
(一)石油及石油问题 ……………………………………………………… (237)
(二)石油法的概念、分类和特征 ………………………………………… (238)
(三)我国石油立法的发展 ………………………………………………… (240)
(四)石油法的目的 ………………………………………………………… (240)
(五)石油法的效力范围 …………………………………………………… (241)
(六)石油法律关系 ………………………………………………………… (242)
二、域外石油立法概况 ……………………………………………………… (243)
(一)域外石油立法模式 …………………………………………………… (243)
(二)域外石油立法主要内容 ……………………………………………… (244)
三、我国石油法的框架结构和石油立法主要制度 ………………………… (246)
(一)我国石油法的框架结构 ……………………………………………… (246)
(二)我国石油立法的主要制度 …………………………………………… (247)
第二节　天然气法 ……………………………………………………………… (252)
一、天然气法的概念 ………………………………………………………… (252)
二、域外天然气立法发展及天然气立法实践 ……………………………… (253)

(一)域外天然气立法发展 …… (253)
(二)域外天然气立法经验总结 …… (255)
三、我国天然气法的立法原则 …… (256)
四、我国天然气法的主要内容与制度 …… (256)
(一)我国天然气法的主要内容 …… (256)
(二)我国天然气法的主要制度 …… (258)
第十一章　民用核能法律制度 …… (263)
导言 …… (263)
第一节　民用核能法律制度概览 …… (264)
一、民用核能的基本原理 …… (264)
二、民用核能的主要特征 …… (265)
(一)经济性 …… (265)
(二)清洁性 …… (265)
(三)可持续性 …… (266)
三、民用核能的发展概况 …… (267)
(一)域外民用核能发展现状 …… (267)
(二)我国民用核能发展现状 …… (268)
四、我国民用核能的立法现状 …… (269)
(一)法律 …… (269)
(二)行政法规 …… (270)
(三)部门规章 …… (270)
(四)国际条约 …… (271)
五、我国民用核能监管机构设置及其职权 …… (271)
(一)国家核安全局 …… (271)
(二)国家能源局 …… (271)
(三)国防科技工业局 …… (272)
第二节　核燃料勘查开采、运输与管理法律制度 …… (272)
一、核燃料勘查开采法律制度 …… (272)
二、核燃料运输法律制度 …… (274)
三、核燃料管理法律制度 …… (274)
第三节　民用核设施建设、运行与退役法律制度 …… (275)
一、选址阶段 …… (275)

二、建造阶段 …………………………………………………………………… (275)
三、运行阶段 …………………………………………………………………… (275)
四、退役阶段 …………………………………………………………………… (276)
第四节 放射性废物与乏燃料处置法律制度 ………………………………… (277)
一、放射性废物处置法律制度 ……………………………………………… (277)
二、乏燃料处置法律制度 …………………………………………………… (279)
第五节 核事故应急与核损害赔偿法律制度 ………………………………… (279)
一、核事故应急法律制度 …………………………………………………… (279)
(一)核事故应急管理立法 ………………………………………………… (279)
(二)核事故应急管理部门与举措 ………………………………………… (280)
(三)信息公开与公众参与 ………………………………………………… (280)
二、核损害赔偿法律制度 …………………………………………………… (281)
(一)责任主体 ……………………………………………………………… (281)
(二)赔偿客体 ……………………………………………………………… (281)
(三)归责原则 ……………………………………………………………… (282)
(四)赔偿标准 ……………………………………………………………… (283)
第十二章 气候变化法 ………………………………………………………… (285)
导言 ……………………………………………………………………………… (285)
第一节 气候变化的成因与应对措施 ………………………………………… (285)
一、气候变化的科学认知 …………………………………………………… (285)
二、气候变化的成因 ………………………………………………………… (287)
(一)自然原因 ……………………………………………………………… (287)
(二)人为原因 ……………………………………………………………… (287)
三、气候变化的应对措施 …………………………………………………… (288)
第二节 气候变化法的发展 …………………………………………………… (290)
一、气候变化法的国际发展历程 …………………………………………… (290)
(一)由科学问题转为政治和法律议题:《联合国气候变化框架公约》的建立 ……………………………………………………………………… (291)
(二)由政治和法律议题转为制度安排问题:《京都议定书》到《哥本哈根协议》……………………………………………………………… (292)
(三)由制度安排问题转为重构制度问题:气候变化谈判德班平台的开启 ……………………………………………………………………… (293)

（四）新的气候变化制度安排:《巴黎协定》 …………………………（293）
（五）气候变化落实和行动的新时代 ……………………………………（293）
二、各国或地区气候变化立法的发展 …………………………………（294）
三、中国气候变化法形成与发展 ………………………………………（297）
（一）中国气候变化应对政策的演进发展 ……………………………（297）
（二）中国气候变化应对立法的发展 …………………………………（299）
第三节　气候变化法的原则和主要内容 ……………………………（300）
一、气候变化法的概念和体系 …………………………………………（300）
（一）气候变化法的概念 ………………………………………………（300）
（二）气候变化法的体系 ………………………………………………（302）
二、气候变化法的基本原则 ……………………………………………（302）
（一）可持续发展原则 …………………………………………………（302）
（二）共同但有区别的责任和各自能力的原则 ………………………（303）
（三）科学应对原则 ……………………………………………………（304）
（四）减排与适应并重原则 ……………………………………………（305）
三、气候变化法的主要内容 ……………………………………………（306）
（一）气候变化的减缓 …………………………………………………（306）
（二）气候变化的适应 …………………………………………………（309）

第一章　能源与能源问题

导　言

能源是经济增长的最基本的驱动力,是人类赖以生存的物质基础,关系一国的经济命脉和民生大计。从能源开始为人类的生产和生活提供各种能量和动力的那一天起,能源的占有、生产、中转、消费的相关问题即成为影响世界上每一个人、每一个民族,以致每一个国家的基本问题。能源对于推动人类社会发展具有重大作用。新时代能源发展对推动社会生产生活方式变革,构建现代化经济体系具有重要的支撑和驱动作用。本章的重点问题如下:

1. 能源的概念及其分类
2. 能源问题及其实质
3. 人类发展简史中的能源变革与发展趋势
4. 我国能源法律制度对能源变革的回应

第一节　能源的概念及其分类

一、能源的概念

(一)能源科学中的能源概念

能源是人类赖以生存和进行生产的重要物质基础。对于能源的准确定义,多种著述皆有论及。《科学技术百科全书》认为,"能源是可从其获得热、光和动力之类能量的资源";①《大英百科全书》认为,"能源是一个包括着所有燃料、流水、阳光和风的术语,人类用适当的转换手段便可让它为自己提供所需的能量";②《日本大百科全

① 科学技术百科全书编写组:《科学技术百科全书》,科学出版社 1981 年版,第 364 页。

② 中国大百科全书出版社《不列颠百科全书》国际中文版编辑部编译:《大英百科全书》(国际中文版),中国大百科全书出版社 1998 年版,第 864 页。

书》认为,“在各种生产活动中,我们利用热能、机械能、光能、电能等来作功,可利用来作为这些能量源泉的自然界中的各种载体,称为能源”;我国的《能源百科全书》则将能源定义为“可以直接或经转换提供人类所需的光、热、动力等任一形式能量的载能体资源”。[①] 可见,能源是一种呈多种形式的,且可以相互转换的能量的源泉,是自然界中能为人类提供某种形式能量的物质资源。

（二）法律文件中对能源相关概念的表述

2017年以来,在国务院法制办、司法部的指导下,国家发展改革委、国家能源局组织成立了专家组和工作专班深入研究、反复论证、多次沟通,在国家发展改革委报送国务院法制办《能源法(送审稿)》修改稿的基础上,进一步修改完善,形成了2020年最新的征求意见稿,将能源定义为:“能源,是指产生热能、机械能、电能、核能和化学能等能量的资源,主要包括煤炭、石油、天然气(含页岩气、煤层气、生物天然气等)、核能、氢能、风能、太阳能、水能、生物质能、地热能、海洋能、电力和热力以及其他直接或者通过加工、转换而取得有用能的各种资源。”该征求意见稿在附则中对全文所涉及的若干能源相关专业名词进行了释义:化石能源,是指由远古动植物的化石演变而成的能源,主要包括煤炭、石油和天然气等;非化石能源,是指除化石能源外的一次能源,主要包括水能、核能、风能、太阳能、生物质能、地热能和海洋能等;可再生能源,是指自然界中可以循环再生、反复持续利用的一次能源,主要包括水能、风能、太阳能、生物质能、地热能和海洋能等;清洁能源,是指开发利用、使用过程中环境污染物和二氧化碳等温室气体零排放或者低排放的能源。附则还特别对燃气的概念进行了厘定:是指天然气(含页岩气、煤层气、生物天然气等)、人工煤气、液化石油气和沼气等气体燃料。[②] 我国能源法立法工作已经历时多年,虽然一再被列入国家立法规划一类项目和二类项目,但是由于种种原因,迄今仍未出台。[③]

此外,2007年10月28日第十届全国人民代表大会常务委员会第三十次会议修订、2016年7月2日第十二届全国人民代表大会常务委员会第二十一次会议第一次修正、2018年10月26日第十三届全国人民代表大会常务委员会第六次会议第二次修正的《节约能源法》第2条明确了“本法所称能源,是指煤炭、石油、天然气、生物质能和电力、热力以及其他直接或者通过加工、转换而取得有用能的各种资源”。

---

① 《能源百科全书》编辑委员会编:《能源百科全书》,中国大百科全书出版社1997年版,第1页。

② 《中华人民共和国节约能源法》征求意见稿,载国家发展改革委官网,http://www.ndrc.gov.cn/yjzq/200712/t20071227_181560.html,2019年7月31日最后访问。

③ 肖国兴:《〈能源法〉制度设计的困惑与出路》,载《法学》2012年第8期。

由第十一届全国人民代表大会常务委员会第十二次会议于2009年12月修正的《可再生能源法》则在第2条指出："本法所称可再生能源，是指风能、太阳能、水能、生物质能、地热能、海洋能等非化石能源。水力发电对本法的适用，由国务院能源主管部门规定，报国务院批准。通过低效率炉灶直接燃烧方式利用秸秆、薪柴、粪便等，不适用本法。"

综上可见，我国立法中对能源进行的定义借鉴了能源科学中的能源定义，并采取了对于常见的规范对象进行罗列的方式加以明确，是抽象和罗列并用的混合式定义方式。

二、能源的分类

能源的种类繁多，随着科学技术的发展进步，新型能源不断出现，根据不同的划分标准，可以将能源分为不同的种类，主要的分类如下：

1. 能源按照不同的生成方式可分为一次能源和二次能源。一次能源，是指可以从自然界直接获取的能源。其中，煤炭、石油和天然气是千百万年前埋在地下的动植物经过漫长的地质年代形成的，又称为化石能源，它们是当今世界中一次能源的三大支柱，构成了全球能源家族结构的基本框架。一次能源中还包括水能、太阳能、风能、地热能、海洋能、生物质能以及核能等。二次能源，是指无法从自然界直接获取，必须经过一次能源的消耗才能得到的能源。电能是最主要的二次能源。

2. 一次能源按照其能否循环使用和不断得到补充，又分为不可再生能源和可再生能源，如化石燃料、核燃料均为不可再生能源，太阳能、水能、风能、生物质能和地热能等均为可再生能源。当不可再生能源资源日益面临枯竭时，人们则更致力可再生能源的技术开发和利用。

3. 按照能源的使用状况，还可将其分为常规能源（传统能源）和非常规能源（新能源）。常规能源，是指目前已大规模生产和广泛利用的能源，如水能、煤炭、石油、天然气等。非常规能源，是指由于技术、经济等因素的限制，迄今尚未大规模使用的能源，如太阳能、核能、潮汐能、地热能等。随着科学技术的不断发展，非常规的新型能源也可以转变为常规能源。

4. 按照能源的流通情况，可分为商品能源和非商品能源。前者是指作为商品在流通环节而大量消费的能源，如化石燃料和电能等；后者是指薪柴、畜粪，以及农业或林业废料等在农、林、牧区就地消费，不作为商品进入流通环节的能源。

5. 按照能源利用对环境造成的污染程度，还可将其分为清洁能源和非清洁能源。非清洁能源主要包括煤炭、石油等，清洁能源则包括水力、电力、太阳能、风能以及核能等。世界能源委员会推荐的能源类型分为：固体燃料、液体燃料、气体燃料、水能、电能、太阳能、生物质能、风能、核能、海洋能和地热能。其中,前3个类型统称化石燃料或化石能源。

6. 以能源使用过程中的碳排放量作为分类的指标,可以将能源分为低碳能源和高碳能源。低碳能源,是指二氧化碳等温室气体排放量低或者零排放的能源产品,主要包括核能和可再生能源等;高碳能源,是指二氧化碳等温室气体排放量高的能源产品,主要是煤炭、石油等化石能源。此种分类方式虽然与第五种的标准不尽相同,但实际结果异曲同工,可以认为此种分类方式实际是将碳排放量作为考察污染程度的主要指标。

各种能源形式可以互相转化,在一次能源中,风、水、洋流和波浪等是以机械能(动能和位能)的形式提供的,可以利用各种风力机械(如风力机)和水力机械(如水轮机)转换为动力或电力。煤、石油和天然气等常规能源一般是通过燃烧将化学能转化为热能。热能可以直接利用,但更多的是将热能通过各种类型的热力机械(如内燃机、汽轮机和燃气轮机等)转换为动力,带动各类机械和交通运输工具工作,或是带动发电机送出电力,满足人们生活和工农业生产的需要。一般认为,一次能源中转化为电力部分的比例越大,表明电气化程度越高,生产力越先进,生活水平越高。

2020年《能源法(征求意见稿)》在保留能够"直接或者通过加工、转换而取得有用能的各种资源"这一抽象概念的基础上,在能源的定义中对多种能源进行了罗列,并在第三章中对化石能源和非化石能源的加工、转换分类作出了规定,以利于进一步对不同属性的能源的相关活动进行规范。同时,为适应能源革新动态和对国际能源法律制度减排要求给予适度的立法前瞻性关注,该征求意见稿还采用了可再生能源和清洁能源的分类;针对我国新农村建设中能源法制建设的紧迫需求,又对扶持农村能源在第13条作出了专门规定。综上,现有能源立法或最新立法动态已基本涉及能源科学中有关能源分类的各种类别。

第二节 能源问题、能源变革与能源可持续发展

一、能源问题及其分类

(一)能源问题的重要性

人类对能源的利用经历了从薪柴时代到煤炭时代,再到油气时代的演变,并正在向清洁能源时代迈进。在能源利用总量不断增长的同时,能源利用结构也在不断变化。"每一次能源时代的变迁,都伴随着生产力的巨大飞跃,极大地推动了人类经济

社会的发展。”[①]工业革命以来，随着人们能源利用能力和规模的跨越式突破与扩张，能源问题日益成为关系国家经济社会发展全局的重大战略问题。同时，“随着人类使用能源特别是化石能源的数量越来越多，能源对人类经济社会发展的制约和对资源环境的影响也越来越明显。能源是工业的粮食，是国民经济的命脉。能源问题不仅是重大的经济和社会问题，而且涉及重大的外交、环境、安全问题。确保能源的稳定供应，适应和减缓气候变化，是我国长期发展面临的战略性问题，具有很强的挑战性。能源节约和能源可持续发展，需要在国家宏观调控、产业发展、财政金融、科学技术、对外经济等各项政策中得到充分重视和体现”。[②] 每个国家都有充分利用能源资源促进自身发展的权利，而绝大多数国家都不可能离开国际合作而获得能源安全保障；同时，能源的消费过程和由其带来的环境后果亦要由全球来协作实现和承受。与经济全球化、环境问题全球化相伴而生，能源问题亦已成为全球性问题。

（二）能源问题的实质

虽然能源问题在表面上多集中表现为能源短缺（占有不均和分配不公的问题）、能源供需的不平衡（能源生产、中转中的需求调节的方式和具体杠杆运用的相关问题）和能源环境问题（不合理的能源结构和能源消耗引起的相关生态环境问题），但通过前述分析可知，能源问题的实质归根结底是当代国与国之间、人与人之间、当代人与后代人之间在能源开发利用过程中的关系问题，也是能源开发利用过程中出现的人与自然、生态之间的关系问题。能源变革的根本动因是要解决社会经济生活中的能源问题，主要有：能源开发利用过程中当代人与后代人的利益冲突；能源开发利用过程中发达国家与发展中国家的利益冲突；一国内部的发达地区与欠发达地区、发达行业与欠发达行业在能源开发利用过程中利益冲突，这种利益冲突既包括能源经济利益的冲突，也包括能源环境利益的冲突。能源安全与可持续发展的实现是能源问题的核心问题和实质问题，其余能源问题皆是这一问题在表现形式上的变形或衍生。

能源问题作为一个全球性的问题，从全球视野来看，主要矛盾集中体现为发达国家和发展中国家在能源经济利益和能源环境利益领域的争夺。而当下，最吸引眼球的莫过于国际政治博弈中的气候变化应对问题，从某种意义上讲，这个问题纠合了前面所提及的所有能源实质问题的核心问题，即能源可持续利用问题（新型可再生能源的技术开发与转让、传统化石能源利用的碳排放问题解决，包括历史遗留问题和当

① 江泽民：《对中国能源问题的思考》，载《上海交通大学学报》2008年第3期。
② 江泽民：《对中国能源问题的思考》，载《上海交通大学学报》2008年第3期。

前国际义务划分的问题)。在应对气候变化国际法律制度下,目前主要针对人为活动排放的以下6种主要温室气体采取行动:二氧化碳(CO_2)、甲烷(CH_4)、氧化亚氮(N_2O)、氢氟碳化物(HFCs)、全氟碳化物(PFCs)、六氟化硫(SF_6)。尽管水汽是最主要的温室气体,但由于水汽与自然界的活动联系密切,所以在以人为温室气体排放引起的气候变化为对象的国际法律制度中,并未涉及水汽。

以《京都议定书》为核心的应对气候变化的国际法律制度只针对主要的排放源,分别是:(1)化石能源(包括煤炭、石油、天然气)的燃烧活动(包括制造业、建筑业和交通运输行业),主要的温室气体排放都源于这一类活动;(2)燃料的飞逸性排放,主要是指化石能源开采过程中的煤炭瓦斯和天然气泄漏;(3)工业生产过程(如钢铁、制铝、水泥、石灰、化工等);(4)农业(水稻种植、牛羊等反刍动物消化过程排放的甲烷、粪肥管理、农业土壤、热带草原烧荒、农作物残留物的田间燃烧);(5)废弃物(包括固体废弃物处置和焚化、废水的处理);(6)土地利用变化(森林、草原等用地的变化)等。其中第(1)项、第(2)项是温室气体最主要的排放源,皆与人类的能源活动关系密切。事实上,工业革命在给人们带来生产、生活方式变革的同时,对传统化石能源的使用规模也出现了跨越式的扩张,从而使亿万年来贮存于地层碳贮存库中的碳在短短数百年的时间加入碳交换库,打破了自然界碳循环依据自身的生态规律维持的固有平衡。碳基能源长期生产和消费引起的巨大碳排放导致温室气体在大气层积聚,正是气候变化的重要起因。

国内能源的实质核心问题是,能源安全与可持续发展的实现问题,将在后面的章节中立足于我国的能源实践需要和已有相关能源法治建设的进展展开讨论。

(三)能源问题的分类

全球化的能源问题已引起各国的高度关注,然而对能源问题的内涵却难有高度统一的认知,能源问题往往被简化为狭义的能源安全问题,即能源能否为一国经济的发展提供有效供给的问题。肖乾刚教授认为,能源问题是一个复杂的社会经济问题,更是一个不确定的国际经济政治问题。能源问题可以作不同层次和不同问题的分类,从其形成的背景、过程及其实质和内容分析,可将能源问题分为能源供给问题、能源效率问题、能源环境问题、能源价格问题和能源贸易问题。[①] 能源问题涉及能源资源、能源开发、能源效率、能源安全、能源结构、能源成本和能源环境。[②] 而这些问题又都具有极强的关联性。能源问题是一个复杂的社会经济问题,也是一个不确定的

① 参见肖乾刚、肖国兴编著:《能源法》,法律出版社1996年版,第28页。

② 参见陈清泰:《中国的能源战略和政策》,载《国际石油经济》2003年第12期。

国际经济政治问题。能源问题研究要把能源与政治经济、国家战略安全和能源分配正义、能源环境安全等问题结合起来展开研究，能源法律制度要为解决上述能源问题提供制度对策。

能源问题应包含在能源的占有、开发、加工转换、储运、供应、贸易、利用（或称消费）过程中产生的一切基本问题。能源问题在表面上多集中表现为能源短缺（占有不均和分配不公的问题）、能源供需的不平衡（能源生产、中转中的需求调节的方式和具体杠杆运用的相关问题）和能源环境问题（不合理的能源结构和能源消耗引起的相关生态环境问题）。虽然能源问题包括与能源的占有、生产、中转、消费相关的一切问题，但相当长时期以来，人们对于能源问题的关注侧重狭义的能源安全问题，即如何保障本国经济发展所需要的能源有效供给问题，侧重具有明显的维护国家政治经济利益的对策性研究，其内涵多局限于如何防止石油禁运带来的供应中断和防止国家政治、经济危机引起的能源供应中断，以及整个能源市场和能源供应链条（如资源、运输及其网络、供应分配等）的安全等。

（四）全球性能源问题与国内能源问题

目前，世界能源需求仍在快速增长，到2025年，发展中国家能源需求增量将占全球增量的85%左右，围绕能源资源的国际博弈日趋激烈。① 在能源资源供应进一步趋紧背景下，能源价格波动较大，整体呈上涨趋势，发展中国家的风险和压力较大。气候变化已成为涉及各国核心利益的重大全球性问题，围绕排放权和发展权的谈判日益增多。高效、清洁、低碳成为世界能源发展的主流方向，能源科技创新和结构调整步伐加快。可再生能源作用日益凸显，提高能源利用率是重要的研究课题。

我国的能源问题主要表现为：能源资源短缺，常规化石能源供应能力不足，且资源分布不均（如煤炭资源主要分布在华北、西北地区），开发难度和成本较大。开发利用方式粗放，资源环境压力大，污染物和温室气体排放居世界前列，迫切需要绿色转型发展。能源利用效率较低，基础设施建设滞后，科技创新能力不足，能源市场体系有待完善。近年来，能源对外依存度上升较快，特别是石油海上运输风险增大，国际能源市场价格的波动也带来巨大影响，能源安全形势严峻。

二、人类发展简史中的能源变革与发展趋势

人类在不断适应自然、改造社会的斗争中不断加深、扩展对能源的认识和利用；反之，对自然界能源的利用越发展，就越增强了人类改造世界的物质力量。② 从这个

---

① 参见胡德胜主编：《能源法学》，北京大学出版社2017年版，第10页。

② 参见秦华：《人类认识和利用能源的历史》，载《清华大学学报（自然科学版）》1975年第1期。

意义上说,能源发展史和人类社会的发展史总是紧密联系在一起的,能源改变了人类的命运。能源应用技术的更新和普及决定人类社会的生产方式、消费模式、交通模式、定居模式和组织形式的变革。不同能源的普及使用为人类享受高水平物质生活提供了重要基础。人类利用能源的历史,也就是人类认识和征服自然的历史。甚至从某种意义上讲,人类物种可以看作在能源的帮助下进化的:人类不可能比帮助确定其活动范围的能源存在得更久。人类以为他们自己支配着自己的命运,但如果综观地球生命演化史,人类进化只是地球能量调整的一小段插曲。①

(一)人类发展简史中的能源变革

我们可以概括地把人类利用能源的历史分为五大阶段:(1)火的发现和利用;(2)畜力、风力、水力等自然动力的利用;(3)化石燃料的开发和利用;(4)电的发现及开发利用;(5)新型清洁可再生能源的发现和开发利用。

人类社会的发展过程是一部开发、利用能源的历史,四五十万年前,火揭开了人类利用能源的序幕。火的使用使人类脱离了野蛮,步入了文明。在几十万年的演变过程中,薪柴和木炭一直是人类生活、取暖的主要能源。18 世纪前,人类只限于对风力、水力、畜力、木材等天然能源的直接利用,尤其是木材,在世界一次能源消费结构中长期占据首位。

从 18 世纪初开始,煤炭在西方国家逐渐代替木柴。其后,蒸汽机的发明,实现了世纪性的工业革命:托马斯·纽科门在 1712 年发明的燃煤蒸汽机开始了以蒸汽动力来代替古老的人工体力、风力和水力的新时代,为人类的工业文明掀开了序幕。1781 年瓦特发明的改良蒸汽机更使煤炭得以大规模使用,使第一次工业革命得以大规模展开。蒸汽机的出现加速了 18 世纪开始的产业革命,促进了煤炭的大规模开采。到 19 世纪下半叶,出现了人类历史上第一次能源转换。1860 年煤炭在世界一次能源消费结构中占 24%,1920 年上升为 62%。从此,世界进入了“煤炭时代”。然而,随着 1859 年埃德温·德雷克在宾夕法尼亚州打出第一口油井,石油的大规模生产和使用不仅使工业革命得以更大规模地在全球推广,新的技术、新的发明创造也接踵而来:内燃机、汽车、飞机……石油和这些发明一道,改变了世界的生产模式、交通模式。

19 世纪电能的广泛使用,将人类社会推进到现代文明时代,法拉第发明的电力更是使人类在能源使用上开始了一场大革命:所有的能源都可以转化为电力,而电力则可以最简便的方式输送到工厂,传递到家庭。电力使高楼大厦的建造和使用变得

① 参见[美]普赖斯:《能源与人类进化》,姚申海译,载《现代外国文学哲学社会科学文摘》1998 年第 1 期。

现实,使我们的居室可以冬暖夏凉,使工厂实现自动化,更为当代电子、通信、计算机、互联网等技术提供了动力基础。1879年爱迪生发明的电灯使人类告别了黑暗,而信息通信技术的发展则使地球变平,掀起了经济贸易全球化的巨大浪潮。19世纪70年代,电力代替了蒸汽机,电器工业迅速发展,煤炭在世界能源消费结构中的比重逐渐下降。1965年石油首次取代煤炭占据首位,世界进入了"石油时代"。1979年世界能源消费结构中,石油占54%,天然气和煤炭各占18%,油、气之和高达72%。石油取代煤炭完成了能源的第二次转换。石油是现代工业社会最重要、最具战略性的能源与基础原料,但全球20世纪70年代两次石油危机,却导致油价暴涨及经济重挫。虽然至今石油仍占全世界现有能源总消费量的四成,且未来20年此现状不会改变,但是地球上石油的储量有限,石油的大量消费使能源供应严重短缺,世界能源向石油以外的能源物质转移已势在必行。为避免石油问题再度冲击经济,各国都积极寻求降低对石油的依赖度,自人类迈进21世纪以来,开发新能源成为全世界解决能源问题的共同出路。

如前所述,随着人们日益意识到能源短缺对经济发展的影响,以及化石能源使用带来环境恶化的严重后果,对能源短缺和环境污染的担忧迫使人们开始关注替代能源的发展。"新能源"一词是1981年8月联合国在内罗毕召开的新能源和可再生能源会议上提出的,会议对新能源进行了界定,即"新的可更新的能源资源。它可以通过新技术和新材料加以开发利用,而且消耗后可得到恢复和补充,不产生或很少产生污染,对环境无多大损害,有利于生态良性循环"。[①] 与化石燃料相比,新能源具有可再生、对环境友好等特点,更符合人类可持续发展的目标。其中,太阳能、风能、地热能、水能、核能、生物质能和潮汐能,是开发较早的新能源,已在实际生产生活中发挥了重要作用。世界能源正面临一个新的转折点。大多数新能源与可再生能源或清洁能源的范围基本一致,较有争议的是核电和大型水电。有些研究认为,由于水电技术已较完善,而且大型水电对生态环境影响范围广,已不符合新能源和清洁能源的要求;核裂变技术已被人类大量应用,而且核废料及发电过程的环保任务艰巨,不应属于新能源和清洁能源。总结现有研究文献,已达成共识的新能源范围包括其余可再生能源(大型水电除外)和尚处于起步阶段的核聚变。在能源可持续发展领域,随着新能源日益受到重视,有关新能源促进制度的研究也开始成为热点,涉及国家能源结构与安全、环境保护、科技创新等多方面。在新能源各发展阶段,适当的制度供给和政策扶持是加快新能源发展的有力保障。

---

① 李靖:《新能源产业政策研究综述》,载《企业导报》2011年第12期。

(二)能源变革的发展趋势——以能源安全与可持续发展为核心诉求

能源供求矛盾突出、能源利用效率低下以及传统化石能源大量造成的严重环境污染等问题已成为眼下我国亟待解决的能源问题,能源安全与可持续发展已成为能源变革的必然选择,也是实现经济、社会与环境可持续发展的必然要求。此种能源变革的趋势亦在我国已经出台的相关能源规划中加以明确。

“十一五”期间,我国可再生能源发展经历了一个规模化快速增长时期和能力迅速形成时期。“十二五”期间,中国可再生能源发展的目标是要在规模和基本产业链条形成的基础上,在质量上实现飞跃,建立有竞争力的产业体系。国家发展改革委2016年12月公布的《可再生能源发展“十三五”规划》,其目标指出,到2020年全部可再生能源年利用量将达到7.3亿吨标准煤,其中,商品化可再生能源利用量将达到5.8亿吨标准煤。可再生能源技术种类较多,发展进程差异大,该规划提出到2020年,水电装机达到3.8亿千瓦(其中含抽水蓄能电站4000万千瓦)、风电装机达到2.1亿千瓦以上、太阳能发电装机达到1.1亿千瓦以上、生物质能发电装机达到1500万千瓦、地热供暖利用总量达到4200万吨标准煤的发展目标,这是紧紧围绕2020年非化石能源在一次能源消费总量中占15%的比重目标要求,综合考虑了各类非化石能源的资源潜力、重大项目前期工作进度、经济性指标改善等多种因素,经过严格测算之后才确定的。再加上核电,基本上可以确保完成2020年15%的非化石能源发展目标,并为2030年实现非化石能源占一次能源消费比重20%的目标打下扎实基础。

煤、电、石油和天然气等传统能源的发展在多年的纠结徘徊之后,一场声势浩大的行业变革也已经到来。其变革的总体趋势是规划使用、节能增效。2019年全国能源工作会议上,时任国家能源局局长章建华提出,2019年煤炭消费比重下降到58.5%左右,天然气消费比重提高到8.3%左右,燃煤电厂平均供电煤耗每千瓦时同比减少1克,全国平均弃风率低于10%,弃光率和弃水率均低于5%。可见,为实现节能环保目标,未来国家逐步控制煤炭、石油、天然气的消费总量将是大势所趋。我国“十三五”规划中明确提出要贯彻落实创新、协调、绿色、开放、共享的发展理念,提高能源发展质量和效益,努力构建清洁低碳、安全高效的现代能源体系。我国“十四五”规划更是进一步提出要推进能源革命,建设清洁低碳、安全高效的能源体系,提高能源供给保障能力。加快发展非化石能源,坚持集中式和分布式并举,大力提升风电、光伏发电规模,建设一批多能互补的清洁能源基地,非化石能源占能源消费总量比重提高到20%左右。

总体来说,未来的能源发展趋势是:能源生产上,由原来的以挖为主(传统化石能源)向未来的以造为主(新型可再生能源)转向。一个掌握了“造”能源的技术的国家就不会是一个能源匮乏国。实现上述目标,必须大力解决我国能源利用方式不合理、利用效率不高的问题。资源的前途在于拓宽来源。不仅石油、天然气是能源,更普遍的太阳能、风能、生物质能等各种资源之间的能量转化等都是能源。大力开发利用新型可再生能源、规划使用好不可再生的传统能源,防治能源开发利用带来的生态环境问题已成为时代的必然选择,是科学发展的必然要求。具体来说包括:其一,对于不可再生的传统化石能源,以合理储备、提高用能效率、节约能源为变革的主导趋势;其二,通过积极推进可再生新能源的开发、利用逐步调整传统化石能源占主导地位的陈旧能源结构;其三,从单一注重能源为经济发展提供有效供给的传统能源安全观转向包含注重能源开发利用过程中环境问题解决在内的能源生态安全,即新型能源安全观。

(三)能源对人类经济社会发展具有重大影响

从对人类发展简史中的能源变革与能源变革影响下的人类文明更替的考察中不难得出结论:能源对人类经济社会发展具有重大影响,能源是整个世界发展和经济增长的最基本的驱动力,是人类赖以生存的基础,关系一国的经济命脉和民生大计。从能源开始为人类的生产和生活提供各种能量和动力的那一天起,能源的占有、生产、中转、消费的相关问题即成为影响世界上每一个人,每一个民族,以致每一个国家的基本问题。

其一,能源是国家重要战略资源,是一国经济发展的原动力和引擎。能源对于推动人类社会发展和国民经济建设具有重要意义。能源是整个世界发展和经济增长的最基本驱动力,关系一国的经济命脉。能源作为国家的重要战略资源,是我国经济社会发展的重要制约因素,事关经济安全和国家安全,能源资源问题是关系我国经济社会发展全局的一个重大战略问题。

其二,能源是人类赖以生存的基础,能源供应关系一国的民生大计,其既具有公共物品的属性,又具有商品的属性。政府调控与市场定价的范围和界限,关乎能源资源作为公共物品能否合理有效供给,关乎能源利益的公平分享,也是能源法律制度不可回避的领域。

其三,能源的开发、利用是当今以气候变化为主的环境问题的重要起因,能源生产、利用对当地、区域和全球环境产生重要影响,并通过大气环境的改变影响全球气候,而能源活动所产生的温室气体是全球气候变化的主要外因。节能减排是当前迫切的任务,也是长远的战略需要。节能减排事关国家的能源安全,这既包含能源的供给安全,又包含能源的生态安全。能源的开发、利用过程中所涉及的诸多问题,是我国经济社会发展的重要战略问题。

三、能源可持续发展

能源可持续发展旨在满足当前社会能源需要的同时又不削弱子孙后代满足其能源需要能力的发展,通过对现有能源的合理开发和保护以及对新能源的开发、利用,来优化调整能源结构,更好地服务于社会。能源可持续发展是能源安全的重要保障,能源安全既包括能源供应可持续,又包括能源开发利用可持续,同时还包括能源使用的节能减排内容。[①] 解决能源供需矛盾,开发利用清洁能源是能源可持续发展的基本内容。

(一)全球能源可持续发展概况

可持续发展概念已成为国际法的一部分,它为国际能源法奠定了解释法律、运用法律和发展法律的基础,[②]是国际能源法的一项基本原则。在国际能源法领域,可持续发展原则,是指国际能源法对能源利用的规范,既要满足人民生活的能源需求,有效保障国家的能源安全,又要最大限度地减少能源生产、转换、利用对环境和健康的影响,形成能源可持续发展机制,为今后更长远的发展奠定基础。[③]

欧盟委员会于2016年2月16日发布了《可持续能源安全方案》,该方案是2015年12月12日在巴黎达成新的全球普遍性气候变化协议的背景下产生的,是欧盟实施能源联盟战略,应对全球能源变革以及保证能源安全的重大举措。该方案将可持续性置于其能源法律政策的中心地位,不仅在方案名称中直接表述,同时在方案关于国际合作的具体措施中加以贯彻体现。《天然气供应安全条例》《供暖和制冷的欧洲战略》《液化天然气和天然气储备的欧洲战略》从可持续供应、能源效率、环境可持续性三个方面反映了可持续发展原则。[④]

近年来,全球能源互联网的发展是全球能源可持续发展的重要方面。全球能源互联网,是以特高压电网为骨干网、全球互联的坚强智能电网,是清洁能源在全球范围大规模开发、配置、利用的基础平台。能源互联网具有4个基本特征:可再生能源为主、分布式电源广泛接入、互联共享多种能源灵活转换、高度开放性。[⑤] 构建全球

---

① 参见多金荣:《我国能源可持续发展探析》,载《林业经济》2018年第3期。

② 参见[新西兰]克劳斯·鲍斯曼:《能源可持续发展的伦理学蕴含》,曹明德、邵方、王圣礼译,载《比较法研究》2004年第4期。

③ 参见杨泽伟:《国际能源法:一个新的国际法分支》,载《武大国际法评论》2009年第2期。

④ 参见程荃:《中国—欧盟能源合作的法律原则与发展趋势——以〈可持续能源安全方案〉为视角》,载《暨南学报(哲学社会科学版)》2016年第7期。

⑤ 参见张彩虹:《能源互联网发展现状分析》,载《应用能源技术》2018年第10期。

能源互联网具有显著的能源、经济、社会、环境等综合效益，发展前景广阔，有利于实现人人享有可持续能源，有效控制全球温升，有力带动高端装备制造、新能源、新材料、电动汽车等新兴产业发展，增进国际能源交流与合作，将非洲、拉美等地区的清洁能源资源优势转化为经济优势。

（二）我国能源可持续发展进程与展望

从1992年中国提出可持续经济发展战略至今，已有近30年发展历程。可持续发展战略在我国政治、经济、文化等各个层面上得到了长足发展并取得显著的成效。1999年国家环境保护总局指出，能源可持续发展战略是经济、社会、生态可持续发展的基础，在保障经济发展、促进社会进步和提高人民生活水平等方面发挥重要作用。

2007年是我国能源法律制度史上具有划时代意义的一年，《中国的能源状况与政策》白皮书对外发布，《节约能源法》进行修订，《能源法》草案的意见征集工作全面展开。此外，自2007年以来，我国还发布了多部能源规划和产业政策，如《能源发展"十一五"规划》《煤炭工业发展"十一五"规划》《可再生能源中长期发展规划》《核电中长期发展规划》《天然气利用政策》《煤炭产业政策》《可再生能源与新能源国际科技合作计划》等。总体来说，这一时期的能源法律制度生态化变革全面开展，能源可持续发展理念得以确立并在立法、行政等各项能源工作中体现。具体地说，人们已认识到可持续发展的核心，必须要改变过去人与自然的对立关系为和谐关系，强调经济、社会的发展必须同资源开发利用和环境保护相协调；而能源安全也绝不仅限于能源在量上的安全有效供给，应同时包含能源活动中的生态安全。一言概之，广义的能源可持续发展并不仅仅是指能源的持续供应，而是意味着能源的生产和利用能够长远地增进，或者至少与人类福祉及生态平衡相协调。这一概念至少包含以下两层意思：其一，能源的生产和使用不会破坏地球生态系统的完整性；其二，能源的生产和利用不会危及未来世代对能源的需求。①

2017年1月习近平总书记在联合国日内瓦总部发表《共同构建人类命运共同体》的演讲，提到"我们要倡导绿色、低碳、循环、可持续的生产生活方式，平衡推进2030年可持续发展议程，不断开拓生产发展、生活富裕、生态良好的文明发展道路"。国家发布的《能源发展战略行动计划（2014—2020年）》《能源生产和消费革命战略（2016—2030）》《能源发展"十三五"规划》等都体现了能源可持续发展的思想和内容，以开源、节流、减排为重点，确保能源安全供应，转变能源发展方式，调整优化能源结构，创新能源体制机制，着力提高能源效率，严格控制能源消费过快增长，着力发展

① 参见陈勇：《推进我国可持续能源发展的法律思考》，载《电力环境保护》2007年第2期。

清洁能源,推进能源绿色发展。①

能源可持续发展是我国长期坚持的战略目标。根据《能源发展"十三五"规划》,未来在能源的开发利用中要遵循能源发展"四个革命、一个合作"的战略思想,顺应世界能源发展大势,坚持以推进供给侧结构性改革为主线,以满足经济社会发展和民生需求为立足点,以提高能源发展质量和效益为中心,着力优化能源系统,着力补齐资源环境约束、质量效益不高、基础设施薄弱、关键技术缺乏等短板,着力培育能源领域新技术、新产业、新业态、新模式,着力提升能源普遍服务水平,全面推进能源生产和消费革命,努力构建清洁低碳、安全高效的现代能源体系,为全面建成小康社会提供坚实的能源保障。

2020 年 9 月,在第七十五届联合国大会一般性辩论上,我国首次提出要在 2030 年实现碳达峰,2060 年实现碳中和目标。这是中国基于推动构建人类命运共同体的责任担当和实现可持续发展的内在要求作出的重大战略决策。中国承诺实现从碳达峰到碳中和的时间,远远短于发达国家所用时间,这需要我们付出艰苦努力。要坚定不移贯彻新发展理念,坚持系统观念,处理好发展和减排、整体和局部、短期和中长期的关系,以经济社会发展全面绿色转型为引领,以能源绿色低碳发展为关键,加快形成节约资源和保护环境的产业结构、生产方式、生活方式、空间格局,坚定不移走生态优先、绿色低碳的高质量发展道路。要坚持全国统筹,强化顶层设计,发挥制度优势,压实各方责任,根据各地实际分类施策。要把节约能源资源放在首位,实行全面节约战略,倡导简约适度、绿色低碳生活方式。要坚持政府和市场两手发力,强化科技和制度创新,深化能源和相关领域改革,形成有效的激励约束机制。要加强国际交流合作,有效统筹国内国际能源资源。要加强风险识别和管控,处理好减污降碳和能源安全、产业链供应链安全、粮食安全、群众正常生活的关系。"十四五"是碳达峰的关键期、窗口期,要重点做好以下几项工作。要构建清洁低碳安全高效的能源体系,控制化石能源总量,着力提高利用效能,实施可再生能源替代行动,深化电力体制改革,构建以新能源为主体的新型电力系统。要实施重点行业领域减污降碳行动,工业领域要推进绿色制造,建筑领域要提升节能标准,交通领域要加快形成绿色低碳运输方式。要推动绿色低碳技术实现重大突破,抓紧部署低碳前沿技术研究,加快推广应用减污降碳技术,建立完善绿色低碳技术评估、交易体系和科技创新服务平台。要完善绿色低碳政策和市场体系,完善能源"双控"制度,完善有利于绿色低碳发展的财税、

① 《能源发展战略行动计划(2014—2020 年)》,载国家能源局官网,http://www.nea.gov.cn/2014-12/03/c_133830458.htm。

价格、金融、土地、政府采购等政策，加快推进碳排放权交易，积极发展绿色金融。要倡导绿色低碳生活，反对奢侈浪费，鼓励绿色出行，营造绿色低碳生活新时尚。要提升生态碳汇能力，强化国土空间规划和用途管控，有效发挥森林、草原、湿地、海洋、土壤、冻土的固碳作用，提升生态系统碳汇增量，并加强应对气候变化的国际合作。

第三节　我国能源法律制度对能源变革的回应

我国能源开始大规模地开发利用是在工业化进程全面展开之后，早期在能源立法方面主要是一些配合计划经济体制的一些低层级的规范性法律文件，并无狭义的专门立法。改革开放以后，随着经济体制的转型，能源开发利用的社会经济实践对能源法律制度的建设不断提出了变革新要求。

一、早期的能源法律制度主要解决能源的有效供应问题，能源生态目标缺位

与我国早期的经济发展形势相适应的是我国用能状况的落后。新中国成立后，随着工业化进程的展开，煤炭和小型煤电、水电开始成为生产生活的主要用能来源。早期能源立法以确保充足的能源供应为单一目标，且不系统成型。这一时期从新中国成立直至1995年单行的能源专门立法诞生。

（一）以确保为经济发展提供有效供应为核心目标的早期煤炭立法

就煤炭相关立法来看，新中国成立后，政府及其相关部门先后颁布了1000余个行政性规范文件，专门对煤炭业进行规范。① 其中，效力最高的是经多次修改，1965年国务院批准和颁发的《煤炭送货办法》，其他则多为煤炭行业行政主管部门制定的各种部门规章。除有一部分技术规范上升为行政规范，其余绝大部分因时代条件的变化或与现行法律冲突而不再适用。

1986年《矿产资源法》的颁布使煤炭业等矿业全面走向法制化。此法于1996年修改，此次修改主要为了确定矿业权有偿取得制度，并有条件地允许矿业权的流转，但与生态化进程无多少关联。此法当前面临再修改问题。1987年国务院颁布了《矿产资源勘查登记管理办法》《全民所有制矿山企业采矿登记管理暂行办法》《矿产资源监督管理暂行办法》等针对煤炭在内的矿业管理规范。

1994年国务院又先后颁布了《矿产资源法实施细则》、《矿产资源补偿费征收管理规定》（1997年7月又将第10条第1款修改为："征收的矿产资源补偿费，应当及

---

① 参见肖乾刚、肖国兴编著：《能源法》，法律出版社1996年版，第161页。

时全额上缴,并按照下款规定的中央与省、自治区、直辖市的分成比例分别入库,年终不再结算。")、《煤炭生产许可证管理办法》、《乡镇煤矿管理条例》。这一阶段持续至1996年专门的煤炭资源立法《煤炭法》诞生。

(二)以确保为经济发展提供有效供应为核心目标的早期电力立法

电力是生产生活中最重要的二次能源,依其来源不同,主要可分为煤电、水电和风电,其中我国早期(直至今日也是)主要运用的是煤电和水电。鉴于煤炭作为重要能源的相关法律规制前已述及,在此主要介绍水电相关立法。新中国成立初期并没有发达的水电系统,[①]与这种短缺经济相适应的能源状态伴生的即是当时极其有限的电业管理相关的低层级规范性文件,相应的法律规范亦极度缺乏。

进入20世纪80年代后,政府部门先后颁布了有关电业生产、安全、电网管理、调度防护、供用电、集资办电、电价、用电控制等方面的行政规范。主要行政文件有:1980年电力工业部颁发的《电力工业技术管理法规(试行)》,1982年水利电力部颁发的《电业安全工作规程》《电能计量装置管理规程(试行)》,1983年水利电力部颁发的《电力生产调度工作条例(试行)》《全国供用电规则》,1985年国务院批转国家经济委员会、国家计划委员会、水利电力部、国家物价局《关于鼓励集资办电和实行多种电价的暂行规定》,1987年国务院颁布的《电力设施保护条例》,1989年能源部颁布的《〈节约能源管理暂行条例〉电力工业实施细则(试行)》,能源部和财政部颁发的《关于实行电费、电度表保证金制度的通知》,1993年国务院颁布的《电网调度管理条例》等。此外,《经济合同法》中关于供用电合同的规定亦属电业法律规范。[②] 这一阶段的电力法律制度多为技术规范上升为法律规范后形成,主要致力电力之于生产生活和经济发展的充分供给之保障,生态目标缺位。这一阶段持续至1995年《电力法》诞生。

总体来说,这一阶段关于能源的制度性规定多以国务院及其有关部门和地方的政令、办法、意见等规范性文件形式颁发,部门计划管理的政令特色明显,层次低,效力差。这一时期,能源相关立法的重点是"确保充足的能源供应,而不是提供一个重在最大限度提高效率、尊重生态或确保所有使用者平等使用的体系"。[③] 此外,此一阶段的其他新型能源(如风能、太阳能等)的使用尚处于萌芽阶段,没有相关专门立

① 参见朱成章:《水力发电概况》,水利电力出版社1994年版,第23页。

② 参见肖乾刚、肖国兴编著:《能源法》,法律出版社1996年版,第176页。

③ [澳大利亚]艾德里安·J.布拉德布鲁克、[美]理查德·L.奥汀格主编:《能源法与可持续发展》,曹明德等译,法律出版社2005年版,第2页。

法加以有效关注,相应生态目标的追求无从谈起。

二、能源法律制度变革的萌芽与展开

(一)能源法律制度变革肇端:单行能源立法出现——在关注有效供给的同时开始对新型能源及能源效率给予关注

这一阶段主要是从1995年《电力法》、1996年《煤炭法》的诞生至2007年《能源发展"十一五"规划》制定。这一阶段我国开始出现专门的能源立法。目前,我国已有的《电力法》《煤炭法》《可再生能源法》《节约能源法》4部重要的单行能源法律都在这一阶段出台。在这一阶段,能源法律体系的雏形得以初步构建,相关立法内容涉及能源资源开发、加工转换、输配与供应、能源利用、能源节约、能源管理等众多重大法律制度安排,4部重要的单行能源法律都开始注重对能源结构和效率的调整。

1.《电力法》和《煤炭法》在关注有效供给的同时开始对能源效率给予关注

(1)1995年《电力法》对能源结构和效率的关注

我国现行《电力法》是1995年12月28日由第八届全国人民代表大会常务委员会第十七次会议通过,并根据2018年12月29日第十三届全国人民代表大会常务委员会第七次会议《关于修改〈中华人民共和国电力法〉等四部法律的决定》第三次修正后施行的。这一法律共10章75条,对电力建设、电力生产与电网管理、电力供应与使用、电价与电费、农村电力建设和农业用电、电力设施保护以及相关的法律责任等作出了具体规定。其立法目的是保障和促进电力事业的发展,维护电力投资者、经营者和使用者的合法权益,保障电力安全运行。该法是我国改革开放15年后,通过总结新中国成立以来电力事业发展正反两方面的经验教训,并借鉴发达国家经验,制定的首部电力法律,是具有中国特色的电力建设和管理的母法,为我国电力体制改革、创新和电力经营管理规定了最基本原则。是我国电力工业法制建设史上的里程碑,标志电力法制建设进入了一个新的历史阶段。

《电力法》的一系列规定在一定程度上体现了对环境保护和鼓励、支持可再生、清洁能源发展的原则,难能可贵地迈开了能源相关立法关注效率、能源生态保护的步伐。虽然随后颁行了一些配套实施细则,但相当多的环保理念并未落实和缺乏可操作性。

(2)1996年《煤炭法》对能源结构和效率的关注

1996年《煤炭法》共8章81条,以保障"合理开发利用和保护煤炭资源,规范煤炭生产、经营活动,促进和保障煤炭行业的发展"为立法目的。确立了国家对煤炭开发实行统一规划、合理布局、综合利用的方针。总则第9条和第11条以基本准则的方式宣示了国家鼓励和支持在开发利用煤炭资源过程中采用先进的科学技术和管理方法;并且规定在开发利用煤炭资源的活动中,应当遵守有关环境保护的法律、法规,防治污染和其他公害,保护生态环境。

在该法总数为81条的条文中,涉及能源生产经营活动中能源清洁、能效提高和环境保护的条文约计14条,主要包括第15条、第16条、第18条、第19条、第20条、第21条、第23条、第28条、第29条、第31条、第32条、第33条、第35条和第36条。其主要内容是:第一,建立了煤炭生产开发规划和准入制度。第二,规定了煤矿建设中保护耕地、合理利用土地的原则和"三同时"制度,要求煤矿建设应当坚持煤炭开发与环境治理同步进行。第三,回采率的特别规定和对稀缺煤种的保护性开采制度。第四,洁净煤技术促进制度,国家发展和推广洁净煤技术。第五,对于煤炭开采造成的煤矿周边地区的生态破坏,开始尝试进行原则性规定,如规定因开采煤炭压占土地或者造成地表土地塌陷、挖损,由采矿者负责进行复垦,恢复到可供利用的状态;造成他人损失的,应当依法给予补偿;关闭煤矿和报废矿井,应当依照有关法律、法规和国务院煤炭管理部门的规定办理。但现实中,沉陷区开发或复田的有关问题尚未真正解决,在实践中有些地方把沉陷区开发成鱼塘或废弃不顾。

1995年《电力法》与1996年《煤炭法》虽开始对能源结构、能源效率问题加以关注,但现已远远落后于形势发展的需要。目前,《电力法》和《煤炭法》先后分别进行了3次和4次修改。

2. 1997年《节约能源法》和2005年《可再生能源法》对能源结构和效率的关注

(1)《节约能源法》对能源结构和效率的关注与不足

1997年制定的《节约能源法》一共有6章50条,虽然篇幅不长,但其作为我国首部专门就节约能源问题而作出的高层级立法,意义十分重大。该法以"推进全社会节约能源,提高能源利用效率和经济效益,保护环境,保障国民经济和社会的发展,满足人民生活需要"为立法目的,分别对节能管理、合理使用能源、鼓励节能技术进步和相关法律责任等作出了具体规定;并首次明确将节能界定为"加强用能管理,采取技术上可行、经济上合理以及环境和社会可以承受的措施,减少从能源生产到消费各个环节中的损失和浪费,更加有效、合理地利用能源"。该法首次以立法形式将节能确立为国家发展经济的一项长远战略方针,明确国家鼓励开发、利用新能源和可再生能源。

1997年制定的《节约能源法》虽然在我国节能立法历史上有划时代意义的进步,但仍有一些问题有待改进,其主要问题是执法主体不明确,过于原则,倡导性条款多而约束惩戒性条款少,缺乏强制力和可操作性。还可考虑从完善节能的基本制度、注重体现市场引导与政府管理的有机结合,以及增强法的针对性和可操作性三方面着力,突出具有可操作性的市场激励手段和强制处罚,解决“要钱没有钱,要机构没有机构,要人没有人,要权没有权”的状况,让虚的、弱的、粗的《节约能源法》变得更科学、更可操作、更有强制性。2018 年 10 月 26 日第十三届全国人民代表大会常务委员会第六次会议对《节约能源法》进行了第二次修正,修正后的《节约能源法》共 7 章 87 条。

(2)《可再生能源法》对能源结构和效率的关注与不足

《可再生能源法》共有总则、资源调查与发展规划、产业指导与技术支持、推广与应用、价格管理与费用补偿、经济激励与监督措施、法律责任和附则 8 章 33 条。《可再生能源法》在第 1 条即十分明确地将其立法目的定位为“促进可再生能源的开发利用,增加能源供应,改善能源结构,保障能源安全,保护环境,实现经济社会的可持续发展”。

总则共有 5 条,主要规定了立法的目的、适用范围、企业和公民的权利和义务、政府的责任和义务。改变了过去较长时间里,我国可再生能源开发利用中多头管理,政出多门,严重影响开发利用的速度和规模等现象。此外,该法第 13 条、第 14 条、第 19 条、第 20 条等还明确了可再生能源的定价机制,试图消除可再生能源产品进入市场的价格障碍,明确了建立可再生能源专项资金、优惠信贷和税收优惠等实质性激励措施,规定了政府和特许经营企业的相关责任。

(二)能源法律制度对能源变革的加速回应——能源法律制度生态化变革的全面展开

2007 年是我国能源法律制度史上具有划时代意义的一年。2007 年,党的十七大报告首次明确提出了“建设生态文明”,“生态文明观念在全社会牢固树立”。能源法律制度生态化变革的帷幕全面拉开。多个重要的体现生态化变革的能源规范化文件颁布。

1.《能源发展“十一五”规划》对能源生态安全与可持续发展的关注

国民经济和社会发展规划是国家加强和改善宏观调控的重要手段,而国家能源规划就是其重要组成部分。国家《能源发展“十一五”规划》(包括煤炭、电力、可再生能源规划)依据国民经济和社会发展规划制定,主要提出“十一五”我国能源发展的指导思想、总体目标、重点布局、重大项目等,是能源工业发展的重要依据。《能源发展“十一五”规划》确定,2010 年单位国内生产总值能耗比 2005 年降低 20%。这是新中国成立以来第一次以规范性文件的形式,将节能确立为必须完成的约束性目标,是具有远见卓识的重大决策。规划提出 5 年内单位国内生产总值能耗下降 20%,意味着万元国内生产总值能耗由 2005 年的 1.22 吨标准煤下降到“十一五”时期末的

0.98 吨标准煤(按 2005 年价格和统计口径);按照"十一五"期间每年经济增长 7.5%的预期目标测算,年均能源消费弹性系数为 0.37;即使经济增长实际达到 10%,年均能源消费弹性系数也要保持在 0.5 左右。虽然完成这一目标任务艰巨,但其对实现能源可持续发展意义重大,国家走能源可持续发展道路的决心可见一斑。

2.《中国应对气候变化国家方案》对能源生态安全与可持续发展的关注

2007 年 6 月 3 日正式发布的《中国应对气候变化国家方案》是国家发展改革委和 17 个政府部门,集中多领域几十位专家,历时两年研究制定的。《中国应对气候变化国家方案》提出,到 2010 年实现单位国内生产总值能源消耗比 2005 年降低 20% 左右,同时还要调整能源结构,尽可能少用化石燃料,多生产一些可再生能源,力争到 2010 年使我国可再生能源的比重提高到 10%,到 2020 年提高到 16%。通过这些措施可相应减少二氧化碳的排放。《中国应对气候变化国家方案》的颁布实施清楚地表明,我国将进一步促进国内应对气候变化工作,也必将为减缓和适应全球气候变化作出新的贡献。

2008 年 10 月,中国政府又发布了《中国应对气候变化的政策与行动》白皮书,专门介绍了中国应对气候变化的政策与努力,以及落实《中国应对气候变化国家方案》所取得的进展和成果。《中国应对气候变化国家方案》及其行动白皮书的发布,表明中国政府始终高度重视应对能源使用引起的气候变化问题,对能源生态安全与可持续发展,展开了持续关注并付诸行动。

3.《国家环境保护"十一五"规划》等其他规范性文件

2007 年出台的《国家环境保护"十一五"规划》专节对控制温室气体排放进行了规定。其在"重点领域和主要任务"中明确提出,要强化能源节约和高效利用的政策导向,加大依法实施节能管理的力度,加快节能技术开发、示范和推广,充分发挥以市场为基础的节能新机制,努力减缓温室气体排放。大力发展可再生能源,积极推进核电建设,加快煤层气开发利用,优化能源消费结构。强化冶金、建材、化工等产业政策,提高资源利用率,控制工业生产过程中的温室气体排放。加强农村沼气建设和城市垃圾填埋气①回收利用,努力控制甲烷排放增长速度。继续实施植树造林、天然林资源保护等重点生态建设工程,提高森林资源覆盖率,增加碳汇和增强适应气候变化能力。加强温室气体排放的监测与统计分析。

篇幅所限,《可再生能源中长期发展规划》《核电中长期发展规划(2005—2020

---

① 城市生活垃圾填埋后,在厌氧环境下会分解产生甲烷、二氧化碳等气体,被称为垃圾填埋气。它是一种可回收利用的能源。

年)》《民用建筑节能条例》《公共机构节能条例》等相关文件对能源可持续发展的关注,在此不再逐一讨论。

三、能源法律制度对能源安全与可持续发展的新回应与新发展

党的十八大后,面对能源供需格局新变化、国际能源发展新趋势,习近平总书记从保障国家能源安全的全局高度,提出“四个革命、一个合作”能源安全新战略,①这是习近平新时代中国特色社会主义思想的重要组成部分。能源法律制度进入对能源安全与可持续发展进行新回应与新发展的新时代。

(一)2017年《核安全法》的出台是对加强能源安全保障制度建设的新回应

第十二届全国人民代表大会常务委员会第二十九次会议于2017年9月1日表决通过了《核安全法》。《核安全法》共分为8章94条,主要内容包括:总则、核设施安全、核材料和放射性废物安全、核事故应急、信息公开和公众参与、监督检查、法律责任以及附则。核安全是国家安全的重要组成部分,事关国家利益和企业利益;核安全法的出台有利于保证核安全、应对核事故、保障公众和从业人员的健康和安全、保护生态环境以及推动我国的核事业健康发展。

《核安全法》以严格的标准、严密的制度、严格的监管、严厉的处罚,充分体现了“理性、协调、并进”的核安全观:这部法律明确了要从高、从严建立核安全标准体系;对核设施的选址、设计、建造、运行,核材料以及相关放射性废物实行全过程、全链条的监管和风险防控,不留死角和空白;核安全涉及核工业部门、核安全监督管理部门等,法律要明确各单位的责任,并明确建立核安全工作协调机制,形成监管合力。这部法律共94条,法律责任占很大部分。在罚款之外,又设置了停止建设、停产整顿等处罚。除处罚企业外,对于企业的主管人员和直接责任人员也设定了罚款。通过提高罚款额度、增加违法成本,来加大企业的法律责任,切实保障核能开发利用过程中的生态安全。总体来说,《核安全法》是我国30多年核安全实践经验的总结,将现行核安全法规体系中的各项有效制度提升到法律层面,核安全监管的独立性、权威性和有效性进一步增强。

(二)2018年第二次修正的《节约能源法》强化了对能源生态安全与可持续发展的关注

能源消费增长快、能耗高、能效较低问题突出,节能工作形势严峻。2018年10

---

① 我国能源安全发展的“四个革命、一个合作”战略思想,即推动能源消费革命,抑制不合理能源消费;推动能源供给革命,建立多元供应体系;推动能源技术革命,带动产业升级;推动能源体制革命,打通能源发展快车道;全方位加强国际合作,实现开放条件下能源安全。

月26日第十三届全国人民代表大会常务委员会第六次会议第二次修订的《节约能源法》,自2018年10月26日起施行。为我国科学发展再添法律利器,将有助于解决当前我国经济发展与能源资源及环境之间日益尖锐的矛盾。

新修订的《节约能源法》由最初的6章50条增加为7章87条。修正后的《节约能源法》第4条明确规定:节约资源是我国的基本国策,国家实施节约与开发并举、把节约放在首位的能源发展战略。从而在法律上明确了节能在我国经济社会发展中的战略地位,在法律层面将节约资源确定为我国的基本国策,较之原来"节能是国家发展经济的一项长远战略方针"的定位是个巨大进步。此外,与1998年1月1日开始施行的《节约能源法》相比,新《节约能源法》进一步明确了节能执法主体,强化了节能法律责任,规定了一系列节能管理的基本制度。

同时,新《节约能源法》在法律调整范围和可操作性上有较大变化,进一步规范了工业领域的节能管理规定,并针对当前节能工作的薄弱环节,对建筑、交通运输和公共机构等领域新增了有关节能管理规定。修正后的《节约能源法》还专门新增"激励措施"一章,明确国家实行财政、税收、价格、信贷和政府采购等政策促进企业节能和产业升级,引导金融机构增加对节能项目的信贷支持,实行有利于节能的价格政策。鼓励先进节能技术、设备的进口,并明确了一系列强制性措施以限制发展高耗能、高污染行业,控制生产过程中耗能高、污染重的产品的出口,包括制定强制性能效标识和实行淘汰制度等,以体现市场调节和政府管理的有机结合,发挥经济手段和市场经济规律在节能管理中的作用。此外,修改后的《节约能源法》加强了对重点用能单位节能的监管,在对重点用能单位明确界定的基础上,进一步明确了重点用能单位的节能义务,强化了监督和管理。

(三)时代呼唤能源领域基本法能源法早日出台

党的十九届四中全会明确要求"推进能源革命,构建清洁低碳、安全高效的能源体系"。《能源生产和消费革命战略(2016—2030)》《能源发展"十三五"规划》及14个能源专项规划已出台,我国能源发展改革的方向目标、顶层设计亟须在法律中明确,以保障能源发展方向和基本制度的稳定性。能源领域正经历体制机制的深度调整,电力、石油天然气改革深入推进,体制改革文件及配套文件已印发,改革工作已在全国范围内基本铺开,亟待通过法律约束和制度安排,明确市场主体法律地位,建立统一的市场规则、规范公平的竞争秩序、明晰的法律关系,实现以安全高效、绿色智能、开发共享为特征的能源高质量发展。当前,有效竞争的能源市场结构和市场体系尚未完全形成;能源规划、政策、监管、标准等现代化治理手段的相互衔接未充分发挥;能源各品种协同互济、优化整合尚未完全实现,这些都需要能源基础性、综合性法律对能源结构、能源市场等综合性、全局性问题进行规制，为能源现代化治理提供法治保障。①

2020年最新的《能源法（征求意见稿）》拟设立的法律制度主要有：一是通过战略、规划统筹指导能源开发利用活动，推动能源清洁低碳发展；二是科学推进能源开发和能源基础设施建设，提高能源供应能力；三是以保障人民生活用能需要为导向，健全能源普遍服务机制；四是全面推进科技创新驱动，提升能源标准化水平，加快能源技术进步；五是支持能源体制机制改革，全面推进能源市场化；六是建立能源储备体系，加强应急能力建设，保障能源安全；七是依法加强对能源开发利用的监督管理，健全监管体系，推进能源治理体系和治理能力现代化。能源法律制度对能源安全与可持续发展的新回应与新发展呼唤能源领域的基本法——能源法早日出台。

课后思考题

1. 试比较清洁能源与可再生能源的概念，并列举3种以上可再生能源。
2. 试分析我国当今存在的主要能源问题及其成因。
3. 试评述2020年《能源法（征求意见稿）》的亮点和不足。

阅读材料

1. 我国能源法立法进程。

（请扫描二维码）

2.《中华人民共和国能源法（征求意见稿）》，载国家能源局官网，http://www.nea.gov.cn/2020－04/10/c_138963212.htm。

3. 陈敏曦：《能源立法的时代碰撞与回响——对话中国法学会能源法研究会特

① 参见2020年《中华人民共和国能源法（征求意见稿）》起草说明，载国家能源局官网，http://www.nea.gov.cn/2020－04/10c_138963212.htm。

聘顾问、研究员吴钟瑚》，载《中国电力企业管理》2020年第6期。

本章课件

（请扫描二维码）

第二章　能源法概述

导　言

能源法(energy law)是调整能源开发、利用、管理活动中社会关系的法律规范总和,是调整能源领域中各种社会关系的法律规范的总称。能源法具有技术性、调整范围的广泛性等多重特征。本章将主要对能源法进行概念界定,梳理能源法的基本原则,明确能源法的任务和目标,概括能源法的渊源和法律体系。本章主要讨论的要点如下:

1. 能源法的基本概念、特征与目的
2. 能源法的基本原则
3. 能源法律关系的构成
4. 能源法的渊源和法律体系

第一节　能源法的基本概念、特征与目的

一、能源法的基本概念与特征

(一)能源法的基本概念

国内学者对于能源法的定义分为广义和狭义两种。广义上的能源法,是指调整能源开发、利用、管理和服务活动中社会关系的法律规范的总称。有学者认为,目前能源法概念的内涵不清、外延过大或者不当,并将能源法的概念表述为:调整以能源企业为一方主体的能源原材料和产品(商品)生产供应活动以及直接影响能源生产、供应和消费的节能减排活动中所产生的能源社会关系的法律规范的总称。① 狭义上的能源法,是指以“能源法”或者类似名称命名的、由国家最高立法机关或者其常设机关制定的一部法律。

---

① 胡德胜:《论能源法的概念和调整范围》,载《河北法学》2018 年第 6 期。

(二)能源法的特征

1. 调整范围的广泛性

能源法调整的能源社会关系产生于能源活动的各个环节,其调整范围远远超过其他法律规范。在与能源相关的活动中,人与人之间会发生各种各样、不同属性的社会关系,如经济、政治、人权、社会、生态环境保护等社会关系,而且有些社会关系可能同时具有两种或者两种以上的属性。从目前的规定来看,能源法既规范能源原材料产品生产供应周期过程中的能源活动(如能源资源勘探和开发,能源原材料和产品的萃取、精炼、生产、存储、运输、交换),也包括直接影响能源生产、供应和消费的节能减排活动。

2. 技术性

能源法具有较强的科学技术性,主要有四个方面的原因:一是因为能源法遵循自然法则,包括生物、化学、物理原理,法律制度制定和实施依赖科学技术知识;二是因为需要借助科学的方法,在科学的不确定性范围内预测和评价风险;三是由于能源法协调人与自然的关系,必然体现自然规律的要求,需要将技术规范、能源标准、控制污染技术等运用于能源立法中;四是能源立法可以促进科学技术成果的创新和应用,引导企业淘汰落后的技术设备,避免出于利益和成本的考量而忽视新的科学成果和技术改良。

3. 价值取向的多重性

能源法作为新兴的法律部门,追求传统法律的秩序、公平、自由三大价值目标,但是它所追求的三大价值目标以可持续发展价值观念为基础。能源法的价值取向不仅包括有生命的人,还包括供所有生命享用的气候生态环境,从而实现人与自然共荣共存的目的。可以说,能源法价值取向既追求保证能源供应基础之上的高效利用,同时也强调环境保护与节能减排的可持续发展。能源和环保是一个问题的两个方面,经济发展需要能源,能源的开发利用不能以破坏生态环境为代价,追求经济效益与环境效益的统一是能源法的价值取向。

4. 政策性

能源法具有很强的政策性。国民经济和社会发展规划、政府工作报告、党的报告都与能源有关,国家的基本政策、国家战略、基本国策在能源法律上都有所体现。例如,《国民经济和社会发展第十三个五年规划纲要》规定,中国将构筑稳定、经济、清洁的能源供应体系,加快发展风能、太阳能、生物质能等可再生能源。2020 年 11 月 3 日《中共中央关于制定国民经济和社会发展第十四个五年规划和二〇三五年远景目标的建议》第 14 条指出要"推进能源革命,完善能源产供储销体系……加快全国干线油气管道建设,建设智慧能源系统,优化电力生产和输送通道布局,提升新能源消纳和存储能力,提升向边远地区输配电能力"。能源法的完善,必须与国家的产业政策、能源规划很好地相互衔接、协调、配套。

5. 全球性

能源问题已经不再是一个国家或地区的问题,而是全球性的问题。全球能源安全对全球经济兴衰关系重大,对全球生态环境的影响也十分重大。绝大多数的发展中国家要走工业化和现代化的道路,这意味着大量的能源消费,以目前的能源供应来看,并不足以支撑全球工业化和现代化的发展。全球气候变暖是全人类面临的挑战,它也与能源消费、能源安全紧密联系,任何一个国家和政府都不可能单独解决这些问题,能源问题需要全球各国之间的合作。

二、能源法的立法目的

能源法的立法目的旨在推进能源生产、供给、技术和体制革命,推动能源转型变革,提高能源效率,通过法律化的制度规定规范能源开发利用和管理行为,促进低碳经济和循环经济发展,保障能源安全,强化能源环保,促进能源与经济社会的协调发展,[①]具体包括以下几个方面。

(一)规范能源开发利用和管理行为

制定能源法是依法规范和管理能源的客观要求,其调整的对象是能源开发利用、管理活动中的社会关系,用法律手段规范能源开发利用和管理行为是依法治国的必然要求,也是能源可持续发展和建设环境友好型社会的客观需要。能源法针对能源开发、加工、运输、储存、贸易过程中产生的问题进行规范和调整,涵盖资源勘探、研究开发、生产运输、贸易与消费、节约利用、国际合作、能源监管等多个环节。

(二)提高能源利用效率

能源利用效率,是指一个体系(国家、地区、企业或单项耗能设备等)有效利用的能量与实际消耗能量的比率。它是反映能源消耗水平和利用效果,即能源有效利用程度的综合指标。建设资源节约型社会要求我们提高能源利用效率,推动全社会节约能源,而不仅仅是抑制人类的生产生活对能源的需求。提高能源利用效率的关键是加强用能管理,通过科学技术的创新和提升,采取技术上可行、经济上合理以及兼顾环境的节能措施。能源法以此为立法目的之一,强调推动能源生产利用方式的变革,通过产业结构调整,淘汰落后耗能高的产品、设备和工艺,采用先进的节能技术,

---

① 参见莫神星:《能源法学》,中国法制出版社 2019 年版,第 24 页。

科学用能。

(三)保护和改善环境

能源不合理的开发利用对环境和生态造成了严重影响,特别是长期煤炭消耗带来的温室气体排放,是目前全球面对的重大环境问题,也给经济发展带来了巨大环境压力。合理开发利用能源资源,采用清洁能源生产生活,对保护环境有重要意义。能源法以保护和改善环境为立法目的,有利于解决环境污染和生态破坏的一系列问题,并对能源开发利用提出要求和标准,评价新能源对环境的影响时,重点关注能源利用过程中每个环节对环境的影响,推动节能环保目标的实现。

(四)保障能源安全

能源是现代化的基础和动力,能源供应和安全事关现代化建设全局,事关国家经济安全、军事安全、社会安全,是国家安全体系的重要组成部分。能源法规范能源的科学开采,要求建立稳固的能源储备和供应体系,缓解能源供需矛盾,保障能源供应安全和稳定,同时也保障能源使用安全和生态安全。保障能源安全是实现能源可持续发展的重要保障,也是健全能源法治体系的必然要求。

(五)促进能源可持续发展

能源的过度消耗和需求的持续增长,导致能源供需矛盾加剧。以促进能源可持续发展为能源法的立法目的,对加强能源自主保障能力,促进经济社会全面协调可持续发展有至关重要的作用。能源可持续发展是提高经济增长质量和效益的重要途径,是实现经济社会可持续发展的必由之路,有利于建设清洁低碳、安全高效的现代能源体系,把能源技术及其关联产业培育成带动我国产业升级的新增长点。

第二节　能源法的基本原则

能源法的基本原则,是指那些能够体现科学发展观和资源节约、环境友好型社会理念,能够充分反映能源法律规范所调整社会关系的各个环节的客观要求,并对所有的能源社会关系和能源法律法规都具有普遍指导意义的一般规则或准则,它具有高度概括性与抽象性,也具有相对稳定性、最高命令性与一定的前瞻性。

一、能源安全原则

1974 年 11 月,国际能源机构(International Energy Agency,IEA)在国际石油危机中宣告成立,并首次提出了以稳定原油供应和合理价格为中心的能源安全概念。20

世纪80年代中期以后，能源安全概念不断演变，其内涵也不断丰富和发展。能源安全，是指满足国家生存与发展正常需要的能源供应保障的连续性与稳定性。[①] 能源安全概念具备一定的主体性和动态性，不同行为主体基于不同立场，在不同时间段对能源安全的界定不尽相同。[②] 目前，对于能源安全的内涵，我国学界看法虽然有些分歧，但是意见日趋一致。一般认为，能源安全，是指实现一个国家或地区国民经济持续发展和社会进步所必需的能源保障的一种状态，它不仅包括能源供应的安全，也包括对由于能源生产与使用所造成的环境污染的治理，能源安全是能源供应安全和能源使用安全的有机统一。[③] 前者是能源安全的基本目标，是"量"的概念；而后者是能源安全的更高追求，是"质"的概念。[④] 随着可持续发展的理念被人们普遍接受，广义的能源安全被认为应包括能源生态环境安全，乃至全球气候变暖影响人类生存发展的安全等。

其实人们对广义的能源安全的认识有一个渐进过程，对于能源安全的理解也发生了深刻变化。以供应安全为主要出发点的传统能源安全观逐渐向所谓"综合能源安全"的方向发展，能源安全被不断赋予很多新内涵。能源安全问题包含两个方面：一是损害程度，二是可持续发展。正如法国巴黎第九大学能源经济学的教授让·玛丽·切瓦利埃（Jean Marie Chevalier）所言，"能源供应安全意味着为了满足日益增长的能源需求而采取的措施不能以破坏社会经济和环境的可持续发展为代价"。[⑤] 在欧盟看来，能源供应安全，不仅是简单的能源供应保障，其本身就包含环境的可持续性，而环境保护在维护能源安全中也起到越来越重要的作用。"能源供应安全就意味着风险管理必须贯穿能源供应的整个过程，因此在制定能源政策时要考虑方方面面的因素：如生产阶段涉及到的地缘政治因素、技术因素；运输过程中的安全和技术性问题；能源分配的规律性问题；能源消费价格问题以及环境的承受能力；在废物处理环节如何确保定期性等等。"[⑥]由此可见，欧盟的能源安全，既包括能源供应地缘政治上的安全、经济上的安全，也包括环境上的安全。

具体来说，广义上的能源安全绝不仅限于能源在量上的安全有效供给，应同时包

---

① 参见莫神星：《能源法学》，中国法制出版社2019年版，第44页。

② 参见李齐：《中国能源安全现状与矛盾转变》，载《国际石油经济》2018年第4期。

③ 参见陆忠伟：《非传统安全论》，时事出版社2003年版，第166页。

④ 参见余际从等编著：《经济全球化与国家油气安全战略》，地质出版社2003年版，第32～33页。

⑤ 徐明棋：《欧盟能源政策特点及对中国能源政策和西部开发的借鉴意义》，载《世界经济研究》2006年第11期。

⑥ 参见郭志俊：《欧盟能源政策的环境因素其对中国的启示》，载《环境保护》2007年第12期。

含能源活动中的生态安全;从上述阐释中我们不难看出,广义的能源安全与能源可持续发展二者之间在概念上存在相当程度的重合,两者在一定程度上互为包含。也可以说,现代对能源安全原则的定义是广义上的定义,是包含能源可持续发展的,即在保障能源在量上为经济的发展提供持续、安全有效供给的同时,相关能源活动不得破坏地球生态系统的平衡和完整性,并不会危及未来世代对能源的需求和使用的正当权益。

所以能源安全原则被称为能源法基本原则中的“帝王原则”,其他诸多原则都可以被其涵盖,或者成为其一个侧面。① 这是因为,能源安全原则具有其他基本原则所不具有的重要性。能源安全不仅事关国家的经济安全,也事关国家的军事安全、社会安全和政治安全,是整个国家安全体系的重要组成部分。② 我国的能源安全面临严峻挑战。能源结构以煤为主,能源人均占有量低;能源资源分布不均匀,能源供需矛盾日益突出;石油对外依存度高,储备体制不健全;能源利用率低,能源环境问题突出。因此,我国需要倡导能源安全原则。

二、节能与能源效率原则

节能是能源效率原则的核心,节能就是追求能源的资源效益最大化。世界能源委员会将节能定义为:采取技术上可行、经济上合理、环境和社会可以接受的一切措施,来提高能源资源的利用效率。我们所需要的节能,就是在能源开采、加工、转换、储运、分配和使用的全过程,利用经济、技术、法律、行政、宣传和教育等一切手段,消除不必要的能源浪费,提高能源利用效率和效益,以实现经济社会的可持续发展。节能应当包括所有能源的利用与节约,既包括可再生能源,也包括不可再生能源。节能是不可再生能源消耗的减少,像矿物燃料和矿物这样的不可再生资源,其消耗的速率应考虑资源的有限性,以确保在得到可接受的替代物之前资源不会枯竭,当然,其他的任何能源也都应节约。我国目前要大力开发可再生能源,以提高能源供给,替代和节约不可再生能源。同时,还要注重节能技术的开发,这不仅有利于降低能源消费、提高能源效率,还能促进能源和环保技术设备的出口与推广,有助于长期缓解能源供应的压力,而且有利于改善与能源相关的环境问题,促进社会经济的可持续发展。

“节能减排、节能降耗、节能增效、综合利用”须是能源效率原则的应有之义。首

---

① 参见张一粟:《论我国能源立法应选择法典模式》,载《资源节约型、环境友好型社会建设与环境资源法的热点问题研究——2006 年全国环境资源法学研讨会论文集(二)》,2006 年 8 月于北京。

② 参见叶荣泗:《我国能源安全的法律保障》,载肖国兴、叶荣泗主编:《中国能源法研究报告 2008》,法律出版社 2009 年版,第 33 页。

先,要对节能减排的含义加以完善拓展,传统意义上的节能减排主要局限于减少工业生产中的"三废"(固体废弃物、废水、废气)的排放(其中的废气其实又多指 SO_2 等工业生产尾气),而应对气候变化视野下的节能减排含义绝非仅限于此,针对当前存在的对节能减排的片面理解,我们应特别强调在节能减排中注入碳减排的理念,使减排的概念真正完整清晰。其次,能源效率原则必然要求节能降耗、节能增效,即在工业生产和其他能源活动中,注重节约能源、降低能源消耗、以相同的能耗产生更高的经济效益和社会效益。最后,综合利用即要求生产者提高"三废"的综合利用率,紧紧围绕节能、降耗、减污、增效目标,积极实施清洁生产,由传统、落后、粗放的生产方式逐步向高科技、高品位、高效益的方向提升和发展。如可考虑设立配套厂以形成完整的循环经济体系,实行工业用水闭路循环,做到废水、废气、废渣综合利用不外排,产品回收增值,使再生资源被充分利用,以最大限度地实现物质能量梯次和闭路的循环。

三、能源开发利用与生态环境保护相协调原则

以气候变暖为主要特征的全球气候变化已成为 21 世纪人类共同面临的最重大环境与发展挑战,应对气候变化是当前乃至今后相当长时期内实现全球可持续发展的核心任务。[①] 能源和环境之间存在相互影响、相互依赖的关系,能源问题在气候和环境问题上具有关键性。坚持能源与环保协调原则,坚持节能和减排工作相结合,是应对全球气候变化的迫切需要,是我国经济社会发展的一项重大战略,也是加快经济发展方式转变和经济结构调整的重大机遇。人类的许多环境问题和环境事故是由于不合理、不恰当、不理性、不科学开发利用能源引起的。能源开发利用产生的环境问题日益严重,直接影响人民的生活质量和社会经济发展,能源的开发利用不可避免地带来环境破坏和污染,特别是石油和煤炭的开发利用,产生的环境问题尤为突出,石油和煤炭的燃烧产生的硫化物、碳化物等导致产生酸雨、温室效应等一系列环境灾难,影响人类的生存和发展。

现代意义上的环境保护不仅是针对某一环境要素的保护,而是意味着对生态环境、生态系统的保护。1936 年英国学者坦斯利(A. G. Tansley)提出生态系统的概念,强调在一定自然地域中生物与生物之间、生物有机体与非生物环境之间形成一定的生物链,存在物质循环和能量循环,在功能上形成一个有机整体,构成生态系统。关于生态系统,目前一般认为有 4 个基本规律:其一,整体协同,动态平衡。生物从环境中摄取物质与能量的同时,还需要不断向自然排泄废物、残渣。这样循环往复相互影

---

① 莫神星:《论应对气候变化背景下能源开发利用与环境保护相结合原则》,载《政法论坛》2011 年第 5 期。

响构成一个和谐的统一体。其二,相克相生,相互依存。其三,生生不息,循环演进。其四,自我调节,创造再生。生态系统具有自我调节和自我修复能力,在受到外来影响后,通过自身调节可以维持相对稳定的状态。但生态系统的这种自我调节能力是有限度的。正是由于生态系统具有上述规律,人类才有可能根据生态规律,合理利用再生资源,并在一定条件下实现物质代谢和循环。

事实上,客观存在的能源生态系统亦有其自身的生态规律:太阳能给生物圈中的生命提供燃料;它历经数百年循环成为化石燃料,或经过数十载生成树木;光合作用的过程将能源转换为支撑地球上所有生命的资源。能源立法中必须对这些自然法则表示出应有的尊重,纳入环境与生态评估。从生态学的角度出发,任何生态系统的发育环境均取决于当地的自然资源环境(生态)及其演进状态。根据这一原理,能源生态系统的发育环境主要取决于两个方面:一是当地自然资源基础;二是自然资源基础的开发状态,或者说人文生态系统发育状态。就两者关系而言,前者决定能源生态系统发育的可能性,后者决定能源生态系统的发育程度(规模和方式)。现代能源生态系统的发育必须是以国家或地区的社会发展为基本前提,通过科学规划、合理安排能源勘探开发、能源生产、能源加工转化、能源消费、废物的消纳与利用等环节,形成一个循环经济的生态有机体。① 又由于任何生态系统都有自己的结构和功能,其结构是功能的载体,生态系统在其各种生物要素和环境要素所组成的生态系统结构得以保持的条件下,其生态功能也可以得到保持,生态系统的运行就可以保持平衡,其作为经济发展基础的作用也能得到有效发挥。相反,一旦生态系统的结构由于某种原因遭到破坏,则其系统的功能就不能保持,生态系统的运行就不能维持平衡,其作为经济发展基础的作用也就不能有效发挥,甚至会引起严重的生态问题。② 因此,在规范能源开发利用的各种活动的立法过程中,我们必须体现和遵从能源生态规律,重视生态安全。

能源与环保相协调必然涉及经济发展,也就是能源(energy)、经济(economy)与生态[ecology,或环境(Environment)]3 个系统相协调,这 3 个系统的各个子系统之间不停地进行物质、能量和信息的交换。资源环境系统为能源供应系统提供能源生产所必需的资源条件,即能源供应系统通过开采活动从资源环境系统获得煤炭、原油、天然气等一次能源。能源供应系统为社会经济系统提供所需的能源,而将能源的开采、加工、转换过程中产生的废物排入资源环境系统。社会经济系统通过利用能源

---

① 参见廖才茂:《生态文明的内涵与理论依据》,载《中共浙江省委党校学报》2004 年第 6 期。

② 参见曹明德:《生态法的理论基础》,载《法学研究》2002 年第 5 期。

供应系统提供的能源而获得发展，同时将在能源的使用过程中产生的废物排入资源环境系统中，产生环境问题。能源与经济、环境之间存在相互推动而又相互制约的关系。一方面，人类通过获得和利用能源推动社会经济的发展；另一方面，也改变了原有的自然环境或产生大量的废弃物。[①] 我们的发展只有体现经济、社会、能源资源、生态环境自身规律的客观要求，才能实现能源、经济、生态利益的国内公平、国际公平和代际公平，进而实现人类社会的全面进步。

促进能源开发利用与生态环境保护的协调发展，也就是能源、经济、生态三者之间的协调发展，是能源法的一项重要任务，也是能源法的一项基本原则。[②] 能源与环保协调原则，是指在开发利用能源时，必须减少污染排放，加强环境保护。本原则要求开发利用能源资源，应当遵守有关环境保护的法律、法规，防治污染和其他公害，保护生态环境。我国现在面临严峻的能源与环境方面的挑战。我国高速经济发展对能源资源的依赖度达到前所未有的程度，给生态环境带来的压力越来越大，由于能源开发利用造成的环境污染和生态破坏越来越严重，这也成为我国环境问题的核心。由于以上种种原因，我国能源法呼唤能源与环保协调原则。在完善能源法律制度时，强调能源与环境法律制度的协调，让环境保护成为能源开发利用的组成部分，从源头上抑制环境污染的发生。

四、能源可持续利用原则

能源可持续利用，是指以持续的方式利用能源，以满足人口、经济、社会、环境的可持续发展。可持续利用的“利用”对能源来说，应理解为保持或延长能源资源的生产与利用，意味着使能源资源能够永续为人类利用，不至于因其耗竭而影响后代人的生活与发展。能源可持续利用是可持续发展观的重要组成部分，是可持续发展观在能源领域的具体体现，即能源可持续利用是一种可持续发展的能源观。朴素的可持续发展观念古来有之，但现代意义上的可持续发展概念则是挪威首相布伦特兰夫人在《我们共同的未来》报告中首次提出的。所谓可持续发展是指，“既满足当代人的需要，又不对后代人满足其需要的能力构成危害的发展”。这一定义得到广泛的接受，并在 1992 年联合国环境与发展大会上取得共识。我国学者对可持续发展的理解通说为：不断提高人群生活质量和环境承载能力的、满足当代人需求又不损害子孙后代满足其需求能力的、满足一个地区或一个国家人群需求又不损害别的地区或国家人群满足其需求能力的发展。《中国可持续发展总纲（国家卷）》总结了中国可持续

---

① 参见徐国泉：《中国能源效率问题研究》，大连理工大学 2007 年博士学位论文，第 59 页。

② 参见谭柏平、黄振中：《论我国能源法的四项基本原则》，载《中外能源》2010 年第 8 期。

发展面临的6项工作任务和挑战,其中两项即是中国能源和资源的超常规利用和中国生态环境问题的严重性;同时,该总纲认为中国可持续发展战略应当遵循7个原则,其中“始终保持经济的理性增长和维持”“扩大和保护自然资源基础和生态服务能力”这两个原则又与能源可持续发展密切相关。越来越多的人认识到保护环境是我国的基本国策,节约能源也是我国的基本国策,可持续发展就是要促进人与自然的和谐,中国已将能源战略的基本内容确立为:坚持节约优先、立足国内、多元发展、依靠科技、保护环境、加强国际互利合作,努力构筑稳定、经济、清洁、安全的能源供应体系,以能源的可持续发展支持经济社会的可持续发展。

可持续发展的基本目标之一,就是要解决分配资源的不公问题,实现地球有限资源最佳配置,达到资源环境在代内和代际公平合理配置,极大提高资源配置效率。能源的可持续利用,并不仅仅是指能源的持续供应,而是意味着能源的生产和利用能够长远地增进,或者至少与人类福祉及生态平衡相协调,是在能源消耗与经济增长的矛盾中寻求一种平衡机制,既不能片面强调能源安全而抑制经济发展,又不能片面追求经济发展而肆意开发能源资源,过度地、无节制地消耗能源。所以,要求人类对能源的利用不得超过能源自身的再生或永续使用能力,不得对生态环境造成明显危害。这一概念至少包含两层意思:其一,能源的生产和使用不会破坏地球生态系统的完整性;其二,能源的生产和利用不会危及未来世代对能源的需求,即要求实现能源权益的“代内公平”和“代际公平”。而能源的可持续利用,重点是不可再生能源的可持续利用和可再生能源的替代性。由于不可再生能源,如煤炭、原油、天然气等,一旦消耗就不能或者在可以预见的未来不能再生,因此,对于不可再生能源来说,可持续利用,是指保存和不以使能源耗尽的方式对其加以利用。对于煤炭等传统的不可再生能源,要提高其利用效率,加强能源资源的循环利用,应尽可能用可再生资源来代替不可再生能源,以延续其使用时间。地理学家史密尔说过,现代社会最根本的特性是:我们拥有高度能源文明,仰赖大规模燃烧石化燃料。而能源可持续利用原则就是要调整能源结构,逐步减少化石能源的比例,优先发展新能源与可再生能源,鼓励研究开发、利用新能源和可再生能源,并逐步提高其在能源结构中的比重。可再生能源丰富、清洁,可永续利用,加强可再生能源开发利用,是应对日益严重的能源和环境问题的必由之路。可再生能源是重要的战略替代能源,对增加能源供应、改善能源结构、保障能源安全、保护环境有重要的作用。

实际上对于能源的可持续利用,是在人类现有认识水平可预知的时期内,在保证经济发展对能源需求的基础上,能够保持或延长能源开发和能源基础完整性的利用方式。能源的可持续利用必须以满足经济发展对能源的需求为前提。建立适应可持续发展要求的生产方式和消费方式，推进产业升级，发展低碳经济，进而使优化能源结构现实可行。人类只有通过能源利用方式的变革，实现能源的可持续利用，来协调经济发展与能源短缺之间的矛盾，能源的可持续利用要体现在能源开发、生产以及使用、消费的全过程，而不仅在能源消费环节，要特别注重增强自主创新能力，大力发展新能源、可再生能源技术，并最终实现能源发展转换的规律：从高碳到低碳，最后走向无碳，真正做到能源利用从低效到高效，从不清洁到清洁，从不可持续到可持续，最终促进能源结构合理化的实现。

五、市场化配置能源资源原则

经济发展转型期的重要目标就是将“高投入、高能耗、高排放”的粗放式经济发展模式转变成“低投入、低能耗、低排放”的集约式经济发展模式。① 要实现这个重要目标，不仅需要政府的宏观调控和引导，更重要的是，依靠市场机制对资源进行有效配置，而市场机制要发挥对资源的配置作用和功能，则离不开完善的价格机制和体系。实践表明，当能源资源被无价或低价进行开采和使用时，往往会造成能源资源的过度消耗和滥用，进而导致生态环境质量的日益下降；相反，当完善价格形成机制并提高能源资源的价格时，能源资源的过度使用会得到约束和减弱，同时排放的污染物也会随之减少。② 能源价格要体现市场供求关系、资源稀缺程度，并要把环境损害成本纳入能源价格。其核心是建立以市场调节为主的能源价格形成机制，实现能源价格的市场化。因此，坚持能源市场定价原则是提高能源资源利用率，节约能源的重要途径。能源市场定价原则，是指能源资源、能源产品的价格实行市场调节价，即由能源经营者自主制定能源价格，通过市场竞争形成。这一价格能够反映市场供求关系、资源稀缺程度和环境损害成本，有助于提升市场机制对能源资源的配置功效。

虽然能源资源具有不同于一般产品的性质和特征，但这并不妨碍市场定价机制成为重要的能源资源定价机制。目前，我国能源价格改革不彻底，政府还没有完全让位于市场，现行的能源价格形成机制主要还是以政府垄断性价格为主。政府对于能源价格实行管制，实行的是限制性价格。从经济学角度分析，限制性价格会导致能源价格低于市场均衡价格，长期以来实行限制价格导致能源市场出现严重的供求矛盾及对能源的过度消耗，造成了严重的环境污染等负外部性。③ 据《中国能源报告

---

① 参见杨淑华：《我国经济发展方式转变的路径分析——基于经济驱动力视角》，载《经济学动态》2009年第3期。

② 参见梁亚民、韩君：《能源资源定价机制理论与方法研究》，载《甘肃社会科学》2015年第6期。

③ 参见高敏芳：《经济新常态下我国能源价格问题研究》，载《价格月刊》2015年第9期。

2020》的统计,我国2019年全年能源消费总量48.6亿吨标准煤,比上年增长3.3%。虽然我国的能源供给保持稳定增长,但能源缺口绝对值依然较大,国内能源供给还远不能满足能源的需求,导致我国较多地依赖能源的外部供给,亟待进行能源价格改革,优化能源市场的资源配置。完善能源市场定价机制需要坚持能源市场定价原则,以构建清洁、低碳、智能、高效的能源供需体系为导向,实现煤、电、油、气、新能源发电等多种能源价格联动的关联机制。通过价格改革,使国内能源资源多样化,进而提升能源效率。

六、能源激励创新原则

能源激励创新原则包括能源财政激励与能源科技创新两项内容。前者是指国家利用价格、税收、信贷、投资、损保、财政补贴等财政税收优惠政策,激励和引导能源企业及其他单位和个人进行能源科技研究、开发和推广应用。这类政策具有明显的利益刺激因素,具有显著的费用有效性和受控对象的灵活性,因而得到越来越多的应用。后者是指国家依靠科技进步来促进能源可持续发展。促进能源安全、能源效率的提高以及能源与环保协调,鼓励、支持、引导能源科技的研究、开发、示范和推广应用。能源财政激励与能源科技创新两者之间又具有密切的相关性,政府的财政激励制度往往又是促进能源科技创新的重要手段。

技术创新是能源产业发展的原动力,要促进能源技术创新,提高市场竞争力,离不开积极的激励政策。在市场经济条件下,有效地发挥财政预算、国债投入、财政贴息、担保、政府采购、税收优惠、限制性税收政策等多种政策工具的杠杆作用,将其作用范围延伸到能源技术研究、开发、示范和推广等各个环节,发挥其最佳的政策效应,以此解决具有公共产品或准公共产品性质的能源问题,无疑具有重要意义。

在能源新技术转化为商业成果并加以应用的过程中,由于在开始阶段还不能产生经济效益和规模效益,普遍存在融资困难的局面,这就需要政府提供多种融资方式方面的政策。此外,新能源具有的环境效益无法在能源价格中体现出来,而常规能源的"外部成本"则可以转移给社会,使常规能源成本低于实际水平,从而使新能源在产业化初期与常规能源相比并不具有竞争力,政府有必要通过一定政策倾斜来矫正能源正外部性和负外部性之间的差距,为促进能源技术创新发展提供政策激励。另外,以风险投资为代表的市场化手段也能有效激励新能源企业创新。由于新能源政府补贴缺口逐年扩大,需要运用市场化手段激励企业创新。一方面,应当使市场在资源配置中起决定性作用,实现新能源领域的要素自由流动和企业优胜劣汰,达到集约发展和结构调整的目的;另一方面,需要政府更好地发挥作用,在逐步减少新能源补贴等直接干预的同时,利用宏观调控体系为新能源企业创新能力的提高创造良好的制度环境。[①] 将能源激励创新原则作为能源法基本原则，有利于转变中国能源产业发展方式、构建低碳安全的能源体系和市场导向的绿色技术创新体系，对推进绿色发展具有重要意义。

七、能源环境责任及能源生态补偿原则

环境责任原则最先是由联合国经济合作与发展组织环境委员会在1972年年初提出的。源于将生态问题的外部不经济性内部化。1972年由24个国家组成的经济合作与发展组织环境委员会，提出了"污染者负担原则"，或者说是"污染者付费原则"，明确了环境责任。显然该原则有利于实现社会的公平和防治环境污染和破坏，因而迅速得到国际社会的广泛认可和接受，并被确定为国家环境保护的一项基本原则，在不断的完善和发展中将核心内容拓展为"污染者付费、利用者补偿、开发者保护、破坏者恢复"。

能源环境责任原则，是指能源法律关系主体在能源生产和其他能源活动中造成环境污染和环境破坏的，应当承担治理污染、恢复生态环境的责任。其核心内容是：能源活动参加者给生态环境造成污染的承担污染者付费的义务，而不应转嫁给国家和社会；能源的开发利用者应当按照国家有关规定承担相应的经济补偿的责任，同时，能源的开发利用者在享有依法开发利用能源的权利的同时，还有在开发过程中妥善保护生态环境的义务；破坏者恢复则，是指因能源开发而造成环境资源破坏的单位和个人，对其负有恢复整治的责任。

之所以要在能源活动中强调能源环境责任原则，是因为能源的开发和利用，既对经济的发展起了巨大的推动作用，同时也对生态环境产生了重大的负面影响，而且由于能源活动对生态环境的损害往往量大面广，如何调整生态损害与保护的关系和加速矿区生态环境的修复已成为我国当前一项十分重要的任务。在能源活动领域确立能源环境责任原则的同时，我们还应考虑将能源活动生态负面效益的治理从事后治理、末端治理转向首端治理和全过程治理，在实行破坏者付费、使用者付费的同时使受益者付费、保护者得到补偿。大规模的能源开发活动会造成一定范围内的植被破坏、水土流失、水资源破坏、生物多样性减少等，直接影响区域的水源涵养、水土保持、景观美化、气候调节、生物供养等生态服务功能，减少了社会福利。因此，按照"谁破坏，谁恢复"的原则，需主要针对行为主体在能源活动中对公益性的生态环境造成的不良影响和导致生态系统服务功能退化的行为进行补偿，同时对生态建设的保护做

---

① 参见齐绍洲、张倩、王班班：《新能源企业创新的市场化激励——基于风险投资和企业专利数据的研究》，载《中国工业经济》2017年第12期。

出贡献的集体和个人，对其投入的直接成本和丧失的机会成本应给予补偿和奖励。此即能源生态补偿原则。能源环境责任原则和能源生态补偿原则是能源外部不经济性内部化的同源异象，后者是前者在当代生态系统服务功能价值理论发展基础上的创新。

八、能源公众参与原则

能源公众参与原则，是指公众有权通过一定程序或者途径参与能源公共物品供应、使用及有可能由此带来的一切对生态环境造成影响的有关能源决策活动，使该项决策符合广大公众的切身利益。

能源公众参与原则的施行依据源于：由于自然和社会的相互作用会受到行使管理权力的管理阶层和获得公共利益的公众之间互动的影响，公众和国家权力机关应当联合起来共同作出那些影响环境质量的能源管理政策和措施；公众应该和政府部门一起参加鉴定那些规定影响公共环境的能源立法的目标和价值的过程；公众应对已经形成并正在处理当代环境资源危机的国家行政管理作出合乎需要的选择；公众在鉴定和争取能源公共利益和环境公共利益方面应该有平等的自由和影响力。

公众参与原则已在环境保护领域较全面地得以确立：1972 年《人类环境宣言》及其后的许多国际环境法文件曾强调公众参与在生态保护中的重要作用。1980 年发表的《世界自然资源保护大纲》称，公众参与环境决策是“必要的行动”。1982 年《内罗毕宣言》第 9 条提出，“应通过宣传、教育和训练，提高公众和政界人士对环境重要性的认识。在促进环境保护工作中，必须每个人负起责任并参与工作”。1992 年《里约环境与发展宣言》“原则十”约定：“环境问题最好是在全体有关市民的参与下，在有关级别上加以处理。在国家一级，每一个人都应能适当地获得公共当局所持有的关于环境的资料，包括关于在其社区内的危险物质和活动的资料，并应有机会参与各项决策进程。各国应通过广泛提供资料来便利及鼓励公众的认识和参与。应让人人都能有效地使用司法和行政程序，包括补偿和补救程序。”

笔者认为，能源公众参与应至少包含以下三个方面的内容：第一，能源公众信息公开，即每个公民对行政机关所持有的涉及公众利益的能源信息拥有适当的获得利用权。第二，涉及公众利益的能源决策参与权，即保证给予每个公民参加涉及公众利益的能源政策决策的机会。第三，涉及公众利益的能源环境权益受到侵害时，应让每个人都能有效地使用司法和行政程序，包括补偿和补救程序。最后一点的实现取决于我国公益诉讼制度的进程。

能源法律制度的生态化变革同时也意味着一场深刻的生产、生活、消费方式的变革，是一次价值观的革命，公众是否认识、愿意接受并积极参与是实施变革的必要条件。因此,能源法律制度的生态化变革不仅需要完备的法律体系作保障,还需要广大公众的积极参与。从这个意义上讲,公众参与是能源法律制度的生态化变革从概念到实现的关键。因此,要逐步建立能源公众参与机制和程序,形成以能源污染群众举报制度、能源相关建设项目听证制度和以新闻舆论监督制度为主要内容的公众参与制度。必须加强宣传教育,促使公众形成符合可持续能源战略要求的消费心理和习惯。例如,倡导公众节约能源、使用节能产品或设备;教育公众在能源消费过程中注意对环境的保护等。

第三节　能源法律关系

一、能源法律关系概述

能源法律关系是能源法律调整人们在能源开发、利用、服务与管理行为过程中形成的权利、义务关系。能源法律关系包括 3 项构成要素,即能源法律关系的主体、客体和内容。能源法律关系有 3 个最重要的特征:以能源法律为前提产生的社会关系、以能源法上的权利义务为内容、以国家强制力作为保障手段。

根据能源法律关系主体间的地位是否具有法律所直接规定的平等性,人们通常将之分为纵向的和横向的能源法律关系。纵向的能源法律关系,是指经法律调整的纵向能源关系,又称能源的行政管理法律关系,包括能源监管关系、能源规划关系等。纵向关系的双方主体之间的地位具有不平等性,是一种管理与被管理、监督与被监督、控制与被控制、指导与被指导的关系。横向的能源法律关系,是指经法律调整的横向能源关系,又称能源的市场运行法律关系,包括能源的合作关系、交易关系、市场竞争关系、国际贸易以及能源的国际合作关系等。横向关系的主体之间的地位平等,彼此之间不具有法律所直接规定的命令与服从的性质。①

二、能源法律关系主体

能源法律关系的主体是能源法律关系的参加者,即在能源法律关系中享有权利或者负有义务的单位或者个人。能源法律关系的主体很广泛,国家及政府、企业、其他社会组织和个人都可以参与能源法律关系。参与任何能源法律关系都需要具有权利能力,某些特定类型的能源法律关系,还需要具备行为能力。公民的权利能力始于

---

①　参见胡德胜主编:《能源法学》,北京大学出版社 2017 年版,第 81 页。

出生，终于死亡；法人的权利能力始于成立，终于被解散或撤销。能源法人特殊的权利能力需以一定的能源法律事实出现为条件才能享有，如勘探开发矿山的权利能力需以一定的资质为条件。

1. 国家及政府机构。国家及政府机构是能源法律关系主要参与者，既可以成为纵向能源法律关系的主体，也可以成为横向能源法律关系主体。因为政府有时以行政管理者的身份进行监管，有时以能源消费者的身份参与能源法律关系。中央政府及有关能源机构负责编制国家能源发展战略和规划、制定国家能源发展的政策，对下级部门进行监督管理；另外，通过缔结或参加能源相关的国际条约、实施国际能源活动来参加涉外能源法律关系。

2. 能源企业。能源企业是能源法律关系的重要主体，主要分为能源生产企业、能源消费企业两大类。能源企业，是指能源原材料和商品的生产、销售、配送类的企业，根据业务的不同，又可以具体划分为能源勘探或开发企业、能源加工转换企业、能源仓储企业、能源输送企业、能源销售企业、能源服务企业等。能源消费企业主要是指用能大户企业，能源生产设备企业如风电、太阳能发电设备企业。

3. 其他社会组织。主要包括能源行业协会、能源中介机构、科研机构等组织。能源行业协会是社会中介组织，是独立于政府和企业之外的社会团体。其作用主要是维护全行业会员单位的合法权益和共同利益，反映企业的愿望和要求，贯彻国家政策法规，在政府部门与会员单位之间发挥桥梁和纽带作用，协助政府部门进行行业管理。如中国农村能源行业协会、中国煤炭工业协会、中国清洁能源行业协会。

4. 个人。个人主要是以消费者的身份参与到能源市场中，由于能源消费品的不可替代性和能源供应的垄断性很强，个人消费者总体上处于弱势地位，需要政府保障其基本的能源需求。

三、能源法律关系客体

能源法律关系的客体，是指能源主体权利和义务所指向的对象，又称权利客体。它是能源法律关系主体之间权利义务联系在一起的中介，是任何能源法律关系构成的必备要素。能源法律关系的客体要满足3个条件：一是必须是一种资源，可以满足人们的需求因此具有价值；二是必须具有一定的稀缺性；三是具有可控性。

符合能源关系客体条件的事物众多，其数量和种类难以详述，主要有3类。一是能源资源，能够直接取得或者通过转换而取得某种形式有用能的各种资源，包括煤炭、原油、天然气、煤层气、水能、核能、太阳能、地热能、生物质能等一次能源，电力，热力、成品油等二次能源，以及其他新能源和可再生能源。二是能源开发、利用、服务、管理的行为，主要是指能源法律关系中权利和义务所指向的作为或者不作为。作为能源法律关系客体的行为,按其功能和内容可以分为能源管理行为、能源开发建设行为、能源加工转化行为、能源输送与供应行为、能源使用(消费)行为、节能减排行为、能源生产设备和能源消费产品(商品)的生产行为等。三是与能源开发、利用和研究相关的智力成果。作为客体的智力成果,是指人们在能源开发、利用、管理和研究等智力活动中所创造的财富,包括专利权、商标权和著作权等知识产权。①

四、能源法律关系内容

能源法律关系的内容是能源法律关系主体所享有的权利和需要承担的义务。能源权利和义务是能源法律调整的特有机制,是能源法律行为区别于道德行为最明显的标志,也是能源法律和能源法律关系内容的核心。能源法律关系中的权利,是指主体以相对自由的作为或者不作为获得利益的一种资格或是职权。能源法律关系中的义务,是指规定或者隐含于法律规范之中,为了实现主体的利益,通过作为或者不作为的方式保障权利主体获得利益的约束手段。能源法律关系权利和义务主要包括能源的勘探、开发、加工、转换、储存、分配、使用和节约、管理等能源行为的一系列权利和义务。特别的是,国家或是政府机构在大多数情况下权利和义务具有一体性,不可分割。在一般情况下权利人可以放弃权利,但国家或是政府机构的权利不得非法放弃。

对能源权利和义务可从不同的角度,按照不同标准进行分类。根据体现社会内容的重要程度,可以分为基本的能源权利义务和普通的能源权利义务。基本的能源权利义务是在国家的政治、经济、文化、社会生活中根本能源利益的体现。普通的能源权利义务包括在能源的勘探、开发、加工、储存、消费及节约与管理、分配等活动中能源主体所享有的权利和承担的义务。根据适用范围的不同,可以分为一般的能源权利义务和特殊的能源权利义务。一般能源权利的主体是一般权利人,也是无特定义务人;一般义务的主体是每一个人,没有与之相对应的特定权利人,且一般都是消极的不作为。特殊权利的主体是特定的权利人,同时也有特定的义务人;特殊义务,是指特定义务人作出的积极的作为或者消极的不作为。②

第四节 能源法的渊源与体系

能源法的渊源,是指能源法的表现形式,从国内法和国际法间关系的二元论来

① 参见胡德胜主编:《能源法学》,北京大学出版社 2017 年版,第 83 页。

② 参见莫神星:《能源法学》,中国法制出版社 2019 年版,第 38 页。

看,有国内能源法和国际能源法之分。

一、能源法的渊源

(一)能源法的国内法渊源

1. 宪法和宪法性法律。宪法关于能源社会关系的规定主要是确立公民与能源相关的人权和环境保护事项、能源资源的权利和管理以及国家与能源相关的职责。作为国家的根本大法,宪法具有最高的法律效力。在我国法律体系中,宪法的法律地位和效力最高,是一切法律的母法。任何法律都必须依据宪法制定,不得与宪法相冲突。宪法中所规定的基本制度、基本原则,任何单位、任何个人都必须遵守。所以,宪法是能源法律的首要渊源。例如,《宪法》中规定,"社会主义的公共财产神圣不可侵犯","禁止任何组织或个人用任何手段侵占或者破坏国家的和集体的财产","矿藏、水流、森林、山岭、草原、荒地、滩涂等自然资源,都属于国家所有","国家保障自然资源的合理利用,禁止任何组织或者个人用任何手段侵占或者破坏自然资源"。

2. 法律。一国最高立法机关制定的法律。它的主要表现形式是成文的实体法和程序法,在能源法领域,法律通常包括能源基本法以及单项能源法律。能源基本法主要是对综合性能源政策目标、能源法法律原则和所有能源领域的共同事项、能源管理机关等事项作出规定。单项能源法律通常是针对具体种类的能源、某类或者某一阶段的能源活动等而制定的专门法律。此外,民法、刑法、诉讼法、经济法、环境与资源保护法等法律中也有关于能源事项的法律规则。需要注意的是,由于法律制度的不同,不同国家的最高立法机关会有所不同,有些国家是一个机关,有些国家是多个机关。这些法律的效力位阶次于宪法。目前,我国缺少能源的基本法,单行法律较多,如《电力法》《煤炭法》《节约能源法》《可再生能源法》《石油天然气管道保护法》《核安全法》等。

3. 行政法规和地方性法规。这是指根据宪法或者法律的授权,由行政机关制定的用于落实和实施相关能源法律的规范性法律文件。在我国,行政法规是国务院依照宪法授予的职权和法定程序制定的有关能源方面的行为规范,称为行政法规。"条例""办法""规定"是能源法常见的渊源。地方性法规,通常是指省、自治区、直辖市人民代表大会及其常务委员会和设区的市、经济特区所在地的市、自治州、经国务院批准的特大的市的人民代表大会及其常务委员会制定和颁发的行为规范。通常为条例、办法等形式。

4. 规章或规范性文件。行政机关根据行政权限的规定所制定的实施相关能源法律和法规的规范性文件,它的内容通常是一些更具体的规定。在我国,国家能源管理部门和地方人民政府会制定颁发有关的行政规章或规范性文件。法律法规未规定的内容可由行政规章或规范性文件规定。国家法律、法规原则规定的内容靠行政规章或规范性文件细化规定。规章或规范性文件也是常见的能源法律渊源之一。

此外,我国在能源领域还有许多通过一定程序以国家政策的形式在发挥调整社会关系、经济关系作用的能源政策,这类政策形式的规定尚不构成法律或行政法规,但在国家法律体系未能全面形成的情况下,这类能源政策在实际工作中起重要作用。因此在我国,目前能源政策也可以看作能源法的一种渊源。

(二)能源法的国际法渊源

1. 国际条约。国际能源条约是国际能源法的主要法律渊源,包括多边、双边涉及能源法专门条约或是相关条约。目前的条约涵盖了能源资源的勘探开发、能源产品的生产、配送、消费,能源活动的环境保护等领域。国际能源法的发展趋势是框架公约,虽然制定国际能源条约十分必要,但是条约不可能对各种国际能源关系权利义务作出具体规定,因此仅对目标和原则作出规定,具体权利义务由缔约国进一步规定,如《国际能源宪章宣言》《巴黎协定》。我国《民法典》未明确规定国际条约和国际惯例的适用,有学者提出应将《民法典》第10条中的"习惯"解释为包括它而由法院直接适用。可参见清华大学车丕照《民法典颁行后国际条约与惯例的适用》一文。有关我国同外国缔结的双边、多边条约及公约、协定等有关能源方面的规定,也是我国能源法律的重要渊源。目前,我国已经签署、缔结或是参加了30多项与能源相关的国际条约,如《国际原子能机构规约》《联合国气候变化框架公约》《核安全公约》。

2. 国际习惯。国际能源法产生于20世纪70年代,时间较短,因此形成惯例且被多数国家接受的专门针对能源领域的国际习惯并不多,主要涉及能源和环境两个领域。

3. 一般法律原则。世界各国一致承认的一般法律原则是国际法的渊源。一般法律原则被国际法院或其他裁判机构适用时,最普遍的主要是作为辅助渊源,即案件已经依据条约或国际习惯作出结果,适用的一般法律原则对于案件的结果来说并不是不可或缺的,它只是加强了判决的说理性。法院依据一般法律原则作出判决的情况较少。

4. 政府间国际组织决议。国际组织的决议目前是不是一种独立意义上的国际法渊源,是否具有相应的法律效力,在国际法学界至今尚无定论。但政府间国际组织决议对国际法的形成和发展有巨大作用,其中一些根据条约或宪章的授权作出的决议对成员有法律效力,一些决议可以作为证明某项国际惯例抑或是一般法律原则存在的证据或辅助资料。

二、能源法的体系

法律结构是“一系列相互关联的法律规则的构架”。[①] 能源法律制度的基本结构，是指相互关联的能源法律规范组成的有层次的能源法律系统构架。目前，我国能源法律制度的基本结构尚不完整。综观现行能源法律、法规的状况，已经有《电力法》《煤炭法》《可再生能源法》《节约能源法》4部能源单行法，有《矿产资源法》《核安全法》《石油天然气管道保护法》《环境保护法》等30多部相关法律，有30部左右的能源行政法规，有9个已参加的与能源相关的国际条约，有200部左右部门规章，有近千部地方法规、规章。[②] 能源法律体系的雏形已初步构建起来，但仍有相当部分的能源活动基本领域缺乏高层级的立法规范，如石油天然气法尚未出台，统领性的能源基本法缺位。

能源法律制度结构较其他法律制度结构更为复杂。除煤、油、电、核、可再生能源开发利用及其环境保护和节能规范各有专门的法律规定外，能源问题涉及政治、经济、军事、外交等诸多领域，能源问题解决的多变性与复杂性也直接或间接决定或影响能源法律制度结构的形成。此外，能源法律制度结构还涉及国内法与国际法的衔接，特别是其他法律制度及相关制度经常直接规范能源开发利用，与能源法律形成交叉、竞合甚至法律冲突。能源法律制度结构在世界范围内没有形成一个较成型的范式，这已经成为各国法律制度建设的一个难题。从能源法在各国的制度变迁来看，能源法的制度结构形成是一个渐进过程，即使从美国等经济发达国家的实践来看也是如此。由于能源法律制度以能源法律体系为基础，重构能源法律体系实质上是重构能源法律制度的另外一种提法。制定能源基本法律是重构能源法律制度的基本方面，因此，目前世界上已经存在的起基础作用的20余部能源法，大部分是在近年来制定、颁布和实施的。[③]

中国与能源相关的环境政策政出自多个部门。目前的能源政策法规出自国家发展改革委、生态环境部、电力部门等多个部门。现行与能源相关的环境政策体系主要体现在以下几个层次：国家和地方有关的法律法规、国家和地方有关政策规定、国家和地方环境标准（包括强制性标准和非强制性标准）。能源管理政策尚存空白点、执法不力、燃煤型的污染特征明显、企业技术和资金局限及环境意识淡薄等现实问题，

① [英]麦考密克、[奥地利]魏因贝格尔：《制度法论》，周叶谦译，中国政法大学出版社1994年版，第16页。

② 参见叶荣泗、吴钟瑚主编：《中国能源法律体系研究》，中国电力出版社2006年版，第3页。

③ 参见肖国兴：《论能源法律制度结构的功能与成因》，载《中州学刊》2008年第4期。

使中国能源政策法规面临挑战。通过对现行能源法律体系的梳理分析，不难发现它存在四大缺陷，即结构性缺陷、内容性缺陷、配套性缺陷和协调性缺陷。① 所谓结构性缺陷，主要表现在能源领域的综合性、基础性法律缺失；能源法子体系不完整，石油、天然气、原子能等领域的能源单行法律缺位，也缺少能源公用事业法。所谓内容性缺陷，主要体现在部分能源法律、法规与能源改革方向不相适应。另外，现行法律、法规仍存在诸多立法空白，已有法律的部分内容较陈旧，已经不适应社会主义市场经济体制的客观需要，亟待修订。所谓配套性缺陷，主要表现在现行能源单行法律普遍存在规定比较原则，可操作性差的问题，需要大量法规和规章配套才能实施，一些法律明确规定要制定的行政法规，或是因为无人组织起草，或是因为跨部门协调比较困难，或是因为主要负责的部门机构被撤销、合并等原因，长期不能出台。所谓协调性缺陷，表现在不同位阶的能源立法之间不够协调，能源法与其他相关法律之间缺乏相互呼应。②

叶荣泗先生认为，我国能源法律体系的基本框架设想是，在《宪法》的统率下，以综合性的能源基础性法律能源法为统领，以《煤炭法》《电力法》《石油天然气法》《原子能法》《节约能源法》《可再生能源法》《能源公用事业法》7 部能源单行法律为主干，以国务院和地方制定的行政法规和能源行政规章相配套，结构严谨、内容和谐、形式统一的，能够保障国家能源安全和可持续发展的，有中国特色的能源法律体系。这个法律体系框架有 3 个层面：一是以能源法作为顶梁，起到统领作用；二是以 7 个能源单行法律作为支柱；三是能源配套法规，再加上众多规章和规范性文件作支撑，可以形象地描述为“一梁七柱三层架构”。③ 从目前来看，我国作为能源基础性法律的能源法呼之欲出，各子系统里面现已有《煤炭法》《电力法》《石油天然气管道保护法》《核安全法》《节约能源法》《可再生能源法》等重要的专项单行法，石油天然气法、原子能法和能源公用事业法等的出台尚在酝酿之中，我们将在后面的分论部分对我国现行的各子系统的法律制度展开专门的讨论和学习。

课后思考题

1. 试简述能源法的概念与特征。
2. 试梳理我国能源法律体系的构架，并对其完善谈谈自己的看法。

---

① 参见叶荣泗：《我国能源安全的法律保障》，载《中国发展观察》2008 年第 1 期。
② 参见叶荣泗、吴钟瑚主编：《中国能源法律体系研究》，中国电力出版社 2006 年版，第 6 页。
③ 叶荣泗、吴钟瑚主编：《中国能源法律体系研究》，中国电力出版社 2006 年版，第 7 页。

阅读材料

胡德胜:《论能源法学的独立学科地位和理论体系》,载《西安交通大学学报(社会科学版)》2018 年(第 38 卷)第 2 期。

本章课件

(请扫描二维码)

第三章　能源管理与公共政策

导　言

相对能源的市场交易性，其公共服务属性更加突出，“能源主要是作为一种公共服务，其次才是作为一种商品，相应地，传统能源法律关系更多地体现出行政法的特质，即以能源行政管理关系为基础，以政府行政命令直接管理能源事务与能源企业服从政府命令为方式，包括能源经营特许权的授予、产供销计划的执行、税收征管、企业征用或国有化和补贴等”。[①] 能源资源是我国经济发展和社会生活中的重要资源，在以计划经济为主的时代，能源的行政管理方式是我国能源管理的主要方式。全面推进我国能源管理综合体制改革正在路上。作为能源管理和公共政策主题，本章主要讨论以下问题：

1. 能源行政管理与监督管理的关系
2. 我国能源行政管理的历史与现状
3. 我国能源管理机构沿革
4. 能源管理政策的主要目标和措施

第一节　能源管理制度

一、能源行政管理

(一)能源行政管理的概念

所谓行政管理(administration management)，是指一个国家的各级政府及其部门在实际执法操作过程中，应用法定程序处理相关具体事务的一系列活动。从狭义的角度来说，“行政管理”一词是指国家行政机关对全社会一般公共事务的管理活动。但广义的行政管理，则可指所有的企事业单位和其他社会团体组织对有关一切社会

---

① 马俊驹、龚向前：《能源法的变革》，载《中国法学》2007 年第 3 期。

事务及内部事务的管理活动。

能源行政管理,是指“政府对人的各种能源实践活动的管理,它不能被理解为对能源的管理,不是以自然存在的能源资源或能源产品为对象的管理。对能源的管理与对人的能源实践活动的管理有相同的内容,但是政府的能源管理行为毕竟不是直接追求能源利益的经济活动”。[①] 因而,能源行政管理乃是狭义的管理概念,是国家行政机关及其部门依法进行的能源管理活动。同时,由于长期计划经济模式的应用,中国的能源管理具有很强的行政计划性质,电力、煤炭、石油等各种能源行业管理分散,各能源部门以行业服务为由相互隔离,主观、僵化、随意,这就极大地降低了整个能源行业为国民经济发展提供综合服务的能力。

(二)中国能源管理的历史和现状

我国的能源管理最早采取计划经济模式,随着国家经济体制改革的不断深入,我国能源管理体制和职能管理部门经历了一系列调整和改革。

1.煤炭行业行政管理沿革

我国煤炭工业是随着国民经济的发展,特别是工业、军事发展的需要而逐步发展起来的。自1949年新中国成立以来,通过各种政府文件、法规、规章和制度,形成了较系统的煤炭工业管理体制,其演进历程可分以下5个时期。

(1)新中国成立之初到“大跃进”时期(1949~1957年)

为国民经济和军事工业需要,我国的煤炭工业从1949年新中国成立开始进入以增加煤炭产量为中心,实施矿山技术改造,全面恢复生产的基础发展阶段。煤炭工业得到了国家的高度重视,煤炭和粮食作为同等重要的国计民生的基础原料,实行国家调配制度,煤炭和粮食管理部门则作为国家重要的工业部门参与行业管理。1949年11月中央人民政府燃料工业部成立,煤炭工业以全面恢复产量为主,以东北为重点煤炭工业建设地区。为改变落后的生产技术、采煤方法和煤矿安全对煤炭生产的制约,国家陆续决定在各地煤矿全面实施新的采煤方法,国有煤矿进行了生产方式改革,并颁布了《煤矿技术保安试行规程》,逐步建立煤矿安全管理制度。

1950年为了加强对私人煤矿和小煤矿的管理,国家公布了《公私营煤矿暂行管理办法》和《公私营煤矿安全生产管理要点》,重点对公共小煤矿和私人煤矿的安全管理和生产条件进行改善。到1952年年底,大多数国有矿山恢复煤炭生产,全国煤炭年产量迅速提高到7000万吨。

1953年我国开始了大规模的全面经济建设,对钢铁材料需求量快速增长,为保

---

① 黄振中等:《中国能源法学》,法律出版社2009年版,第110页。

证钢铁工业对洗煤炼焦量的极大需求，解决全国工业生产布局不合理的情况，国家提出了基础设施建设优先的原则，通过对煤矿生产方式的改革，基本建立了煤矿包括生产准备、采矿工程，以及运输、通风和安全、生产组织、生产技术等各生产环节管理责任制，实行矿长负责制和总工程师负责制。

到1957年，我国煤炭生产能力、长壁开采比重、采煤、装车、运输机械化程度迅速提高，但煤炭产量增长仍不能完全满足国民经济发展的需要。

(2)"大跃进"和"文化大革命"时期(1957~1977年)

国家对煤炭企业实行车间式管理。产业布局调整较大，煤炭产量急剧波动，起伏不定。1958年"大跃进"运动中要求"全民大办钢铁"，对煤炭的需求大大增加，为此，提出了"全民大办煤矿"的要求和对煤炭工业"边勘探、边设计、边施工"的行业管理方针，全国各地大办小煤窑，煤炭年产量在1960年快速增加到3.97亿吨，1961年又急剧下降到2.77亿吨。

(3)改革开放初期(1978~1992年)

1978年党的十一届三中全会开启了我国改革开放的序幕，在此期间，国家实行国有重点煤炭企业计划管理，乡镇煤矿逐步放开经营，并在农业政策的支持下发展迅速，国家为促进煤炭行业的进步，制定了一系列促进采煤技术发展和规范行业经营的相关管理政策，煤炭企业经营自主权逐步放开，煤炭行业投资多元化管理体制逐渐形成。同时，随着国家改革开放政策的不断调整，作为乡镇企业的农村小煤矿改属原农业部管理，以促进农村乡镇企业的发展，支持有煤矿资源地区的农业人口脱贫致富，享受相关农业税收优惠政策的支持，乡镇小煤矿发展迅速，全国的乡镇小煤矿一度达到8万多家。

国家通过引进大量先进的技术和设备支持国有重点煤矿，规范行业发展，促进煤炭企业自主权逐步提高和技术进步，许多煤炭企业管理理念开始形成，实行"国家、集体、个体一起上，大中小煤矿一起搞"的政策，并促进煤炭的机械化生产和技术标准化，确立了国家行政宏观调控和市场微观调节相结合的管理思路。为促进我国煤矿机械化生产，按照"调整、改革、整顿、改进"的八字方针，启动了煤炭行业管理的第二次大调整。

在企业管理方面，实行计划管理改革，将计划经济与市场调节相结合，扩大企业经营自主权，增强企业活力，将单纯依靠行政手段管理企业改为经济手段与行政手段相结合的管理方式。除国家统一调拨煤炭的计划指标外，放开各地售煤限制，尝试煤炭价格改革和动力煤发热值计价改革。

1989年以后，政府对国家、地方和乡镇不同所有制煤矿采取了一视同仁的开放政策。为促进煤炭企业多元化经营,国务院于 1992 年提高了煤炭企业售煤价格,平均每吨原煤价格提高 10 元,以弥补全国煤矿行业的政策性亏损。

为了提高煤矿采煤装备技术水平和机械化采煤水平,国家大力推进煤炭科学技术进步,采煤工作效率大为提高。但由于计划经济行政管理思维惯性,国家仍对煤炭销售实行限价政策,国有重点煤矿的煤炭销售价格长期低于采煤成本,使大部分国有重点煤矿处于严重亏损状态。

(4)深化改革开放时期(1992~2001 年)

1992 年春天,邓小平同志发表著名的南方谈话,紧接着,1993 年党的十四届三中全会通过了《中共中央关于建立社会主义市场经济体制若干问题的决定》,确立了建立社会主义市场经济体制的目标,我国国民经济进入深化改革时期。1993 年国家开始实行煤炭价格放开政策,并取消对统配煤矿的补贴政策。因此,煤炭生产企业开始拥有煤炭经营管理权和销售自主定价权,煤炭行业开始了真正意义上从计划经济向市场经济的转型。

同时,国家开始进行煤炭行业增值税改革。全国各煤炭企业由征收生产产品税改为征收增值税,并对煤炭行业适用 13% 的增值税优惠税率。由于当时国有重点煤炭企业整体亏损,国家决定对国有重点煤炭企业在产品税基础上增加缴纳的增值税部分实行增值税定额返还,全部返还相关煤矿企业,并通过在煤炭销售合同中明确规定数量、热值来确定煤炭价格,通过结算方式的改变实现税制改革的目标。此次改革措施大大加快了国有煤炭企业向市场经济的转型速度。

对于乡镇煤矿的管理,国家也加快了改革步伐。1994 年 12 月国务院公布《煤炭生产许可证管理办法》和《乡镇煤矿管理条例》,1999 年发布《煤炭经营管理办法》,同时发布了针对乡镇煤矿的“扶植、改造、整顿、联合提高”的政策,通过制定《乡镇煤矿质量标准标准化和考核评级办法》《小煤矿安全规程》《乡镇煤矿瓦斯事故煤尘防治条例》等,开始对乡镇煤矿从国家行政计划管理转变为依法实施管理。

1996 年我国颁布实施《煤炭法》。该法内容涉及面广,涵盖了煤炭生产、开发规划与煤矿建设、煤炭生产和煤矿安全、煤炭经营、矿区保护、监督检查等煤炭行业从生产到销售的各个环节,这是我国第一个系统促进煤炭工业健康发展的法律制度。为实施该法,当时的煤炭工业部随即制定并颁布了《煤炭行政处罚办法》《煤炭行政执法证管理办法》《开办煤矿企业审批办法》等,作为相关配套管理制度予以实施。

1997 年开始,国家陆续实施煤矿建设专项贷款转为国有资本的政策。1998 年煤炭工业部撤销后,国有重点煤矿等原煤炭工业部直属和直接管理的相关产业和机构,如煤炭地质勘探、基础设施建设、机械制造、科学研究和教育机构等,全部移交地方管理,其中,国有大型重点煤矿 94 家,基础设施建设、机械制造、地质勘探、煤矿设计、科学研究和教育等企事业单位 174 家。其间,随着 1997 年亚洲金融危机的影响开始显现,国内煤炭需求量大幅下降,市场低迷,加之电煤实行政府指导价,煤炭市场价格下跌,整个煤炭产业陷入困难时期。为此,国家采取了一系列措施,包括“债转股”和企业破产关闭等政策,缓解了煤炭行业的困难。

1997 ~ 2001 年我国开始进行煤炭行业市场化改革,但此时正值亚洲金融危机、各行业经济下行、能源和煤炭需求下降,致使我国绝大多数煤炭企业运行困难,大多数煤矿实行限产,煤矿基础投资大幅下降,安全生产投入非常缺乏,安全生产基础设施严重不到位,这也为后来煤炭市场回升后产量大幅提高的同时发生一系列严重煤矿安全事故埋下了隐患。

在此期间,除电煤外,国家放开了其他商品煤价格,重点国有煤矿的商品煤价格逐步上涨,煤炭企业的亏损逐步减少。但是,随着 1997 年亚洲金融危机的影响扩大,煤炭价格下跌,煤炭企业的利润下降幅度依然较大。

随着我国改革开放进一步深入,国家逐步减少对煤炭行业的直接投资和直接行政管理。2001 年以后,国家全部取消了对煤矿建设的直接投资,促使煤炭企业真正成为市场经济模式下自行投资、自主经营的主体。

(5)全面改革开放时期(2002 年至今)

2002 年以后,随着我国国民经济的快速发展,对煤炭等能源资源的需求明显增加,煤炭、石油供给一度出现全面紧张局面。为促进建立市场导向型的能源多元化投资建设管理机制,国务院陆续颁布了《关于促进煤炭工业健康发展的若干意见》,修订了《煤炭法》,发布实施了《煤炭产业政策》和《煤炭经营管理办法》,并开始研究制定能源法。

2003 年以后,全国各省、自治区、直辖市陆续提高了煤炭资源税,实施煤炭资源有偿使用制度,提高煤矿生产安全标准,加大煤矿安全投入。2014 年开始,我国将煤炭资源税从量计征改为从价计征,加强对煤炭资源的管理,并实行国家煤炭资源规划区制度,发展大型煤炭企业集团,调整煤炭出口税率,促进矿区生态环境恢复治理和采煤生产外部成本内部化,推进矿区生态保护力度。

目前,我国煤炭行业管理有 3 个明显的特点:第一,管理层次多,煤炭行业主要采用的是中央管理部门、省级管理部门、市县管理部门三级管理结构。第二,管理系统多,从新中国成立到改革开放 40 多年,中国煤炭产业一直按照所有制性质和隶属关系分为国有统配煤矿和国营地方煤矿等不同系统进行管理,再加上隶属于地方各级部门的集体、乡镇和个体煤矿管理系统等,形成了多系统、多部门重复管理的复杂管理体系。第三，管理部门多，在很长一段时间里，根据煤炭生产的不同特点形成了不同的行业管理部门，如地质勘探、煤矿设计、煤炭开采、运输和销售、设备制造、教育和科学技术就分别隶属于国有资产管理委员会、工业和信息化部、交通运输部、自然资源部、教育部和科学技术部等不同政府部门进行管理。

2. 电力行业行政管理沿革

伴随国民经济的进程，中国的电力行业也经历了分散和集中管理模式的多次反复调整，按照时间顺序大致分为4个改革时期。

(1)新中国成立到“文化大革命”时期(1949～1965年)

1949年新中国成立初期，国家设立燃料工业部，对煤炭、电力、石油等主要能源行业实行统一行政管理。燃料工业部在1950年设立了国家电业管理总局，负责全国电力行业的行政管理，主要对各类火电厂的建设、输变电工程建设，以及发电、输电、配电和电力供应等全过程生产运营进行管理。后来，为了发展水电行业，又成立了水电工程局，并先后建立了六大区域电力管理部门，分别对东北、华北、华东、中南、西南和西北六大区域的电力行业建设进行管理，六大区域性电业管理局归国家电业管理总局统一领导，形成了自上而下、政企合一的电力行业行政管理体制。

1955年7月燃料工业部撤销，国家电业管理总局和六大区域电业管理局随即撤销，第一次独立设置的国家电力工业部直接负责对全国各省级电力工业进行行政管理、电力建设和运行经营，并对各省级电力工业管理部门进行了调整和充实，逐步形成了国家电力工业部和各省级地方电力工业管理部门相结合的全国电力行业行政管理体制。

为了减少火电厂建设和营运对资源的大量耗费以及对生态环境的破坏，1958年中央决定在电力行业中开始实施“水主火辅”的建设方针。1958年2月为了加快水电建设，第一届全国人民代表大会第五次会议通过决议，将水利部和电力工业部合并为水利电力部，将原中央直管电力企业划归到各省，由各省、自治区、直辖市独立的工业管理部门实行垂直垄断管理。

(2)“文化大革命”时期(1966～1976年)

“文化大革命”期间，水利电力部实行军事管制，所有的电力行政管理工作由水利电力部军管会按照生产、后勤、政工三大系统进行管理，并由地方政府进行电力企业管理。军事管制在1970年结束后，水利电力部由新成立的水利电力部革命委员会领导，水利电力部革委会决定撤销西北电管局，将西北各省(区)的电力企业交相关省(区)管理；同时，将广东省电力局和四川省电力局分别交由广东省和四川省革委会管理。1975年，水利电力部革委会被撤销，水利电力部建制重新恢复。

“文化大革命”期间,不仅电管局、电业局全部下放地方,各电力设计院和电力科研机构也都受到波及,这对我国电力工业的勘察、设计和科研机构造成了极大损害,使电力行业设备研发、技术革新和电力建设停滞不前,电力行业事故频发,电力供应严重短缺。

(3)改革开放初期(1979～1992年)

党的十一届三中全会以后,随着我国开始进入国民经济改革开放进程,电力工业建设和管理体系也进入了改革探索阶段。电力行业全面实施包干经济责任制,成立了国家级的华能电力集团公司和各区域性的电力集团公司等国有大型电力企业,按照简政放权、自负盈亏、以电养电的方针进行自主经营,实行电力工业的中央集中管理。

1986年5月在国务院召开的电力工业体制改革研讨会议上,国务院电力体制改革工作小组提出了促进电力工业发展的有关方案和相关政策措施。1987年9月14日按照时任国务院副总理李鹏的指示,我国电力行业管理体制改革采用了“政企分开、省为实体、联合电网、统一调度、集资办电”的原则。按照这个原则,自1988年开始,华东电力联合公司、上海市电力公司、江苏省电力公司、浙江省电力公司、安徽省电力公司等企业相继成立,拉开了华东地区电网试点和电力管理体制改革的序幕。

由于在长期计划经济行政管理下电价严重偏低,致使电力建设投资严重不足。为此,国家采取了建立电力建设基金、出售用电权等方式筹集电力建设资金对电力建设投资,并对国有电力企业普遍实行拨改贷制度。在电力基础设施建设中采用降低成本,缩短工期和基本建设项目包干责任制、招投标制度等措施,以节约建设资金。同时,为了弥补电力建设基础投资不足,大型国有电力企业在基础设施建设中率先利用外资,成立了华能国际电力开发公司,发行电力建设债券,并适当增加电力行业的固定资产折旧率。通过这些多元化投资、建设渠道,打破了电力建设国家单独投资的局面,大大促进了我国电力行业的建设发展。

1988年5月,第七届全国人民代表大会第五次会议决定成立国家能源部,撤销水利电力部,将原水利电力部的电力行业管理工作交由新成立的能源部负责,由能源部行使全国电力行政管理职能。1988年12月中国电力企业联合会成立,同时,在原大区电力管理局和省级电力工业局的基础上成立大型电力集团公司和省电力公司,将电力行业行政管理、企业管理和行业自律管理职能分离,全面开启了我国电力行业管理体制改革的进程。

在此期间,我国第一个国家级特大型电力建设和开发企业中国华能集团公司于1988年成立。经过20多年发展,原中国华能集团公司在经过公司制改造后更名为中国华能集团有限公司，成为集能源、金融、贸易、科技、服务于一体的国有独资的多功能、综合性企业集团，其业务范围以电力（含水电、火电、核电）开发为核心，覆盖煤炭、煤炭化工、石油及页岩气开发、能源交通、金融、科技、贸易、信息技术等行业。作为世界500强企业，中国华能集团有限公司下属51家二级公司、460余家三级公司，并控股华能国际、内蒙华电、新能泰山、华能水电、华能新能源、长城证券6家上市公司，也是直属国务院国资委的国有重要骨干企业。

另外，从1988年起，原大区电业管理局首次改组为联合电力公司，各省电力工业局则改制为省电力公司。按照1988年10月国务院发布的《电力工业管理体制改革方案》要求，各省级电力公司和联合电力公司属于具有独立法人地位并实行独立核算、自负盈亏的经济实体，而跨省电网中发电企业和供电企业的资产归属不变。联合电力公司由国家能源部管理，并在国家计划中单列，非跨省电网的省级电力局则逐步转为省级电力公司，在能源部和各省级人民政府的双重领导下独立运行，并承担地方电力行业的行政管理职能。改革方案要求各企业贯彻落实，完善多种形式的承包经营责任制度，逐步实行股份制改革，实行售电量和成本消耗包干，独立电厂可以独立核算，与电网签订经济合同，接受电网统一调度。

从1991年开始，逐步组建区域性大型电力企业集团。1991年12月14日国务院批准的第一批试点的大型区域电力企业集团包括了华北电力集团、东北电力集团、华东电力集团、华中电力集团和西北电力集团。1992年10月能源部上报国家计划委员会、国家体制改革委员会和国务院经济贸易办公室关于同意组建中国东北、华东、华北、华中、西北电力集团的报告，经国务院批准，隶属国资委管理的华北、东北、华东、华中、西北五大区域性电力集团于1993年1月正式成立。

(4)深化改革开放时期(1993年至今)

1993年3月第八届全国人民代表大会第一次会议通过决议撤销能源部，第三次成立电力工业部，再次恢复建制的电力工业部按照"政企职责分开，大力简政放权，由部门管理转向行业管理，加强规划、协调、监督、服务职能；精简内设机构和编制，合理配置职能，提高宏观管理水平；实事求是，平稳过渡，合理分流富余人员"①的指导思想进行新的管理方式转变。同时，国务院要求新组建的电力工业部遵照"政企分开、省为实体、联合电网、统一调度、集资办电"的方针，加强宏观管理的职能，而将对电力企业的人、财、物和经营的微观管理职能下放到各大电力集团

---

① 国务院办公厅：《关于电力工业部职能配置、内设机构和人员编制方案》（国办发〔1993〕51号），载中国政府网，http://www.gov.cn/zhengce/content/2010-12/10/content_7970.htm。

和省电力公司。

按照国家体制改革委员会股份制企业改革试点办法规定，新组建的电力工业部于1993年9月发布了《电力行业股份制企业试点暂行规定》，开始了全国各大电网和发电企业的股份制改革进程，并要求具备条件的电力企业经主管部门的批准，可以在国外或境外发行股票、债券，但发、供电一体的电网企业在实施股份制改造时应当由电力集团公司和省电力公司在企业中掌握控股权，以保证股份制改造后公有制股份的主体地位。1994年8月山东华能发电有限公司经股份制改造后在美国纽约证券交易所上市，成为中国第一家直接在纽约上市的大型电力企业。随后，华能国际、大唐发电、国电电力、长江电力等国内一大批发电企业相继在国(境)内外上市，极大拓宽了我国电力基础设施建设的多元化融资渠道。

中国电力工业在经过20多年的改革探索以后，逐步走上了发电企业和电网经营企业并行发展，全国电力行业多渠道、多模式、多元化集资办电的道路，各种类型的独立发电企业相继在全国各地建立起来，这些发电生产企业享受了国家征收电力建设基金和还本定价的优惠政策，生产积极性得到极大调动，这些地方性发电企业的发电总量迅速增长，一度达到与国家级电力生产企业平分秋色的程度。

但同时，输配电与售电行业因为没有得到相应的政策支持，其产业发展相对较缓慢甚至停滞不前，甚至很多省级电力企业将原直供的供电企业改为趸售电企业，到1996年，全国县级直供电企业只有1/3属于中央电力企业，而另外2/3的区域都成为趸售电企业和自发自供企业的市场份额。

在地方电力建设管理方面，快速发展起来的小型燃煤电厂和无调节小水电站发电效率低，上网电价高，且造成严重的环境污染和生态破坏，在农村电网建设和管理方面，由于农电投资严重缺乏，农电管理长期体制不顺，农村电网技术装备水平落后、线损较高，农村电价电费的管理和监督不到位，致使我国广大农村电力供应缺乏、电价费用较高，极大阻碍了农村用户对电力资源的应用。

3. 石油行业行政管理沿革

新中国成立以来，我国的石油行业管理体制经过多次调整和改革，从高度集权的统一计划经济行政管理模式，逐步改变为市场经济自主经营、国家宏观调控的管理模式。

(1)计划经济统一管理时期(1949～1980年)

1980年以前，我国石油工业实行的是集中垄断经营的计划经济管理体制。虽然石油工业的国家管理部门不断改变，但石油工业全行业都是实施集中统一管理的模式，而这一阶段的突出特色就是“石油大会战”。

新中国成立之初,基于工农业生产和人民生活的需要,中央人民政府于 1950 年设立了燃料工业部,并下设石油管理总局负责全国的石油工业行政管理工作。1955 年为推进石油、煤炭、电力等能源工业的专业性发展,国家撤销了燃料工业部,分别成立石油工业部、煤炭工业部和电力工业部。其中,石油工业的生产建设工作由石油工业部负责管理,石油勘探普查工作则由国家地质部负责管理。我国大庆、胜利、辽河、大港等几大油田,都是在这一时期经过多次"石油大会战"而建设起来的。1970 年 6 月石油工业部与化学工业部、煤炭工业部合并,成立燃料化学工业部。1980 年国务院设立国家能源委员会,第一次由一个统一能源部门负责管理石油、煤炭、电力 3 个与能源建设和供应有关的工业部门。

(2)专业化分工时期(1980 ~ 1998 年)

从 1980 年开始,我国石油行业实行专业化分工管理改革,尽管陆续成立的中国石油天然气总公司、中国石油化工总公司仍然承担大部分政府行政管理职能,但同时也开始了市场调控管理模式改革的步伐。

1982 年 2 月中国海洋石油总公司成立,全面负责我国海洋石油的对外合作业务,并独家负责在对外合作海区进行石油勘探、开发和销售。1983 年 7 月石油工业部下属的部分炼油、化纤和其他石油化工企业合并组建中国石油化工总公司,直属国务院领导,并由中国石油化工总公司承担部分行政管理职能。1988 年 9 月国务院分别撤销石油工业部、煤炭工业部和电力工业部,组建能源部,在石油工业部的基础上组建中国石油天然气总公司。同时,在国家能源部内设石油总工程师办公室,负责协调管理中国石油天然气总公司和中国海洋石油总公司的有关业务。1992 年 3 月成立仅 3 年多的国家能源部撤销,由国务院直接管理中国石油天然气总公司、中国海洋石油总公司、中国石油化工总公司三大国有石油公司。随着三大石油公司的建立和发展,加上负责进出口业务的中国化工进出口总公司的加入,中国石油产业逐步形成"上下游分割、内外贸分治、海陆分家"的专业化宏观管理体制。

三大石油公司和中国化工进出口总公司为我国石油化工产业建设做出了重要贡献,但由于石油勘探技术的落后,新增探明储量一度停滞。为了增大石油储量勘探力度,开辟石油勘探开发的新局面,1996 年 12 月由地质矿产部上报国务院组建中国新星石油有限责任公司(以下简称新星石油公司)。新星石油公司为国家独资石油企业,其业务范围涵盖了国内石油天然气资源的勘探、开发等。虽然新星石油公司注册资金规模比中国石油天然气总公司、中国海洋石油总公司、中国石油化工总公司、中国化工进出口总公司四大总公司要小得多,但其业务范畴却比四大总公司都要大,其业务范围覆盖海陆区域、内外贸,并可独立对外开展合作。后来,新星石油公司并入重组后的中国石油化工集团公司,在一定程度上弥补了中国石油化工总公司在油气资源勘探等上游产业方面的弱势。

上述五大石油公司的陆续建立,虽然打破了石油工业集中垄断管理的局面,但五大石油公司各自为政、分散经营,日益显现出我国石油行业行政管理体制存在的问题:一是几大总公司承担了大部分的政府行政管理职能,政企不分,不利于建立现代企业制度;二是资源管理体制没有理顺,出现了乱开滥采的现象,不利于资源的合理开发利用和生态环境保护,甚至导致开采安全事故频发;三是下游产业低水平重复建设严重,产业结构不合理。

(3)集团化重组时期(1998 年)

这一阶段,各大石油公司按照区域分割、内部垄断的原则进行资产重组,形成大型集团,各集团公司内部实现上下游、内外贸和产销一体化,外部则实现了各集团之间有序竞争的格局。

1998 年 3 月按照第九届全国人民代表大会第一次会议通过的国务院机构改革方案,合并化学工业部、中国石油天然气总公司、中国石油化工总公司的政府管理职能,组建国家石油和化学工业局,作为国家经贸委管理的国家局。按照上下游结合的原则,重组石油、石化两个特大型石油企业集团公司,分别管理各油气田、炼油、石油化工、化肥、化纤等石油与化工企业以及石油公司和加油站,另外成立若干大型化肥、化工产品公司,成为我国主要的石油和化工产业集团。

国家经贸委在 1998 年 4 月上报的《关于组建两个特大型石油石化集团公司有关问题的请示》经国务院批准,石油行业遵循“各有侧重、互相交叉、保持优势、有序竞争”的原则进行集团化重组。新组建的中国石油天然气集团公司主要进行石油天然气勘探开发,同时经营石油化工业务;新组建的中国石油化工集团公司,则重点发展石油化工,同时经营石油天然气勘探业务。两大集团公司在保持各自优势的同时,建立统一、开放、竞争有序的全国石油资源、石化产品和技术服务市场,实现上下游产业、内外贸和产销一体化。

两大石油公司的下属管理企业主要按照区域划分归属:东北、西北、内蒙古、四川、西藏等 11 个海陆地域内的石油、石化生产企业,原油成品油运输管道和地方石油公司及其加油站,划归中国石油天然气集团公司管理;华东、中南、云南、贵州、广西等 15 个省区地域内的油气田和石化生产企业、原油成品油运输管道和地方石油公司及其加油站,划归中国石油化工集团公司管理;原石油、石化总公司管理的建设、设计、科研、教育等各事业单位的隶属关系不变。国家经贸委作为国家管理机构负责两大集团公司的宏观管理,并由国家经贸委下属的国家石油和化学工业局承担对两大集团公司的行政管理职能。

1998年6月两大石油总公司所属的企业开始按照计划进行划转交接,中国石油化工总公司接收中国石油天然气总公司所属的胜利石油管理局等12家石油企业,中国石油天然气总公司则接收中国石油化工总公司所属的大庆石油化工总厂等19家石化企业。按照国家确定的区域划分,两大石油集团公司陆续接管了各省和计划单列市的石油公司及所属的加油站。1998年7月中国石油天然气集团公司和中国石油化工集团公司正式挂牌,基本完成了我国石油行业的集团化重组。

这次重组基本实现了打破行业垄断、引进竞争机制及规范市场运作的管理改革目标,但各石油企业仍然存在资产不够优化、经营机制不顺及社会负担严重等老问题。两大集团公司在成立之后通过进行内部结构的治理改造,优化资产结构,将优质资产进行剥离分割,先后在国际资本市场挂牌融资,为我国石油化工行业基础建设投资多元化发展开辟了新的模式。

(4)公司制改造时期(1999年至今)

为了推进石油行业的管理体制改革,建立现代企业制度,1999年11月通过大规模的内部业务和资产优化重组,中国石油天然气集团公司(以下简称中油集团)独家发起成立了中国石油天然气股份有限公司(以下简称中国石油)。中油集团将与勘探和生产、炼制和营销、化工产品以及与天然气业务有关的大部分资产和负债划拨给中国石油,2000年4月中国石油通过美国存托股份在纽约证券交易所挂牌上市,成为我国在国际资本市场上资产规模最大的企业;同年,中国石油H股在香港联合交易所挂牌上市;2007年中国石油A股在上海证券交易所挂牌上市(股票代码为601857)。

同时,中国石油化工集团公司独立发起成立中国石油化工股份公司,并在2000年3月将新星石油公司整体并入。中国石油化工股份公司(以下简称中国石化)是一家拥有资源勘探、油气开采和石化加工等上下游业务一体化的公司。2000年10月,中国石化同时在纽约、我国香港特别行政区和伦敦成功挂牌上市;2001年8月中国石化A股又在中国上海证券交易所挂牌上市,成为我国唯一在全球四地资本市场同时挂牌上市的现代股份制企业。

中国海洋石油总公司是根据国务院发布的《对外合作开采海洋石油资源条例》成立的具有独立法人地位的国有企业,全面负责我国对外合作开采海洋石油资源的业务。2001年2月中国海洋石油总公司的下属企业中国海洋石油有限公司分别在纽约和我国香港特别行政区上市。2002年其下属企业中海油田服务股份有限公司(以下简称中海油服)、海洋石油工程股份有限公司(以下简称海油工程)先后在上海证券交易所和香港联合交易所成功上市，至此，中国海洋石油总公司通过资本运营扩大市场份额，与中油集团、中国石化一起形成三分天下的局面。

为了建设和发展我国能源事业的战略需要，加强能源战略决策和统筹协调，根据第十一届全国人民代表大会第一次会议审议批准的国务院机构改革方案和国务院《关于议事协调机构设置的通知》（国发〔2008〕13号）精神，2010年我国国家能源委员会再次设立，其主要职责是负责研究拟订国家能源发展战略、审议能源安全和能源发展中的重大问题、统筹协调国内能源开发和能源国际合作的重大事项等。

2013年按照第十二届全国人民代表大会第一次会议批准的《国务院机构改革和职能转变方案》和国务院《关于部委管理的国家局设置的通知》（国发〔2013〕15号）精神，我国又成立了国家能源局（副部级），由国家发展改革委管理，并作为国家能源委员会的办公室承担国家能源行政管理的具体工作。至此，我国形成了全国能源行政管理的基础架构，全面实现了能源事业管理的政企分开、行政管理和监督管理相结合的能源管理模式。

我国最高能源管理机构是国家能源委员会，能源委员会主任由国务院总理担任。国家能源委员会由国家发展改革委、中央财办、财政部、科技部、工信部、自然资源部、生态环境部、商务部等20多个国务院相关部委组成，主要负责国家能源战略、能源安全和能源重大问题协调等顶层管理，其日常行政管理和具体工作则由国家能源局承担。作为国家能源委员会办公室的国家能源局，其主要职责是拟订和组织实施我国能源发展战略和规划、能源政策和能源体制改革方案，起草我国能源发展和监督管理的法律法规草案、部门规章，协调能源发展和改革中的重大问题，并负责各种能源领域的发展战略规划、安全生产和市场秩序监管，具体包括以下内容：①

①负责起草能源发展和有关监督管理的法律法规送审稿和规章，拟订并组织实施能源发展战略、规划和政策，推进能源体制改革，拟订有关改革方案，协调能源发展和改革中的重大问题。

②组织制定煤炭、石油、天然气、电力、新能源和可再生能源等能源，以及炼油、煤制燃料和燃料乙醇的产业政策及相关标准，按国务院规定权限，审批、核准、审核能源固定资产投资项目，指导协调农村能源发展工作。

③组织推进能源重大设备研发及其相关重大科研项目，指导能源科技进步、成套设备的引进消化创新，组织协调相关重大示范工程和推广应用新产品、新技术、新

① 参见《国家能源局主要职责》，载国家能源局官网，http://www.nea.gov.cn/gjnyj/index.htm，2020年2月3日最后访问。

设备。

④负责核电管理，拟订核电发展规划、准入条件、技术标准并组织实施，提出核电布局和重大项目审核意见，组织协调和指导核电科研工作，组织核电厂的核事故应急管理工作。

⑤负责能源行业节能和资源综合利用，参与研究能源消费总量控制目标建议，指导、监督能源消费总量控制有关工作，衔接能源生产建设和供需平衡。

⑥负责能源预测预警，发布能源信息，参与能源运行调节和应急保障，拟订国家石油、天然气储备规划、政策并实施管理，监测国内外市场供求变化，提出国家石油、天然气储备订货、轮换和动用建议并组织实施，按规定权限审批或审核石油、天然气储备设施项目，监督管理商业石油、天然气储备。

⑦监管电力市场运行，规范电力市场秩序，监督检查有关电价，拟订各项电力辅助服务价格，研究提出电力普遍服务政策的建议并监督实施，负责电力行政执法，监管油气管网设施的公平开放。

⑧负责电力安全生产监督管理、可靠性管理和电力应急工作，制定除核安全外的电力运行安全、电力建设工程施工安全、工程质量安全监督管理办法并组织监督实施，组织实施依法设定的行政许可；依法组织或参与电力生产安全事故调查处理。

⑨组织推进能源国际合作，按分工同外国能源主管部门和国际能源组织谈判并签订协议，协调境外能源开发利用工作。按规定权限核准或审核能源（煤炭、石油、天然气、电力等）境外重大投资项目。

⑩参与制定与能源相关的资源、财税、环保及应对气候变化等政策，提出能源价格调整和进出口总量建议。

⑪承担国家能源委员会具体工作，负责国家能源发展战略决策的综合协调和服务保障，推动建立健全协调联动机制。

（三）能源行政管理的作用和主要问题

1. 新中国早期能源行政管理的主要作用

第一，新中国成立之初通过建立燃料工业部对煤炭、电力、石油行业的建设、能源配给进行统一行政管理，对于保障各行业产业重建，特别是广大人民群众日常生活对各种能源的需求起到了非常重要的作用，这对于新中国社会稳定、国民经济恢复和国家安全战略的实现尤为重要。

第二，在煤炭工业部、电力工业部和石油工业部成立之初分行业独立开展勘探、设计、开采和规划、建设等方面，统一的行政管理特别是各大石油矿区开采的“石油大会战”模式，在一定程度上加快了我国能源建设的速度。

第三，早期能源行政管理也是与我国国民经济初期发展阶段，特别是长期高度集中的计划经济模式息息相关的，在当时的计划经济体制下，能源建设和供应采取中央部门统一行政管理模式也是唯一相匹配的选择。

2. 市场经济体制下能源行政管理的主要弊端

进入改革开放时期，特别是党的十八届三中全会提出使“市场在资源配置中起决定性作用”以后，单纯的能源行政管理的问题就日益凸现出来了。

第一，在能源行政管理体制下，政府干预过多、市场对能源资源配置的基础作用得不到充分发挥，能源生产和经营企业的积极性不能充分调动，这也是计划经济体制的通病。

第二，长期的能源行政管理形成了能源行业建设投资渠道单一的特点，社会化投资和国际投资积极性不足或者政策不透明，严重影响了能源行业尤其是新型能源行业和企业的发展。

第三，在能源行政管理体制下，很多能源企业是由原政府主管部门改造而成，直接导致能源行业管理政企不分、政监不分、各自为政，政府对能源管理或者“缺位”或者“越位”，政府的能源宏观战略管理和微观监督管理都无法发挥准确作用，阻碍了能源行业的健康发展。

第四，长期以来，由于我国能源产业实行分部门、分行业的行政管理，经常出现政出多门、职能交叉、管理分散的情况，缺乏集中统一的能源投资发展规划和能源替代安全战略，能源产业分散，布局不合理，能源浪费严重，降低了全社会能源管理的效率。

二、能源监督管理

我国对能源的管理长期实行的是集中行政管理，政府相关部门直接“越位”干预能源企业微观经营管理行为，而对于能源资源优化配置起重要作用的能源市场建设和监督管理则长期“缺位”。因此，在现阶段理顺能源宏观行政管理和微观监督管理的关系，强化能源监督管理机制，对于促进能源生产和消费市场的繁荣、支持国民经济发展具有重要的意义。

(一)能源监管的概念

能源监督管理，是国家能源监管部门根据有关法律法规赋予的权力，按照法定程序和相关标准对能源投资、生产、经营企业及利益相关者(包括能源消费者)的能源市场活动进行监督和控制的行为。我国能源监管的主体是国家能源监管部门，监管客体则是能源生产经营企业和相关利益者的能源活动，主要包括能源市场运行秩序的规范、能源输送管网设施的公平开放、能源建设和运行质量与安全、能源价格监督以及能源普遍服务政策的实施等。能源监管与其他行业的政府监管有所不同，其监管的特殊性主要有以下几点：

1. 能源监管的政策性较强。这是由国家能源总体战略所决定的，国家能源战略服务于国民经济和社会发展总目标，也是国民经济和社会发展战略的重要组成部分，能源战略决定了能源监管的总方向和总体目标。比如，根据我国人口多、资源相对较少的国情，要求必须采取可持续发展的国民经济总体战略，则能源监管就必须以节约能源、发展清洁和可再生能源为总体目标；同时，为实现这个总目标，国家制定了节能减排政策，能源监管部门就要根据具体标准监督实施，以实现国家政策目标。

2. 能源监管的公共性较强。能源监管的公共性是由能源普遍服务政策所决定的，作为全体国民的生活必需品，电力、煤炭和石油等能源行业与供水、供热、公共交通等成为全社会公用服务事业，能源监管的一个重要内容就是确立能源作为公用事业行业的普遍服务义务并监督执行，即能源公用事业企业有义务为全社会能源消费者提供价格合理的基本能源服务，包括向偏远农村、孤岛地区和基础设施成本较高的地区提供必要的基础能源服务，并不得对不同地区和不同类型的消费者实行价格歧视。为此，我国政府从1998年起就开展了大规模农村电网改造，并实行城乡同电同价政策，为偏远山村、孤岛用户提供电力能源的普遍服务。面对持续增长的能源价格，还要制订对弱势群体的价格补助政策，并保障消费者获得有关不同的供应商和供应选择信息的权利。

3. 能源监管的综合性较强。能源监管涵盖了社会性和经济性两个方面，为了防止资源配置低效率和促进能源消费者的公平使用，必须进行能源的经济性监管，通过行政许可等方式对能源企业的市场准入、退出、投资、运行和价格等进行监管。而能源的社会性监管则主要是对能源消费者权利保护、电力可靠性、石油天然气管道保护、职业安全与卫生、环境保护尤其是能源消耗污染防治等方面的综合性监管。①

（二）能源监管的范围

相对计划经济体制下的能源行政管理而言，能源监督管理是对市场经济体制下的能源生产和消费的微观综合管理，因此，能源监管范围主要是以市场为主的能源生产企业、能源消费者的具体的能源生产、消费行为。

1. 能源市场监管。主要包括能源企业的市场准入行为、价格制定和执行、能源公用事业监管、能源基础设施接入、能源管网互连和应用费率的监管等。2005年由国务院发布的《电力监管条例》第13条、第15条、第16条、第18条、第20条就分别规

---

① 参见刘东刚：《中国能源监管体制改革研究》，中国政法大学2011年博士学位论文，第56页。

定了由国家电力监管机构对电力企业的电力业务许可、发供电企业与电网协调运行中执行有关法律法规、电能质量和供电服务质量标准、用电价格和电网互联及公平交易的情况实施监督。

2. 能源效率监管。能源效率监管,是指能源监管机构依据国家的能源利用政策、法律法规(如《节约能源法》)和能效标准,对能源生产、消费等各个环节的能源节约情况和能源利用效率进行监管,从而实现能源利用效率的提高。能源效率监管的范围包括了工业企业、建筑行业、公共机构、交通运输和国家重点用能单位的节能及能源应用效率监管,具体包括能效标准和用能限额监管,能效标识和认证监管,高能耗产品、设备淘汰监管,用能产品的进出口和价格监管等。

3. 能源环境监管。能源消费是环境污染和气候变化的重要因素,因此,能源环境监管在当今环境问题越来越受到各国政府和民众重视的情况下显得格外重要。对石油行业,能源监管主要是防止石油开采、运输泄漏造成的环境污染和生态破坏;在煤炭行业,主要是防止固体废弃物、煤尘污染、开采中的地下沉降和温室气体的排放;在电力行业,主要是防止温室气体和其他有毒物质的排放;在核电行业,主要是防止核废料不当处理导致的核污染等。能源环境监管的主要目的是尽量减少能源生产和消费带来的环境污染和生态破坏,推行能源健康使用和清洁使用。①

(三)能源监管的分类

1. 经济性监管和社会性监管。能源的经济性监管是对能源企业的市场准入和价格、服务、排放权交易等进行监管,从经济学理论来看,经济性监管会限制市场机制和竞争的作用,对于电力、天然气等自然垄断行业,应当开放市场、引入竞争,从而提高经济效率。能源社会性监管的目标是保障能源生产者和消费者的安全、健康,能源生产过程中的生态环境保护和防止灾害发生,为实现这些目标可以对特定能源行为进行限制或者禁止管制,能源环境监管和安全监管就属于社会性监管的范畴。

2. 自律性监管和他律性监管。能源自律性监管,是指被监管者通过行业自律组织或者通过签订自我监管协议等形式进行的监管,这种监管可以提高被监管者的守法自觉性,如合同能源管理就是自律性监管的一种体现。能源他律性监管模式可以让被监管者参与到监管政策和监管目标的确定过程中来,增加其发言权和决策权,也有利于缓解监管者和被监管者之间的紧张关系,同时提高监管的可接受性和执行效率,因而越来越受到我国能源行业的重视和全社会的关注。

3. 规则性监管和原则性监管。这是根据能源监管的灵活程度不同而划分的。所

---

① 参见李艳芳:《我国可再生能源管理体制研究》,载《法商研究》2008 年第 6 期。

谓规则性监管，主要是指按照相关的法律法规和技术标准进行的监管，内容具体明确，可操作性很强，如对于能源使用效率的监管，就采用了能效标识模式，通过《能源效率标识管理办法》（国家发展改革委 2004 年发布，2016 年修订），在用能产品上显著位置标示其能源效率等级，从而引导用户选择高效节能产品。原则性监管则是依赖概括性的监管原则和规范来确立监管对象在市场行为中必须遵守的标准，监管机构只负责确立一定的监管目标和原则，具体实施则由被监管者根据实际情况灵活掌握，一般而言，原则性监管可以通过特许经营、自愿协议等方式来实施。① 规则性监管内容明确，适用于具体节能产品的终端应用监管，而原则性监管灵活多变、适应性强，广泛地应用于能源领域大范围的生产和经营行为监管。

三、我国能源管理体制改革

2007 年 12 月国家能源委员会办公室公布的《能源法（征求意见稿）》明确提出了我国能源管理体制改革的方向和原则。作为我国能源领域的基础性、综合性法律，能源法的制定受到了国家各级部门和全社会的高度重视，由国家能源办牵头、国家发展改革委和原国务院法制办等 15 个部委共同参与起草和审议，并向全社会公布其征求意见稿征求意见，其中能源管理体制改革备受社会关注，法律界、能源科技界和管理科学界的众多专家学者提出了大量的意见和建议，在此基础上形成了《能源法（送审稿）》。2016 年 5 月国家能源局再次提出能源法立法重点推进计划，并进一步明确了“能源综合管理”的原则和“能源行政管理和监督管理相分离”的能源管理体制改革方向。

2020 年 4 月国家发展改革委和国家能源局对《能源法（送审稿）》进行了修改，形成新的《能源法（征求意见稿）》，再次向全社会发布并征求各界意见。

（一）能源管理体制改革原则

我国能源管理体制改革的基本原则是实行“能源综合管理”，并实现对能源事务行政管理与监督管理职能的分离，即国家能源政策制定和具体运行监督的职能相分离。具体而言，就是由国务院能源行政主管部门负责国家能源发展战略规划、能源政策的制定，组织实施各项能源制度。同时，国家设立能源监督管理委员会，作为国务院直属机构，依照相关法律规定和法定程序履行能源市场准入、许可和运行监督管理职能，维护能源市场秩序，促进能源企业的公平竞争。根据能源行业的业务需要，国家能源监督管理委员会可以设立专业性监督管理部门，经国务院批准，可设立区域性

① 参见刘媛：《金融领域的原则性监管方式》，载《法学家》2010 年第 3 期。

能源监督管理机构，负责本区域范围内能源监督管理，履行能源监督管理职责，国家能源监督管理委员会对各区域监督管理机构实行统一领导和管理。

（二）能源行政管理职责

国务院能源行政主管部门统一管理全国能源工作，国务院其他有关部门在各自职责范围内负责相关能源管理工作。国务院能源行政主管部门的职责是依法组织实施国家能源战略，制定和实施能源规划、能源政策，对全国能源各行业进行管理，统筹负责能源领域的发展与改革工作，具体职责包括以下事项：①

1. 开展国家能源安全评估；

2. 建立能源预警与应急体系，落实能源储备战略；

3. 预测能源供需、能源年进出口与能源生产能力；

4. 制定促进可再生能源和新能源发展以及保障内存地区、边远地区与其他不发达地区能源需求的政策措施；

5. 制定促进能源利用合理化和提高能源效率的政策措施；

6. 会同国务院价格行政主管部门，制定和调整能源资源、能源产品与能源服务的政府定价、政府指导价；

7. 会同国务院科技行政主管部门，组织实施能源关键技术的研究、开发和推广利用；

8. 发布基础能源信息与数据；

9. 提供涉外能源事务的政策建议；

10. 根据全国能源需求和能源资源状况、经济社会发展状况以及国家发展战略，编制国家能源发展战略。

2020 年《能源法（征求意见稿）》在 2007 年版的基础上有所改进，按照党的十八届三中全会精神，要让市场在资源配置中起决定性作用，因此 2020 年《能源法（征求意见稿）》进一步明确了能源的商品属性，逐步减少政府对能源的行政管理功能，同时大力强化国家对能源的监督管理职能。

（三）能源监督管理职责

从理论上来说，能源行政管理与能源监督管理职能相分离，由能源监管机构独立对市场化运行的能源企业生产和消费行为进行监督管理，是解决计划经济体制下政企不分、政监不分的根本途径，也是决定能源监管体系能否公正、透明、专业化运行的

---

① 参见清华大学环境资源与能源法研究中心课题组编著：《中国能源法（草案）专家建议稿与说明》，清华大学出版社 2008 年版，第 18 页。

关键因素。能源监管机构既要独立于作为政策制定者的能源行政管理部门,又要独立于受监管者,以减少行政干涉和利益纠葛,保障监管行为的公正性。

例如,2005 年国务院发布的《电力监管条例》第 2 条明确规定:"电力监管的任务是维护电力市场秩序,依法保护电力投资者、经营者、使用者的合法权益和社会公共利益,保障电力系统安全稳定运行,促进电力事业健康发展。"早在 2003 年成立的国家电力监管委员会(以下简称国家电监会)是我国唯一长期运行的行业性能源监管机构,独立实施电力能源的监督管理,虽然国家电监会于 2013 年并入国家能源局,但国家电监会运行 10 多年,为探索我国能源独立监管工作积累了宝贵经验,并形成了"政府部门适时调控,监管机构独立监管,市场主体自主经营,中介机构自律服务"的电力能源监督管理体制。根据电力行业监管机构的运作经验,可以总结出我国能源监管机构的主要职责包括以下几个方面:①

1. 制定和实施有关能源监督管理的规章与规则;

2. 颁发和管理能源业务许可证;

3. 监控能源市场运行,维护能源市场秩序,促进公平竞争;

4. 监管针对重大项目的能源影响评价制度的实施情况;

5. 会同国务院安全生产行政主管部门,监督管理能源安全生产情况,参与有关事故的调查与处理,统计、分析能源安全生产信息;

6. 会同国务院价格行政主管部门,统计、分析能源企业的价格信息,监督、检查有关能源价格规定的执行情况;

7. 建立监督管理系信息系统;

8. 对能源企业进行现场检查;

9. 对能源企业违法违规行为立案调查,并在授权范围内实施行政处罚;

10. 负责处理能源市场中的投诉、申诉,并对当事人之间的纠纷进行调解或裁决。

2020 年《能源法(征求意见稿)》强化了我国能源运行的监督管理职能,并设立专章第九章"监督管理"规定了能源监督管理的主要内容,例如,第 90 条明确规定,能源主管部门和有关部门按照职责分工,对能源规划执行、能源开发利用活动、能源市场和有关安全保障等情况实施监督管理。其监管职责范围包括了监督检查、行政许可、管网公平开放监管、安全储备监管、效率监管、社会监督、计量标准化监管等,另外,第 90 条第 2 款还提出了"能源监管条例"由国务院另行制定,以对具体的能源监

① 参见清华大学环境资源与能源法研究中心课题组编著:《中国能源法(草案)专家建议稿与说明》,清华大学出版社 2008 年版,第 22 页。

管事项和监管程序予以详细规定。

第二节　能源管理机构

一、能源管理机构的发展沿革与改革方向

由于长期计划经济行政管理模式的惯性，我国能源管理体制长期实行的是从中央到地方的垂直行政管理模式，由中央政府设立能源管理行政部门，地方各级人民政府对应上级人民政府设置相应的煤炭、电力、石油等能源管理机构，并根据中央能源管理机构和国家能源管理政策的调整情况而进行改变。

（一）能源管理机构的历史和现状

1. 新中国成立初期至改革开放前（1949～1978年）

1949年新中国成立之初，囿于当时的社会经济条件，能源行业发展水平较低，为统一管理能源行业，成立了燃料工业部，由中央人民政府政务院直接管理，并在政务院财政经济委员会的指导下工作，职能大致相当于能源部，统一领导全国燃料工业的生产和基本建设。而随着石油、煤炭、电力产业迅速壮大，1955年根据时任国务院总理周恩来的提议将燃料工业部拆分为石油工业部、煤炭工业部和电力工业部等政府职能部门，分别管理石油、煤炭、电力等能源工业的产业规划、实施建设、安全生产、市场供给、价格制订等全过程，既履行政府行政管理职能，又干预或直接参与企业计划执行、生产运行，实行的是计划经济时代典型的政企不分、政出多门的行政管理模式。

1956年第一届全国人民代表大会常务委员会第五十一次会议决定成立第三机械工业部，主管核武器研制和核工业发展建设，并组织参加了“两弹一星”工程，成为我国唯一按行业单独设立的国防工业管理部门。1958年第一届全国人民代表大会第五次会议决定将负责国防工业管理的第二机械工业部与负责民用工业制造的第一机械工业部合并，随之将第三机械工业部更名为第二机械工业部，其职能和任务不变。1982年第二机械工业部更名为核工业部，成为我国最早进行核电站建设和核电生产的管理部门。

由于新中国成立初期我国煤炭、石油、电力等能源行业还未形成一定规模，直到1955年开始设立煤炭工业部、石油工业部和电力工业部，各省级人民政府分别设立相应的煤炭、石油和电力工业局作为地方对应的管理机构，县级人民政府则根据本地实际情况设立了电力局或者供电局进行电力生产和电网调度管理。

同时，由于国家对于国有大型能源企业实行集中统一管理，许多大型煤矿和石油

天然气矿区则设立相应的矿区管理局进行管理，独立于地方政府，由中央相应部委直接管理，如大庆油田管理局、胜利油田管理局等。

2. 改革开放初期至大部制改革前（1979～2013年）

党的十一届三中全会以后，我国能源行业迎来了大发展时期，特别是全国电力行业率先开始了管理体制改革实践。随着我国改革开放政策的实施，国民经济发展对能源需求量大幅增加。1980年旨在进行综合管理的国家能源委员会成立，分管煤炭工业部和石油工业部，但由于煤炭工业部和石油工业部与国家能源委员会职能分工不明确，致使国家能源委员会成立不到3年就宣布撤销。1988年年初政府机构改革，煤炭工业部、石油工业部与电力工业部共同组成能源部，承担我国煤炭、石油、电力等主要能源的行政管理工作，另外，将原煤炭部、石油部直接管理的有关企业剥离出来，分别成立全国统配煤矿总公司、中国石油天然气总公司、中国石油化工总公司、中国海洋石油总公司等能源生产和经营企业。1988年5月第七届全国人民代表大会第一次会议决定撤销水利电力部，其电力行业行政和企业管理职能由新成立的能源部承担。同时，国务院发布《电力工业管理体制改革方案》，由能源部具体组织按照该方案实施管理体制改革。1988年12月中国电力企业联合会成立，并在各省级电力管理局、电力工业局的基础上成立省级电力集团公司和省电力公司等企业单位。由此，实现了电力工业的行政管理、企业管理和行业自律性管理职能的初步分离，按照"政企分开，省为实体，联合电网，统一调度，集资办电"的原则实施电力管理体制改革。与此同时，将原大区电业管理局改组为联合电力公司，由能源部归口管理，在国家计划中实行单列，非跨省电网的省电力局，逐步改建为省电力公司，独立经营，由能源部和省级人民政府双重领导，并行使对所在地区电力工业行业的行政管理职能。1993年撤销能源部以后，再次成立电力工业部，但各省级电力局仍维持现状。

1997年国家电力公司成立，与电力工业部实行"两块牌子、一套班子"运行。2002年国务院发布《电力体制改革方案》，决定由原国家电力公司所属部分企事业单位联合组建国家电网公司，以国有独资形式设置的国家电网公司作为原国家电力公司管理的电网资产的出资人代表，实行计划单列。因此，各地方省级电力工业局的行政管理工作相应地由电力工业部领导，而电力生产和运行部分则由国家电网公司管理。2003年国家电监会成立，为国务院直属事业单位，同时设立地方区域电力监管局（以下简称电监局），各区域电监局在所在区域各省设立电监办作为派出机构，电监办依据国家电监会的授权，履行所在省的电力监管职责，电监局对区域电力市场实行统一监管，电监办接受电监局的指导和协调，未设立电监办的省（自治区、直辖市）的电力监管职责由电监局履行。

在此期间,煤炭管理部门则经历了从煤炭工业部到能源部、国家煤炭工业局,再到国家煤矿安全监察局、原国家安全生产监督管理总局等一系列管理机构变化,地方煤炭管理机构也经历了相应的管理机构调整,煤炭行业生产经营管理职能则主要由地方政府发展与改革委员会和经济贸易管理部门负责,煤炭安全生产管理则由独立的煤炭安全监察局负责。石油行业经历了石油工业部、能源部、国家石油和化学工业局、中国石油天然气总公司等一系列管理机构改革过程,地方石油行业管理机构则基本上以隶属于中国石油天然气总公司的省级石油管理局的形式存在。

3. 大部制改革阶段(2013 年开始至今)

2013 年 3 月根据《国务院机构改革和职能转变方案》,国家电监会并入国家能源局,职能重新整合的国家能源局成为由国家发展改革委管理的直属局,国家能源局内设置市场监管和电力安全监管司承担原国家电力监管委员会的管理职能。

目前,我国能源行业的主要管理部门为国家发展改革委下属的国家能源局,下设电力司、核电司、煤炭司、油气司、新能源司等二级管理部门,地方能源监管由华北、东北、西北、华东、华中、南方 6 个区域监管局,以及各省级能源监管办公室负责,但地方煤炭安全监管、核电安全监管则分别由各省级煤炭安全监察局和省级生态环境厅(局)(加挂核安全管理局牌子)等负责。

(二)能源管理机构的改革方向

对于我们这样一个处于经济社会发展关键阶段的人口大国,能源问题不是一个简单的产业发展和供需问题,而是关系我国经济社会长期可持续发展的核心性问题,并涉及产业发展、环境保护、国家安全、能源外交等一系列重大问题。因此,我国能源管理体制和机构改革必须充分考虑能源安全、能源效率和环境保护等各方面的综合性因素,也必然会涉及各个相关部门的利益协调。如果管理分散、政出多门、各自为政、部门分割,不仅会严重破坏国家法治的统一性,损害政府的权威,而且由于部门之间利益分配或互相推诿,也会严重削弱政府的力量,不利于能源问题的解决。长期以来,我国能源管理体制缺乏一个综合性的能源主管部门,跨行业、跨部门的综合协调能力相对较弱,因而无法从国家长远的、综合的角度去考虑和规划国家能源战略,造成部门利益损害国家利益的现象。因此,有必要建立一个统一的、有权威的协调机构,并在此基础上形成中央行政集中管理机构和独立监管机构相结合,政策制定、规划编制和市场运行、独立监管相匹配的管理模式。

从理论上来说,我国能源管理机构改革应该在中央一级设立国家能源部或者实体性的国家能源委员会作为国家能源主管部门,对国家能源事务实施统一管理,将目前分散于其他几个部门的石油、天然气、电力、煤炭、核电和新能源、可再生能源等行业的行政管理权集中起来,以加强对这些能源行业的发展战略、政策目标、管理体制、法律法规的研究和制定,避免多头管理、交叉管理的现状,采用高级别的集中的宏观能源管理模式。同时,强化监督管理模式,由国务院能源主管部门对全国能源开发利用活动实施监督管理。县级以上地方人民政府能源主管部门对本行政区域内能源开发利用活动实施监督管理。国务院有关部门在各自职责范围内对有关行业、领域的能源开发利用活动实施监督管理;县级以上地方人民政府有关部门在各自职责范围内对有关行业、领域的能源开发利用活动实施监督管理。

在采用单一制的国家,中央和地方的关系往往通过中央立法来确定或者改变。与一般行政管理的地方分权和权力下放、实行地方自治的趋势相反的是,在监管职能的配置上,单一制国家往往更强调垂直一体化的管理体系,以方便执行统一的监管政策,适用统一的监管标准,同时也是防止地方保护主义的需要。比如,原国家电监会的设置就借鉴了中国人民银行机构设置和管理模式,直接设立大区监管机构,仅在华北、东北等6个大区设立电监局,在甘肃、山东、山西等12个省(自治区)设立电监办。电监局和电监办直接由国家电监会管理,不受地方政府的管理和领导。这种垂直一体化的职能配置模式有利于统一能源监管政策、排除地方保护主义的干扰,增强监管力度。

目前,我国的电力市场主体仍然沿用的是省一级的设置,电力交易、电力结算和电力调度也主要在省一级进行,这就使电力监管机构的设置与电力市场的实际运行存有很大差距,而且对分散到各县市的电力配送企业无法实施有效监管,容易出现监管"真空",还得不到地方政府的支持和配合。我国幅员辽阔,各地方情况也各不相同,有必要在确保国家能源监管政策和标准统一的前提下,在国家电力监管部门和地方能源监管机构之间实行中央与地方分权,由国家电力监管部门负责跨省的输配电业务监管,将一部分电力监管职能如省内的配售电业务监管工作交由地方政府相应的能源监管机构具体执行,并配备具有统一能源监管资格的监管人员,以减少监管"真空"的出现,切实维护能源消费者的合法权益,确保能源生产、运输、配送的稳定、安全和高效。

二、行业自律组织

我国能源行业自律组织主要是各类能源行业协会,包括综合性的中国能源协会,在石油化工行业主要是中国石油和化学工业协会,煤炭行业主要是中国煤炭工业协会,而电力行业的重点组织是中国电力企业联合会;另外,新能源行业的中国新能源协会、中国太阳能协会、中国风能协会等也是重要的能源行业协会。

（一）能源行业协会的性质与作用

能源行业协会是自律性的行业管理非政府组织，具有专业性、非政府性、非营利性、自治性和自愿性等特点，对于我国各能源行业的行业发展、产业政策、技术规范的制订具有很好的咨询和顾问作用，具体表现为：

1. 代表行业利益。维护本行业企业的合法利益、反映本行业的愿望和诉求是能源行业协会的主要目标，同时，能源行业协会还通过调查研究行业的发展情况，为政府管理部门制定行业发展规划、法律法规、产业发展政策、技术革新和行业改革发展等提供有益的建议和服务。能源行业协会还参与制订各项行业质量和技术标准、行业技术规范，组织和推进会员企业宣传贯彻国家标准、行业标准，加强和改善行业协会的企业管理职能，促进我国整个能源行业的健康发展。

2. 实施行业自律。例如，根据《中国石油和化学工业联合会章程》的规定，联合会开展行业自律，制订并组织实施自律性管理制度和专业道德准则，推动责任关怀和企业信用评价体系工作，促进行业诚信建设和社会责任建设，规范协会成员行为，协调协会各成员之间的关系，维护石油行业公平竞争的市场环境。

3. 提供行业服务。推动整个能源行业发展和产业技术进步是能源行业协会的重要工作。例如，中国农村能源行业协会通过推动行业技术进步、提高产品质量、加强国内外技术交流和能源企事业单位之间的技术、经济合作活动，全面提高农村能源行业素质和经济效益，服务于以节约能源、可再生能源和资源综合利用为主的农村能源建设事业，改善农村生态环境，促进我国经济社会可持续发展目标的实现。

4. 促进行业协调与合作。行业协会的主要作用是协调企业会员关系，维护公平竞争的行业竞争环境，在政府主管部门与能源行业之间发挥桥梁和纽带作用，协助政府部门进行行业管理。同时，协会还可以利用多种渠道和国家政策开展国际间的能源行业合作和交流。如中国煤炭工业协会利用国家相关部门授予的外事权，实施国外引智有关工作，代表中国煤炭行业组织有关企事业单位开展与国际同业组织、境外能源企业的交流与合作，建立与国际同业组织的联系，组织会员企业开拓海外市场，参与协调煤炭行业的国际贸易争议，组织会员单位做好能源产品进出口反倾销、反补贴和反不公平保障措施案件的应诉、申诉等相关工作，开展行业损害调查，维护公平的煤炭进出口经营秩序等。①

---

① 参见刘东刚：《中国能源监管体制改革研究》，中国政法大学2011年博士学位论文，第129～130页。

5. 制订和推广行业标准。2018年3月中国能源研究会发布的《中国能源研究会标准管理办法》规定，中国能源研究会标准是以“坚持公开、透明、协商一致原则，以市场为主导、以政府为引导、以企业为主体，自主制定、自由选择、自愿采用”为宗旨的行业标准，中国能源研究会标准一经制订并正式颁布后，相关领域单位和企业生产执行该标准时，应当在产品或其说明书、包装物上标注执行标准的代号、编号和名称，中国能源研究会标准实施情况的监督检查工作由中国能源研究会标准工作委员会负责。

(二)能源行业协会改革及其目标

我国能源行业协会依照各自章程的规定，遵循“自我管理、自我服务、自我协调、自我约束、自求发展”的方针，积极履行行业代表、服务、自律、协调等功能，在政府与社会、能源企业与能源市场间架起了一条沟通的桥梁，发挥了规范能源行业行为、加强信息交流与沟通、推进能源行业进步与发展等作用。

但是，我国能源行业协会也存在以下突出问题：一是过分依赖政府相关部门，行政化色彩浓厚。大多数行业协会是在政府主导下建立，自发、自愿成立的很少，在职能定位上过多地考虑了政府工作的需要，成为协助政府管理行业企业的一个附属机构，有的行业协会直接在政府职能部门的下属科室挂牌，“一套人马、两块牌子”，从行业协会社团领导人、业务经费到工作人员，以及业务活动的内容均由行政管理部门包办或者代替政府部门行使行政管理的职能，基本丧失了行业协会应有的主动性、灵活性、市场性。二是独立性和自治性不强，服务功能有限，由于过分强调协助政府部门进行行业管理的职能，导致行业协会的自治功能不强，独立性没有保障，提供服务的能力有限。比如，我国绝大多数能源行业协会章程规定其具有协调会员关系的职能，但是却缺乏裁决行业纠纷等实质性的行业自治职能。三是有关能源行业协会的立法和法律监督严重不足，尽管我国能源行业协会种类比较齐全，但是相关立法却非常缺乏，1998年国务院制定了《社会团体登记管理条例》，但其适用范围过于宽泛，缺乏专门的行业协会立法，导致国家对能源行业协会的法律监督不到位。

2007年《能源法(征求意见稿)》明确提出，我国能源管理应当发挥能源行业协会等社会中介组织的作用，有关能源行业协会应当反映行业和企业发展要求，在行业统计、行业标准、技术服务、市场开发、信息咨询等方面为企业提供服务，为政府提供决策咨询。2020年《能源法(征求意见稿)》第11条规定，有关行业协会依照法律、行政法规和章程，为相关单位和个人提供能源技术、信息和培训等服务，并发挥行业自律作用。

因此,我国能源行业协会的改革应当从以下几方面入手:

第一,赋予能源行业协会有限自治的法律地位。可以尝试在行业协会内成立由协会成员、能源企业代表和职工、工会代表组成的纠纷裁决委员会,负责裁决和调解行业内的一些经济纠纷,并赋予裁决一定的法律效力,但需要受到严格的职权范围、程序等法律约束,特别是受到法院的司法审查。

第二,进一步提高行业协会的专业化服务水平。可以在行业协会内部成立能源各行业的专家委员会或者鉴定委员会,为协会成员提供高质量的专业鉴定、咨询和信息服务,从而提高专业化的服务水平。

第三,加快国家行业协会立法进程。可先由国务院就行业协会问题制定行政法规,待有关立法条件成熟以后,再由全国人民代表大会或其常务委员会制定行业协会法,立法要明确行业协会的法律地位、法律性质和类型、适用范围、主要功能、协会成员的权利和义务以及国家的法律监督程序与范围等基本问题。

第三节　能源管理政策

对于我们这样一个人口大国和能源消耗大国来说,国家能源管理政策的基本方针是能源开发利用和能源节约并举、能源节约优先,其目标就是要提高能源利用效率,保障国家能源安全,推动资源节约型和环境友好型社会建设,促进能源开发利用与经济社会的协调发展。为了达到上述目标,针对各类能源的开发利用,我国各级政府从财税优惠、价格激励和政府节能采购等各方面制定并实施了一系列行业鼓励和投资与消费导向政策。

一、财税政策

能源财税政策主要包括新能源和清洁能源开发利用的税收优惠鼓励、财政补贴、政府投资和债券发行等政策,主要目标是根据国家能源战略和规划需要,按照公共财政的要求和各地财力状况,综合运用财税激励与约束政策促进能源合理开发利用。

(一)税收优惠政策

国家应建立和完善能源资源税费体系,保障国家作为能源资源所有者的应得收益,促进能源资源的合理开发和可持续利用,能源资源税费收入按照兼顾中央与地方利益的原则合理分配。同时,扩大能源资源税的征税范围,通过适当调整税率,调节和引导能源产品的合理消费,通过税收激励,倡导节约能源,鼓励新能源和可再生能源的开发利用，支持能源清洁利用和发展替代能源，支持节能产品和节能设备的生产应用和技术推广，鼓励进口优质能源产品和能源开发利用必需的先进设备和技术。

具体来说，国务院能源主管部门制订能源发展鼓励类、限制类和禁止类生产和消费相关目录，财政主管部门则对列入目录的各类能源项目实施相应的财税优惠或者限制政策。例如，国家能源局、原环境保护部、工业和信息化部《关于促进煤炭安全绿色开发和清洁高效利用的意见》（国能煤炭〔2014〕571号）规定，列入煤炭安全绿色开发和清洁高效利用的先进技术和装备目录，以及符合《矿产资源节约与综合利用鼓励、限制和淘汰技术目录》的有关技术和装备，可依法享受有关税费减免、贷款支持等政策。[①] 而国家能源局于2015年7月发布的《配电网建设改造行动计划（2015—2020年）》则提出将配电网建设改造项目纳入企业所得税优惠目录，将西部地区配电网建设运营纳入国家发展改革委制定的《西部地区鼓励类产业目录》，对利用清洁电集中供暖、电动汽车充电基础设施、分布式电源接入配套电网工程等予以税收支持政策，鼓励各地因地制宜制定配电网建设改造税费支持政策。[②]

（二）财政补贴政策

财政补贴政策以政府资金支持为主，包括政府能源支出预算和发展专项资金的支持规定等，例如，2007年《能源法（征求意见稿）》第92条规定，国家建立中央财政和省级地方财政能源支出预算制度，具备条件的省级以下地方财政也可以建立能源支出预算制度，以因地制宜地安排本地能源支出预算资金。同时，国家根据能源战略、能源规划的要求和能源发展的需要，设立节能、新能源与可再生能源、农村能源等能源发展专项资金项目，具体办法由国务院财政主管部门会同能源管理等有关部门制定。对能源领域取得原始创新、集成创新以及引进消化吸收再创新取得突出成果的单位和科技人员，各级人民政府及其有关部门可以制定相应政策予以表彰和奖励，并对通过自愿节能协议、能源需求侧管理模式等达到节能减排目标、提高终端能源利用效率、实现能源服务成本最小化的各类企事业单位等能源用户予以适当财政补贴。

另外，国家能源局《配电网建设改造行动计划（2015—2020年）》提出，要发挥各

---

① 参见国家能源局、原环境保护部、工业和信息化部《关于促进煤炭安全绿色开发和清洁高效利用的意见》，载国家能源局官网，http://zfxxgk.nea.gov.cn/auto85/201501/t20150112_1880.htm。

② 参见国家能源局发布的《配电网建设改造行动计划（2015—2020年）》，载中国电力网，http://www.chinapower.com.cn/focus/20160815/46901.html。

级政府财政资金的杠杆作用,带动企业与社会资金投入,扩大投资规模,形成支持配电网发展的长效机制。通过农村电网改造升级等现有中央预算内投资专项,研究设立城镇配电网建设改造中央预算内投资专项,结合新型城镇化支持配电网基础设施升级改造,研究对节能降耗、新技术应用、智能示范等项目,以及利用清洁电集中供暖等民生项目给予专项运营补贴,鼓励有条件的地区对社会资本投资的配电网项目给予支持。①

2020年《能源法(征求意见稿)》还提出了建立可再生能源电力消纳保障制度,规定各省、自治区、直辖市社会用电量中消纳可再生能源发电量的最低比重指标。供电、售电企业以及参与市场化交易的电力用户应当完成所在区域的最低比重指标。未完成消纳可再生能源发电量最低比重的市场主体,可以通过市场化交易方式向超额完成的市场主体购买额度履行义务。同时,国务院有关部门根据交易情况相应调整可再生能源发电补贴政策。

(三)投资鼓励政策

投资鼓励政策主要包括财政资金信贷支持和转移支付,以及对社会资本参与投资的鼓励政策。例如,《配电网建设改造行动计划(2015—2020年)》明确提出了对于电网建设投资鼓励的具体支持措施:②

1. 强化信贷支持。完善配电网项目建设贷款支持机制,出台贴息贷款政策,引导政策性银行在依法合规、风险可控前提下,加大对配电网建设改造项目的信贷支持力度,鼓励银行企业加大对配电网建设改造项目的贷款发放力度,各地政府根据实际情况适当安排财政性资金给予贷款贴息。

2. 加大转移支付力度。统筹研究加大中西部地区的中央资本金投入,优先支持边疆少数民族地区和国家级贫困县。加快研究出台电力普遍服务补偿机制,支持企业在偏远地区做好电网建设和运行维护工作。

3. 鼓励社会资本参与配电网投资。开展试点示范,逐步向符合条件的市场主体放开增量配电投资业务,充分发挥市场机制作用,调动社会资本参与配电网建设的积极性,研究出台社会资本投资配电业务、政府和社会资本合作(Public-Private Partnership,PPP)建设经营配电网基础设施的具体措施。

---

① 参见国家能源局《关于印发配电网建设改造行动计划(2015—2020年)的通知》(国能电力〔2015〕290号),载中国政府网,http://www.gov.cn/xinwen/2016-08/15/content_5099597.htm。

② 参见国家能源局《关于印发配电网建设改造行动计划(2015—2020年)的通知》(国能电力〔2015〕290号),载中国政府网,http://www.gov.cn/xinwen/2016-08/15/content_5099597.htm。

2020年《能源法(征求意见稿)》第64条规定,能源领域的自然垄断性业务与竞争性业务应当分开经营,鼓励各类投资主体依法平等参与能源开发利用活动和基础设施建设。

(四)国债和企业债政策

为加强能源合理开发和节约利用,国家曾经通过发行国债的方式支持能源企业的相关建设。近年来,国家鼓励能源企业通过发行专项企业债券方式募集资金加强能源行业建设。例如,在电力行业,输配电网项目实施主体可以通过发行企业债券、专项债券、项目收益债券、中期票据等方式向其他企业、社会公众和金融机构等进行直接融资,而综合管廊建设项目,也通过发行专项债券融资,推进政府购买服务,完善特许经营制度,拓展金融融资渠道,创新配电网建设改造融资服务。[①] 举世瞩目的长江三峡工程建设,就是通过长江三峡工程开发总公司以及后来的中国长江三峡集团有限公司向全国社会各界发行各种类型的三峡建设专项政府债券和企业债券,募集了大量的建设资金,为这个世界上最大的水利水电工程的顺利建成提供了充分的资金保障。

二、价格激励政策

(一)能源生产价格激励

能源生产价格激励,主要是指针对新能源、清洁能源的开发利用的激励政策。例如,为鼓励清洁能源的开发,国家发展改革委就燃煤发电采用清洁技术的上网电价专门进行调整,并在2013年9月发布的《关于调整发电企业上网电价有关事项的通知》(发改价格〔2013〕1924号)规定,降低有关省(区、市)燃煤发电企业脱硫标杆上网电价,各地未执行标杆电价的统调燃煤发电企业上网电价同步下调,在此基础上,对脱硝达标并经环保部门验收合格的燃煤发电企业,上网电价每千瓦时提高1分钱;对采用新技术进行除尘、烟尘排放浓度低于每立方米30毫克(重点地区低于每立方米20毫克),并经环保部门验收合格的燃煤发电企业,上网电价每千瓦时提高0.2分。[②]

而2020年《能源法(征求意见稿)》第66条则规定,能源领域的竞争性环节主要由市场形成价格,国家推动形成主要由能源资源状况、市场供求关系、环境成本、代际公平可持续等因素决定能源价格的机制。自然垄断环节价格由价格主管部门管理。

---

① 参见国家发展改革委《关于加快配电网建设改造的指导意见》,载国家能源局官网,http://www.nea.gov.cn/2015-09/02/c_134579478.htm。

② 参见国家发展改革委《关于调整发电企业上网电价有关事项的通知》(发改价格〔2013〕1924号),载中国政府网,http://www.gov.cn/zwgk/2013-10/16/content_2508002.htm。

政府制定能源价格的权限和范围以中央和地方定价目录为依据。

(二)能源使用价格激励

煤炭、石油等能源在开采、冶炼和使用时对生态环境影响较大,电力能源属于二次能源,在使用时是清洁能源,但在开发时也会造成一定的环境污染和生态破坏。因此,在煤炭、石油等化石能源使用领域一般会通过不断提高能源清洁使用技术和价格限制的方式进行正负激励。例如,2013 年 9 月发布的国家发展改革委《关于油品质量升级价格政策有关意见的通知》(发改价格〔2013〕1845 号)就规定,为贯彻落实国务院《关于印发大气污染防治行动计划的通知》(国发〔2013〕37 号)精神,加快推进我国油品质量升级步伐,对油品质量升级实施加价政策:

1. 加价标准。按照合理补偿成本、优质优价和污染者付费原则,根据油品质量升级成本调查审核结果,在企业适当消化部分升级成本的基础上,确定车用汽、柴油质量标准升级至第四阶段(国Ⅳ)的加价标准,分别为每吨 290 元和 370 元;从第四阶段升级至第五阶段(国Ⅴ)的加价标准,分别为每吨 170 元和 160 元。普通柴油价格参照同标准车用柴油价格执行。第四、第五阶段油品质量标准在全国全面实施后,将重新进行成本监审,必要时调整加价标准。

2. 操作方式。按照国务院确定的油品质量升级时间表,第四阶段车用汽油标准过渡期至 2013 年年底,第四阶段车用柴油标准过渡期至 2014 年年底,第五阶段车用汽油和柴油标准过渡期均至 2017 年年底。各地结合当地油品升级进程,经省级人民政府同意,可以省为单位或以城市为单位自行确定油品质量升级进程,并适时按上述加价标准操作,同时报国家发展改革委备案。

三、节能采购政策

按照 2007 年《能源法(征求意见稿)》的相关规定,各级人民政府应当将节约能源作为经济和社会发展的优先目标,制定并实施节能政策措施,培育节能市场,推动全社会节能,各级人民政府和用能单位应当建立节能的激励和约束机制,实施节能奖惩制度。① 同时,国家实行有利于节约能源的政府采购政策,依照政府采购相关法律法规,采购人使用财政性资金进行政府采购的,应当优先采购新能源和可再生能源以及节能的产品和服务。采购单位应在政府采购招标文件或谈判文件、询价文件中载明对产品的节能要求、对节能产品的优惠幅度,以及评审标准和方法等,以体现政府优先采购的政策导向。拟采购产品属于节能产品政府采购清单规定必须强制采购

---

① 国家能源办:《能源法(征求意见稿 2007 年版)》,载中央政府门户网,http://www.gov.cn/gzdt/2007-12/04/content_824569.htm。

的,应当在招标文件中明确载明,并在评审标准中予以充分体现。同时,采购招标文件不得指定特定的节能产品或供应商,不得含有倾向性或者排斥潜在供应商的内容,以达到充分竞争、择优采购的目的。[①]

(一)政府采购节能产品管理

为了贯彻节约能源的基本国策,我国政府在2007年就开始建立了政府采购强制采购节能产品制度,国务院办公厅《关于建立政府强制采购节能产品制度的通知》(国办发〔2007〕51号)规定,各级政府机构使用财政性资金进行政府采购活动时,在技术、服务等指标满足采购需求的前提下,要优先采购节能产品,对部分节能效果、性能等达到要求的产品,实行强制采购,以促进节约能源、保护环境、降低政府机构能源费用开支。同时,建立节能产品政府采购清单管理制度,明确政府优先采购的节能产品和政府强制采购的节能产品类别,指导政府机构采购节能产品。节能产品政府采购清单由国家财政部、国家发展改革委负责制订,国家财政部、发展改革委从国家认可的节能产品认证机构认证的节能产品中,根据节能性能、技术水平和市场成熟程度等因素择优确定节能产品政府采购清单,并在中国政府采购网、国家发展改革委门户网、中国节能节水认证网等媒体上定期向社会公布。

优先采购的节能产品应该符合下列条件:一是产品属于国家认可的节能产品认证机构认证的节能产品,节能效果明显;二是产品生产批量较大,技术成熟,质量可靠;三是产品具有比较健全的供应体系和良好的售后服务能力;四是产品供应商符合政府采购法对政府采购供应商的条件要求。在优先采购的节能产品中,实行强制采购的按照以下原则予以确定:一是产品具有通用性,适合集中采购,有较好的规模效益;二是产品节能效果突出,效益比较显著;三是产品供应商数量充足,一般不少于5家,确保产品具有充分的竞争性,采购人具有较大的选择空间。

随着我国改革开放的进一步深入,节能产品政府采购制度等也在不断改革和优化。2019年4月国家财政部、发展改革委、生态环境部、市场监管总局联合发布《关于调整优化节能产品、环境标志产品政府采购执行机制的通知》(财库〔2019〕9号)指出,落实"放管服"改革要求,完善政府绿色采购政策,简化节能(节水)产品、环境标志产品政府采购执行机制,优化供应商参与政府采购活动的市场环境,对原相关节

---

① 参见国务院办公厅《关于建立政府强制采购节能产品制度的通知》(国办发〔2007〕51号),载中国政府网,http://www.gov.cn/zwgk/2007-08/06/content_707549.htm。

能产品政府采购制度进行优化完善:①

1. 对政府采购节能产品、环境标志产品实施品目清单管理。国家财政部、发展改革委、生态环境部等部门根据产品节能环保性能、技术水平和市场成熟程度等因素,确定实施政府优先采购和强制采购的产品类别及所依据的相关标准规范,以品目清单的形式发布并适时调整。不再发布“节能产品政府采购清单”和“环境标志产品政府采购清单”。

2. 依据品目清单和认证证书实施政府优先采购和强制采购。采购人拟采购的产品属于品目清单范围的,采购人及其委托的采购代理机构应当依据国家确定的认证机构出具的、处于有效期之内的节能产品、环境标志产品认证证书,对获得证书的产品实施政府优先采购或强制采购。

3. 逐步扩大节能产品、环境标志产品认证机构范围。根据认证机构的发展状况,市场监管总局商有关部门按照试点先行、逐步放开、有序竞争的原则,逐步增加实施节能产品、环境标志产品认证的机构。加强对相关认证市场监管力度,推行“双随机、一公开”监管,建立认证机构信用监管机制,严厉打击认证违法行为。

4. 发布认证机构和获证产品信息。市场监管总局组织建立节能产品、环境标志产品认证结果信息发布平台,公布相关认证机构和获证产品信息。节能产品、环境标志产品认证机构应当建立健全数据共享机制,及时向认证结果信息发布平台提供相关信息。中国政府采购网建立与认证结果信息发布平台的链接,方便采购人和采购代理机构查询、了解认证机构和获证产品相关情况。

5. 加大政府绿色采购力度。对于已列入品目清单的产品类别,采购人可在采购需求中提出更高的节约资源和保护环境要求,对符合条件的获证产品给予优先待遇。对于未列入品目清单的产品类别,鼓励采购人综合考虑节能、节水、环保、循环、低碳、再生、有机等因素,参考相关国家标准、行业标准或团体标准,在采购需求中提出相关绿色采购要求,促进绿色产品推广应用。

(二)节能产品认证机制

《节约能源法》第20条规定,用能产品的生产者、销售者,可以根据自愿原则,按照国家有关节能产品认证的规定,向经国务院认证认可监督管理部门认可的从事节能产品认证的机构提出节能产品认证申请;经认证合格后,取得节能产品认证证书,可以在用能产品或者其包装物上使用节能产品认证标志。国家市场监督管理总局承

---

① 参见国家财政部等《关于调整优化节能产品、环境标志产品政府采购执行机制的通知》(财库〔2019〕9号),载中国政府网,http://www.gov.cn/zhengce/zhengceku/2019-10/15/content_5439979.htm。

担我国的节能产品认证工作监督和指导工作，并由中国质量认证中心负责组织具体实施。

中国节能产品节能认证是中国质量认证中心（China Quality Certification Center）开展的自愿性产品认证业务之一，范围涉及电器、办公设备、照明、机电、输变电设备、建筑等各种用能产品的节能认证，通过开展节能产品认证和标识，引导消费者对节能产品的主动消费，促进节能产品的推广和节能技术水平的进步。

中国节能产品认证标志的所有权属于中国节能产品认证管理委员会，使用权归中国节能产品认证中心。根据《节约能源法》第 73 条的规定，伪造、冒用能源效率标识或者利用能源效率标识进行虚假宣传的，由市场监督管理部门责令改正，处 5 万元以上 10 万元以下罚款；情节严重的，由工商行政管理部门吊销营业执照。

四、公平定价机制

在能源开发和利用中，能源终端使用价格是能源资源价值的最终体现，也是能源行业能否有效支撑我国经济社会发展的关键。因此，如何科学、合理地设计能源使用的公平定价机制，就成为我国能源行业健康发展的重要基础。2020 年《能源法（征求意见稿）》提出，能源领域的竞争性环节主要由市场形成价格，国家推动形成主要由能源资源状况、市场供求关系、环境成本、代际公平可持续等因素决定能源价格的机制。自然垄断环节价格由价格主管部门管理。政府制定能源价格的权限和范围以中央和地方定价目录为依据。价格主管部门按照规定开展能源价格成本监审，能源企业应当按照价格主管部门的要求，及时、真实、准确提供价格成本数据，接受价格成本监管。价格主管部门应当考虑能源产品或者服务的市场供求状况、资源稀缺程度、环境损害成本以及国民经济与社会发展要求和社会承受能力等因素，按照准许成本、合理盈利、依法计税和公平负担原则，制定、调整纳入政府定价范围的能源价格。然而，从历史来看，我国对于电力、石油等主要能源的价格制定，却经历了一条特殊的改革之路。

（一）能源定价机制的历史沿革

作为三大基本能源之一，电力能源定价机制的改革具有典型的中国特色。从新中国成立之初到改革开放前，我国电力能源价格都实行高度集中的管理体制。在此期间，所有电力项目的建设资金来自国家拨款，电力产业实行的是垂直一体化的管理方式，因此终端电价事实上是整个产业链打包的价格，电价定价高度集中。在这一阶段，电价只包含终端电价，主要特点是电价体系单一、定价权限集中、电价水平相对稳定。电价中 70% 以上是燃料成本，由于这一阶段的煤炭价格相对稳定，火力发电成本变化不大，故而，从“一五”时期开始，虽然最高价格指数为“二五”时期的 115.85，到“五五”时期，全国平均售电价格只上涨了约2.8%，其中东北地区由于价格初始比较低，随着电价的全国统一管理，电价趋于一致，所以上涨了约44%。①

进入改革开放时期，发电企业建设投资主体大为扩展，很多企业通过银行贷款或发行企业债券进行融资建设，而售电电价则主要基于运行成本和还贷本息来确定，因此国家实行“还本付息”电价为主的多种电价制度，发电企业的上网电价则采用“运行成本+归还本息+合理利润”的定价模式来确定。这种定价方式吸引了大量社会资金，极大增加了发电企业的装机容量，年发电量也大为提高，大大缓解了我国电力能源短缺的局面，使国民经济和社会生活所需要的电力基本得到了保障，为我国改革开放的顺利进行和经济社会的发展做出了很大的贡献。

但同时，这种定价模式也存在明显缺陷：一是采用个别成本、一厂一价的定价方法无法对发电成本形成控制，使单位发电成本无限制增加；二是对于新老电厂实行两种不同的定价方式也造成了新的不公平竞争局面；三是相对电网建设而言，投资电厂回报率较高，大量资金投入发电企业建设，导致电网建设资金不足，使输配电环节又产生了新的“瓶颈”。

为了解决“还本付息”定价模式的不足，改变上网电价不断攀升和输配电“瓶颈”的情况，国家发展计划委员会于2001年出台了《关于规范电价管理有关问题的通知》，将“还本付息电价”模式改为“经营期电价”模式，按照发电项目经营期和先进企业的社会平均成本核定平均上网电价，并规定火电项目按20年、水电项目按30年计算经营期，发电项目的银行贷款期限由借贷双方根据项目的具体情况协商确定，而成本核算则按照同期建设的同类型技术先进的发电机组的社会平均成本进行核算，符合环保要求的机组所增加的投资可另行计算，这种定价模式在一定程度上能够激励发电企业提高发电效率，降低生产成本。

随着我国电力管理体制改革的不断深入，电力产业由原先的垂直一体化经营到上下游产业链进行细致分工，电价形成机制也从单一的政府定价模式逐步转变到政府指导价与电力市场竞价相结合的模式。2005年国务院陆续发布了《上网电价管理暂行办法》《输配电价管理暂行办法》《销售电价管理暂行办法》等一系列电力能源定价规范和管理办法，逐步形成了发电企业上网电价和最终用户销售电价决定机制。2019年10月国家发展改革委发布了《关于深化燃煤发电上网电价形成机制的指导意见》，明确从2020年起，将现行燃煤发电标杆上网电价机制改为“基准价+上下浮

---

① 参见张华祥：《中国电力行业价格形成机制与改革模式研究》，复旦大学2014年博士学位论文，第35页。

动”的市场化价格机制,同时取消煤电价格联动机制。

电力体制改革的核心环节是电价改革,终端销售电价的高低涉及全国每一位电力能源用户的切身利益。作为公共服务行业,现阶段我国电力定价实行政府调控机制,一厂一价、一机一价现象仍然存在,上游成本的上升缺少有效的渠道传导至下游用户端,导致电力企业的盈亏具有较大不确定性,煤炭能源市场竞价、电力能源政府定价的矛盾依然存在。显然,作为电力管理体制改革的一个重要组成部分,电力定价机制改革任重道远。

我国的石油能源价格改革与电价改革之路有所不同,大致经历了3个阶段:一是计划经济体制下的政府严格监管下的统一定价阶段;二是改革开放初期的双轨制过渡阶段;三是目前与国际原油市场间接接轨定价阶段。

1955年起,我国开始自产石油,在传统的计划经济体制下,原油和成品油的销售实行国家统一管理,高度集中、统一分配,销售价格则完全不受供求关系等市场因素的影响。这一时期我国国民经济发展缓慢,对石油能源的需求量较低,还未形成比较突出的供需矛盾,国家采取统购统销、统一定价的石油价格机制,油价长期固定不变,一方面弥补了石油开采和提炼技术不成熟的不足,提高了石油生产企业应对高风险的能力;另一方面也由于石油价格长期保持在非常稳定的状态,保护了石油需求方的预期利益。

1978年改革开放以后,国民经济快速发展,对石油产品的需求也迅速增长,石油能源的供需矛盾日益突出。1981年国家采取石油产量包干政策,包干产量基数以内的按照计划价格分配,基数以外的超产和节约的原油,则由国家按当时的国际石油市场价格出口或在国内销售。自此,我国的石油价格进入了计划内平价、计划外市场价的双轨制石油定价机制阶段。石油生产的有限市场竞争,提高了石油企业的生产效率,促进了我国石油产业的发展。

1998年国家发展计划委员会出台《原油成品油价格改革方案》,要求改革原油、成品油价格形成机制,实现国内原油和成品油价格与国际市场接轨,按照该方案,此轮改革石油价格形成机制的目标是:按照社会主义市场经济的要求,坚持以市场为导向,建立与国际市场油价变动相适应,在政府调控下的原油和成品油市场形成价格机制。而此次价格改革的基本原则包括四个方面:一是有利于保护国内石油资源,促进石油工业的发展;二是有利于促进石油加工工业技术进步,提高管理水平,降低成本,实现集约经营;三是有利于促进统一、开放、竞争、有序的石油流通体制的建立;四是充分考虑社会各方面的承受能力，保持市场油价的相对稳定。①

该方案以国内原油价格与国际原油价格联动取代了以往的单一政府定价模式。首先，中油集团和石化集团之间的原油购销结算价格（不含税），由原油基准价格和贴水（或升水）两部分构成，原油基准价格由国家发展计划委员会根据每月国际市场相近品质原油离岸价加关税确定，两个集团公司每月 27 日（节假日顺延）向国家发展计划委员会报送上月 26 日至本月 25 日新加坡市场相近品质的参照油种各交易日的实际成交价格，国家发展计划委员会按各交易日的平均价格加关税确定原油基准价，于月底发布，下月 1 日起执行，而贴水（或升水）则由两个集团公司根据原油运杂费负担和国内外油种的质量差价以及市场供求等情况协商确定。其次，汽油、柴油零售价格由政府定价改为政府指导价，由国家发展计划委员制定并公布各省、自治区、直辖市汽油、柴油（标准品）零售中准价，中油和石化两个集团公司根据该中准价格在 ±5% 的浮动幅度内制定具体零售价格，非标准品价格不规定零售中准价，具体零售价由两个集团公司按标准品价格和国家规定的汽油、柴油品质比率表自行确定和公布。由于两大石油集团公司被赋予了更多的自主定价权，积极性得到很大提高。

2009 年 5 月国家发展改革委发布《石油价格管理办法（试行）》（发改价格〔2009〕1198 号），对石油定价机制作出进一步调整，其中，原油价格由企业参照国际市场价格自主制定，成品油价格区别情况，实行政府指导价或政府定价。该办法规定，当国际市场原油连续 22 个工作日移动平均价格变化超过 4% 时，可相应调整国内成品油价格。具体而言，当国际市场原油价格低于每桶 80 美元时，按正常加工利润率计算成品油价格；高于每桶 80 美元时，开始扣减加工利润率，直至按加工零利润计算成品油价格；高于每桶 130 美元时，按照兼顾生产者、消费者利益，保持国民经济平稳运行的原则，采取适当财税政策保证成品油生产和供应，汽油、柴油价格原则上不提或少提。这种以渐进和选择的方式来实现与国际石油市场接轨的成品油定价机制，成为减少国际油价大幅变化对我国经济发展冲击的重要政策工具。

（二）能源定价机制的改革目标

随着我国经济体制改革的进一步深入，能源定价机制改革也在逐步推进。按照国家有关要求，作为重点领域价格改革，要充分发挥市场决定价格的作用，能源价格机制改革的目标就是要加快推进能源价格市场化。为此，根据中共中央、国务院《关于推进价格机制改革的若干意见》的精神，电力价格改革的基本要求是：第一，要按

---

① 参见国家发展计划委员会：《原油成品油价格改革方案》，载国家能源局官网，http://www.nea.gov.cn/2011-08/16/c_131051983.htm。

照“管住中间、放开两头”的总体思路，推进电力、天然气等能源价格改革，促进市场主体多元化竞争，稳妥处理和逐步减少交叉补贴，还原能源商品属性；第二，择机放开成品油价格，尽快全面理顺天然气价格，加快放开天然气气源和销售价格，有序放开上网电价和公益性以外的销售电价，建立主要由市场决定能源价格的机制；第三，要把输配电价与发售电价在形成机制上分开，单独核定输配电价，分步实现公益性以外的发售电价由市场形成，按照“准许成本加合理收益”原则，合理制定电网、天然气管网输配价格；第四，要扩大输配电价改革试点范围，逐步覆盖到各省级电网，科学核定电网企业准许收入和分电压等级输配电价，改变对电网企业的监管模式，逐步形成规则明晰、水平合理、监管有力、科学透明的独立输配电价体系；第五，在放开竞争性环节电价之前，完善煤电价格联动机制和标杆电价体系，使电力能源价格更好地反映市场需求和成本变化。

作为主要的二次能源形式，电力能源在各行业建设和国民消费中占有极其重要的地位，同时，电力定价机制改革与社会经济发展和人民群众生活质量的提高最为密切。从产业性质上来说，电力工业属于技术和资金密集型产业，包括发、输、配、供、用电一体化的生产和经营，从经营上看其产、供、销是同时完成的。电力能源作为商品来说，既是公共产品，也是生活必需品，其需求价格弹性小于1。因此，确定电力定价机制改革的目标既要考虑电力商品的公共产品属性，也要考虑其作为人民群众生活必需品的商品属性。

我国电力价格改革的基本目标是要形成科学、合理的上网电价、输电电价、配电电价和终端销售电价的定价机制，按照我国国情，发电、售电价格由市场竞争形成，输电、配电价格则根据实际情况由国家能源管理部门核定。为此，我国电力能源价格机制改革可采取以下措施。

1. 适当提高电价价位

(1)合理的电价总水平关系到电力企业的生存与发展

电力作为重要的二次能源，其主要生产原料是煤炭，在我国的火电生产成本中，煤炭燃料成本所占比重过大，因此只有适当提高电力价格才能够扩大电力企业的生存和发展空间，缓解电价形成机制中燃料成本占比过大的困境。

(2)适当提高电价水平对于保护我国生态环境至关重要

要实现国民经济的可持续发展，就必须让能源价格反映资源的全部成本。对于电力能源来说，除发电、输配电和售电等显性成本外，还要将电力产业的外部隐性成本内在化。长期以来，我国电力计价中从未考虑资源破坏、环境治理的成本，电力能源虽然是清洁的二次能源，但是在其发、输、配、售各个环节，都会对环境带来不同程度的负面影响，特别是发电环节，由于我国火力发电主要以煤炭作为原料，而煤炭燃烧造成的污染很大，所以环境污染方面的社会成本必须要计入销售电价，即使是水电能源，在建设水电站期间也会产生巨大的环境污染和生态破坏，只有将这些环境和生态损害成本都计入，才能真实、全面地反映电力能源产业的生产和经营成本。

2. 解决交叉补贴问题

(1)公平因素

不同消费者群之间的交叉补贴造成了消费者公共福利的损抑，从而造成对成本价格机制的违反。比如，35千伏以上的高压用户和负荷率较大的用户在电力消费中占用了相对较小的电力平均成本，却支付了相对较高的电力价格；220/380伏低压用户和负荷率较小的用户在电力消费中占用了相对较大的电力平均成本，却因为政策优惠而享受较低的电力价格，导致电力价格没有完全体现电力成本，造成社会福利损抑。

(2)效率因素

从效率的角度讲，电力价格过低，将使社会的电力需求量加大，并增加低电压用户对电力能源的过度消耗，使本来就享受政策优惠、占用较大电力平均成本的低电压用户的电力需求大大增加，不仅加大了电力供应的紧张局势，更增加了电力企业的平均成本，却无法得到补偿，极大地减缓了电力行业的效率。

对应上述因素，在制定改革措施时，必须考虑在电价中真实体现各类用户的供电成本差异和效率；同时，考虑能源普遍服务原则，结合用户负荷率、用电效率等因素对低电压居民用户进行适当的政策补贴。

此外，还要激活电力企业在电价形成中的作用，适当扩大电力企业定价权，健全煤电价格联动机制，要在电价中体现供电成本差异、不同用户输配电成本的差异，体现生态环境成本。

(三)实施能源公平定价机制

能源公平定价机制的实施，是以成本补偿、合理盈利和公平负担为基本原则，做好改革顶层设计，以市场化定价为目标，渐进式分步实施。

所谓成本补偿原则，就是要求最终销售的能源价格能够完全补偿能源产品生产全过程发生的支出成本，例如，电力能源的生产就包含从发电、输电、配电到售电等各个环节所发生的物料、人力等耗费支出，汽油、柴油生产就包含从油气勘探、原油开采、石油冶炼、油品输送到销售等各环节所发生的全部成本支出等，从广义而言，还应该包括环境污染治理、生态恢复成本。

合理盈利原则，是要求能源价格能够使能源企业除补偿其生产成本外，还应保证合理的利润率。能源行业是公用事业,也是技术和资本密集型产业,需要大量的资金投入,而建设资金则主要源于能源价格收入,同时吸收部分社会资本。因此,能源价格应当能够保证能源企业及其投资者的收益达到合理水平,以保护能源企业和投资者的合法权益和投资积极性。

公平负担原则要求能源价格必须具备公平性,并根据用户性质和不同的用能时间、地点、条件,制定不同的用能价格。此外,要坚持市场化改革方向,做好顶层设计,分步推进实施。

课后思考题

1. 根据我国社会主义市场经济的特点,谈谈如何在政府采购中科学、合理地应用节能采购政策,并论证其合法性。

2. 在我国全面改革开放、强调市场在资源配置中的决定性作用的形势下,如何有效实施能源公平定价机制?

阅读材料

2007 年《中华人民共和国能源法》(征求意见稿)第二章、第十章,载中央人民政府官网,http://www.gov.cn/gzdt/2007-12/04/content_824569.htm。

本章课件

(请扫描二维码)

第四章　能源法基本制度

导　言

一般来说,能源法基本制度应是规定在能源基本法中或者通过提取公因式的方式将贯穿不同单行能源法中的典型制度提炼出来。而目前我国能源基本法尚未出台,仅出台《电力法》《煤炭法》等部分能源单行法。同时,我国能源体制处于改革之中,既有单行能源法的规定已无法反映出能源法制度改革的真实情况。因此,哪些制度属于我国能源法的基本制度,学界并未有统一观点。通过提炼处于既有的能源法律规范和现行的能源政策文件,参考不同学者对能源法基本制度的观点,本书将主要讨论以下问题:

1. 能源战略与能源规划制度
2. 能源安全制度
3. 能源市场规制制度
4. 能源社会性规制制度
5. 能源经济激励制度

第一节　能源战略与能源规划制度

一、能源战略与能源规划的含义

能源战略是筹划和指导国家能源可持续发展、保障能源安全的总体方略,是制定能源规划和能源政策的基本依据。能源战略是国家根据国情和世界能源发展形势作出的理性抉择,对能源规划和能源法的制定和实施具有指导性。能源规划是政府明确一定时期能源发展的目标、重点任务和措施的总体蓝图和行动纲领。由于能源战略和能源规划皆较宏观,所指方向一致,内容大多相同甚至重叠,在无法律规范明确区分的国家和地区,二者经常混同。有学者认为,二者存在如下区别:一是能源战略是国家间政治与合作的方针,是政治更是决策。能源规划是实现能源战略的思路、具体操作措施与行动方案。二是能源战略原则性规定多,宏观性强。能源规划是实施能源战略的具体措施和行动。三是能源战略效力体现为对包括能源规划、能源政策与能源法在内的行动规则或制度的指导与协调。能源规划除部分行动规则外,更多的是操作性规则。[①] 可见,能源战略和能源规划具有紧密联系,二者可从内容和效力上区分。

学界对能源法是否应当规定能源战略制度存在不同看法。有学者认为,能源法不仅要直接确定能源战略的地位、效力、制定程序以及相应的法律责任,还应将能源战略的制定、实施制度化、法制化,为国家建立科学稳定的能源对策体系提供规则保证。能源法将能源战略思想上升为法律规范,并根据能源战略要求设计与安排相应制度,将能源战略贯彻始终。[②] 也有学者认为,将能源战略写入能源法从可行性上需要商榷,鉴于我国立法和行政的谨慎性,发布正式能源战略的可能性不明朗,更多的会通过领导人讲话、规划性政策文件等形式反映能源战略思想。[③] 虽然能源战略与能源规划存在密切联系,我国现行能源政策亦缺乏二者明显界限的规定,但从二者效力和内容来看,能源法制度上仍应将能源战略制度和能源规划制度予以分开,并对二者的地位、效力、编制等予以规定。

二、能源战略制度

能源战略制度主要规范能源战略地位和内容、制定的依据以及能源战略的编制、评估和修订等。国家能源战略是指导能源可持续发展、保障能源安全的总体方略,是制定能源规划、政策和措施的基本依据。国家能源战略根据基本国情、国防安全、经济和社会发展需要、环境保护需要以及国内外能源发展趋势等制定。国家能源战略应当规定国家能源发展的战略思想、战略目标、战略布局和战略重点等内容。国家能源战略的战略期一般比较长,可定期评估或者根据形势变化予以修订。国务院办公厅 2014 年 6 月 7 日印发了《能源发展战略行动计划(2014—2020 年)》,提出坚持"节约、清洁、安全"的战略方针,加快构建清洁、高效、安全、可持续的现代能源体系,重点实施节约优先、立足国内、绿色低碳、创新驱动四大战略。

---

① 参见肖国兴:《论能源战略与能源规划的法律界定》,载《郑州大学学报(哲学社会科学版)》2009 年第 3 期。

② 参见肖国兴:《论能源战略与能源规划的法律界定》,载《郑州大学学报(哲学社会科学版)》2009 年第 3 期。

③ 参见中国法学会能源法研究会编:《能源法学总论》,法律出版社 2019 年版,第 94 页。

三、能源规划制度

国家能源规划是实施国家能源战略的阶段性行动方案。国家能源规划应当规定规划期内能源发展的指导思想、基本原则、发展目标和指标、阶段性任务、产业布局、重点项目、政策措施及其他重要事项。能源规划包括综合能源规划、分领域能源规划和区域能源规划等。分领域能源规划和区域能源规划应当服从综合能源规划。区域能源规划与分领域能源规划应当相互协调。

在具体能源单行法中,根据不同能源类型,规定了煤炭、电力等能源规划制度。《煤炭法》规定了煤炭资源勘查规划、煤炭生产开发规划等规划的编制和审批。《电力法》规定了电力发展规划、城市电网的建设与改造规划、农村电气化发展规划等规划的编制。《可再生能源法》规定了可再生能源开发利用规划、农村地区可再生能源发展规划等规划的编制和实施。此外,国家能源局制定了规范部分规划编制、审批、实施、修订的规章。比如,2016 年 2 月国家能源局发布了《省级能源发展规划管理办法》,具体规范了省级能源发展规划的编制、审批、实施等。2019 年 2 月国家能源局发布了修订后的《石油天然气规划管理办法》,具体规范了石油天然气规划编制前的组织与研究、编制与衔接、审定与发布、实施与监督、评估与调整、保障措施等。

第二节　能源安全制度

一、能源安全内涵变迁与能源安全保障

能源安全是在石油危机的背景下产生的,各国对能源的需求与发展程度不同,能源安全聚焦点在发生变化。一般认为,能源安全,是指以可支付得起的价格获得的充足的能源供应,主要包括四个方面:(1)能源资产、基础设施、供应链和贸易路线的日常安全保障;(2)能源资源的物质获取和供应保障的能力;(3)对供应中断、价格剧烈波动等紧急情况,能够迅速作出反应和提供替代措施的能力;(4)能源投资安全,即通过提供足够的法律保障和安全的商业环境,鼓励能源投资,确保充足和及时的能源供应。① 由此观之,能源安全重在供应安全。随着能源利用中环境问题日益凸显,除能源供应安全外,又增加了能源使用安全即能源生态环境安全含义。本节集中讨论的是狭义的能源安全,主要是指能源供应安全。

---

① 参见龚向前等:《我国新能源法律制度的完善与创新研究:基于智能电网发展的分析》,法律出版社 2017 年版,第 246 ~ 247 页。

能源安全主要面临以下挑战：一是传统能源原料主要分布在少数地区，其中部分地区政治并不稳定，能源供应安全特别是石油供应安全依赖资源国、能源过境国以及进口国之间良好国际关系的建立。二是能源研究、开发以及应用需要巨大的投资。三是能源的运输和传输路线受到限制。四是可靠的能源供应不应当对环境造成破坏并且能够可持续发展。五是能源供应组织采取地区垄断有助于形成稳定的供能体系，保障能源供应安全，但在销路得到保障的情况下缺乏开发新能源和销售经济环保能源的动力。此外，垄断企业的突然停供会对该地区造成严重结果。①

为应对能源安全问题，一般采取能源储备、优化能源消费结构、提高能源利用效率、发展可替代能源等措施。我国作为世界上最大的能源生产国和消费国，能源安全形势严峻，保障能源安全是我国能源战略的首要任务。2014 年 6 月习近平总书记对能源安全提出 5 点要求：推动能源消费革命、能源供给革命、能源技术革命、能源体制革命，全方位加强国家合作，实现开放条件下的能源安全。“四个革命，一个合作”是我国能源安全的新战略，为我国能源安全法制建设指明了方向。

二、能源储备制度

能源储备是确保能源供应安全的重要保障。为规范能源储备，部分国家通过了能源储备立法。2016 年 5 月我国国家能源局发布《国家石油储备条例（征求意见稿）》，目前该条例并未正式通过，能源储备立法尚有待完善。能源储备制度一般有以下内容。

（一）能源储备模式

能源储备模式涉及储备的参与主体、储备种类、数量和布局等。一般主要有政府储备、企业储备和机构储备等模式。美国和日本采取政府主导、市场化运作模式的储备模式，德国和法国是以机构储备为主、企业储备为辅的模式。② 2017 年 5 月中共中央、国务院印发了《关于深化石油天然气体制改革的若干意见》，提出建立完善政府储备、企业社会责任储备和企业生产经营库存有机结合、互为补充的储备体系。我国目前采取以政府储备为主，企业义务储备和商业储备为辅的能源储备模式。

（二）能源储备管理体制

美国、日本、德国、法国等国家的能源储备管理体制一般分为决策管理层、执行层

---

① 参见［德］克里斯蒂安娜·特吕尔：《21 世纪能源供应安全法律框架》，范雨丝译，载南京大学—哥廷根大学中德法学研究所编：《中德法学论坛》第 6 辑，南京大学出版社 2008 年版，第 106 ~ 107 页。

② 参见杜群等：《能源政策与法律——国别和制度研究》，武汉大学出版社 2014 年版，第 376 页。

和操作层3个层次。[①] 2018年根据国务院机构改革方案，我国组建国家粮食和物资储备局，由国家发展改革委管理。国家粮食和物资储备局内设能源储备司，主要拟订原油、成品油、天然气收储、轮换和日常管理的政策和规章制度并组织实施，落实有关动用计划和指令，承担相关储备统计工作。2007年成立的国家石油储备中心，目前为国家粮食和物资储备局直属的事业单位，职责是监督国家石油储备基地建设和管理，监督战略石油储备收储、轮换和动用任务，监测国内外石油市场供求变化。

（三）储备主体

储备主体作为具体承担储备义务的机构，其范围与储备模式密切相关。我国能源储备分为政府储备和企业的义务储备。政府储备由国家设立或者委托有关单位建设、运行和管理石油储备基地。截至2017年12月，我国建成舟山、舟山扩建、镇海、大连、黄岛、独山子、兰州、天津及黄岛国家石油储备洞库共9个国家石油储备基地。根据《国家石油储备条例（征求意见稿）》第3条的规定，企业义务储备石油，是指从事原油加工、成品油批发和原油进出口的企业，依法承担的社会责任储备。企业义务储备石油所有权属于出资企业，实行最低库存管理。《国家石油储备条例（征求意见稿）》第25条规定，企业义务储备主体为从事原油加工、成品油批发和原油进出口的企业。

（四）储备义务

基于保障能源安全的需要，政府储备是其应当履行的职责。政府储备一般通过直接设立储备机构或者委托市场主体运行，履行储备义务。企业义务储备要求企业日常保有一定最低库存量，属于政府储备的重要补充。企业义务储备是否对企业营业自由构成限制，其他国家有过相关的诉讼。例如，德国1966年有企业向联邦宪法法院提起了多起宪法诉讼。他们认为，引入储备义务侵犯了他们的基本权利（《德意志联邦共和国基本法》第12条的职业与企业自由，第14条的财产自由和第3条第1款的平等原则）。1971年联邦宪法法院在其判决中认为，能源安全构成一种"最为紧急的公众关注"，充分数量的能源供应是经济运行的关键前提；有序和长期的能源供应是具有压倒优势的公共利益。因此，施加给能源企事业的法定限制并不违宪。[②] 一般来说，企业义务储备属于企业承担的社会责任，但这种储备义务应由法律规定，义务储备规模应当符合比例原则。

---

① 参见杜群等：《能源政策与法律——国别和制度研究》，武汉大学出版社2014年版，第375页。

② 参见龚向前：《试论德国能源安全法律及启示》，载《德国研究》2006年第4期。

(五)储备品种

能源储备包括能源产品储备和能源资源储备。基于储备成本和便利考虑,能源储备品种主要为石油。我国《能源发展战略行动计划(2014—2020年)》提出,扩大石油储备规模,提高天然气储备能力,建立煤炭稀缺品种资源储备。

(六)储备动用

储备动用,是指政府向市场投放储备能源或命令企业降低企业义务储备数量的行为。一般能源储备动用的前提条件是应急的需要,经过法定批准程序,获得批准,方能动用储备。根据《国家石油储备条例(征求意见稿)》第31条的规定,发生下列情况之一的,国务院能源主管部门应当提出动用国家石油储备的方案,经国务院发展改革部门审核后,报国务院批准:(1)因突发事件等导致全国或局部地区石油供应中断或大幅减少,已经或者可能造成国内市场供需严重失衡、国民经济遭受重大影响或损害;(2)宏观调控需要;(3)法律、行政法规规定或者国务院决定动用的其他情形。

三、能源基础设施安全制度

能源基础设施是保障能源安全的物质保障,在确保能源运输、供应、使用等方面发挥重要作用。我国目前在能源基础设施安全方面的法律主要有《石油天然气管道保护法》《电力设施保护条例》等。

(一)石油天然气管道保护法律制度

为了保护石油天然气管道,保障石油天然气输送安全,维护国家能源安全和公共安全,我国高度重视石油天然气管道保护立法。1989年发布实施了《石油、天然气管道保护条例》,2001年对该条例进行了修订。[①] 2010年6月25日通过了《石油天然气管道保护法》,规定了管道保护的管理体制、管道的规划和建设、管道与其他建设工程相遇关系的处理等内容。

1. 管道保护的管理体制

《石油天然气管道保护法》确立不同层级能源主管部门分级主管石油天然气管道保护的管理体制。国务院能源局主管全国管道保护工作,负责组织编制并实施全国管道发展规划,统筹协调全国管道发展规划与其他专项规划的衔接,协调跨省、自治区、直辖市管道保护的重大问题。省、自治区、直辖市人民政府能源主管部门和设区的市级、县级人民政府指定的部门,主管本行政区域的管道保护工作,协调处理本行政区域管道保护的重大问题,指导、监督有关单位履行管道保护义务,依法查处危

① 2011年1月8日国务院《关于废止和修改部分行政法规的规定》废止该条例。

害管道安全的违法行为。该法要求县级以上地方人民政府应当加强对本行政区域管道保护工作的领导,督促、检查有关部门依法履行管道保护职责,组织排除管道的重大外部安全隐患。

2. 管道的规划和建设

为了从源头上理顺管道建设与城乡建设之间的关系,避免因规划不协调产生危害管道和公共安全的隐患,《石油天然气管道保护法》第 12 条规定,管道建设选线方案应当经拟建管道所在地县级以上地方人民政府城乡规划主管部门审核;经审核符合城乡规划的,应当依法纳入当地城乡规划。纳入城乡规划的管道建设用地,不得擅自改变用途。为保障管道建设的顺利进行,并保障管道在建设环节即符合管道保护的各项要求,管道建设的选线应当符合管道保护和公共安全的要求,管道企业选择具备相应资质的单位从事管道工程建设。管道建设涉及穿跨越各种基础设施的,应当遵守法律法规和国家技术规范的强制性要求。为了保障管道建成后符合管道保护的要求,管道建成后应当按照国家有关规定进行竣工验收。管道经验收合格,方可交付使用。

3. 管道运行中的保护

为了保障管道建成后的安全运行,及时、有效地防范和处理管道事故,管道投入运行后,管道企业发现管道存在外部安全隐患的,应当及时排除。管道企业对运行的管道进行巡护、维修、检测,有关单位、个人应当给予必要的便利。发生管道事故,管道企业应当立即启动本企业管道事故应急预案,采取有效措施消除或者减轻事故危害,并依法及时向有关部门报告。对管道泄漏的石油和因抢修排放的石油,由管道企业回收、处理,任何单位和个人不得侵占、盗窃、哄抢。禁止擅自开启、关闭管道阀门、损坏管道等各类直接危害管道的行为。根据各类行为对管道的危害程度,以及发生管道事故可能对沿线地区公共安全造成的影响,管道中心线两侧不同地域范围内,禁止从事相应的危害管道的行为。根据管道安全保护的技术要求,确定不同的保护距离。

4. 管道与其他建设工程相遇关系的处理

管道与其他建设工程相遇关系的处理,法律有明确规定的,依照有关规定执行;法律没有规定的,建设工程双方应当相互协商,后开工的建设工程服从先开工或者已建成的建设工程,同时开工的建设工程,后批准的建设工程服从先批准的建设工程。建设工程各方应当为对方提供必要的便利,并承担由此增加的费用。

(二)电力设施保护法律制度

为保障电力生产和建设的顺利进行,保障电力供应安全,维护社会公共利益,我国专门立法保护电力设施。《电力法》第七章专门规定了电力设施保护。1987年国务院发布《电力设施保护条例》,1998年和2011年两次进行了修改。

1. 设置电力设施保护区

电力管理部门按照国务院有关电力设施保护的规定,对电力设施保护区设立标志。任何单位和个人不得在依法划定的电力设施保护区内修建可能危及电力设施安全的建筑物、构筑物,不得种植可能危及电力设施安全的植物,不得堆放可能危及电力设施安全的物品。在依法划定电力设施保护区前已经种植的植物妨碍电力设施安全的,应当修剪或者砍伐。

2. 设立标志保护电力设施

在必要的架空电力线路保护区的区界上,电力管理部门设立标志,并标明保护区的宽度和保护规定。在架空电力线路导线跨越重要公路和航道的区段,应设立标志,并标明导线距穿越物体之间的安全距离。地下电缆铺设后,应设立永久性标志,并将地下电缆所在位置书面通知有关部门。水底电缆敷设后,应设立永久性标志,并将水底电缆所在位置书面通知有关部门。

3. 禁止危害电力设施的行为

为确保电力设施安全,在电力设施周围进行爆破作业,必须按照国家有关规定。禁止各类危害发电设施、变电设施、电力线路设施的行为。在依法划定的电力设施保护区内进行可能危及电力设施安全的作业时,应当经电力管理部门批准并采取安全措施后,方可进行作业。

4. 对电力设施与其他设施互相妨碍的处理

新建架空电力线路不得跨越储存易燃、易爆物品仓库的区域,一般不得跨越房屋。特殊情况需要跨越房屋时,电力建设企业应采取安全措施,并与有关单位达成协议。公用工程、城市绿化和其他工程在新建、改建或扩建中妨碍电力设施时,或电力设施在新建、改建或扩建中妨碍公用工程、城市绿化和其他工程时,双方有关单位必须按照法律法规和国家有关规定协商,就迁移、采取必要的防护措施和补偿等问题达成协议后方可施工。新建、改建或扩建电力设施,需要损害农作物,砍伐树木、竹子,或拆迁建筑物及其他设施的,电力建设企业应按照国家有关规定给予一次性补偿。

第三节　能源市场规制制度

从20世纪70年代末以来,许多国家的能源法调节模式发生了转变,即"从国家垄断和所有的历史模式或具有特许权垄断与严格规制的私人所有模式，向自由化能源市场的转换”。[①] 我国能源领域长期受计划经济体制影响，亟待进行市场化改革。在我国能源行业市场化转型过程中，逐渐形成了能源市场准入规制、价格规制、能源市场垄断行为规制等制度。

一、能源市场准入

推动能源领域的市场化改革，其中的重要内容即是改革能源市场准入制度。2017 年 7 月国家发展改革委、国家能源局印发的《能源体制革命行动计划》，提出建立市场准入制度，废除妨碍能源自由流动和公平竞争的政策法规，推广通过市场竞争机制确定能源项目投资经营主体。

（一）油气市场准入

我国油气市场在勘探开采、运输、加工、销售等不同产业链条，市场准入规制有所不同。在油气勘探开采领域，仅有中国石油、中国石化、中国海油等国有石油公司有资格进入勘探开采市场，民营资本可参与上游油田服务领域，但不能直接勘探开采。2017 年 5 月中共中央、国务院印发的《关于深化石油天然气体制改革的若干意见》提出，在保护性开发的前提下，允许符合准入要求并获得资质的市场主体参与常规油气勘查开采，逐步形成以大型国有油气公司为主导、多种经济成分共同参与的勘查开采体系。2019 年 2 月国务院印发《关于取消和下放一批行政许可事项的决定》（国发〔2019〕6 号），取消石油天然气（含煤层气）对外合作项目总体开发方案审批事项，改为备案。2019 年 6 月 30 日国家发展改革委、商务部发布的《外商投资准入特别管理措施（负面清单）（2019 年版）》，取消了石油天然气勘探开发限于合资、合作的限制。在天然气与管道领域，以往长输管道基本上由中国石油和中国石化下属管道公司建设。目前，正在改革油气管网运营机制，实现管输和销售分开，逐步实现投资主体多元化。《关于深化石油天然气体制改革的若干意见》提出，要完善油气管网公平接入机制，油气干线管道、省内和省际管网均向第三方市场主体公平开放。2019 年 3 月 19 日中央全面深化改革委员会第七次会议审议通过了《石油天然气管网运营机制改革实施意见》，提出组建石油天然气管网公司。[②] 2019 年 5 月国家能源局发布《油气管网设施公平开放监管办法》，提出在保障现有用户现有服务并具备剩余能力的前

---

① 龚向前：《气候变化背景下能源法的变革》，中国民主法制出版社 2008 年版，第 19 页。

② 2019 年 12 月 9 日，国家石油天然气管网集团有限公司（以下简称国家管网公司）成立。国家管网公司的主要职责是负责全国油气干线管道、部分储气调峰设施的投资建设，负责干线管道互联互通及与社会管道联通，形成“全国一张网”，负责原油、成品油、天然气的管道输送，并统一负责全国油气干线管网运行调度，定期向社会公开剩余管输和储存能力，实现基础设施向所有符合条件的用户公平开放等。

提下,油气管网设施运营企业应无歧视地与符合开放条件的用户签订服务合同,按照合同约定向用户提供油气输送、储存、气化、装卸、转运等服务。该办法具体规定了公平开放基础条件、公平开放服务基本要求、信息公开、申请与受理、合同签订及履行、监管措施及法律责任等。

根据《成品油市场管理办法》,国家对成品油经营实行许可制度,申请从事成品油批发、仓储经营、零售经营资格的企业,应当取得相应商务主管部门的许可。为贯彻落实《优化营商环境条例》和国务院有关石油成品油流通管理"放管服"改革工作的要求,2020 年 6 月 18 日商务部决定废止《成品油市场管理办法》和《原油市场管理办法》。这就意味着市场主体从事石油、成品油的批发和仓储经营活动,只要符合相关法律法规、达到相关标准,取得相关资质或通过相关验收,即可依法依规展开经营,无须再向商务主管部门申请。2019 年 12 月 3 日商务部发布的《关于做好石油成品油流通管理"放管服"改革工作的通知》中指出,各省商务(经信、能源)主管部门有序将成品油零售经营资格审批及管理工作移交给地市级人民政府,由地市级人民政府确定具体执行部门,负责审批及行业管理工作。根据《城镇燃气管理条例》《燃气经营许可管理办法》的规定,国家对燃气经营实行许可证制度,从事燃气经营活动的,应当依法取得燃气经营许可,并在许可事项规定的范围内经营。根据《基础设施和公用事业特许经营管理办法》和各地燃气管理的地方性法规,管道燃气经营一般实行特许经营制度。

(二)电力市场准入

从 2002 年开始实施的电力体制改革,重要内容是破除独家办电的体制束缚,解决指令性计划体制和政企不分、厂网不分等问题,形成电力市场主体多元化竞争格局。从 2015 年开始的新一轮电力体制改革,重点是在进一步完善政企分开、厂网分开、主辅分开的基础上,按照"管住中间、放开两头"的体制架构,有序向社会资本开放配售电业务,有序放开公益性和调节性以外的发用电计划,推进交易机构相对独立、规范运行。开放电网公平接入,建立分布式电源发展新机制。根据国家发展改革委 2015 年发布的《关于推进售电侧改革的实施意见》规定了售电侧的市场放开,明确参与竞争售电主体可以有 3 类:一是电网企业的售电公司;二是社会资本投资的增量配电网,拥有配电网运营权的售电公司;三是独立售电公司,不拥有配电网运营权,不承担保底供电服务。2016 年 10 月国家发展改革委、国家能源局发布了《售电公司准入与退出管理办法》《有序放开配电网业务管理办法》,明确了售电公司与配电业务的准入与退出条件、权利与义务范围等。根据《售电公司准入与退出管理办法》的规定,同一供电营业区内可以有多个售电公司,但只能有一家公司拥有该配电网经营权,并提供保底供电服务。同一售电公司可在多个供电营业区内售电。在准入机制方面,售电侧市场以注册认定代替行政许可的准入方式。

(三)煤炭产业准入

我国对煤炭产业的准入政策是严格产业准入,规范开发秩序,完善退出机制,形成以大型煤炭基地为主体、与环境和运输等外部条件相适应、与区域经济发展相协调的产业布局。2019年10月国家发展改革委发布的《产业结构调整指导目录(2019年本)》规定,煤田地质及地球物理勘探等18类是鼓励类,低于30万吨/年的煤矿、煤炭资源回收率达不到国家规定要求的煤矿项目等6类为限制类,与大型煤矿井田平面投影重叠的小煤矿等10类项目属于淘汰类。

在煤炭产业准入许可方面,我国进行了煤炭市场和经营许可制度的改革。在2013年修改的《煤炭法》中,取消了煤炭生产许可证和煤炭经营许可证制度。根据《煤炭法》的规定,2013年国务院废止了《煤炭生产许可证管理办法》。2014年7月国家发展改革委发布了《煤炭经营监管办法》,修改了原有煤炭经营许可制度的规定,对煤炭经营企业实行告知性备案。

(四)可再生能源市场准入

可再生能源的开发利用是能源发展的优先领域。根据《可再生能源法》第4条第2款的规定,国家鼓励各种所有制经济主体参与可再生能源的开发利用,依法保护可再生能源开发利用者的合法权益。在可再生能源市场准入方面,主要包括出台产业发展指导目录、制定标准、可再生能源项目的审批备案等措施。如对投资项目实行审批、审核和备案,对并网项目实施许可,公布可再生能源电力的并网技术标准等。

二、能源价格规制

我国能源价格形成机制主要是政府定价和垄断性价格,少部分能源行业为市场定价,无法反映能源的商品属性。能源价格改革是我国能源市场化改革的重要内容,2015年10月中共中央、国务院发布了《关于推进价格机制改革的若干意见》,提出加快推进能源价格市场化。按照"管住中间、放开两头"的总体思路,推进电力、天然气等能源价格改革,促进市场主体多元化竞争,稳妥处理和逐步减少交叉补贴,还原能源商品属性。

(一)油气价格规制

根据2020年5月1日起施行的新版《中央定价目录》,除企业内部自用管道外,跨省(自治区、直辖市)管道运输价格,由国务院价格主管部门制定。海上气、页岩气、煤层气、煤制气、液化天然气、直供用户用气、储气设施购销气、交易平台公开交易气,2015 年以后投产的进口管道天然气,以及具备竞争条件省份天然气的门站价格,由市场形成。其他国产陆上管道天然气和 2014 年年底前投产的进口管道天然气门站价格,暂按现行价格机制管理,根据天然气市场化改革进程适时放开由市场形成。

对石油价格形成机制,2009 年国家发展改革委发布了《石油价格管理办法(试行)》,2016 年国家发展改革委发布了《石油价格管理办法》,废止了《石油价格管理办法(试行)》,进一步完善了成品油价格形成机制。根据《石油价格管理办法》,我国目前原油价格实行市场调节价。成品油区别情况,分别实行政府指导价和政府定价。汽油、柴油零售价格和批发价格,向社会批发企业和铁路、交通等专项用户供应汽油、柴油供应价格,实行政府指导价。向国家储备和新疆生产建设兵团供应汽油、柴油价格,实行政府定价。根据 2020 年 5 月 1 日起施行的新版《中央定价目录》,成品油价格暂按现行价格形成机制,根据国际市场油价变化适时调整,将视体制改革进程全面放开由市场形成。

(二)电力价格规制

现行电价管理仍以政府定价为主,电价调整往往滞后于成本变化,难以及时并合理反映用电成本、市场供求状况、资源稀缺程度和环境保护支出。根据 2020 年 5 月 1 日起施行的新版《中央定价目录》,省及省以上电网输配电价由国务院价格主管部门定价。通过市场交易的电量价格,由市场形成。燃煤发电电价机制以及核电等尚未通过市场交易形成价格的上网电价,暂由国务院价格主管部门制定,根据电力市场化改革进程适时放开由市场形成。尚未通过市场交易形成价格的销售电价暂按现行办法管理,根据电力市场化改革进程适时放开由市场形成。居民、农业等优先购电电量的销售电价,由国务院价格主管部门制定定价原则和总体水平,省级价格主管部门制定具体价格水平。

新一轮电力体制改革提出了单独核定输配电价、有序放开输配以外的竞争性环节电价的改革任务。《关于推进输配电价改革的实施意见》进一步明确,按照"准许成本加合理收益"原则,核定电网企业准许总收入和分电压等级输配电价。具体改革措施包括开展输配电价测算工作、分类推进交叉补贴改革、明确过渡时期电力直接交易的输配电价政策等。

三、能源市场垄断行为规制

(一)油气行业垄断行为规制

我国油气行业,不同环节市场竞争程度和结构有所不同。对油气行业适用反垄断法需考虑不同环节,有针对性地对相应垄断行为进行规制。

1. 油气勘探开采垄断行为规制

油气勘探开采市场主要由中国石油、中国石化、中国海油等国有石油公司控制。我国油气勘探开采环节的垄断行为规制的重点在于,有序放开油气勘查开采体制,推动市场化改革。通过油气市场准入改革,打破油气上游领域的垄断。

2. 油气管道运输环节垄断行为规制

油气管道运输环节具有自然垄断属性,油气管网运行机制改革是我国能源市场化改革的重要内容。目前,对油气管网改革路径是分步推进国有大型油气企业干线管道独立,实现管输和销售分开,实现油气干线管道、省内和省际管网均向第三方市场主体公平开放。2019 年 3 月 19 日中央全面深化改革委员会第七次会议正式审议通过了《石油天然气管网运营机制改革实施意见》,提出要坚持深化市场化改革、扩大高水平开放,组建国有资本控股、投资主体多元化的石油天然气管网公司,推动形成上游油气资源多主体多渠道供应、中间统一管网高效集输、下游销售市场充分竞争的油气市场体系。油气管网运行机制改革有助于减少企业利用自然垄断的优势滥用市场支配地位,增强油气市场公平性。

3. 油气销售环节垄断行为规制

我国油气销售环节垄断行为规制的重点是对油气企业的纵向垄断协议和滥用市场支配地位行为的规制。比如,油气企业通过达成并实施"限定向第三人转售商品的最低价格"垄断协议的违法行为,严重排除、限制油气产品的市场竞争,损害终端客户和消费者的合法权益。城镇燃气特许经营者滥用市场支配地位的行为,主要表现为滥收费用、搭售商品、附加不合理交易条件等。

(二)电力行业垄断行为规制

电力行业具有自然垄断的属性,反垄断法对其一般采取豁免适用的方式,比如,美国 1914 年《克莱顿法》第 7 条规定,基于联邦电力委员会的授权完成的交易不适用该法。随着经济发展,电力行业豁免在反垄断法适用中的弊端凸显,德国、日本等国修改反垄断法对电力行业的豁免规定。我国《反垄断法》第 7 条"国有经济占控制地位的关系国民经济命脉和国家安全的行业以及依法实行专营专卖的行业,国家对其经营者的合法经营活动予以保护"的规定,并非豁免规定,主要是起到宣示作用。①因此,电力行业应当适用《反垄断法》。由于电力行业不同环节滥用市场支配行为表

① 参见王先林:《垄断行业监管与反垄断法之协调》,载《法学》2014 年第 2 期。

现有所不同,对其规制的重点也有所不同。①

1. 发电环节垄断行为的规制

我国电力发电环节为竞争性环节,已基本形成多元化的发电主体,规制的重点是防止具有竞争关系的经营者达成固定或变更价格、限制生产销售数量、分割市场、联合抵制交易等横向垄断协议,维护发电市场公平竞争。2017 年 8 月国家发展改革委指导山西省发展改革委对“山西省电力行业协会组织 23 家火电企业达成并实施直供电价格垄断协议案”作出处理决定,依法处以 7338 万元罚款。该案被称为首例电力行业垄断协议案,对促进电力市场公平竞争,实现电力行业反垄断执法常态化具有重要意义。

2. 输配电环节垄断行为的规制

目前,我国输电、配电环节仍属于自然垄断领域,在输配电环节要重点防止具有市场支配地位的电网经营者,无正当理由拒绝交易、限定交易,附加不合理的押金、保证金等价格条件,存在限制用户权利、加重用户责任等滥用市场支配地位行为。

3. 售电环节垄断行为的规制

随着电力体制改革的深入,售电环节为可竞争环节,在售电环节既要防止无正当理由拒绝交易、限定交易、附加不合理条件等滥用市场地位行为,也要防止具有竞争关系的售电主体之间达成横向垄断协议,还要防止发电企业与售电企业之间达成固定转售价格或限定最低转售价格的纵向垄断协议。

4. 电力行业行政垄断的规制

行政垄断体现为行政机关和法律、法规授权的具有管理公共事务职能的组织滥用行政权力,限定或者变相限定单位或者个人经营、购买、使用其指定的经营者提供的商品。在电力行业常见的行政垄断行为是“新居配”中滥用行政权力排除限制竞争的行为。2016 年国家发展改革委公布的 4 起行政垄断案件中,涉及一起电力行业行政垄断行为。即部分省(自治区、直辖市)政府所属部门指定供电企业,统一建设新建居民住宅小区供配电设施并统一收费,涉嫌滥用行政权力,排除限制竞争。国家发展改革委在调查和听取各方意见后,督促相关地方对照《反垄断法》,清理纠正了排除限制竞争的规定和做法。

① 参见吴东美:《市场化改革进程中电力行业反垄断监管探析》,载《中国价格监管与反垄断》2017 年第 9 期。

第四节 能源社会性规制制度

政府规制可以分为经济性规制和社会性规制。经济性规制主要在自然垄断和存在信息偏在的领域。“社会性规制是指以保障劳动者和消费者的安全、健康、卫生、环境保护、防止灾害为目的,对物品和服务的质量和伴随着它们而产生的各种活动制定一定标准,并禁止、限制特定行为的规制。”①本书采取这一定义,将保障能源用户获得普遍服务权利的能源普遍服务制度以及能源环境保护、能源安全生产等作为能源社会性规制制度的主要内容。

一、能源普遍服务制度

(一)能源普遍服务的内涵

一般认为,普遍服务的概念源于20世纪初美国的电信业,最初的含义是以同一技术与服务水平,提供全国统一服务的经营目标,以避免市场混乱,用户无法获得公平、合理的服务情况发生。1913年美国电话电报公司迫于司法部压力,被迫承诺承担在全美普及电话服务的义务,普遍服务才上升为公共服务过程中的义务原则和责任规范。② 随着普遍服务观念逐渐得到承认,普遍服务扩展至邮政、铁路、能源等公用事业。2006年国际经济合作与发展组织将普遍服务界定为“任何人在任何地方任何时候都能以承担得起的价格享受产品服务,而且服务质量和资费一视同仁”。能源普遍服务,即“国家制定政策,采取措施,确保所有用户都能以合理的价格获得可靠、持续的基本能源服务。”③

(二)能源普遍服务的法律规制

公民享有获得能源普遍服务的权利,为保障权利实现,一般在法律中规定能源企业履行能源普遍服务义务。在能源法出台前,我国主要通过单行法规定能源普遍服务义务。④《行政许可法》《电力法》《电力供应和使用条例》等法律法规规范了能源普遍服务义务。《行政许可法》第67条规定:“取得直接关系公共利益的特定行业的

---

① 参见[日]植草益:《微观规制经济学》,朱绍文等译,中国发展出版社1992年版,第22页。

② 参见陈建华:《中国电力普遍服务供给规制研究》,中国经济出版社2013年版,第42~43页。

③ 苏苗罕:《能源普遍服务的法理与制度研究》,载《法治研究》2007年第10期。

④ 国家能源局2020年公布的《能源法(征求意见稿)》第12条、第58条、第109条等规范了能源普遍服务。

市场准入行政许可的被许可人,应当按照国家规定的服务标准、资费标准和行政机关依法规定的条件,向用户提供安全、方便、稳定和价格合理的服务,并履行普遍服务的义务;未经作出行政许可决定的行政机关批准,不得擅自停业、歇业。被许可人不履行前款规定的义务的,行政机关应当责令限期改正,或者依法采取有效措施督促其履行义务。"《电力法》第8条规定:"国家帮助和扶持少数民族地区、边远地区和贫困地区发展电力事业。"《电力法》在第六章专门规定了农村电力建设和农业用电,通过优惠政策扶持农村电力建设和农业用电。《基础设施和公用事业特许经营管理办法》第46条规定:"特许经营者应当对特许经营协议约定服务区域内所有用户普遍地、无歧视地提供公共产品或公共服务,不得对新增用户实行差别待遇。"此外,《电力供应和使用条例》《供电监管办法》等法规规章也规定了供电企业的能源普遍服务义务及监督机制。

(三)能源普遍服务制度的内容

1. 能源普遍服务义务的履行主体

承担能源普遍服务义务的主体一般为能源企业,其有义务依法定标准提供普遍地、无歧视的能源服务。提供公用服务的能源企业,属于独立的市场主体,国家一般给予提供普遍能源服务的企业一定的补贴。

2. 用户的权利与义务

能源普遍服务的受益对象为能源用户。能源用户享有选择权、公平交易权、知情权、监督权等权利。同时,能源用户应当履行依法支付用能费用、安全用能等义务。

3. 能源普遍服务保障

为保障能源普遍服务义务的履行,政府有职责加大财政投入,加强保障民生的能源基础设施建设。此外,筹集能源普遍服务基金,实行普遍服务补偿是保障能源普遍服务的重要方式。

4. 能源普遍服务的监督

能源监管部门应将能源企业提供能源普遍服务的情况纳入考核监督的范围。重点监督能源设施的开放性、能源服务的连续性、能源服务的透明度等。①

二、能源环境保护制度

传统能源法主要注重能源供应的安全,而对能源利用中的生态环境保护问题缺乏重视。能源开发、加工、运输、使用中皆不同程度地对生态环境造成不利影响,甚至

---

① 参见苏苗罕:《能源普遍服务的法理与制度研究》,载《法治研究》2007年第10期。

造成严重的环境污染或生态破坏。应对能源环境问题,不仅要强化能源企业遵守环境保护法律的义务,更重要的是,转变能源生产和利用方式,形成绿色、低碳、可持续的能源利用秩序。

(一)能源企业环境保护义务

能源企业在开发利用能源过程中负有遵守环境保护法律的义务。比如,能源项目的建设应当进行环境影响评价,避免或减少对环境造成的不良影响。能源项目防治污染的设施,应当与主体工程同时设计、同时施工、同时投产使用。属于排污许可管理的能源企业应当依法取得排污许可。在能源单行法中一般规定有能源企业的环境保护义务。比如,《电力法》第5条规定:"电力建设、生产、供应和使用应当依法保护环境,采用新技术,减少有害物质排放,防治污染和其他公害。国家鼓励和支持利用可再生能源和清洁能源发电。"

(二)控制能耗总量和强度

实行能源消耗总量和强度"双控"行动,是推进生态文明建设,解决资源约束趋紧、环境污染严重的一项重要措施,既能节约能源资源,从源头上减少污染物和温室气体排放,也能倒逼经济发展方式转变,提高我国绿色经济发展水平。目前,我国主要通过"双控"目标责任制、优化产业和能源结构、加强重点领域节能、实施节能重点工程、建立和完善节能市场化机制等措施,实现能耗总量和强度"双控"的目标。

(三)促进清洁能源供应

促进清洁能源供应是实现能源可持续发展的重要方式。具体措施包括积极开发水电,有序发展风电,加快发展太阳能发电,积极推进生物质能、地热能和海洋能开发利用,提高机组利用效率,优先调度新能源电力,减少弃电。此外,还包括推动煤炭高效清洁转化、促进可再生能源就地消纳、推广分布式供能方式等。

三、能源安全生产制度

(一)能源安全生产责任主体

能源企业是安全生产的责任主体,能源企业应当遵守有关安全生产的法律、法规,加强安全生产管理,建立、健全安全生产责任制和安全生产规章制度,改善安全生产条件,推进安全生产标准化建设,提高安全生产水平,确保能源安全生产。我国能源单行法中有专门规定能源企业的安全生产义务。《煤炭法》第20条规定,煤矿企业应当取得安全生产许可证。该法第32条规定:"矿务局长、矿长及煤矿企业的其他主要负责人必须遵守有关矿山安全的法律、法规和煤炭行业安全规章、规程,加强对煤矿安全生产工作的管理,执行安全生产责任制度,采取有效措施,防止伤亡和其他安全生产事故的发生。”《核安全法》第5条规定：“核设施营运单位对核安全负全面责任。为核设施营运单位提供设备、工程以及服务等的单位，应当负相应责任。”

（二）能源安全风险的预控

能源安全生产坚持预防为主的原则，能源企业有义务建立安全风险管控体系，建立健全生产安全事故隐患排查治理制度。比如，《电力法》第19条规定：“电力企业应当加强安全生产管理，坚持安全第一、预防为主的方针，建立、健全安全生产责任制度。电力企业应当对电力设施定期进行检修和维护，保证其正常运行。”《核安全法》第22条规定：“国家建立核设施安全许可制度。核设施营运单位进行核设施选址、建造、运行、退役等活动，应当向国务院核安全监督管理部门申请许可。核设施营运单位要求变更许可文件规定条件的，应当报国务院核安全监督管理部门批准。”

（三）能源安全生产的监管

根据不同能源种类和不同情形，由不同监管部门监管能源安全生产。根据2015年2月国家发展改革委发布的《电力安全生产监督管理办法》，国家能源局及其派出机构对电力企业的电力运行安全（不包括核安全）、电力建设施工安全、电力工程质量安全、电力应急、水电站大坝运行安全和电力可靠性工作等方面实施监督管理。煤矿安全监管监察部门负责监管煤矿安全生产。根据《应急管理部职能配置、内设机构和人员编制规定》，应急管理部负责非煤矿山（含地质勘探）、石油（炼化、成品油管道除外）等工矿商贸行业安全生产基础工作，拟订相关行业安全生产规程、标准，指导监督相关行业企业安全生产标准化、安全预防控制体系建设等工作，承担海洋石油安全生产综合监督管理工作。《核安全法》第6条规定：“国务院核安全监督管理部门负责核安全的监督管理。国务院核工业主管部门、能源主管部门和其他有关部门在各自职责范围内负责有关的核安全管理工作。国家建立核安全工作协调机制，统筹协调有关部门推进相关工作。”根据《生态环境部职能配置、内设机构和人员编制规定》，生态环境部负责核与辐射安全的监督管理，对外保留国家核安全局牌子。核设施安全监管司、核电安全监管司、辐射源安全监管司既是生态环境部的内设机构，也是国家核安全局的内设机构。

第五节 能源经济激励制度

为提高能源利用效率，推动节约能源，政府一般采取财政补贴、提供专项资金、税收优惠等不同激励措施。相对于政府直接管制行政相对人，实施能源激励性措施具有目标导向的属性，通过经济激励机制引导能源企业或者用能者提高能源利用效率。我国制定了《节约能源法》《可再生能源法》《循环经济促进法》等法律，规范能源激励制度。

一、能源财税制度

（一）能源财政补贴

能源财政补贴是政府为优化能源结构、发展可再生能源和新能源，运用财政资金支付给符合条件的行政相对人的行为。《可再生能源法》第24条规定，国家财政设立可再生能源发展专项资金，支持可再生能源开发利用的科学技术研究、标准制定和示范工程，以及农村、牧区生活用能的可再生能源利用项目等工程或项目。2012年财政部、国家发展改革委、国家能源局发布了《可再生能源电价附加补助资金管理暂行办法》，规范了补助项目的确认、补助标准、预算管理和资金拨付等制度。2020年财政部、国家发展改革委、国家能源局发布了《可再生能源电价附加资金管理办法》，同时废止了《可再生能源电价附加补助资金管理暂行办法》。

（二）能源税收

能源税收涉及能源矿产的征税和鼓励发展能源行业的税收优惠。2019年8月26日我国通过《资源税法》，规范了资源税纳税人、税目、税率、税收减免等内容。根据资源税税目表，开发原油、天然气、页岩气、煤等能源矿产属于资源税的应税资源范围。为促进资源节约集约利用，《资源税法》第6条规定，从低丰度油气田开采的原油、天然气，减征20%资源税，高含硫天然气、三次采油和从深水油气田开采的原油、天然气，减征30%资源税，稠油、高凝油减征40%资源税，从衰竭期矿山开采的矿产品，减征30%资源税。根据《可再生能源法》第26条的规定，国家对列入可再生能源产业发展指导目录的项目给予税收优惠。

（三）信贷支持

为引导信贷资金投向，国家采取财政贴息贷款、鼓励金融机构优先支持等措施，支持可再生能源产业、节约集约利用能源产业的发展。《可再生能源法》第25条规定："对列入国家可再生能源产业发展指导目录、符合信贷条件的可再生能源开发利用项目，金融机构可以提供有财政贴息的优惠贷款。"《循环经济促进法》第45条第2款、第3款规定："对符合国家产业政策的节能、节水、节地、节材、资源综合利用等项目，金融机构应当给予优先贷款等信贷支持，并积极提供配套金融服务。对生产、进口、销售或者使用列入淘汰名录的技术、工艺、设备、材料或者产品的企业，金融机构不得提供任何形式的授信支持。"

二、节能激励制度

节约能源是我国的基本国策,为激励节能,提高能源利用效率,《节约能源法》在第五章激励措施中提出,国家运用财税、价格等政策支持电力需求侧管理、合同能源管理、节能资源协议等节能办法。

(一)合同能源管理制度

合同能源管理(energy performance contracting,EPC),是指专业化的节能服务公司与用能单位签订能源管理合同,为其节能项目提供约定的服务,用能单位以该节能项目产生的节能效益向节能服务公司支付项目投资和合理利润的一种商业运作模式。我国在20世纪90年代利用国外的资金和技术开展合同能源管理探索,目前成为节能服务行业的重要内容。2010年8月9日,《合同能源管理技术通则》(GB/T 24915—2010)正式发布,这是我国合同能源管理的首个国家标准。

结合国内外合同能源管理的实践,可以把合同能源管理模式分为节能量保证支付型、节能效益分享型、能源费用托管型、改造工程施工型、能源管理服务型等。较常见的是节能效益分享型。在合同能源管理纠纷的解决中,对于能源管理合同的性质,有融资租赁合同、分期付款买卖合同、技术合同、建设工程合同等不同的学说。从类型上其属于无名合同,在司法实践中一般认定为特殊的技术服务合同。

为推行合同能源管理,促进节能产业发展,财政部、国家发展改革委2010年发布了《合同能源管理项目财政奖励资金管理暂行办法》(已废止)。2015年国务院发布《关于取消非行政许可审批事项的决定》,取消了合同能源管理项目财政奖励资金审批,由各省市根据地区节能减排的实际需要统筹确定合同能源管理项目奖励标准和金额。

(二)能源需求侧管理

《节约能源法》第66条规定,国家运用财税、价格等政策,支持电力需求侧管理等节能办法。《电力需求侧管理办法》(2017年修订)第2条规定,“电力需求侧管理,是指加强全社会用电管理,综合采取合理、可行的技术和管理措施,优化配置电力资源,在用电环节制止浪费、降低电耗、移峰填谷、促进可再生能源电力消费、减少污染物和温室气体排放,实现节约用电、环保用电、绿色用电、智能用电、有序用电”。《电力需求侧管理办法》对如何实现节约用电、环保用电、绿色用电、智能用电、有序用电进行了具体规定。

(三)能效标识制度

能效标识,是指表示用能产品能源效率等级等性能指标的一种信息标识,属于产品符合性标志的范畴。我国《能源效率标识管理办法》规定,国家对节能潜力大、使用面广的用能产品实行能效标识管理。2016 年国家发展改革委、国家质检总局和国家认监委组织制订和修订了《实行能源效率标识的产品目录(2016 年版)》、《中国能源效率标识基本样式》(修订)、《普通照明用非定向自镇流 LED 灯能源效率标识实施规则》、《投影机能源效率标识实施规则》以及《家用电冰箱能源效率标识实施规则》(修订)等 33 类产品能源效率标识实施规则。

(四)能效"领跑者"制度

"领跑者"制度是世界上最成功的节能标准标识制度之一,是先进国家从市场角度制定政策来规范市场的成功经验。为树立标杆、提高标准,推动终端用能产品、高耗能行业、公共机构能效水平的不断提升,我国在 2014 年实施能效"领跑者"制度。我国能效"领跑者",是指同类可比范围内能源利用效率最高的产品、企业或单位。具体实施范围包括 3 类:终端用能产品、高耗能行业和公共机构。能效"领跑者"应满足相关实施细则的基本要求,经过申报、入围、公布等程序,成为能效"领跑者"。

(五)用能权有偿使用和交易制度

用能权,是指在能源消费总量和强度控制的前提下,用能单位经核发或交易取得,允许其使用或投入生产的综合能源消费量权益。从 2016 年开始,我国在浙江省、福建省、河南省、四川省开展用能权有偿使用和交易试点。试点内容包括科学合理确定用能权指标、推进用能权有偿使用、明确交易要素、完善交易系统、构建公平有序的市场环境、落实履约机制。用能权有偿使用和交易制度将成为我国节能减排的重要市场机制。

(六)节能自愿协议

节能自愿协议是为了达到节能减排目标、提高能源利用效率,政府与用能单位或行业组织自愿签订协议并实施的一种节能管理活动。我国节能自愿协议试点主要在大企业和高耗能行业,2011 年我国发布了《节能自愿协议技术通则》(GB/T 26757—2011)。对于节能自愿协议是否具有法律效力,行政机关是否有权强制执行,学界存在不同观点。日本有学说认为,基于契约信守的精神,企业自愿而非被迫在协议中作出比法定标准更加严格的义务承诺,具有法律效力。由于节能自愿协议中未规定强制措施,有观点认为属于"君子协定",当事人有权选择是否履行。[①] 我国《清洁生产促进法》第 28 条规定,除实施强制性清洁生产审核的企业外,其他企业可以自愿与清洁生产综合协调部门和环境保护部门签订进一步节约资源、削减污染物排放量的协议。该清洁生产综合协调部门和环境保护部门应当在本地区主要媒体上公布该企业

① 金自宁、薛亮编著:《环境与能源法学》,科学出版社 2014 年版,第 155 页。

的名称以及节约资源、防治污染的成果。通过公布节能自愿协议的签订情况，实现公众对履约情况的监督。

课后思考题

1. 我国现行能源单行法中能源规划制度具有何种功能？
2. 我国油气市场不同产业链条在市场准入规制上有哪些改革？
3. 如何监督能源普遍服务义务的履行？
4. 分析节能自愿协议的性质和效力。
5. 我国能源储备的义务主体有哪些？

阅读材料

1.《云南盈鼎生物能源股份有限公司、中国石化销售有限公司云南石油分公司拒绝交易纠纷二审民事判决书》，载中国裁判文书网 2017 年 9 月 30 日，https://wenshu. court. gov. cn/website/wenshu/181107ANFZ0BXSK4/index. html? docId = 92ce615286f244d5b4dda7fe00c710cd。

2.《首例直供电价格垄断协议案被依法查处》，载国家发展改革委官网 2017 年 8 月 3 日，https://www. ndrc. gov. cn/xwdt/xwfb/xwfb/201708/t20170803_954601. html。

3.《云南解化清洁能源开发有限公司等与亿科能源有限公司等技术服务合同纠纷二审民事判决书》，载中国裁判文书网 2019 年 10 月 28 日，https://wenshu. court. gov. cn/website/wenshu/181107ANFZ0BXSK4/index. html? docId = 5f7024b22d324c0180b3aaf401092f42。

本章课件

（请扫描二维码）

第五章　能源法律责任

导　言

能源法律责任，是指能源法律关系主体因违反能源法律规定的义务或者合同约定的义务，所应承担的不利法律后果。能源法律责任具有惩罚功能、救济功能和预防功能，主要表现为能源行政责任、能源民事责任和能源刑事责任。

能源行政责任包括行为人的行为违法、危害后果、违法行为与危害后果之间的因果关系以及行为人的主观过错4个构成要件。责任形式多样，主要通过行政处罚和行政处分等方式实现。能源民事责任包含能源合同违约责任和能源侵权责任等不同类型的责任，在构成要件和实现方式等方面也存在差异。能源刑事责任的犯罪构成包括能源犯罪主体、能源犯罪主观方面、能源犯罪客体、能源犯罪的客观方面等。能源刑事责任的承担方式，适用《刑法》的规定。

通过本章的学习，需掌握以下内容：

1. 能源法律责任的概念与功能
2. 能源行政责任的实现方式
3. 能源民事责任的实现方式
4. 能源刑事责任的犯罪构成与承担方式

第一节　能源法律责任基本理论

一、能源法律责任的概念及特征

（一）能源法律责任的概念

法律责任作为法律义务履行的保障机制和法律义务违反的校正机制，[①]是法律制度不可或缺的重要内容，是一项立法能否得到实施，能否最终实现其目标的关

---

① 参见龚向和：《论法律责任的合理性》，载《法律科学（西北政法大学学报）》1998年第6期。

键要素。[①] 作为法学基本范畴之一,学界尚未对法律责任作出明确且被普遍接受的定义,对其内涵的理解,有“处罚、惩罚或制裁说”“不利后果说”“义务说”“状态说”等不同的观点和学说。本章结合现有的观点,将法律责任界定为责任者由于违法行为或特定的法律事实而应承受的某种不利法律后果。

在此意义上,能源法律责任,是指能源法律关系主体因违反能源法律规定的义务或者合同约定的义务,所应承担的不利法律后果。其中,能源法律关系主体,是指自然人、法人和非法人组织,具体包括国家和政府及其机构、能源企业、其他社会组织以及个人。能源法律责任产生的原因是能源法律关系主体违反了能源法律法规的规定或是合同的约定。“不利法律后果”包括民事责任、行政责任和刑事责任等不同性质的法律责任。能源法律责任的实现是由国家强制力保证实施的,是国家强制责任主体作出一定行为或者禁止作出一定行为,从而补偿受到侵害的合法权益,恢复被破坏的法律关系和法律秩序。

(二)能源法律责任的特征

1. 能源法律责任是一种特殊义务

所谓特殊义务,是与一般义务相对而言的。一般义务又称第一性义务,即人们通常所说的法律义务,包括法定的作为或不作为的义务,以及合法约定的作为或不作为义务;特殊意义上的义务又称第二性义务,通常是指由于违反了法定义务或约定义务而引起的新的义务。[②] 能源法律责任是由特定法律事实所引起的对损害结果予以赔偿、补偿或接受惩罚的特殊义务,即由于违反第一性义务而引起的第二性义务。

第一性义务既包括法定义务,也包括约定义务。法定义务即能源法律法规直接规定的义务。约定义务即根据能源法律、法规的规定所签订能源合同中约定的义务。

2. 能源法律责任的复合性

涉及能源活动的法律责任种类繁多,特别是在能源法律关系中,国家兼具矿产资源所有权人、开发利用监管者甚至部分领域垄断经营者等多重身份,导致在部分法律责任中出现民事责任、行政责任和刑事责任合并的情形,即出现“法律责任复合”现象。如在煤炭等能源越界开采行为中,当国家作为所有权人时,其与越界开采人形成民事侵权关系,侵权人承担相应的民事责任;而其作为行政管理者时,其与越界开采人形成的是行政处罚关系,行为人应当承担行政责任;同时,行为人还可能触犯非法

---

① 参见徐以祥、刘海波:《生态文明与我国环境法律责任立法的完善》,载《法学杂志》2014 年第 7 期。

② 参见张文显:《法哲学范畴研究》(修订版),中国政法大学出版社 2001 年版,第 121 页。

采矿罪等刑事责任。《矿产资源法》第39条、第40条中，对未取得采矿许可证擅自采矿的，擅自进入国家规划矿区、对国民经济具有重要价值的矿区范围采矿的以及超越批准的矿区范围采矿等行为，既规定了"赔偿损失""没收采出的矿产品和违法所得""罚款"等法律责任，也规定了可能会追究刑事责任的情形。因此，在认定能源法律责任时，应当依据其行为性质、情节等要素合理判断归结。

二、能源法律责任的功能

能源法通过明确规定能源法律关系主体的权利、权力和义务，来规范引导主体行为，保障能源法律秩序。但是，一旦主体行为违反法律规定或是合同义务，需要通过能源法律责任来惩罚责任主体，实现对被侵害权益的补救，并对潜在违法行为主体形成威慑，预防违法或是违约行为的产生，以恢复、维护能源法律秩序。因此，能源法律责任具有惩罚功能、救济功能和预防功能。

(一)能源法律责任的惩罚功能

能源法律责任的惩罚功能，即以国家强制力为保障，通过法律授权的国家机关依照法定程序要求行为人承担不利的法律后果，以此惩罚违法行为人或违约行为人，"国家代表其公民的利益表达对此类行为的否定"。① 传统法律责任的惩罚功能被置于主导地位，制度设计主要围绕此功能之实现展开。如能源刑事责任通过限制或者剥夺责任人的财产、自由、政治权利甚至生命，以惩罚违反能源法律、法规规定而给社会造成严重损失的行为。惩罚是能源刑事责任的首要功能。能源刑事责任"给行为人所带来的不利影响或后果远比其他法律责任严重"，②因而是所有能源法律责任中最严厉的一种，当然这是其行为的严重社会危害性所决定的。能源行政责任中罚款、没收违法所得、没收违法财物等都属于以惩罚功能为主的责任形式。能源民事责任虽然主要不是惩罚责任，但某些责任形式也具有惩罚功能，如能源合同中违约金条款的规定。能源法律责任的惩罚功能带来的利益导向，促使人们更加的自律，以保障能源法律的实施。

(二)能源法律责任的救济功能

能源法律责任的救济功能，即通过补救能源法律关系主体受到的损失，来恢复受到侵犯的能源权利或受到损失的利益。救济在法律层面上更多地表现为赔偿或补偿，把物或人恢复到违约或违法侵权行为发生前它们所处的状态。能源法律责任设定了财产责任，赔偿或补偿在能源法律关系中受到侵犯的权利或者在有关能源社会

---

① Vonden Hirsch, *Doing Justice: The Choice of Punishment*, Hill and Wang, 1976, p. 52.

② 张明楷：《论刑事责任》，载《中国社会科学》1993年第2期。

关系中受到损失的利益。能源民事责任主要是一种救济责任，即救济当事人的权利，赔偿或补偿当事人的损失，所以更多体现为财产责任。如《核安全法》第90条第1款规定，“因核事故造成他人人身伤亡、财产损失或者环境损害的，核设施营运单位应当按照国家核损害责任制度承担赔偿责任，但能够证明损害是因战争、武装冲突、暴乱等情形造成的除外”。《电力法》第59条第1款规定，“电力企业或者用户违反供用电合同，给对方造成损失的，应当依法承担赔偿责任”。当然，除财产责任外，能源民事责任还包括其他责任方式，包括行为责任，如停止侵害、排除妨碍、消除危险、恢复原状、修理、重作、更换等。

（三）能源法律责任的预防功能

能源法律责任的预防功能是通过使违法者、违约人承担能源法律责任，教育违法者、违约人和其他社会成员，预防更进一步的违法行为或违约行为的发生。通过设定能源违法、犯罪和能源违约行为必须承担的不利法律后果，表明国家和社会对这些行为的否定态度。这不仅对违法犯罪或违约者具有教育、震慑作用，而且也可以教育其他社会成员依法办事，不实施有损国家、社会、集体和他人合法利益的行为。从自由与责任密不可分的关系出发，哈耶克指出责任的预防功能，“在一般意义上讲，有关某人将被视为具有责任能力的知识，将对他的行动产生影响，并使其趋向于可欲的方向。就此意义而言，课以责任并不是对一事实的断定。它毋宁具有了某种惯例的性质，亦即那种旨在使人们遵循某些规则的惯例之性质”，而且发挥责任预防功能的同时也是追究责任的理由，“课以责任的正当理由，因此是以这样的假设为基础的，即这种做法会对人们在将来采取的行动产生影响：它旨在告之人们在未来的类似情形中采取行动时所应当考虑的各种因素”。[①] 能源法律规范通过把国家或社会的关于能源开发、利用等方面的观念和标准凝结成固定的行为模式和法律符号，向人们灌输占支配地位的意识形态，使之渗透于或内化在人们的心中，并借助人们的行为进一步广泛传播，通过能源法律责任的承担教育人们，以此预防能源违法或是违约行为的产生。

三、能源法律责任的实现

法律责任由受责的必为状态变为现实状态的转化过程，就是法律责任的实现过程。[②] 法律责任必须转化为现实，对行为人产生切实影响，才能达到立法者设定法律

---

① ［英］弗里德利希·冯·哈耶克：《自由秩序原理》，邓正来译，生活·读书·新知三联书店1997年版，第89～90页。

② 参见杜飞进：《试论法律责任的若干问题》，载《中国法学》1990年第6期。

责任的目的。能源法律责任的实现,需要通过一系列法律程序和手段,应当由法定主体,通过法定程序对行为人的法律责任进行归结,并采取具体措施,使责任主体应当承担的法律责任落到实处。

能源法律责任的归结,也称归责,是指法定的国家机关或其他社会组织按照法定程序判断认定追究和免除法律责任的活动。作为一种复合性的法律责任,能源法律责任的具体形式包括能源民事责任、能源行政责任和能源刑事责任,多样的责任形式决定了能源法律责任的归责难以适用统一原则,而只能依据3种法律责任方式、各自的特点适用不同的归责原则,但也应当遵循责任法定、责罚相当、责任自负等一般原则。

能源法律责任的实现,主要包括惩罚、赔(补)偿和强制等方式。惩罚及法律制裁,是指国家通过对责任主体的人身财产和精神利益进行强行剥夺而实现法律责任的手段,是实现法律责任最为严厉的方式,一般分为刑事制裁、行政制裁和民事制裁3类。赔(补)偿是当事人自行或者通过国家强制要求责任主体以作为或者不作为的方式,弥补或者赔付给当事人所造成损失的法律责任实现方式,主要表现为财产上的补偿或赔偿,包括民事赔(补)偿和国家赔偿。强制是国家通过强制力迫使不履行义务的责任主体履行义务的法律责任实现方式,主要体现在行政法律责任和刑事法律责任的实现中,通过强制可以迫使义务人履行法律义务,从而实现权利人的权利,如拘传、强制拆除等。能源行政责任、民事责任和刑事责任的功能和作用各有侧重,行政责任和刑事责任侧重对违法行为人的惩罚和强制,而民事责任则侧重对被侵犯权利的补偿或赔偿。

第二节　能源行政责任

一、能源行政责任的概念

能源行政责任,①是指能源行政法律关系主体因违反能源行政法规设定的义务,而应承担的不利法律后果,是政府或其主管部门(特别是能源主管部门)、授权机构

① 我国语境中的"行政责任"与其他国家行政法上的责任不同。在发达国家的行政法中,行政法上的责任与侵权法中的责任是一致的,它的含义仅局限于行政机关因其公务活动给公民合法权益造成的损害所承担的赔偿责任,域外的行政法学著述以及行政立法几乎不用"行政法律责任"这一称谓,而是具体化为"行政损害赔偿责任""政府侵权责任""国王责任""联邦责任"等,它们分别是各国(地区)国家赔偿制度中的核心范畴。参见古力、余军:《行政法律责任的规范分析——兼论行政法学研究方法》,载《中国法学》2004年第5期。

对违反能源法律规范的行为人实施的行政制裁。[①]

承担能源行政责任的主体,既包括违反能源法律规范、侵害能源行政管理秩序的行政相对人,也包括在履行能源监督管理职责中徇私舞弊、滥用职权或者玩忽职守的国家工作人员。能源行政责任所针对的是违反能源行政法律规范,侵害法律所保护的能源行政法律关系,对社会造成一定程度的危害,但尚未构成犯罪的行为。这既是对违法行为人的惩戒和教育,也是违法行为人应当承担的不利法律后果。责任主体承担的不利后果基于主体性质的差异,可以分为针对行政相对人的行政处罚和针对行政机关工作人员的行政处分等不同形式。行政制裁的实施则是由政府或其主管部门(特别是能源主管部门)、授权机构进行。

二、能源行政责任的构成要件

能源行政责任构成要件,是指承担能源行政责任者所必须具备的法定条件,即依法追究能源行政责任时,违法者必须具备的主观、客观条件,这个条件是由能源法所规定的。

根据能源法律的规定,能源行政责任的构成要件包括行为人的行为违法、危害后果、违法行为与危害后果之间的因果关系,以及行为人的主观过错 4 个要件。但是并非所有的能源行政责任认定都要求必须具备 4 个要件,有些只要存在行为违法就应当承担责任。

(一)行为人的行为违法

行为违法是行政法律责任的核心构成要素,是产生行政责任的前提。能源行政违法行为,通常是指行为人不履行能源法律、法规规定的义务,或权利行使不当,实施了能源法律、法规所禁止但尚未构成犯罪行为。

行政主体的违法行为,是指各级政府、能源主管部门和其他负有能源监督管理职责的部门所实施的应当承担能源法律责任的行为,包括行政作为违法和行政不作为违法。行政作为违法表现为积极地作出行政法律规范所禁止的行为,如违法查封、扣押、冻结行政相对人财产或是侵犯其经营自主权。行政不作为违法表现为行政主体(通过其工作人员)有积极实施法定行政作为的义务,并且能够履行而未履行(包括没有正确履行)。[②] 如《可再生能源法》第 28 条规定,国务院能源主管部门和县级以上地方人民政府管理能源工作的部门和其他有关部门在可再生能源开发利用监督管理工作中,存在不依法作出行政许可决定、发现违法行为不予查处以及不依法履行监督管理职责的其他行为的,由本级人民政府或者上级人民政府有关部门责令改正,对

① 参见中国法学会能源法研究会编:《能源法学总论》,法律出版社 2019 年版,第 314 页。

② 参见朱新力:《论行政不作为违法》,载《法学研究》1998 年第 2 期。

负有责任的主管人员和其他直接责任人员依法给予行政处分;构成犯罪的,依法追究刑事责任。

行政机关工作人员的违法行为,是指行政系统组织内部的工作人员所实施的具体行政违法行为。如《电力法》第73条规定,"电力管理部门的工作人员滥用职权、玩忽职守、徇私舞弊,构成犯罪的,依法追究刑事责任;尚不构成犯罪的,依法给予行政处分"。

行政相对人的违法行为,根据行为主体的不同,可分为能源企业的违法行为、能源用户的违法行为和有关单位或组织的违法行为。能源企业行政违法行为,是指能源企业在能源开发、能源加工转换、能源储备、能源供应与服务等环节违反能源行政法律、法规规定的违法行为。如《电力法》第14条中能源企业使用国家明令淘汰的技术或电力设备的违法行为。

(二)危害后果

行为产生的危害后果是构成能源行政责任的客观要件。但并非所有的能源行政责任都要求有危害后果的存在,有些情况下只要行为人实施造成或可能造成危害后果的行为时,就应当承担相应的能源行政责任。如《电力法》第68条规定:"违反本法第五十二条第二款和第五十四条规定,未经批准或者未采取安全措施在电力设施周围或者在依法划定的电力设施保护区内进行作业,危及电力设施安全的,由电力管理部门责令停止作业、恢复原状并赔偿损失。"行为人所实施的行为危及电力设施安全尚未造成具体的危害结果时,应当承担停止作业等法律后果。

(三)违法行为与危害后果之间的因果关系

能源违法行为与危害结果之间的因果关系,是指在要求违反能源法律、法规的行为人承担行政责任时,应当查明违法行为与危害后果之间的内在联系,危害后果的发生必须是由行为人所实施的违法行为引起的。当然,不以危害后果为要件时,则不必考量因果关系问题。如《煤炭法》第62条规定:"违反本法第五十二条的规定,未经批准或者未采取安全措施,在煤矿采区范围内进行危及煤矿安全作业的,由煤炭管理部门责令停止作业,可以并处五万元以下的罚款;造成损失的,依法承担赔偿责任。"行为人承担行政责任并不要求危害结果出现,只要有违法行为就应承担法律后果,无须考量因果关系。

(四)行为人的主观过错

行为人的主观过错,是行为人承担行政责任的主观要件,是指其对自己违反能源法律、法规的行为或其引起的危害后果所持的心理态度,包括故意和过失。故意,是指行为人明知自己所实施的行为是违反能源行政法律规范或者会发生一定的社会危害后果,希望或者放任这种行为实施或者危害结果发生的心理态度。如电力企业职工故意延误电力设施抢修或者抢险救灾供电,造成严重后果的行为等。过失,是指行为人应当预见自身所实施的行为会违反能源行政法律规范或者发生危害社会的结果,因为疏忽大意没有预见或者已经预见而轻信能够避免的心理态度。

对于主观要件是否是行政法律责任的构成要件,观点不一。根据2021年修订的《行政处罚法》,立法采用过错推定责任,明确规定主观过错是实施行政处罚的前提条件,且以故意作为原则、过失作为例外。并对证明标准作了进一步明确,其中第33条第2款规定,“当事人有证据足以证明没有主观过错的,不予行政处罚。法律、行政法规另有规定的,从其规定”。

三、能源行政责任的责任形式

行政责任的责任形式,是指承担行政责任的方式。能源行政违法行为会产生两种后果:一是对能源违法行为人进行惩罚;二是对能源行政违法行为进行补救。因此,能源行政责任的形式可以分为惩罚性行政责任和补救性行政责任。惩罚性行政责任,是指行政违法行为必然导致在法律上对违法主体进行惩罚的法律后果,对行政主体是处分或政务处分,对行政相对人是行政处罚。补救性行政责任,是指行政违法主体补救履行自己的法定义务或补救自己的违法行为所造成的危害后果的法律责任,这类责任既适用于能源行政主体,又适用于能源行政相对人。传统的补救性行政责任的形式,包括承认错误、赔礼道歉、恢复名誉、消除危害、履行职务、撤销违法、纠正不当、返还权益、恢复原状、行政赔偿等。

根据能源法律关系主体的不同,还可以将能源行政责任的责任形式分为行政主体和行政相对人能源行政责任的责任形式,而行政主体的能源行政责任的责任形式又可分为行政机关能源行政责任的责任形式和行政机关工作人员能源行政责任的责任形式。

(一)行政机关能源行政责任的责任形式

行政机关能源行政责任的责任形式包括履行行政行为,撤销、变更或确认行政行为违法,行政赔偿等。

履行行政行为的责任形式发生在能源行政机关不履行法定职责或拖延履行法定职责的情形下,经行政相对人提起行政复议或行政诉讼,由复议机关或人民法院责令能源行政机关在一定期限内履行法定职责。

撤销、变更或确认行政行为违法的责任形式发生在能源行政机关违法作出相关行政行为,由复议机关或人民法院对具体的行政行为进行审查之后,依法作出的撤销、变更或确认该行为违法的决定。

行政赔偿的责任形式发生在能源行政机关及其工作人员在行使职权的过程中，侵犯公民、法人或其他组织的合法权益并造成损害，由赔偿义务机关对该损害进行赔偿的责任形式。

（二）行政机关工作人员能源行政责任的责任形式

行政机关工作人员能源行政责任的责任形式包括赔偿损失和行政处分。①

赔偿损失的责任形式是在行政机关工作人员因故意或重大过失引致国家赔偿责任，国家赔偿义务机关向受害人实际支付了国家赔偿费用之后，根据《国家赔偿法》等的规定，应当向行政机关工作人员追偿全部或部分赔偿费用。

行政处分的责任形式是行政机关工作人员承担能源行政责任的主要形式，既有基于《公务员法》对公务员的处分，也有基于《监察法》《公职人员政务处分法》对所有行使公权力的公职人员政务处分。② 而处分的类型都是分为警告、记过、记大过、降级、撤职、开除等。

（三）行政相对人能源行政责任的责任形式

行政相对人的能源行政责任，是指行政相对人作为能源开发利用活动的主要参与者违反了能源行政管理秩序或不履行能源法律义务，尚未构成犯罪的，由国家有关行政主体依法对其作出制裁的不利法律后果。其责任形式主要有警告，罚款，责令限制生产、停产整治，责令停产、停业、关闭，暂扣、吊销许可证或者其他具有许可性质的证件，没收违法所得、没收非法财物，行政拘留，法律、行政法规设定的其他行政处罚等。

四、能源行政责任的实现

能源行政制裁，是指能源行政管理主体依照能源行政法律、法规规定，对责任主体依其所应承担的能源行政责任而实施的强制措施。从这一角度讲，能源行政责任的实现方式可以分为行政处分和行政处罚。

（一）能源行政处分

1. 能源行政处分的概念及特征

能源行政处分，是指依照法律规定，对能源行政机关工作人员的违反能源行政管

---

① 对行政机关工作人员的违纪违法的处理，既包括基于《公务员法》对公务员的处分，也包括基于《监察法》《公职人员政务处分法》对所有行使公权力的公职人员的政务处分，对于如何概括二者名称，目前还有所争议，因此，本章暂时借用以前的称谓统称为"行政处分"。

② 《公务员法》第61条规定："公务员因违纪违法应当承担纪律责任的，依照本法给予处分或者由监察机关依法给予政务处分；违纪违法行为情节轻微，经批评教育后改正的，可以免予处分。对同一违纪违法行为，监察机关已经作出政务处分决定的，公务员所在机关不再给予处分。"

理法律、法规规定但尚未构成犯罪的行为,按照有关纪律处分作出的一种行政制裁。[①] 能源行政处分具有以下特点:(1)实施行政处分的主体,必须是根据法律具有处分权的机关,包括能源行政机关工作人员的任免机关或者监察机关。(2)行政处分的相对人是能源管理机关内部实施了能源行政违法行为或违纪行为,但尚未构成犯罪的工作人员。(3)实施行政处分的依据是国家能源管理法律、法规和行政处分相关法律、法规。(4)能源行政处分是能源管理机关内部承担责任的主要形式,是一种惩罚性后果。

2. 能源行政处分的对象

能源行政处分的对象是能源管理机关的主管人员或其他责任人员。如《煤炭法》第66条规定,“煤炭管理部门和有关部门的工作人员玩忽职守、徇私舞弊、滥用职权的,依法给予行政处分;构成犯罪的,由司法机关依法追究刑事责任”。

3. 能源行政处分的种类

《公务员法》《公职人员政务处分法》中明确规定了6种行政处分的种类,但是《监察法》则规定,“对违法的公职人员依照法定程序作出警告、记过、记大过、降级、撤职、开除等政务处分决定”,为其他种类的处分类型留下了立法空间。目前的处分类型主要包括:

(1)警告,是指对违反能源管理行政纪律的行为主体提出告诫,使之认识到应负的行政责任,以便加强警惕,使其注意并改正错误,不再犯此类错误。警告的处分期限为6个月。

(2)记过,是指对能源管理机关的工作人员所犯过错在档案中予以登记。这种处分适用于违反行政纪律行为比较轻微的人员。记过的处分期限为12个月。

(3)记大过,是指对能源管理机关的工作人员所犯的比较严重的过错在档案中予以登记,以示严重惩处。记大过的处分期限为18个月。

(4)降级,是指对于违反能源行政纪律行为比较严重,给国家和人民造成一定损失但仍可以继续担任现任职务的工作人员,相关部门对其降低工资等级。降级的处分期限为24个月。

(5)撤职,是指对于犯有严重错误或违法违纪行为,且不再适合担任现任职务的工作人员,相关部门解除其现有职务或工作的处分措施。撤职的处分期限为24

---

① 与前述“行政处分”一致,对行政机关工作人员的违纪违法的处理,既包括基于《公务员法》对公务员的处分,也包括基于《监察法》《公职人员政务处分法》对所有行使公权力的公职人员的政务处分,本章暂时借用以前的称谓统称为“行政处分”。

个月。

(6)开除,是指开除公职,主要是针对犯有严重违法违纪行为屡教不改的公职人员。开除是行政处分中最严重、最严厉的处分措施。

(二)能源行政处罚

1.能源行政处罚的概念及特征

能源行政处罚,是指行政相对人违反能源行政管理秩序尚未构成犯罪,由国家有关行政主体依法作出的一种行政制裁。能源行政处罚主要具有以下3个特点:

(1)行政处罚的主体是依照法律、法规授权,享有能源行政处罚权的行政机关。能源行政处罚主体是能源主管部门,但是由于不同能源行业的主管部门有所差异,所以在不同的立法中,能源主管部门表现为不同的主体。如《电力法》中规定的电力监管机构、电力管理法行为部门以及公安机关;《煤炭法》中规定的县级以上政府以及煤炭管理部门与劳动行政主管部门;《节约能源法》中规定的管理节能的工作部门、工商行政管理部门等。

(2)行政处罚的对象是行政相对人中的违法行为人,即因违反能源行政法律、法规规定而应当受到行政处罚的能源企业、能源用户或其他有关单位及组织。作出行政处罚决定的机关和行政处罚的对象之间存在监督管理与被监督管理的法律关系。在能源基本法中,应规定行政处罚的对象主要是能源企业。

(3)行政处罚的目的注重对违法者予以惩戒和教育。通过对违反能源行政管理秩序的行政相对人的人身、自由、财产、名誉或其他权益予以限制、剥夺,或者对其规定新的义务,体现了行政处罚强烈的制裁性和惩罚性。

2.能源行政处罚的种类

行政处罚依据不同的标准可以划分为不同的类型,如按照性质,可以将其划分为申诫罚、财产罚、行为罚、人身罚4种。申诫罚,又称声誉罚或精神罚,是指能源行政管理主体对违法者的名誉、荣誉等造成一种负面影响以表示警戒的处罚,如警告;财产罚,是指特定的能源行政机关或其他有关机关,强制违反能源行政管理法律、法规的企业、单位或个人缴纳一定数额的金钱或者其他物品,或者限制或剥夺其某种财产权的处罚,包括罚款、没收违法所得和没收非法财物等形式;行为罚,是指能源行政管理机关依法限制或剥夺能源违法行为人的某种特定的行为能力,令其作为或不作为的制裁方式,包括责令停产、停业、关闭和暂扣、吊销许可证或者其他具有许可性质的证件等责任形式;人身罚只有行政拘留一种方式,且仅适用于严重违反能源法律规定但尚未构成犯罪的行为。

依照能源法律、法规及《行政处罚法》第8条的规定,行政处罚的种类主要有以下几种：

(1)警告。如《电力法》第65条规定："违反本法第三十二条规定，危害供电、用电安全或者扰乱供电、用电秩序的，由电力管理部门责令改正，给予警告；情节严重或者拒绝改正的，可以中止供电，可以并处五万元以下的罚款。"

(2)罚款。如《电力法》第63条规定："违反本法第二十五条规定，未经许可，从事供电或者变更供电营业区的，由电力管理部门责令改正，没收违法所得，可以并处违法所得五倍以下的罚款。"

(3)没收违法所得、没收非法财物。如《煤炭法》第59条规定："违反本法第四十三条的规定，在煤炭产品中掺杂、掺假，以次充好的，责令停止销售，没收违法所得，并处违法所得一倍以上五倍以下的罚款；构成犯罪的，由司法机关依法追究刑事责任。"

(4)责令停产停业。如《煤炭法》第57条规定："违反本法第二十二条的规定，开采煤炭资源未达到国务院煤炭管理部门规定的煤炭资源回采率的，由煤炭管理部门责令限期改正；逾期仍达不到规定的回采率的，责令停止生产。"

(5)暂扣或者吊销许可证、暂扣或者吊销执照。如《节约能源法》第73条第3款规定："伪造、冒用能源效率标识或者利用能源效率标识进行虚假宣传的，由市场监督管理部门责令改正，处五万元以上十万元以下罚款；情节严重的，吊销营业执照。"

(6)行政拘留。如《安全生产法》第106条第1款规定："生产经营单位的主要负责人在本单位发生生产安全事故时，不立即组织抢救或者在事故调查处理期间擅离职守或者逃匿的，给予降级、撤职的处分，并由安全生产监督管理部门处上一年年收入百分之六十至百分之一百的罚款；对逃匿的处十五日以下拘留；构成犯罪的，依照刑法有关规定追究刑事责任。"

第三节 能源民事责任

一、能源民事责任的概念与特征

(一)能源民事责任的概念

能源民事责任，是指在能源民事活动中，作为自然人、法人及非法人组织的能源民事主体，由于其违约行为或违反有关能源法律法规的规定而侵害他人、集体或国家的合法权益，依民事法律法规的规定应当承担的法律后果或基于法律特别规定而应当承担的民事责任。

依据不同的标准,能源民事责任分为不同的类型。根据责任产生的原因,可以分为违约责任、侵权责任与其他责任;根据责任承担的主体,可以分为单方法律责任、双方法律责任和多方法律责任;根据责任承担的内容,可以分为财产责任与非财产责任;根据责任承担的形式,可以分为单独责任、按份责任和连带责任。

(二)能源民事责任的特征

能源民事责任具有以下特征:(1)能源民事责任的承担主体是从事能源活动的单位或者个人。(2)能源民事责任是在能源活动中因民事侵权或违约行为所应当承担的责任,即行为本身与能源开发、建设、生产经营、输送、使用、服务提供和保护等能源活动相关。(3)在涉及能源普遍服务义务的情况下,能源主体还需承担能源普遍服务的社会民事责任,从而保证能源服务的可持续性、可负担性与无差别性。

二、能源民事责任的构成要件

能源民事责任的构成要件,即能源民事主体承担民事责任的条件,是指违法行为人是否应当承担能源民事责任的判断标准。按照民法学的通说,一般民事责任应当具备以下4项要件:损害事实的客观存在,行为的违法性,违法行为与损害事实之间的因果关系,行为人的过错。[①] 但是由于能源民事活动涉及内容较多,形成的能源合同违约责任和能源侵权责任等不同类型的责任,在构成要件方面存在一定差别。

(一)能源合同违约责任的构成要件

能源合同违约责任的构成要件有所差别,包括一般构成要件与特殊构成要件。能源合同违约责任的一般构成要件主要包括:(1)违反能源合同约定的行为,即违约行为,包括当事人一方不履行合同义务,或者履行合同义务不符合约定。如《电力法》第59条规定:“电力企业或者用户违反供用电合同,给对方造成损失的,应当依法承担赔偿责任。电力企业违反本法第二十八条、第二十九条第一款的规定,未保证供电质量或者未事先通知用户中断供电,给用户造成损失的,应当依法承担赔偿责任。”(2)不存在法定或者约定的免责事由。因不可抗力不能履行合同的,根据不可抗力的影响部分或者全部免除责任,但法律另有规定的除外。因不可抗力不能履行合同的,应当及时通知对方,以减轻可能给对方造成的损失,并应当在合理期限内提供证明。

能源合同违约责任的特殊构成要件,一般有3种情形:(1)关于能源合同领域的加害给付违约责任,其构成要件比较严苛,包括有加害给付的能源活动行为、造成了

① 参见王利明主编:《民法学》(第2版),中央广播电视大学出版社2006年版,第466~469页。

损害结果、加害给付与损害结果之间有因果关系、行为人有过错4个要件,且缺一不可。由于能源本身的开发与加工转换活动常常比较危险,因而安全事故偶有发生,所以在事故发生后,能源开发与加工活动领域的加害给付责任需要重点关注。(2)预期违约责任的构成要件相对较宽松,因为它不需要预期违约的行为造成了实质后果。预期违约带来的是一种可预见的损失,另一方当事人可以提前解除合同的方式避免损失发生,因而预期违约的构成要件包括能源预期违约行为的存在、当事人有主观上的过错。(3)违约金责任,其构成要件应当包括能源合同中违约金约定的有效性和违约行为的存在。在当事人有特别约定或存在法定事由且违约金的性质为惩罚性的情况下,承担违约金责任的构成要件还需要有违约方的主观过错这一要件。

(二)能源侵权责任的构成要件

能源侵权民事责任的构成要件,是能源主体因违反能源法律法规的行为或者因法律法规的特殊规定,承担民事责任所必须具备的条件。

(1)侵权行为。能源领域的民事侵权行为,是指行为主体在能源开发、建设、输送、供应、使用、服务提供、管理等活动中发生的侵权行为。在特殊情况下,需将行为的民事违法性与行政违法性区分对待,不应把行为的行政违法性作为能源民事责任的要件。如在利用能源的过程中对大气、水体造成污染的,无论其排污是合法的还是违法的,只要造成了损害事实,都应当承担相应的民事责任。在其他非能源活动中发生的行为虽然违法,但因行为主体不是能源企业,活动内容与能源活动无关,不构成能源民事责任。

(2)损害事实。一般侵权行为的致害状态包括实际损害或有发生实际损害之虞。若能源民事主体的民事行为只是造成有发生损害的危险,但无损害后果发生,这类行为一般不需要行为人承担相应的民事责任。一般而言,能源民事侵权行为的损害基础是存在实质损害事实。能源侵权行为的损害事实内容主要包括财产损害事实、人身损害事实和精神损害事实。其中,财产损害事实,是指由于侵权行为侵害了他人的财产权或人身权而致其经济利益遭受损失,包括直接损失和间接损失;人身损害事实,是指能源领域的主体的侵权行为对受害者的身体权、健康权及生命权等人身权的侵害;精神损害事实,是指因能源主体的民事法律行为造成的不良后果而致受害人精神痛苦或精神利益的损失,并造成严重后果。

(3)行为与损害事实之间有因果关系。侵权责任法中的因果关系,是指作为原因的违法行为与作为结果的损害事实存在的引起与被引起的联系。在能源侵权责任的认定中,因果关系作为构成要件之一,是能源主体承担民事责任的基础,学界并无争议。在认定能源民事责任的因果关系时,有人建议采用特殊原则,主要是基于因果关系推定原则与举证责任倒置原则。

三、能源民事责任的承担方式

民事责任的承担方式,是指由民法规定的承担能源民事责任的具体形式,它体现了国家对能源违法行为人采取的制裁,以及对受到侵害权利的补救。根据《民法典》等的规定,民事责任的承担形式包括停止侵害、排除妨碍、消除危险、返还财产、恢复原状、修理、重作、更换、继续履行、赔偿损失、支付违约金、消除影响、恢复名誉、赔礼道歉等,还明确了法律规定惩罚性赔偿的,依照其规定。承担民事责任的方式,可以单独适用,也可以合并适用。

能源合同违约责任的承担方式,因其造成的损害结果的可救济性的不同而有所差别。具体而言,主要有支付约定违约金、进行损害赔偿、继续履行及其他补救措施。《电力法》第59条规定,电力企业或者用户违反供用电合同,或电力企业未能保证供电质量或未事先通知用户中断供电,给对方造成损失的,应当依法承担赔偿责任。

能源侵权责任的承担方式,因侵权行为的不同而有所差别。当侵权行为是妨碍性质的时候,侵权责任的承担方式一般是防御与修复性的。具体包括停止侵害、排除妨碍、消除危险、返还财产、恢复原状。如《电力法》第68条规定,未经批准或者未采取安全措施在电力设施周围或者在依法划定的电力设施保护区内进行作业,危及电力设施安全的,由电力管理部门责令停止作业、恢复原状并赔偿损失。

当能源活动中的侵权行为给他人造成损失的,能源侵权民事责任的承担方式主要有赔偿损失等。如《节约能源法》第78条规定,电网企业未按照本法规定安排符合规定的热电联产和利用余热余压发电的机组与电网并网运行,或者未执行国家有关上网电价规定的,由国家电力监管机构责令改正;造成发电企业经济损失的,依法承担赔偿责任。

第四节　能源刑事责任

一、能源刑事责任的概念与特征

(一)能源刑事责任的概念

能源刑事责任,是指在能源活动中,行为人因为能源领域的违法行为构成犯罪而应该承担的刑事上的法律责任。目前,我国能源域的刑事违法行为主要表现在一般主体盗窃能源产品,破坏能源设施并危及公共安全,或特定主体履行职务不当、渎职以致发生重大安全事故的行为。

(二)能源刑事责任的特征

与一般的刑事责任相比,能源刑事责任的特征在于:一是能源刑事责任的前提是能源犯罪行为的存在。能源犯罪是一种极其严重的违法行为,必须依法承担相应的法律责任。二是能源刑事犯罪的社会危害性很大,因而能源刑事责任也较大。能源安全是重要事项,涉及群体广泛。能源犯罪行为不仅会使能源投资者、开发者、生产者、供应者等遭受巨大损失,也会使能源用户无法正常生产生活。如某一盗窃行为所盗的正在使用的输电线路的电线仅价值几百元,但其造成的损失却远不仅仅是电线所有者的财产损失,因为还会由于停电导致生产停止、医疗手术失败等,从而造成许多单位或者个人的(重大)财产损失、危及某些人的人身健康和生命等后果,因而也会被追究刑事责任。

(三)能源犯罪行为

能源犯罪行为,是指刑法、能源法所规定的,危害统治阶级利益和社会秩序,而应受到刑罚处罚的能源行为。根据不同标准,对能源犯罪行为可以进行不同的分类。

根据犯罪行为主体的不同,可以分为能源管理机关及其工作人员的能源犯罪行为、能源企业的能源犯罪行为、能源用户的能源犯罪行为等。能源管理机关及其工作人员的能源犯罪行为,是指能源行政主体及其工作人员滥用职权、玩忽职守,导致严重后果的发生。如能源领域相关人员的职务犯罪行为。能源企业的能源犯罪行为,是指能源企业在能源开发加工转换、储备、供应与服务等环节实施触犯刑事法律的行为。如能源领域的环境污染犯罪行为。能源用户的能源犯罪行为,是指用能群体实施了触犯相关刑法规定而应该承担刑事责任的行为。

根据能源犯罪主观方面的差异,可以分为故意的能源犯罪和过失的能源犯罪。故意的能源犯罪,是指行为人明知自己的行为违反能源法与刑法的相关规定,且会引发危害社会的结果,而在希望或放任这种危害结果的发生的心理状态下,实施的不法行为。过失的能源犯罪,是指行为人应当预见自己的行为可能发生危害后果,因为疏忽大意而没有预见,或者已经预见而轻信能够避免,以致危害后果发生的情况。

根据能源犯罪的客观表现,可以分为不作为的能源犯罪行为和作为的能源犯罪行为。不作为的能源犯罪行为,是指负有作出能源法律法规规定的某种行为的义务,且能够作出此行为的人,不履行此义务的行为。这种不作为的能源犯罪行为也是违反刑事法律,有严重社会危害性且将受到刑罚制裁的。作为的能源犯罪行为是相对不作为的能源犯罪行为而言的,一般是指行为人以积极的行动实施了能源法律法规和刑事法律所禁止的行为。

根据行为人的错误认识,可以分为法律认识错误的能源犯罪行为和事实认识错误的能源犯罪行为。法律认识错误的能源犯罪行为,是指行为人在对自己的行为在法律上是否构成犯罪、构成何种犯罪或者应当受到怎样的处罚有错误认识的前提下实施的犯罪行为。事实认识错误的能源犯罪行为,是指行为人所认识、所意欲的事实与实际情况、客观事实不一致,但行为已经实施完毕。事实认识错误一般包括对象错误和行为错误等。

二、能源刑事责任的犯罪构成

犯罪构成,是指由刑事法律规定的,一个行为构成犯罪要件的总和。它是判断一个行为是否应受刑罚制裁的重要标准,也是区分罪与非罪、此罪与彼罪的尺度。能源刑事责任的犯罪构成与一般犯罪构成的要求一致,包括能源犯罪主体、能源犯罪主观方面、能源犯罪客体、能源犯罪的客观方面等。

(一)能源犯罪主体

能源犯罪主体,是指在能源领域实施犯罪行为的主体。与一般犯罪主体相同,能源犯罪主体也分为特殊主体与一般主体。能源犯罪特殊主体,是指依据法律规定,拥有特殊身份与职务的主体。能源犯罪一般主体,是指具备一般刑事责任能力的主体。法律规定该类主体具备行为能力与刑事责任能力即可,对该主体没有特殊身份要求。

关于拥有特殊身份与职务的主体范围问题,现行法律中有多种表述。如《可再生能源法》中将能源犯罪的特殊主体明确为国务院能源主管部门和县级以上地方人民政府管理能源工作的部门和其他有关部门。

(二)能源犯罪的主观方面

能源犯罪构成的主观方面,一般是指行为人在实施能源犯罪行为时的心理状态,包括故意、过失、犯罪目的与犯罪动机等方面。其中,犯罪故意或者过失是一切能源犯罪的构成要件,但是犯罪动机一般不是能源犯罪的构成要件。犯罪目的是一些特殊的能源犯罪的构成要件。

(三)能源犯罪客体

能源犯罪的客体,是刑法与能源法都予以保护的,而为能源犯罪行为所侵害的社会关系。这一客体决定了能源犯罪行为的社会危害性程度与刑罚的力度。具体而言,能源犯罪的客体主要有能源领域的管理制度、公民的人身权利与财产权利、能源安全关系等。能源犯罪的客体不是能源犯罪的对象,能源犯罪的对象,是指犯罪行为直接指向的人、物等,犯罪客体则是社会关系。如行为人盗窃了电力设备,这一事件中的犯罪对象是电力设备,犯罪客体是社会安全关系。行为人所需要承担的刑事责任不仅要考虑其犯罪对象,还要考虑其对社会关系的破坏程度。

(四)能源犯罪的客观方面

能源犯罪的客观方面主要包括犯罪行为、危害后果、犯罪时间、地点、犯罪手段等。在这几个方面中,能源犯罪行为是能源犯罪的要件,没有犯罪行为,仅靠意识是不构成犯罪的。除犯罪行为外的其他方面,如危害后果、犯罪地点等,可能是某一个罪名中特别规定的要件,并不是所有的犯罪都必须具备的。在一个行为构成犯罪需要具备危害结果这一要件时,危害行为与危害结果还应具有因果关系。

能源犯罪的规定与认定,必须保证主观要件与客观要件都具备,缺一不可。尽管在一些法律条文中没有逐一列明,但就法律目的而言,有上述 4 个要件。

三、能源刑事责任的承担方式

能源刑事责任的承担方式,适用刑法的规定,要分为主刑与附加刑两大类,包括生命刑、自由刑、财产刑和资格刑。其中,生命刑,是指死刑,自由刑包括管制、拘役、有期徒刑和无期徒刑,财产刑包括罚金和没收财产,资格刑包括剥夺政治权利和驱逐出境等。能源刑事犯罪的罪名、承担方式等内容主要规定在刑法之中,能源法律则主要是与刑事法律进行协调。

(一)能源法律中关于刑事责任承担的规定

能源法律法规中对刑事责任的承担只作较粗略的抽象性原则规定,这是为了与刑事法律规范协调运作,避免法律法规过度重复规定。如《石油天然气管道保护法》第 57 条规定,违反该法规定,构成犯罪的,依法追究刑事责任。《节约能源法》第 85 条规定,违反该法规定,构成犯罪的,依法追究刑事责任;第 86 条规定,国家工作人员在节能管理工作中滥用职权、玩忽职守、徇私舞弊,构成犯罪的,依法追究刑事责任。

例如,《煤炭法》第 63 条规定:“有下列行为之一的,由公安机关依照治安管理处罚法的有关规定处罚;构成犯罪的,由司法机关依法追究刑事责任:(一)阻碍煤矿建设,致使煤矿建设不能正常进行的;(二)故意损坏煤矿矿区的电力、通讯、水源、交通及其他生产设施的;(三)扰乱煤矿矿区秩序,致使生产、工作不能正常进行的;(四)拒绝、阻碍监督检查人员依法执行职务的。”

例如,《电力法》第 70 条规定:“有下列行为之一,应当给予治安管理处罚的,由公安机关依照治安管理处罚法的有关规定予以处罚;构成犯罪的,依法追究刑事责任:(一)阻碍电力建设或者电力设施抢修,致使电力建设或者电力设施抢修不能正常进行的;(二)扰乱电力生产企业、变电所、电力调度机构和供电企业的秩序,致使生产、工作和营业不能正常进行的;(三)殴打、公然侮辱履行职务的查电人员或者抄表收费人员的;(四)拒绝、阻碍电力监督检查人员依法执行职务的。"

对于能源领域技术性较强或者其他需要特别明确的事项,通过能源法的专项法律内容对能源刑事责任加以规范。但是,在现行能源法律法规中,这类专项立法几乎没有,各类提及能源刑事责任的法律多是对能源犯罪行为的表现形式进行了细化,并未具体对特殊犯罪行为刑事责任的承担方式作出明确规定,当出现特殊的能源犯罪行为时,我国多半是根据《刑法》与司法解释予以处理。

(二)刑法关于能源刑事责任承担的规定

1997年第八届全国人民代表大会第五次会议修订后发布实施的《刑法》,在分则第六章中专设了"破坏环境资源保护罪",旨在以刑罚手段保护环境资源并惩治与防范相关犯罪,其中也涉及能源刑事责任。此外,刑法的其他章节也有关于能源刑事责任的规定。能源活动内容较广泛,在与能源犯罪有关的刑法条文中,根据条文内容可将其分为与能源建设、生产、供应和使用活动有关的犯罪条文和与所有能源活动均有关的犯罪条文。

与能源建设、生产、供应和使用活动有关的犯罪,主要在《刑法》分则危害公共安全罪和侵犯财产罪这两大类犯罪中有所规定。如《刑法》第118条规定:"破坏电力、燃气或者其他易燃易爆设备,危害公共安全,尚未造成严重后果的,处三年以上十年以下有期徒刑。"在能源领域,该罪主要表现为行为人破坏正在使用的电力设备等,使公共安全受到破坏。《刑法》第265条规定:"以牟利为目的,盗接他人通信线路、复制他人电信码号或者明知是盗接、复制的电信设备、设施而使用的,依照本法第二百六十四条的规定定罪处罚。"在能源领域,该罪主要表现为行为人以非法占有他人财物为目的,盗接他人通信线路、复制他人电信码号或者明知是盗接、复制的电信设备、设施而使用,使公私财物的所有权受到侵犯。

在所有的能源活动中都有可能出现的犯罪行为,主要在《刑法》分则中危害公共安全罪、破坏社会主义市场经济秩序罪、侵犯公民人身权利或民主权利罪、侵犯财产罪、妨害社会管理秩序罪和渎职罪这六大类犯罪中有所规定。

(1)危害公共安全罪。例如,《刑法》第134条第1款规定:"在生产、作业中违反有关安全管理的规定,因而发生重大伤亡事故或者造成其他严重后果的,处三年以下有期徒刑或者拘役;情节特别恶劣的,处三年以上七年以下有期徒刑。"第135条规定:"安全生产设施或者安全生产条件不符合国家规定,因而发生重大伤亡事故或者造成其他严重后果的,对直接负责的主管人员和其他直接责任人员,处三年以下有期徒刑或者拘役;情节特别恶劣的,处三年以上七年以下有期徒刑。"第136条规定:"违反爆炸性、易燃性、放射性、毒害性、腐蚀性物品的管理规定,在生产、储存、运输、使用中发生重大事故,造成严重后果的,处三年以下有期徒刑或者拘役;后果特别严重的,处三年以上七年以下有期徒刑。"第137条规定:"建设单位、设计单位、施工单位、工程监理单位违反国家规定,降低工程质量标准,造成重大安全事故的,对直接责任人员,处五年以下有期徒刑或者拘役,并处罚金;后果特别严重的,处五年以上十年以下有期徒刑,并处罚金。"第139条之一规定:"在安全事故发生后,负有报告职责的人员不报或者谎报事故情况,贻误事故抢救,情节严重的,处三年以下有期徒刑或者拘役;情节特别严重的,处三年以上七年以下有期徒刑。"在能源领域,关于危害公共安全的犯罪具有典型性,因为各项能源活动的开展离不开"能源安全"一词。在该大类犯罪中,若相关能源主体的行为不符合安全管理规定,安全生产设施或安全生产条件不符合国家规定,极易造成不特定多数人的生命健康或重大公私财产安全受到严重侵害。

(2)破坏社会主义市场经济秩序罪。例如,《刑法》第163条规定:"公司、企业或者其他单位的工作人员利用职务上的便利,索取他人财物或者非法收受他人财物,为他人谋取利益,数额较大的,处五年以下有期徒刑或者拘役;数额巨大的,处五年以上有期徒刑,可以并处没收财产。"能源领域的这一犯罪,是指能源主体在能源活动中故意利用职务便利,索取他人财物或非法收受他人财物,为他人牟取利益,而侵犯能源公司企业或其他单位的正常管理活动和社会主义市场经济公平竞争的交易秩序。

(3)侵犯公民人身权利或民主权利罪。如《刑法》第234条规定:"故意伤害他人身体的,处三年以下有期徒刑、拘役或者管制。犯前款罪,致人重伤的,处三年以上十年以下有期徒刑;致人死亡或者以特别残忍手段致人重伤造成严重残疾的,处十年以上有期徒刑、无期徒刑或者死刑。本法另有规定的,依照规定。"在能源活动中,行为人对他人身体的伤害,极易引发其他能源安全事故。

(4)侵犯财产。如《刑法》第276条规定:"由于泄愤报复或者其他个人目的,毁坏机器设备、残害耕畜或者以其他方法破坏生产经营的,处三年以下有期徒刑、拘役或者管制;情节严重的,处三年以上七年以下有期徒刑。"若行为人毁坏能源活动中的机器设备,会使能源生产经营活动无法正常进行,造成能源领域的公私财产受到侵害的严重后果。

(5)妨害社会管理秩序罪。如《刑法》第338条规定:"违反国家规定,排放、倾倒或者处置有放射性的废物、含传染病病原体的废物、有毒物质或者其他有害物质,严重污染环境的,处三年以下有期徒刑或者拘役,并处或者单处罚金;后果特别严重的,处三年以上七年以下有期徒刑,并处罚金。"在能源开采等活动中,也会产生环境污染问题。污染环境罪,是指行为人违反国家规定,排放、倾倒或者处置有放射性的废物、含传染病病原体的废物、有毒物质或者其他有害物质，使人们享有的环境权受到严重侵害。第 343 条规定："违反矿产资源法的规定，未取得采矿许可证擅自采矿，擅自进入国家规划矿区、对国民经济具有重要价值的矿区和他人矿区范围采矿，或者擅自开采国家规定实行保护性开采的特定矿种，情节严重的，处三年以下有期徒刑、拘役或者管制，并处或者单处罚金；情节特别严重的，处三年以上七年以下有期徒刑，并处罚金。违反矿产资源法的规定，采取破坏性的开采方法开采矿产资源，造成矿产资源严重破坏的，处五年以下有期徒刑或者拘役，并处罚金。"该条非法采矿罪，是指在各类矿产开采过程中，相关主体通过违反国家对矿产资源和矿业生产的管理制度，使国家对矿产资源的所有权以及人们享有的环境权受到严重侵害。

(6)渎职罪。例如，《刑法》第 397 条规定："国家机关工作人员滥用职权或者玩忽职守，致使公共财产、国家和人民利益遭受重大损失的，处三年以下有期徒刑或者拘役；情节特别严重的，处三年以上七年以下有期徒刑。本法另有规定的，依照规定。国家机关工作人员徇私舞弊，犯前款罪的，处五年以下有期徒刑或者拘役；情节特别严重的，处五年以上十年以下有期徒刑。本法另有规定的，依照规定。"在能源活动中，此种犯罪是指国务院能源主管部门、县级以上地方管理能源工作的部门和其他有关部门，在能源开发利用监督管理工作中，滥用职权或玩忽职守，使人们与能源相关的正常生活生产活动受到影响。

课后思考题

1. 什么是能源法律责任？
2. 能源行政责任的构成要件有哪些？
3. 能源民事责任的构成要件有哪些？
4. 能源民事责任的实现方式有哪些？
5. 能源犯罪的构成要件是什么？

阅读材料

第二节 能源行政责任

典型案例：

"寿光中石油昆仑燃气有限公司诉寿光市人民政府、潍坊市人民政府解除政府特许经营协议案"

【案件索引】

一审：山东省潍坊市中级人民法院(2016)鲁07行初88号(2016年11月21日)

二审：山东省高级人民法院(2017)鲁行终191号(2017年4月11日)

【基本案情】

(请扫描二维码)

第三节 能源民事责任

典型案例1：

“江西省地质工程(集团)公司青海分公司、江西省地质工程(集团)公司诉青海江源煤炭开发有限公司合同纠纷案”

【案件索引】

一审：青海省高级人民法院民事判决书(2015)青民一初字第67号(2018年9月10日)

二审：中华人民共和国最高人民法院民事判决书(2018)最高法民终1338号(2019年12月27日)

【基本案情】

(请扫描二维码)

典型案例2：

“中节能科技投资有限公司诉四川省煤焦化集团有限公司、四川省威远建业集团有限公司及罗焱明服务合同纠纷案”

【案件索引】

一审：北京市第一中级人民法院(2018)京01民初611号(2018年12月24日)

二审：北京市高级人民法院（2019）京民终156号（2019年5月27日）

【基本案情】

（请扫描二维码）

第四节　能源刑事责任

典型案例：

"刘某平、刘某杰、楚某葵重大劳动安全事故、非法采矿、单位行贿案"

【案件索引】

一审：湖南省湘潭县人民法院（2011）潭刑初字第324号（2013年7月29日）

二审：湖南省湘潭市中级人民法院刑事裁定书（2013）潭中刑终字第203号（2014年7月14日）

【基本案情】

（请扫描二维码）

本章课件

（请扫描二维码）

第六章　节约能源法

导　　言

节约能源是我国在国际能源市场上实现能源安全的重要途径，也是国家实现“绿水青山”目标的必经之路。节约能源不仅是从量上的节约，而且是从技术层面上的革新，通过科学技术的进步来完成对能源在质上的节约。经济的发展必然伴随生态环境的破坏，国家从“生态环境保护与经济发展相适应”到“经济发展与生态环境保护相适应”理念的转变，更加突出生态环境这一人类家园的极端重要性，这就需要从各个层面、各个角度实现保护生态环境的前提下的经济发展，其中节约能源就是应有之义。

能源过度使用会造成能源储备枯竭，也会对生态环境造成更大的破坏。目前，粗放型经济发展模式导致能源浪费现象极端严重，国家把节约能源提升为国家战略目标，来实现国家能源安全以及生态环境保护的目的。本章所讲《节约能源法》是节约能源领域的基本法律，是为节约能源的目的和任务而制定的，是从工业节能、建筑节能、交通运输节能、公共机构节能、重点用能单位节能、节能技术进步、激励措施、法律责任等方面构建节约能源的管理体系。

因此，作为节约能源主题，本章主要讨论以下内容：

1. 节约能源和节约能源法的概念
2. 节约能源的必要性、现状及存在的问题
3. 我国节约能源法的立法进程
4. 节约能源法的主要法律制度

第一节　节约能源概述

一、节约能源的概念

“节约能源”这一术语，在中国古代社会生产力不发达的背景下并不常见，直到

20 世纪 70 年代,石油危机的集中爆发使这一术语在能源领域频繁出现。而且随着时代发展理念的变化,其内涵和外延在不断地丰富发展,可以简单概括为:从单一的节约石油和减少能源的使用到包含提高能源资源效率、减少温室气体排放以及发展可持续发展理念在内的节能。节约能源要达到的目的是有效、合理地利用资源,即在符合经济效益原则和环保要求的前提下,使用相同数量的能源,满足更大的社会需求。[①] 我国《节约能源法》第 3 条规定:“本法所称节约能源(以下简称节能),是指加强用能管理,采取技术上可行、经济上合理以及环境和社会可以承受的措施,从能源生产到消费的各个环节,降低消耗、减少损失和污染物排放、制止浪费,有效、合理地利用能源。”具体从以下几个方面阐述。

(一)节能应当以加强用能管理为手段

加强用能管理是在满足人类对能源资源自身需求不变的基础上进行的技术上的革新,以提高能源资源利用效率的管理措施,是节能的基础性工作。在国家层面上,国家可以通过制定相关节约能源法律法规以及相关节能标准,对社会节能活动进行监督检查或通过制订有利于节约能源资源、提高能源利用效率的政策的方式来实现《节约能源法》的立法目的;在社会层面上,用能单位依照国家层面制定的相关节约能源法律法规以及相关节能标准,在谋求自身发展的基础上,通过科技进步、调整产业结构、加强用能管理的方式提高能源利用效率。加强用能管理除上述国家层面、社会层面外,还应当包括公民个人层面,具体体现在公民个人的消费习惯上;也就是说,通过调整国民的能源消费结构加强用能管理,提高能源资源的利用效率,如使用绿色交通工具、多多植树、杜绝使用煤炭化石燃料等。

(二)节能措施应当从社会实际出发

节约能源措施存在 3 个限制条件,在节能技术上必须是可行的、经济收益比例是合理的、生态环境和人类社会也是可以承受的。节能技术上可行,是指利用现代科学技术进行能源资源利用方面的节约利用,以提高能源资源的利用效率;经济收益比例合理,是指通过经济可行性研究的论证,节约能源投入与节约能源效益比例在可接受范围内;生态环境和人类社会可以承受,是指采取的节能措施,无论是在生态环境方面还是在人类社会方面,使其符合两者的可承受程度。

(三)节能贯穿于从能源生产到消费的全过程

从能源资源的勘探开发到最终的能源消费环节,以及由于能源资源的利用所产

---

① 参见安建主编:《中华人民共和国节约能源法释义》,法律出版社 2007 年版,第 5 ~ 6 页。

生的附带效应，节能措施应当存在于能源的“一生”。只有这样才能全方位地实施节能措施，减少能源资源的浪费、减少因能源资源的不当使用所导致的生态环境破坏，提高能源利用效率。

（四）节能以有效、合理地利用能源为目标

有效、合理地利用能源，简单来说就是提高能源利用效率。原因在于，在全球能源资源枯竭的形势下，有效、合理地运用能源资源能够最大限度地发掘能源资源的潜力、维护生态平衡、减少温室气体的排放；更加重要的是，在有利于环境保护的前提下，符合经济效益原则，在一定程度上可以使两者并行，既满足了经济社会发展的需要，也节约了能源资源，可持续发展理念得以贯彻，进一步落实天更蓝、山更绿、水更清、环境更优美的生态文明建设要求。

二、节约能源的必要性

能源资源是经济社会发展、综合国力增强、居民安居乐业的物质性基础，在国家层面上更容易被看作一种核心战略物资，在全球层面上更是各个国家关注的话题，各国的博弈更多是为了本国内的能源资源储备。就国家而言，其从国家政策以及法律法规等各方面对其进行引导和修正，以期引导国内能源资源的开发、利用的良性循环发展。但是，对于我国长期以来形成的粗放型经济发展模式所导致的粗放型能源资源利用，造成能源资源的严重浪费，不仅不利于经济的发展，而且有害于生态环境。因此，节约能源势在必行，从以下几个方面简述。

（一）节约能源是可持续发展理念的必然选择

在全球范围内能源资源的有限性与人类发展欲望的无限性之间的“永恒”矛盾的影响下，环境伦理观也在不断丰富发展，在最初的“人类中心主义”理论的指导下，人类无节制地开发能源资源加之粗放型的利用，导致资源浪费、生态环境破坏的恶果；从而环境伦理观在吸取历史教训的基础上发展为“生态中心主义”，并在此理论的指导下，主张无限制地保护生态环境，禁止一切性质的能源资源开发利用行为。此理论存在一个悖论，无限制地保护生态环境将会限制经济的发展、人类生活水平的提高、阻碍历史发展潮流，应当以更加高级的发展模式使两者协调发展，进而适应时代发展潮流的可持续发展理念的“生态人类中心主义”理论诞生。在这一理论的指导下，可以使经济社会的发展与生态环境的保护并行发展，具体到能源资源领域，就是在提高能源资源利用效率的前提下，减少能源资源的浪费行为，达到保护生态环境的目的。

（二）节约能源能够有效解决生态环境问题

能源在给人类经济和现代文明作出巨大贡献的同时，也带来了日渐严重的生态环境问题和温室气体的排放。由于能源的不合理开发与利用,尤其是煤炭、石油等化石燃料的不当使用,所产生的二氧化碳、二氧化硫、粉尘以及其他有毒有害气体的不断增加,由此导致了全球范围内的气候变暖加剧、自然灾害频发、生态环境破坏等恶果,最重要的是,人类健康受到了严重威胁。能源消费总量的过快增长、能源的不当开发利用、能源消费结构不合理,对包括我国在内的全球生态环境造成破坏,之前奉行的以牺牲环境为代价的经济发展道路并不是长久之计,那种先把经济发展好,再回过头来保护环境的观念是错误的,破坏生态环境的恶果最终会作用于一国的经济发展。就我国目前而言,经济发展面临生态环境保护的"瓶颈",应当极力推行节约能源,有利于生态环境的保护,温室气体的减量排放,能有效遏制因生态环境问题而产生的经济损失和损害人类健康等问题。

(三)节约能源在国家层面上具有重要战略地位

党的第十六届五中全会通过的《中共中央关于制定国民经济和社会发展第十一个五年规划的建议》中指出,结合我国能源资源现状、经济发展程度以及生态环境破坏程度,将节约能源确定为我国的基本国策,加快建设资源节约型、环境友好型社会,促进经济发展与人口、资源、环境相协调。第十届全国人民代表大会第四次会议批准的《国民经济和社会发展第十一个五年规划纲要》确定了这一基本原则,节约能源不是为了解决一时能源供应紧张问题而采取的权宜之计,它符合我国的长远利益和根本利益,是实现可持续发展、造福子孙后代的重大举措,必须长期不懈地坚持。

节约能源在国家层面上确定为基本国策是具有重要意义的:一方面,体现在国家能源资源储备上,我国人口基数大、国家综合实力不断增强、国内工业化水平越发专业化,这就是导致对能源资源需求量的不断攀增,只有通过节能措施、减少浪费、提高能源资源的利用效率的方式来解决这一问题;另一方面,这里的节约能源已经不是单纯地从量上减少开发利用,更多的是利用节能技术的发展,让能源资源发挥更大的作用,更加符合我国保护生态坏境的基本国策,符合生态文明建设的要求,更能从全社会层面上使每一位社会成员树立保护生态环境、节约能源资源的观念。

三、节约能源现状及不足

节约能源不仅对我国的生态文明建设具有无与伦比的生态价值,而且可以理性控制国家能源资源的储量。在一定程度上可以说,没有能源的开发利用,就没有当代便利的生产生活环境,如何应对能源资源短缺问题,已成为关系我国经济社会发展、生态环境保护、国家战略安全、民族根本利益的重大战略问题。

(一)我国节约能源现状

我国相比世界其他国家,能源资源储藏量相对丰富,但是按照目前的探明量和开采能力计算,煤炭、石油和天然气的可持续利用能力较弱,随着我国工业化水平的不断提高,粗放型的能源资源利用方式不断加剧能源供需矛盾,由此所衍生出的能源资源利用效率低下、环境污染以及生态破坏问题日益严重,节约能源是落实可持续发展观、生态文明建设、国家能源安全战略的重大举措。党的十六届五中全会中的一大亮点就是把节约能源资源在新高度上作为我国的基本国策。党的十七大报告强调,要坚持加强节约能源资源,坚持走中国特色新型工业化道路,其中的一个目标是到2020年基本形成"节约能源资源和保护生态环境的产业结构、增长方式、消费模式"。2020年以来,国务院通过各部门之间的职权调整以及对一些部门进行重新划分,将环保部一分为二,重新调整的目的就是加强生态环境的保护与经济发展之间的协作关系,进一步可以理解为加强经济发展中的节约能源,提高能源资源利用效率与生态环境保护之间的协作关系。从总体上看,节能减排的工作思路明显,社会氛围逐渐浓厚,全社会共同推进节能减排行动正在展开,节能减排效果日渐显现。

(二)我国节能实践中的不足

1. 我国能源利用效率低

节约能源,具体而言,就是采取符合当代科学技术发展水平的节能技术,采取此类节能技术所需要的投入资金与产出效益之间是合理可观的,以及采用此类节能技术是符合当代生态环境保护要求和社会公民生产生活的需要。从我国目前的能源消费水平来看,我国的能源储备量与能源消费水平不成正比;也就是说,在我国能源短缺的情形下,依然存在严重的能源浪费行为。改革开放以来,工业化进程的加快使我国能源消费量急剧上升,我国的二氧化碳排放量在世界碳排放量中所占比重也明显上升。我国是当今世界第二大能源消费国,煤炭消费比例在我国能源消费总比例中居高不下,在此种能源消费结构下,我国与世界能源消费结构相比,我国的能源消费结构还处于原始阶段。我国改革开放初期形成的粗放型经济发展模式导致我国能源的开发和利用也呈现粗放型的特点;以及产业结构调整进展缓慢,经济结构单一的格局在短时间内难以改变,高耗能、高污染行业的过快发展,也使我国的能源利用率长期偏低。能源需求不足加之能源利用率低促使我国继续寻求更多的能源以满足经济发展的需要,环境问题也随之产生。

2. 我国能源供需矛盾突出

中国经济高速发展所带来的能源需求量的急剧增长,加之国内能源开发利用技术的相对落后,导致我国经济的快速发展只能依靠粗放型经济发展模式,长此以往,必将陷入一种能源枯竭的境地。例如,在石油方面,我国国情是采用国外进口和国内自给自足双轨制,若上述情形不发生质的变化,必将加大我国对外能源进口的依存度,这将对国家能源安全产生不利影响,更有悖于可持续发展的理念。国际能源合作能在一定程度上减轻能源短缺的局面,但是我国在国际领域的能源合作仅仅停留在表面,与世界上具有影响力的能源机构之间的能源合作仅仅停留在对话机制上。综上所述,无论是在国内层面上,还是在能源合作的国际层面上,我国都会面临能源供需矛盾突出的局面。

3. 我国生态环境问题突出

能源在促进国家经济社会快速发展、增强综合国力的同时,也带来严重的生态环境问题。为了应对全球气候变暖问题,我国目前响应世界号召,正在进行碳排放交易的试点工作。能源的开发利用对生态环境的影响主要体现在两个方面:一方面,是对环境的破坏,无论是探矿还是采矿都会对地面植被造成破坏,事后恢复措施固然有效,但是用能主体都相继采取事后恢复措施,将会对生态自然的自我恢复能力产生不可复原的破坏;另一方面,是对生态的破坏,温室气体的排放、生物多样性的锐减,以及土地的荒漠化、沙漠化都是能源的不当开发利用造成的。因此,不注意节约及能源利用效率低下的开发利用,是我国甚至是全球范围内生态环境问题突出的"罪魁祸首"。

第二节　节约能源法概述

一、节约能源法的概念及调整对象

《节约能源法》是能源消费、经济发展与生态环境保护三者矛盾不可调和的产物,制定该法的直接目的是节约能源资源,提高能源的开发利用效率;最终目的是促进经济社会的发展,满足人们日益增长的物质文化需求,其两者之间的"桥梁"是生态环境保护。需要承认的是,任何的人类活动都会或大或小地对生态环境产生影响,而生态环境良好是经济社会发展的基础,只有在充分利用能源资源的前提下,尽可能减少对生态环境的破坏,才能使经济社会快速健康发展,居民才能安居乐业。

(一)节约能源法的概念

节约能源法的概念存在广义和狭义之分。从法理学的基本理论出发,广义的节约能源法,是指由国家立法机关通过法定的立法程序制定或认可的、由国家强制力保障实施的、调整国家行政部门与用能单位等主体之间就节约能源资源活动中所发生的社会关系的法律规范的总称。在划分法律规范体系时,只要满足这3个基本要素就能够成为节约能源法律规范体系内的一部分。狭义的节约能源法仅是指一部法律,一部以"节约能源法"或者是类似名称命名的、由国家最高立法机关制定的法律。在我国指的是《节约能源法》,该法是我国在 1997 年 11 月 1 日第八届全国人民代表大会常务委员会第二十八次会议通过,自 1998 年 1 月 1 日起施行的第一部关于节约能源方面的法律,而后经过 2007 年 10 月 28 日第十届全国人民代表大会常务委员会第三十次会议修订、2016 年 7 月 2 日第十二届全国人民代表大会常务委员会第二十一次会议的第一次修正、2018 年 10 月 26 日第十三届全国人民代表大会常务委员会第六次会议的第二次修正。

与节约能源法相关的节约能源法律制度,是指为了实现节约能源法的目的和任务,根据节约能源法的基本原则所制定的、调整特定节能社会关系所形成的法律制度。[①] 节约能源法除具有一般法律规范所具有的一般特征外,还具有以下 3 个特点:第一,调整对象具有特定性,即特定的社会关系;第二,适用范围具有特殊性,仅适用于节能管理、节能技术改造等节能活动;第三,法律后果特定性,节能法律规范对于违反节能法律规定应当承担的法律后果作出了明确规定。

(二)节约能源法的调整对象

法的调整对象,是指法所调整的能够体现为意志关系的具体社会关系。引申到节约能源法,其调整对象可概括为行政主体与用能主体之间在节能管理、合理使用与节约能源、促进节能技术进步等节约能源活动中所发生的,具有法律效果的具体社会关系。结合《节约能源法》的规范内容,其调整范围包括工业领域节能、建筑领域节能、交通运输领域节能、公共机构领域节能以及重点用能单位领域节能等,具体如下:

《节约能源法》调整的第一类具体社会关系是管理主体与被管理主体之间所发生的节能管理关系。在节能管理法律关系中主要存在两种主体:一是管理主体,也就是行政主体,包括但不限于国务院和县级以上地方各级人民政府、国务院标准化主管部门、县级以上人民政府管理节能工作的部门。二是被管理主体,简单来讲就是各种用能单位。可以概括为,国家通过赋予管理主体的各种职权,让其在节能管理过程中协调、规范、引导用能主体的用能行为,鼓励其通过各种手段节约能源资源等一系列过程中所发生的社会关系。第二类社会关系是用能单位在开发利用能源过程中发生的合理使用与节约能源关系。节约能源法调整的这一类社会关系的主体主要是各个用能单位,也包括节能管理关系中的管理主体,因为管理主体在整个节约能源法中具有重要地位。通过对具体的工业领域、建筑领域、交通运输领域、公共机构领域以及重点用能单位领域等的规范引导、管理、鼓励等,强调用能单位的节能义务,以此引导

① 参见杨解君主编:《变革中的中国能源法制》,世界图书出版广东有限公司 2011 年版,第 230 页。

合理使用与节约能源关系的规范发展。第三类社会关系是在促进节能技术进步方面所发生的节能法律关系。在这一类法律关系中，主要的法律关系主体是第一类法律关系中的管理主体，由其负责和指导节能技术研究、开发和推广应用并采取激励措施促进节能技术创新与成果转化，而由此与用能主体或科研机构发生节约能源法所调整的社会关系。

二、节约能源法的立法进程

2018 年 3 月 11 日第十三届全国人民代表大会第一次会议通过了《宪法修正案》，将“生态文明”写入宪法，这对于国家保护生态环境来说是历史性的一刻。国家以根本大法的形式确认了“生态文明”在我国生产、生活中的核心地位，对进一步实现天更蓝、山更绿、水更清、环境更优美的生态文明建设目标具有重要意义。节约能源是生态文明建设的一个重要方面和内在要求，节约能源法是落实生态文明建设对节能工作要求的法律规范，是保障国家能源安全，促进经济社会稳定协调发展的基本法律，必然要与当前生态文明建设和节能工作的新形势相适应。

自中国古代至近代以来，由于国民素质、生产力水平、生态环境等因素的制约，在节约能源领域并无太大作为。改革开放以来，由于我国在当时实行计划经济体制，所有有关经济发展的计划都是通过政府行政指令的方式进行的，在这一阶段内，更多的是进行大开发、大发展，但已经开始关注节约能源资源的问题。以 1978 年党的十一届三中全会为转折点，开始大力发展经济，包括生态环境保护在内的一切因素都为经济发展做准备，在这一时期，政府节能工作的重心在于缓解能源供应紧张的形势，为此制定了企业能源定额管理、能源定量供应、加强能源管理和技术改造、开展节能宣传和技术服务工作等相关节约能源资源制度。在这一时期，国务院陆续发布了压缩烧油、节电、节油、节煤等节能指令，我国第一次以行政法规的形式对节约能源资源进行全方位规范的法律规范是国务院在 1986 年发布的《节约能源管理暂行条例》（已废止），该条例共 10 章 60 条，具体包括总则、节能管理基础工作、能源供应管理、奖惩、宣传教育和附则等内容，在不同的发展时期采取不同的发展计划，采取因地制宜的发展模式，国家对能源实行开发和节约并重的方针，在经济发展的各个环节规定节能措施，并设置考核、奖惩制度，以保证该时期社会经济的快速发展。

我国第一部《节约能源法》是我国第八届全国人民代表大会常务委员会第二十八次会议于 1997 年 11 月 1 日表决通过的，并于 1998 年 1 月 1 日起施行。该法是在市场经济框架基本形成，迫切需要节能立法来规制能源开发利用领域的背景下诞生的，标志我国第一次以国家法律的形式来规范节能领域，以国家法律形式确定了节约能源的目的、节能管理、节能技术进步以及奖惩措施等方面的内容。《重点用能单位节能管理办法》是国家经贸委于1999年3月10日发布的关于《节约能源法》最早的一个配套规章制度，它确定了加强重点用能单位的节能管理、提高能源利用效率和经济效益、保护环境的立法目的。在其他方面，国务院有关机构陆续制定了节水、节电、相关节能标准、节能产品设备认证等方面的实施细则，结合《节约能源法》配套实施。《节约能源法》以及实施细则的不断发展变化正是体现了我国在当时经济高速发展的同时，各种能源的开发利用所面临的矛盾，急需配套的节能实施细则进行规制，以便更好地促进经济社会的发展，各项制度的发展完善也更加有利于我国节约能源法体系的日益丰富和完善。

伴随改革开放的不断深入，市场经济的发展理念不断深入人心，我国在大力发展第二产业的同时，能源消费总量不断攀升，并且在这种粗放式经济发展模式下，总量攀升是以浪费能源资源、破坏生态环境为代价的。经济发展、能源资源、生态环境的矛盾日渐尖锐，特别是“十一五”节能减耗任务重大、形势严峻，迫切需要通过完善相关法律法规，加大对节能工作的推行力度。由此，我国立法机关分别于2007年10月、2016年7月、2018年10月对《节约能源法》进行修改，以适应生态环境保护与经济社会协调发展的需要。

2007年修改《节约能源法》的主要亮点包括：第一，将节约资源作为我国的基本国策；第二，明确节能管理主体，强化节能法律责任；第三，将包括政府机构在内的公共机构列入节约能源法监管对象；第四，严禁“免费能源福利”；第五，省级政府可制定严于国家标准的地方建筑节能标准等。修改后的《节约能源法》虽然取得了一些突破，但仍然存在一些问题：环境、能源、经济相协调的理念尚未确立；重点规范工业领域的节约能源问题，对其他行业以及生活消费用能规范设计不完善；没有充分运用市场手段引导，过分倚重行政监管。虽然本次修改存在不足之处，但是我们应当站在历史的角度上对当时的立法背景进行了解分析，加以辩证地看待。

2018年修改《节约能源法》的主要亮点包括：建立健全了节能标准体系以及国家监管制度，更加突出了节约能源的国家战略层面上的地位，以及明确了节能标准既是公司企业推行加强节能管理工作的规范依据，又是政府部门加强节能监管工作的尺度；从其他角度看，本次修改更加看重对节约能源的监督和管理，既发挥市场调控手段进行节能管理，又通过政府调控手段，采用激励措施对列入推广目录的节能技术和产品实行税收优惠政策，同时又规定强制性的节能管理措施，以及相关政府部门将对违反《节约能源法》的行为加大处罚力度，以强化政府部门的相关职责。

三、节约能源法的法律体系

我国节约能源法的法律体系包括宪法、法律、法规和法规性文件、单行条例和自治条例、规章和规章性文件以及国家标准等。

《宪法》作为我国的根本大法是由全国人民代表大会依照特别程序制定的，在我国法律体系中具有最高的法律地位和法律效力。2018 年 3 月 11 日第十三届全国人民代表大会第一次会议通过了《宪法修正案》，将“生态文明”写入《宪法》，这对于国家保护生态环境来说是历史性的一刻，对于生态文明建设具有重要意义。宪法作为节约能源立法体系中效力最高的法律规范，是指引节约能源法律体系完善发展的必备要件。确定宪法对节约能源法律体系的指引作用，有利于从法律体系方面全方位地规范从能源开发利用至最终能源消费环节的节约利用，对于建成富强民主文明和谐美丽的社会主义现代化强国具有深远意义。

《节约能源法》是我节约能源方面的专门性法律，在节约能源法律规范体系中起着统领全局的作用。其他包含有关节约能源的法律主要有《煤炭法》《电力法》《矿产资源法》《标准化法》《建筑法》《产品质量法》《可再生能源法》《清洁生产促进法》《循环经济促进法》等。

有关节约能源的行政法规主要包括《标准化法实施条例》《民用建筑节能条例》《政府采购法实施条例》《公共机构节能条例》等。

有关节约能源的部门规章主要包括《汽车行业标准化管理办法》《节约用电管理办法》《工业节能管理办法》《节能监察办法》《重点用能单位节能管理办法》《民用建筑节能管理规定》《能源效率标识管理办法》等。

节约能源法的立法体系中还包括节能标准，例如，《公共建筑节能设计标准》(GB 50189－2015)、《营运客车燃料消耗量限值及测量方法》(JT 711－2008)、《设备及管道绝热技术通则》(GB/T 4272－2008)、《绿色建筑评价标准》(GB/T 50378－2019)、《节能热处理燃烧加热设备技术条件》(GB/T 21736－2008)以及《用能设备能量测试导则》(GB/T 6422－2009)等。

第三节　节约能源法的主要法律制度

节约能源法律制度是以节约能源法的基本原则为指导，以节约能源为根本目的和最终任务，用以调整能源节约方面的相关社会关系的法律规范的总称。节约能源法律制度具有不同于节约能源法基本原则和法律规范的自身特征，它是节约能源制度的法律化和规范化，是节约能源法律规范的一个特殊组成部分。结合我国《节约能源法》的规范内容和节能领域的社会实践，节约能源法的主要法律制度包括节约能源管理制度、合理使用与节约能源制度、节约能源激励制度，其中，节约能源管理制度包括节能标准制度、用能产品、设备和生产工艺淘汰制度、能源效率标识管理制度、节能产品认证制度；合理使用与节约能源制度包括工业、建筑、交通运输、公共机构、重点用能单位等重点领域的节能；节约能源激励制度包括节能税收优惠及财政补贴支持、节能信贷优惠及价格政策支持，以及表彰和奖励措施。

一、节约能源管理制度

节约能源管理制度是为了加强我国能源管理，提高能源利用效率，降低甚至消除能源使用过程中对生态环境的破坏而建立的管理制度，该制度具体体现在《节约能源法》第二章，共有13条，是从法律层面上明确规定节能领域相关的节能标准、用能产品、设备和生产工艺淘汰名录、能源效率标识管理以及节能产品认证等方面的内容。

（一）节能标准制度

建立健全科学有效的节能标准体系是推动节能标准制度完善和发展的基本前提，这不仅有利于政府依法对节能工作进行监督管理，也能够促进建立企业内部的节能管理制度。节能标准通常可以划分为推荐性节能标准与强制性节能标准，强制性节能标准是必须执行的最低标准。

节能标准制度规定了县级以上人民政府管理节能工作的部门和有关部门关于节能监督管理的具体职责，要求节能工作主管部门和有关部门在各自职权范围内履行各自职责，这其中就包含了节约能源标准执行的相关规定。节能标准制度中所指的有关部门主要是国务院和县级以上地方人民政府设置的有关行业主管部门和有关工作机构，如建设主管部门、交通运输主管部门、标准化主管部门以及统计部门等；其职责主要包括对用能单位与设计单位节能标准和相关的法律法规、政策规定的具体执行情况进行管理、监督，以及对违法违规用能单位进行纠正和处罚等。

节约能源相关法律中所规定的节能标准体系分为国家标准、行业标准、地方标准与企业标准。其中，国家标准普遍适用于全国范围之内，行业标准适用于特定的行业内部，地方标准只适用于特定的区域内，企业标准只在制定该标准的企业内部适用。《节约能源法》第13条要求建立健全节能标准体系，具体包括健全节能标准体系、适时修订节能标准、制定强制性的用能产品和设备能源效率标准、生产过程中耗能高的产品的单位产品能耗限额标准以及鼓励地方政府和企业制定严于国家标准、行业标准的地方标准、企业标准等方面的内容。结合《标准化法》的规定，由国务院标准化主管部门统一主管和其他国务院相关行政部门分管的系统化管理模式。其中，规定国务院标准化主管部门依法组织制定、适时修订有关节能的国家标准、行业标准。建立健全节能标准体系,国务院有关行政主管部门具体管理各行业的标准化工作并与国务院标准化主管部门一同制定并适时修订节能相关的国家标准、行业标准。《节约能源法》第13条另外规定的强制性用能产品与设备能源效率标准属于强制性节能标准,能源效率标准,是指遵照产品能源性能的程序或法规,以规定的测试程序来确定具体产品能耗性能的目标限定值,在一般情况下是测定最高能耗或者最低能效,按照该条的规定,国务院标准化主管部门会同国务院管理节能工作的部门和其他国务院有关部门还应当制定强制性的节能标准。该条还规定了生产过程中耗能高产品的单位产品能耗限额标准,该标准是指生产每一计量单位的高耗能产品所不得超过的能源消耗量的最大限定值。超过此最大限定值,就应当被认定为严重浪费能源资源,必须要对其进行限期治理。有观点认为,耗能高的产品的单位产品能耗限额标准属于计划经济下的定额管理的做法,但结合我国高耗能产业发展过快、能源消耗量大以及所带来的生态环境破坏十分严重的形势,对生产单位产量的高耗能产品的能源消耗量进行限制是必需的,这也有利于推动企业积极实施节能技术改造和产业结构升级,以促进节能工作的开展。同时,国家不仅鼓励、支持企业制定严于国家标准、行业标准的企业节能标准,也鼓励各地区制定严于国家标准、行业标准的地方性节能标准,借此可以更好地促进地方节能标准、企业节能标准等节能标准体系发展和完善。诸如此类的节能标准和具体的管理办法的制定与执行,能够有力地从源头上更好地控制能源消耗,并且遏制重大能源浪费行为,不断加快高耗能产品和设备的淘汰。

《节约能源法》考虑到建筑节能的特殊性,还在建筑节能领域规定了建筑节能标准制定主体和程序等内容。建筑物与一般产品有不同之处,由于其为不动产,在空间上无法移动,在建设和消费方面也具有特殊性,所以专门规定由国务院建设主管部门来制定建筑节能的国家标准、行业标准。考虑到不同的建筑节能标准在影响市场竞争方面的副作用很小,也为便于有关主管部门对建筑节能工作的指导、协调和监督检查,《节约能源法》第14条规定了不同于第13条规定的关于地方制定地方节能标准审批程序的备案程序。总体来说,《节约能源法》第13条规定制定地方节能标准应当由省、自治区、直辖市人民政府报经国务院批准(《节约能源法》另有规定的除外),但是第14条规定只需要报国务院标准化主管部门和国务院建设主管部门备案即可。

(二)用能产品、设备和生产工艺淘汰制度

用能产品、设备和生产工艺淘汰制度主要规定对落后的耗能过高的用能产品、设备进行必要的淘汰,高耗能生产单位的节能义务,超出能耗限额标准生产的法律责

任,对高耗能的特种设备实行节能审查和监管等。其中,高耗能产品、设备是指已经投入使用的产品设备,这些设备在使用过程中的能源消耗已经超过国家的强制性能源效率标准,或是在经济和技术上已经存在可替代性工艺,却仍旧继续使用超出能耗标准的设备。落后的生产工艺,是指不符合国家强制性节能标准或者不适应技术进步要求和技术发展水平的生产工艺。淘汰制度的主要目的是促使企业积极采用能源利用效率高、保护生态环境和符合技术发展水平的节能产品、设备和生产工艺。由于节能标准和节能技术的不断发展、更新以及关于淘汰目录和淘汰的具体实施办法涉及面广,内容精细,不适宜利用法律加以规制,不利于法律的稳定性发展,所以国家授权国务院管理节能工作的有关部门制定并公布相关的淘汰目录与淘汰的具体实施办法。

用能产品、设备和生产工艺淘汰制度还包括对高耗能的特种设备实行节能审查和监管的内容。高耗能特种设备,主要是指关系生命安全、危险性较大、耗能量较大的设备,比如锅炉、换热压力容器、电梯、起重机械以及厂(场)内机动车辆等。我国正在使用的特种设备数量巨大;耗能量巨大,相对而言,节能潜力也很大。因此,在这样的前提下,国务院对高耗能特种设备实行节能审查与监管,为加强高耗能特种设备的管理强化了法律基础。节能审查是对特种设备的设计、安装、改造与维修全过程都进行能效指标的审查,针对不符合能效指标要求的,明确要求不得实施。节能监管是为了保障特种设备在安全运行的基础之上更好地提高能源利用率,要从设计、制造、安装、改造、维修、使用等各个环节加强对高耗能特种设备的监管。

用能产品、设备和生产工艺淘汰制度对国家明令淘汰或者不符合强制性能源效率标准的用能产品、设备、生产工艺的相关主体的禁止性行为作出了明确规定,国务院节能工作主管部门与其他相关部门制定并公布国家明令淘汰的用能产品、设备的目录,并明确禁止进口、生产和销售国家明令淘汰或者不符合强制性能源效率标准的用能产品、设备,同时为了避免资源浪费、强化管理,禁止生产经营单位在生产经营过程中使用应当淘汰的设备、工艺。责任主体违反《节约能源法》第 17 条的规定时,应当依法承担相应的法律责任。

(三)能源效率标识管理制度

能源效率标识,是指附在产品或者产品最小包装上的信息标签,用来标示产品的能源性能(通常以能耗量、能源效率和/或能源成本的形式给出),属于产品符合性标志的范畴,以便消费者在购买产品时,更好地了解产品的节能信息,从而帮助消费者选择能效更高的产品,以促进节能产品市场的良好发展。能源效率标识管理制度是针对家用电器等使用广泛且存在大量耗能的用能产品制定的,法律授权国务院节能相关主管部门与国务院市场监督管理部门共同制定、公布能源效率标识相关管理的实施办法和产品目录。该制度有利于消费者将产品性能、价格与能耗大小一同列入参考范围,以此引导消费者选择低耗能产品,促进节能产品的市场发展,从而推动企业对节能高效用能产品的研究和开发。

能源效率标识管理制度要求对使用面较广、能耗较大且与大众生活息息相关的家用电器等产品进行明确的能源标识。就当前能源标识相关法律法规的规定来看,我国实施能源效率标识管理的用能产品种类较少,强制实施的产品更少,主要包括显示器、液晶电视机、电磁炉、家用洗衣机、电冰箱、储水式电热水器、节能灯、打印机、复印机和电风扇等。能源效率标识管理制度还对相关主体标注能源效率标识的义务以及相关能源标识的禁止性行为作出了规定。其具体的义务性规定主要包括以下内容:第一,生产者与进口者应当对用能产品的能源效率依法进行标注和说明。并依据相关规定,向国务院市场监督管理部门与国务院管理节能工作的部门共同授权的机构进行备案;第二,规定了生产者和进口者必须保证其标注的用能产品的能源效率标识及相关信息的准确性的义务,对于能源效率标识及相关信息,生产者和进口者必须准确标识,否则将会承担责令限期改正并处以罚款的法律责任;第三,规定了销售者禁止销售应当标注而未标注能源效率标识的用能产品的义务。其中,禁止性内容主要包括冒用能源效率标识、利用能源效率标识进行虚假宣传、伪造能源效率标识等。以上 3 种行为都为欺骗消费者、损害消费者合法权益的禁止性行为,生产者、进口者以及销售者均应当杜绝,否则将会承担相应的法律责任。

(四)节能产品认证制度

节能产品认证,是指在用能产品的生产者或销售者提出申请后,由相关具有资质的机构,依据相关程序,以国家标准和相关的技术要求为基准,对符合条件的用能产品予以确认,并向其颁发相关节能产品认证证书与标识,以此证明该产品属于节能产品的制度。节能产品认证制度主要包括以下内容:第一,根据自愿原则以及按照国家有关节能产品认证的规定,用能产品的生产者、销售者向经国务院认证认可监督管理部门认可的从事节能产品认证的机构提出节能产品认证申请,并经认证合格后,取得节能产品认证证书;第二,取得节能产品认证证书的生产者和销售者,可以在其用能产品或者包装物上使用节能产品认证标志;第三,禁止生产者和销售者使用伪造的节能产品认证标志或者冒用节能产品认证标志。1999 年我国建立了节能产品认证制度,并且组建了中国节能产品认证管理委员会与中国节能产品认证中心,它属于非营利的第三方认证机构。节能产品认证不以强制性的行政措施的方式进行,它是一种自愿申请的激励和引导措施。实行节能产品认证制度,可以更好地应对用能产品市场鱼龙混杂的局面，是规范节能产品市场、促进节能产品推广和使用的有效途径。当产品获得节能产品认证证书时，意味着该产品具有更好的能效性能，会更容易得到消费者的认可，从而增强节能产品的市场竞争力，亦有利于引导和鼓励企业保证用能产品的质量，加快节能产品的研究和开发。

二、合理使用与节约能源制度

节约能源的前提是合理使用能源，而合理使用能源在不同领域具有不同的节能要求，不能用统一的节能标准来简单衡量，而应当根据不同的用能领域，作出不同的节能规定。《节约能源法》关于合理使用与节约能源制度的具体规定主要体现在第三章，共有 32 条，主要是对工业领域、建筑领域、交通运输领域、公共机构领域以及重点用能单位领域等重点领域的节能管理作出了较详细的规定，以期实现合理使用与节约能源的目的。

（一）工业节能

我国能源消耗最大的产业是工业，从实践上看，我国工业产品单位能耗与国际先进水平相比，具有较大差距。在高能耗行业中，许多中小企业的技术设备与生产工艺较落后，企业管理水平也相对较低。基于此种情况，我国节能管理工作应当以工业领域为主。我国《节约能源法》对工业节能的规定主要包括节能技术、行业结构、节能发电调度管理、主要高耗能行业节能技术政策、电力节能等规定。

《节约能源法》第 29 条主要是关于优化能源资源开发利用和用能结构等方面的内容，根据该条规定，国务院和省、自治区、直辖市人民政府应当做好以下几个方面的工作：

第一，推进能源资源优化开发利用和合理配置。具体包括制定煤炭、石油、天然气以及水电等能源资源的开发利用规划，推进多种能源发电与合理配置，推进煤炭和油气资源的高效开发利用。

第二，推进有利于节能的行业结构调整，优化用能结构和企业布局。具体包括遏制高耗能行业过快增长、加快发展服务业和高新技术产业、优化用能结构和企业布局。优化用能结构，主要是指大力发展高效清洁能源，提高优质能源比重，主要措施有：逐渐减少原煤的直接使用，发展煤的气化和液化，提高转换效率；引导居民和企业合理用电；大力发展风能、太阳能、地热能、生物质能、水能等可再生能源和替代能源等。优化企业布局，主要是指根据能源资源的自然禀赋和环境的自然承载能力，来确定不同区域的发展方向和功能定位，优化区域产业布局，高耗能产业应当靠近能源资源生产地布局，有条件的矿区发展煤电、煤化电、煤炭建材、天然气化工等产业链模式的综合利用产业。

在工业节能方面,还应当制定高耗能行业的节能技术政策,推动企业节能技术改造。我国将电力、钢铁、有色金属、建材、石油加工、化工、煤炭等行业定义为主要耗能行业,由国务院管理节能工作的部门会同国务院有关部门制定节能技术政策。节能技术政策是国家制定的推动节能技术开发、示范、推广的纲领和措施,对于推动我国节能降耗工作,引导各个行业节能技术的开发、示范和推广,促进节能技术进步,实现节能目标将发挥重要作用。国家制定的节能技术政策,对指导重点耗能行业加快研发和推广节能新技术、新工艺和新材料,优化生产过程,进而推动高耗能行业节能技术进步和企业节能技术改造,实现节能降耗目标具有重大意义。

国家鼓励工业企业采用高效节能设备和节能技术。国家鼓励工业企业采用高效、节能的电动机、锅炉、窑炉、风机、泵类等设备,而高效、节能的技术主要是指热电联产、余热余压利用、洁净煤以及先进的用能监测和控制等技术。我国节能相关法律还规定,电网企业按照国家规定安排清洁、高效和符合规定的热电联产、利用余热余压发电的机组以及其他符合资源综合利用规定的发电机组与电网并网运行等方面的义务。节能发电调度,是指以保障电力可靠供应为前提,按照节能、环保、经济的原则,优先调度风能、太阳能、水能、生物质能、海洋能、核能等清洁能源发电,其次调度热电联产、资源综合利用、天然气、煤气化发电,然后按机组能耗和排放水平,对燃煤机组进行排序,依次调度。开展节能发电调度,是落实国务院确定的电力工业关停小火电机组的重要配套措施,对于节能减排工作的顺利开展具有重要意义。在国家鼓励工业企业采用高效节能设备和节能技术的政策背景下,对新建不符合国家规定的燃煤发电机组、燃油发电机组和燃煤热电机组的行为进行严厉打击,不仅有利于解决能源利用效率低下问题,而且有利于生态环境的保护。

(二)建筑节能

建筑领域的能源资源消耗是长久以来就已经存在的,从第一次能源危机爆发以后,国际社会越来越重视建筑领域的节能,因为只要有人类的存在,建筑业就会不断发展、永不停歇。基于此,很多国家对建筑节能领域作出了各式各样的法律规范。我国1997年通过的《节约能源法》对建筑节能也作了部分节能管理规定,随着节能实践的不断发展,建筑节能管理也在不断完善,《节约能源法》专门增设建筑节能一节,其规定主要在第三节,共7条。在建筑节能领域内实行的制度主要有:建筑节能规划制度、建筑节能标准制度和建筑节能信息告知制度。

1. 建筑节能规划制度

建筑节能规划制度要求国务院建设主管部门负责全国建筑节能的监督管理工作,工作具体内容包括制定有关建筑节能的规章制度、制定有关建筑节能的国家标准和地方标准以及组织实施建筑节能重点工程等。县级以上地方各级人民政府建设主管部门负责本行政区域内建筑节能的监督管理工作。另外,县级以上地方各级人民政府建设主管部门会同同级管理节能工作的部门编制本行政区域内的建筑节能规划,建筑节能规划要从新建建筑节能规划、既有建筑节能改造规划和可再生能源在建筑中规模化应用三个方面同时推进,既有建筑数量众多,对其进行建筑节能改造是建筑节能领域的重点和难点。

2. 建筑节能标准制度

建筑工程的建设、设计、施工和监理单位应当遵守建筑节能标准,建筑节能标准是强制性的节能标准。建设主管部门应当加强对在建建筑工程执行建筑节能标准情况的监督检查,如有发现不符合建筑节能标准的但已经开工建设的建筑工程,应当责令停止施工、限期改正;对于不符合建筑节能标准的但已经建成的建筑工程,不得销售或者使用,按照建筑节能标准改建并验收合格和批准后,方可销售或者使用;对于不符合建筑节能标准而且又没有开工建设的建筑工程,建设主管部门不得批准开工建设。

建筑节能标准是评估建筑是否符合节能要求的节能技术标准,建筑节能标准分为国家标准、行业标准以及地方建筑节能标准。建筑节能的国家标准、行业标准由国务院建设主管部门组织制定,并依照法定程序发布,同时规定了省、自治区、直辖市人民政府建设主管部门可以根据本地实际情况,制定严于国家标准或者行业标准的地方建筑节能标准,并报国务院标准化主管部门和国务院建设主管部门备案。

3. 建筑节能信息告知制度

随着全民节能意识的提高和供热体制的改革,消费者越来越重视从节能和环保角度选择、购买商品,也更加愿意选择节能的商品房。但是,绝大多数用户限于专业知识,对节能房屋的节能性能没有很深入的了解。所以,建筑节能信息告知制度明确规定了房地产开发企业在销售房屋时,应当采用明示的告知方式向购买人说明所售房屋的节能措施、保温工程保修期等信息,并同时规定这些信息要在房屋买卖合同、质量保证书和使用说明书中载明,并且房地产开发企业对其真实性、准确性负责。

(三)交通运输节能

交通运输领域是国家经济发展的重要的支撑条件。随着我国人口的增加以及国民生活水平的提高,私家车数量的激增加大了交通压力,导致我国交通运输领域中石油、天然气等燃料消费过快增长,现今交通运输领域已经成为我国节能减排的重点领域。交通运输节能主要体现在《节约能源法》第三章第四节,共有 6 条,主要是有关交通运输主管部门对全国交通运输相关领域节能监督管理工作的职责、交通运输领域的节能规划、优先发展公共交通和完善公共交通服务体系、鼓励发展节能环保型交通运输工具、实行老旧交通运输工具的报废及更新制度、鼓励使用清洁燃料以及交通运输营运车船的燃料消耗量限值标准等内容。

国务院有关交通运输主管部门的职责，包括会同国务院管理节能工作的部门分别制定相关领域的节能规划、加强交通运输组织管理，提高能源利用效率、加强对交通运输营运车船燃料消耗检测的监督管理。《节约能源法》第 42 条是关于建设节能型综合交通运输体系的规定，其应当做好两个方面的工作：一是指导、促进各种交通运输方式协调发展和有效衔接；二是优化交通运输结构。《节约能源法》第 46 条是关于制定交通运输营运车船的燃料消耗量限值标准以及加强对交通运输营运车船燃料消耗检测的监督管理的规定。该条明确规定，不符合标准的，不得用于营运；另外，明确规定了国务院有关交通运输主管部门对交通运输营运车船燃料消耗检测的监督管理的职责。

(四)公共机构节能

法律的滞后性特征表明，当社会出现某一严重且难以调和的社会矛盾时，立法者会将其上升到法律层面进行规制，公共机构节能也是如此。正是因为公共机构在用能领域浪费严重，使用高污染、高耗能技术、设备等现象严重，国家立法机关采用立法措施对其用能的各项行为进行规制，以期待实现公共机构厉行节约的目的。加强对公共机构用能的监督管理，不仅有利于控制我国能源消费的快速增长，而且对在全社会树立节约能源资源有良好的示范作用，这里所称的公共机构，是指全部或者部分使用财政性资金的国家机关、事业单位和团体组织。公共机构节能的相关法律规定主要体现在《节约能源法》第三章第五节，共有 5 条，主要包括实行公共机构节能规划制度、能源消费管理制度以及节能产品和设备采购制度。

1. 公共机构节能规划制度

公共机构节能规划制度的主体是县级以上各级人民政府管理机关事务工作的机构和同级有关部门。公共机构节能规划，除包括新建工程项目规划、施工、竣工验收和运行管理等环节的节能计划外，还包括既有建筑节能改造计划。

2. 能源消费管理制度

能源消费管理制度主要是针对公共机构在日常用能过程中所发生的不当用能行为的法律规制措施。为了改变能源浪费现状以及实现节能目的，能源消费管理制度主要包括以下内容：第一，公共机构应当制定年度节能目标和实施方案，加强能源消费计量和监测管理，并向本级人民政府管理机关事务工作的机构报送上年度的能源消费状况;第二,国务院和县级以上地方人民政府管理机关事务工作的机构会同同级有关部门,按照相关管理权限,制定本级公共机构的能源消耗定额,财政部门根据该能源消耗定额制定能源消耗支出标准。建立节能目标责任制是加强公共机构节能工作的重要手段,通过分解节能任务和明确责任,更好地将任务具体落实到责任人,从而可以更好地实现节能目标。公共机构还应当加强本单位用能系统管理,保证用能系统的运行符合国家相关标准;公共机构应当按照规定进行能源审计,并根据能源审计结果采取提高能源利用效率的措施。实施能源消耗定额管理,从经济角度来看,能够从财政预算上严格控制能耗支出,并且能够指导公共机构用能朝着节能降耗方向发展,进而从预算安排角度节约能源资源。

3. 节能产品和设备采购制度

节能产品和设备采购制度中明确设定了公共机构节能义务:一是公共机构应当优先采购列入节能产品、设备政府采购名录中的产品、设备;二是禁止采购国家明令淘汰的用能产品、设备。另外,省级以上人民政府的政府采购监督管理部门会同同级有关部门制定并公布节能产品、设备政府采购名录。所谓政府采购,是指各级国家机关、事业单位和团体组织,使用财政性资金采购依法制定的集中采购目录中的或者是采购限额标准以上的货物、工程和服务的行为。①

(五)重点用能单位节能

根据《节约能源法》第52条的规定,符合以下条件之一的为重点用能单位:一是年综合能源消费总量10,000吨标准煤以上的用能单位;二是国务院有关部门或者省、自治区、直辖市人民政府管理节能工作的部门指定的年综合能源消费总量5000吨以上不满10,000吨标准煤的用能单位。在我国,重点用能单位,是指钢铁、煤炭、有色金属、电力、化工等能耗行业,并且是耗能大户。重点用能单位节能的相关法律规定主要体现在《节约能源法》第六节,共4条,主要包括能源利用状况报告审查和能源管理岗位等制度。

1. 能源利用状况报告审查制度

能源利用状况报告审查制度可以分为报告制度和审查制度。报告制度的主要内容包括重点用能单位的能源管理负责人组织编写本单位能源利用状况报告,重点用能单位每年向管理节能工作的部门报送上年度的能源利用状况报告。能源利用状况包括能源消费情况、能源利用效率、节能目标完成情况、节能效益分析以及节能措施

---

① 参见《节约能源法》修订起草组编:《中华人民共和国节约能源法释义》,北京大学出版社2008年版,第102页。

等内容。审查制度是管理节能工作的部门对重点用能单位报送的能源利用状况报告进行审查的制度，对于审查出来的“节能管理制度不健全、节能措施不落实、能源利用效率低”的重点用能单位，管理节能工作的部门有权对其采取开展现场调查、组织实施用能设备能源效率检测、责令实施能源审计，并提出书面整改要求，限期整改等节能管理措施。另外，在《节约能源法》“法律责任”一章中，对重点用能单位不按照规定进行整改规定了相应的惩罚措施。

2. 能源管理岗位制度

实施能源管理岗位制度能够提高能源管理在企业生产经营中的地位，加强节能管理工作和健全节能目标责任制，落实国家和企业的节能目标。能源管理岗位制度分别规定了重点用能单位的义务和能源管理负责人的职责。重点用能单位的义务包括：一是设立能源管理岗位；二是在具有节能专业知识、工作经验以及中级以上技术职称的人员中聘任能源管理负责人；三是将相关信息报管理节能工作的部门和有关部门备案。能源管理负责人的职责包括：一是负责组织对本单位用能状况的分析、评价；二是组织编写本单位能源利用状况报告；三是提出本单位节能工作的改进措施并组织实施；四是接受节能培训。研究和发展国外“重点用能单位能源管理师制度”对于我国能源管理岗位制度的发展和完善具有重要意义。

三、节约能源激励制度

根据市场经济理论，将节能技术、设备的快速发展完全交由市场调控，在一定程度上能够通过经济刺激的方式促进其快速发展；但是，由于市场微观调控的弊端，将会产生更大的阻碍作用。例如，节能技术的研究和开发的初期需要大量的初始资金，而基于节能技术的不确定性和长期性等风险，使很多企业望而却步；节能产品进入市场初期，受市场规律的影响，加之节能产品价格高、批量小，竞争力弱，节能产品市场难以健康发展；在全民节能环保理念整体不高的情况下，消费者会更加注重产品的价格而不是节能效果等。为促进节能产品市场的快速发展，《节约能源法》规定了相应的节约能源激励措施，主要包括国家采取财政补贴、财政专项资金、税收政策、价格政策、政府采购以及优惠信贷等措施推进节能工作的开展。以下具体从节能税收优惠、节能信贷优惠及价格政策支持，以及表彰和奖励措施等方面介绍节约能源激励制度。

（一）节能税收优惠

国家通过节能税收优惠方式支持节能管理工作的措施主要体现在三个方面：

首先，国家对生产、使用列入《节约能源法》第 58 条规定的推广目录的需要支持的节能技术、节能产品，实行税收优惠等扶持政策。节能技术、节能产品推广目录，是指在一定时期内，根据全国中长期专项规划和节能技术政策大纲等制定的节能技术和节能产品的优先发展目录。[①] 实施节能税收优惠政策的目的是通过节能税收优惠方式，使上述推广目录在节能管理工作中发挥作用，以此引导用能单位和个人使用先进的节能技术、节能产品。所涉及的税收优惠政策，是指对部分特定纳税人和征税对象给予一定鼓励或照顾的各种特别规定的总称，具体包括实行低价税率、免税、定期减税等优惠措施。从节能产品的应用和推广上讲，需要通过国家财政补贴的方式进行应用和推广的节能产品不在少数，《节约能源法》关于此方面的内容重点列举了节能照明器具等节能产品。从现实情况出发，节能照明器具的市场价格比普通的灯泡高出很多，这将会直接导致节能照明器具的市场竞争力弱，市场占有率小，又考虑到我国节能照明器具的节能潜力巨大，即采用法律形式将此制度推广开来。

其次，国家实行有利于节约能源资源的税收政策、健全能源矿产资源有偿使用制度。在我国能源矿产资源开发利用的历史上，大部分企业是通过低廉甚至无偿的方式取得矿产资源的开发、使用、收益权，这种低成本的资源利用方式必将造成严重的能源矿产资源浪费现象。因此，国家一方面加强实行优惠税收政策，另一方面健全能源矿产资源有偿使用制度，使用政府宏观调控与市场微观调控相结合的方式，可以在很大程度上避免“公地悲剧”的发生，以期实现国家节能目标。

最后，国家运用税收政策，鼓励先进节能技术、设备进口，控制生产过程耗能高、污染重的产品出口。主要是通过税收等激励措施，积极引进先进节能技术、设备，坚持引进来的发展道路，以刺激我国节能产品、节能技术的发展进步。控制生产过程中耗能高、污染重的产品出口，是以史为鉴的结果。资本主义的发展模式就是如此，将生态环境污染严重的企业、产品通过跨国公司方式进行跨界污染转移，我国始终坚持避免此种经济发展模式。从另一角度看，不允许耗能高、污染重的产品出口可以有效“堵死”此类产品的市场发展，更可以倒逼此类产业、企业进行科学技术的革新，发展先进节能技术、设备，以适应节能市场发展的需要，使其在激烈的市场竞争中占据一席之地，简单而言，就是运用优胜劣汰的自然定律促进节能技术的发展。

（二）节能信贷优惠及价格政策支持

《节约能源法》第 64 条规定了节能产品、设备政府采购名录制度，具体是将取得

---

① 参见《节约能源法》修订起草组编：《中华人民共和国节约能源法释义》，北京大学出版社 2008 年版，第 111 页。

节能产品认证证书的产品、设备优先列入政府采购名录。建立节能产品、设备政府采购名录制度的目的主要是，通过制定节能产品、设备政府采购目录，强制性要求政府机构按照采购名录进行政府采购，激发节能市场的技术创新，促进节能市场的良性发展。

国家引导金融机构增加对节能项目的信贷支持，节能技术的研发和推广、节能技术的改造以及节能产品的生产等都需要大量的资金，除国家采用财政、税收和价格等政策支持措施外，还需要国家引导金融机构增加对节能项目的信贷优惠支持力度，以便充分发挥金融机构在节能领域的积极作用，更好地促进节能事业的发展。另外，该制度也明确规定了享受优惠贷款的适用领域，即节能技术研究开发、节能产品生产以及节能技术改造等项目领域。国家也鼓励社会有关方面的资金投入，社会有关方面的资金投入也是节能资金的重要来源。

我国实施有利于节能的电价政策以及支持推广有效节能的措施。主要内容有：一是国家实行有利于节能的价格政策，引导用能单位和个人节能；二是国家运用财税、价格等政策，支持推广电力需求侧管理、合同能源管理、节能自愿协议等节能办法；三是国家实行峰谷分时电价、季节性电价、可中断负荷电价制度，鼓励电力用户合理调整用电负荷；四是对钢铁、有色金属、建材、化工和其他主要耗能行业的企业，分为淘汰类、限制类、允许类和鼓励类实行差别电价政策。国内外的经验表明，运用财税、价格等政策来推动电力需求侧管理、合同能源管理、节能自愿协议等节能办法的推广和实施，是可行的节能措施。对主要耗能行业实施的差别电价政策，有利于遏制高耗能、高污染企业的低水平发展，迫使其进行产业结构升级、节能技术改造和研发，推广应用节能技术，提高能源利用效率。

（三）*表彰和奖励措施*

我国通过表彰和奖励的激励措施能够有效引导用能主体节约用能，表彰和奖励的主体是各级人民政府，表彰和奖励的对象是用能单位或者个人，表彰和奖励的条件是在节能管理、节能科学技术研究和推广应用中有显著成绩或者有检举严重浪费能源的行为。表彰和奖励的包括精神奖励、物质奖励和升职等。[①] 通过对相关单位或者个人进行表彰和嘉奖，以激发全社会节约能源资源的积极性。

---

① 参见《节约能源法》修订起草组编：《中华人民共和国节约能源法释义》，北京大学出版社 2008 年版，第 130 页。

课后思考题

1.《节约能源法》规定了哪些主要制度？

2. 现行《节约能源法》主要存在哪些不足？

3. 节约能源法体系应当包括哪些法律规范？

4. 我国节约能源途径有哪些？

阅读材料

1. 安建主编：《中华人民共和国节约能源法释义》，法律出版社2007年版。

2.《节约能源法》修订起草组编写：《中华人民共和国节约能源法释义》，北京大学出版社2008年版。

3. 国家发展改革委经济运行调节局、国家电网公司营销部、南方电网公司市场营销部编：《节约能源法规与政策解析》，中国电力出版社2013年版。

4. 中国的能源政策（中国国务院新闻办公室发布）。

（请扫描二维码）

本章课件

（请扫描二维码）

第七章　可再生能源法

导　言

可再生能源是与不可再生能源相对应的概念,是指可以从自然界不断得到的能源类型,如风能、太阳能、水能、生物质能、地热能、海洋能等。为持续满足经济社会发展对能源供应的需要,在构筑稳定、经济、清洁、安全的能源供应体系的过程中,一方面,需要切实转变经济增长方式,通过提高能源利用效率的路径,全面构筑高效和节能型社会;另一方面,可再生能源因其可再生的根本特征,成为实现人与自然和谐可持续发展的重要能源类型以及未来能源结构中的重要组成部分,需要通过促进可再生能源的开发利用,增加能源的供应数量和供应渠道,逐渐降低化石能源在能源供应体系中的占比,实现能源供应的多元化。现阶段,世界各国在保障能源安全、强化环境保护、应对气候变化的过程中,均将开发并利用可再生能源作为重要措施之一。

增加可再生能源在能源结构中的比例,能够在降低我国能源消费领域中对于化石能源的依赖,以能源消费结构的优化促进我国能源安全的保障。在我国,包括风能、太阳能、水能、生物质能、地热能、海洋能等在内的可再生能源,已经伴随我国经济社会的发展,逐步开始被广泛利用。现阶段,我国已经初步建立了以《可再生能源法》为主干的可再生能源法律政策体系。

本章主要讨论以下问题:

1. 可再生能源的概念、特征、主要类型以及开发和利用可再生能源的意义
2. 可再生能源法的概念、立法模式、基本原则以及基本制度
3. 我国可再生能源立法体系概况与未来发展
4. 我国可再生能源政策体系现状与未来发展

第一节　可再生能源概述

在自然界中,能源的存在形式多样,除以传统化石能源为代表的不可再生能源之

外,还有风能、太阳能、水能、生物质能、地热能、海洋能等能够通过物质与能量循环过程,而实现不断再生、永续利用的可再生能源。

一、可再生能源的概念

(一)可再生能源的基本概念

1981 年 8 月在内罗毕召开的联合国新能源和可再生能源会议,首次对可再生能源进行了较科学和明确的概念界定。可再生能源是与不可再生能源相对应的概念,是指可以从自然界不断得到的能源类型,如风能、太阳能、水能、生物质能、地热能、海洋能等。不可再生能源,是指一旦消耗就很难再生的能源,如煤炭、石油、天然气、核燃料等。

(二)可再生能源的法定概念

不同国家和地区的法规对可再生能源的定义方式以及对可再生能源的表述不尽相同。总体而言,立法中对于可再生能源的定义方式存在以下 3 种:第一种为“内涵界定 + 正面列举”模式,既用一般条款明确“可再生能源”的法律内涵,又用列举的方式界定“可再生能源”外延的边界及其各种概念的内涵。欧盟于 2001 年制定《关于在共同体内部市场推广使用可再生能源发电的指令》,该指令在第 2 条第 1 项中将可再生能源定义为:可再生的非化石能源(风能、太阳能、地热、潮汐、水电、生物质、垃圾燃气、污水处理工厂燃气和生物气)。第二种为“正面列举 + 负面列举”模式,代表为澳大利亚、日本、德国等。如澳大利亚在《可再生能源(电力)法》中列举了水能、风能、太阳能、生物能、地热能、潮汐能等 10 种法定的可再生能源具体形式。同时,将化石能源及化石能源产品等排除在可再生能源之外。第三种为“正面列举”模式,如英国、哥伦比亚、西班牙等。我国《可再生能源法》则融合了上述 3 种模式,采取了“内涵界定 + 正面列举 + 负面列举”的定义模式。《可再生能源法》第 2 条规定:“本法所称可再生能源,是指风能、太阳能、水能、生物质能、地热能、海洋能等非化石能源。水力发电对本法的适用,由国务院能源主管部门规定,报国务院批准。通过低效率炉灶直接燃烧方式利用秸秆、薪柴、粪便等,不适用本法。”

(三)与可再生能源相近概念的辨析

伴随人们对能源问题认识的逐步深入,与可再生能源具有一定相似性的诸如清洁能源、新能源、替代能源等概念被相继提出。上述概念在内涵与外延上,与可再生能源存在交叉重叠之处,有必要予以区分。

首先,清洁能源,是指污染物和二氧化碳等温室气体排放,处于零排放或者低排放水平的一次能源,其代表为天然气、核能、水能等。从概念上讲,清洁能源主要是由部分常规能源、新能源和可再生能源构成。其次,新能源,是指在现有能源结构中所占比例较小,但有很大开发潜力的新兴能源类型,如太阳能、地热能、海洋能、潮汐能、氢能、核能、天然气水合物等。最后,替代能源,是指具有经济和技术上的可行性,能够在实现能源持续利用的过程中,替代传统能源进而实现节能、高效、环保目的的能源,包括新能源、可再生能源以及低碳能源等。

二、可再生能源的特征

能够满足取代常规能源地位的可再生能源,除需要具有可再生性的基本特征外,还需要具有如下特征:

第一,经济合理性。可再生能源作为常规能源的替代品,其在使用过程中必须具有经济上的合理性。

第二,功能等同性。为了保证能源供应的稳定,可再生能源在替代常规能源的过程中,必须能够在功能上与常规能源具有同等性。

第三,技术可行性。在可再生能源实现对常规能源替代的过程中,其技术必须达到产业化应用的程度,否则此种替代不具备变成现实的可能。

第四,价值的正当性。一种能源替代另一种能源,必须具备价值的正当性,即符合节能、高效、环保的要求,此种替代方才具备实施的正当性基础。

第五,实施的前瞻性。可再生能源对于常规能源的替代,是基于对于常规能源不可永久持续利用判断的前瞻性应对措施,并非常规能源耗尽情况下的被动性应急措施。

第六,替代的部分性。可再生能源并非完全、彻底地对常规能源的替代,在可再生能源使用占比不断上升的过程中,煤炭、石油等化石能源消耗的速度也将日趋减缓,使其在很长的历史时期内并不会退出能源市场。

三、可再生能源的主要类型

可再生能源主要包括风能、太阳能、水能、生物质能、地热能、海洋能、氢能等。

(1)风能。风能就是空气的动能,是指风所负载的能量。它利用风力机将风能转化为电能、热能、机械能等各种形式的能量,用于发电、提水、助航、制冷和制热等。风力发电是主要的开发利用方式。中国的风能总储量名列世界前茅,具有广阔的开发前景。风能是一种自然能源,由于风能大小的时段性特点以及其他不确定因素,其经济性和实用性由风力机的安装地点、方向、风速等多种因素综合决定。

(2)太阳能。太阳能,是指太阳的热辐射能,包括太阳直接辐射和太空散射辐射。太阳能的利用方式主要有光伏发电系统、太阳能聚热系统、被动式太阳房、太阳能热水系统、太阳能取暖和制冷等。太阳能资源丰富,是最具开发潜力的可再生能源之一。

(3)水能。水能作为一种清洁能源,是重要的可再生能源。广义的水能资源包括河流水能、潮汐水能、波浪能、海流能等能量资源;狭义的水能是指河流的水能资源。

(4)生物质能。生物质是一种多样性的能源资源,它是人类最古老的资源。主要有作物的残余物,例如,谷类的秸秆、稻壳、棕榈油、甘蔗渣、城市固体废弃物、森林废弃物,以及来自畜禽养殖场和工业处理过程中的有机废水。生物质能源的主要利用形式有:大型火电系统,如直接燃烧生物质或与煤混燃产生蒸汽,用于发电和供热;大型生物质气化发电系统;厌氧发酵供热发电系统;垃圾填埋气回收供热和发电系统;乙醇、生物柴油等生物油的生产。

(5)地热能。地热能的能量来自地球内部的熔岩,并以热力形式存在。我们生活的地球是一个巨大的地热库,仅地壳表面3千米以内可利用的热能就有8.37×10^{20}焦耳,接近世界储煤的总发热量。在可再生能源家族中,地热能是典型的与太阳无关的能源,是目前可再生能源类型中极具开发前景的分支。

(6)海洋能。海洋能通常是指蕴藏于海洋中的可再生能源,主要包括潮汐能、波浪能、海流能、海水温差能、海水盐差能等。海洋能蕴藏丰富,分布广,清洁无污染,但能量密度低,地域性强,因而开发困难并有一定的局限。开发利用的方式主要是发电,其中,潮汐发电和小型波浪发电技术已经实用化。波浪能发电利用的是海面波浪上下运动的动能。

(7)氢能。氢能是以氢及其同位素为主导的反应中或氢在状态变化过程中所释放的能量。它可以产生于氢的热核反应,也可以来自氢与氧化剂发生的反应。前者称为核热能或聚变能,通常属于核能范畴;后者称为燃料反应的化学能,习惯称为氢能。氢能是世界上最干净的能源。

四、开发和利用可再生能源的意义

为持续满足经济社会发展对能源供应的需要,应当构筑稳定、经济、清洁、安全的能源供应体系。现阶段,世界各国在保障能源安全、强化环境保护、应对气候变化的过程中,均将开发并利用可再生能源作为重要措施之一。一方面,开发和利用可再生能源能够有效节约常规能源;另一方面,以可再生能源为核心培育现代能源产业,已成为未来可期的新经济增长点。中国的石油、天然气资源短缺,煤炭在能源结构中的比重偏高,单纯依靠化石能源难以实现经济、社会和环境的协调发展。发展可再生能源已成为缓解能源供需矛盾、减少环境污染、增加农民收入的重要途径。中国的水能、生物质能、风能和太阳能资源丰富,已具备大规模开发利用的条件。

进入21世纪后,我国逐步认识到开发和利用可再生能源的重要性,并在政策及法律层面上予以诸多回应。党的十八大报告提出,推动能源生产和消费革命,支持节能低碳产业和新能源、可再生能源发展,确保国家能源安全。党的十九届四中全会,更进一步明确,“推进能源革命,构建清洁低碳、安全高效的能源体系”。“十三五”规划要求,推动能源结构优化升级,“统筹水电开发与生态保护,坚持生态优先,以重要流域龙头水电站建设为重点,科学开发西南水电资源。继续推进风电、光伏发电发展,积极支持光热发电。以沿海核电带为重点,安全建设自主核电示范工程和项目。加快发展生物质能、地热能,积极开发沿海潮汐能资源。完善风能、太阳能、生物质能发电扶持政策”。可以说,中国目前已经高度重视开发和利用新能源和可再生能源,在相关领域已取得了举世瞩目的成绩,并且对这一具有很大发展潜力的领域进行了全面系统的战略布局。

五、我国可再生能源利用概况

20世纪90年代,为应对气候变化,国际社会先后通过了《联合国气候变化框架公约》及《京都议定书》,许多国家和组织如欧盟、澳大利亚、日本、韩国和南非等都陆续制定了不同形式的温室气体减排承诺方案,增加可再生能源生产和使用的比例。我国于2005年制定了《可再生能源法》,据此,国家发展改革委又于2007年8月制定了《可再生能源中长期发展规划》,确定了2007~2020年,我国可再生能源发展的指导思想、主要任务、发展目标、重点领域以及保障措施,用以指导可再生能源发展与项目建设。2009年我国通过了《可再生能源法(修正案)》,并在“十一五”“十二五”“十三五”规划中,将促进可再生能源发展提上重要议程。

作为负责任的大国,我国向国际社会庄严承诺,2020年我国一次能源消费中非化石能源的比重将达15%,单位国内生产总值二氧化碳排放在2005年基础上下降40%~45%。积极发展开发可再生能源,改善和优化能源结构,系实现上述承诺的重要路径。2012年7月发布的《“十二五”国家战略性新兴产业发展规划》,确定了发展新能源产业的主要任务,明确新能源产业要发展技术成熟的核电、风电、太阳能光伏和热利用、生物质发电、沼气等,积极推进可再生能源技术产业化。现阶段,我国已经制订了详细的可再生能源发展规划,“十二五”期间一次能源消费中非化石能源占比达到12%(规划目标11.4%)、单位国内生产总值能源消耗下降18.2%(规划目标16%)、单位国内生产总值二氧化碳排放量下降20%(规划目标17%)。《可再生能源发展“十三五”规划》提出,到2020年,全国可再生能源的年利用总规模达到7.3亿吨标准煤,一次能源消费中非化石能源占比达到15%,单位国内生产总值耗能在2015年的基础上下降15%,单位国内生产总值二氧化碳排放在2015年的基础上下降18%。《"十四五"规划和2035年远景目标纲要》提出到2025年,单位GDP能源消耗降低13.5%,单位GDP二氧化碳排放降低18%,非化石能源占能源消费总量比重提高到20%左右。在中长期规划中,非化石能源在一次能源消费中的比重在2030年达到约20%。

近年来,我国可再生能源开发和利用的发展速度很快,尤其在运用可再生能源发电领域取得了较突出的成就。截至2017年年底,中国可再生能源发电装机容量6.5亿千瓦,相比2010年的2.54亿千瓦增加了1.56倍,在全部电力装机的占比从2010年的26.1%提高到36.6%。其中,水电3.41亿千瓦、风电1.6亿千瓦、光伏发电1.30亿千瓦、生物质发电1476万千瓦。2017年全年可再生能源发电量共计16,979亿千瓦时,比2010年提高了1.23倍,占全部发电量的26.5%,占比较2010年增加8.5%。其中,水电11,945亿千瓦时,占全部发电量的18.6%;风电3057亿千瓦时,占全部发电量的4.8%;光伏发电1182亿千瓦时,占全部发电量1.8%;生物质发电795亿千瓦时,占全部发电量1.2%。2017年可再生能源发电量约合5.2亿吨标准煤,占全部能源消费的11.7%。

总体而言,我国可再生能源开发和利用的发展趋势可以概括为以下四个方面:第一,可再生能源发电将继续保持快速发展。其中,非水可再生能源发电发展尤为迅猛,2017年非水可再生能源发电占比达到7.8%,已经呈现从补充能源向替代能源的发展趋势。在规划目标的外部激励,以及可再生能源技术不断进步的内在驱动下,可再生能源市场将持续高速发展。第二,"十四五"时期将进一步突出市场化低成本优先发展可再生能源战略,着力提升可再生能源产业链竞争力。第三,坚持集中式和分布式并举,大力提升风电、光伏发电规模,加快发展东中部分布式能源,有序发展海上风电,加快西南水电基地建设。第四,着重提高可再生能源电力消纳能力,着重提高电力系统互补互济和智能调节能力,加强源网荷储衔接,提升清洁能源消纳和存储能力,加快抽水蓄能电站建设和新型储能技术规模化应用。

第二节 可再生能源法概述

工业化、现代化发展离不开能源的支撑,但传统化石能源的高污染性和不可持续性与建设资源节约型和环境友好型社会的要求格格不入。通过大力发展可再生能源,优化和调整能源结构,实现能源体系的绿色化和可持续化,是能源供应与环境经济协调发展的客观需要和战略要求。为了实现可再生能源开发、利用活动的有序化,需要通过法律对此过程中产生的法律关系予以调整，可再生能源法应运而生。

一、可再生能源法的基本概念

可再生能源法的概念存在广义和狭义之分。广义的可再生能源法，是指由国家立法机关通过法定的立法程序制定或认可的、由国家强制力保障实施的、调整国家行政部门与可再生能源开发利用主体之间的在可再生能源的研发、规划、开发、推广、应用以及监管活动中所产生的权利义务关系的法律规范的总称。在我国法律体系中，广义的可再生能源法包括法律、行政法规、部门规章等类型。狭义的可再生能源法则指向以“可再生能源法”或者是类似名称命名的、由国家最高立法机关制定的法律。在我国即指向《可再生能源法》，该法于2005年2月28日第十届全国人民代表大会常务委员会第十四次会议通过，自2006年1月1日起施行。该法系我国第一部关于可再生能源开发、利用的综合性立法。而后由第十一届全国人民代表大会常务委员会第十二次会议于2009年12月26日修改通过。

二、可再生能源法的立法模式

综合世界各国可再生能源立法的情况，根据各国在实践中可再生能源立法的侧重不同，可以将世界各国的可再生能源立法总结为3种模式：

第一，电力输送、供应先导模式。此模式通过保障可再生能源发电企业电力能够通过优先购买进入电网的法律规制路径，作为促进可再生能源利用和发展的切入点，而后逐步完善可再生能源基本法和专项法的立法模式，德国、英国等国是典型代表。以德国为例，1990年制定、1991年1月1日生效的《电力输送法》是德国第一部可再生能源立法，在此部立法中明确运营公共电网的公用事业机构有义务溢价购买可再生能源电力。经过了10年的探索后，2000年德国颁布了《可再生能源法》。该法的出台，标志德国可再生能源立法已经步入完备阶段。① 之后，德国又通过颁行《可再生能源供热促进法》《生物燃料配额法》②等旨在促进可再生能源发展的单行立法，进而形成了较完整的可再生能源法体系。

第二，专项立法先导模式。即以对太阳能、地热能等可再生能源的专项立法为切入点，随后加入对电网企业优先购买可再生能源发电企业电力的法律规制，但至今未能形成可再生能源基本法的立法模式，美国是这一类型的典型代表。美国的可再生能源立法始于20世纪70年代石油危机之后，现行绝大部分的可再生能源立法都制

---

① 参见杜群、廖建凯：《德国与英国可再生能源法之比较及对我国的启示》，载《法学评论》2011年第6期。

② 参见胡德胜主编：《能源法学》，北京大学出版社2017年版，第304～307页。

定于20世纪70年代末80年代初。美国可再生能源领域的专项立法包括《太阳能研究、开发和示范法》①《地热能研究、开发和示范法》②《太阳能光伏能研究、开发和示范法》③《太阳能和能源节约法》④《生物能源和酒精燃料法》⑤《地热能法》⑥等。时至今日,美国仍未制定专门性的可再生能源综合立法,关于可再生能源开发利用的宏观政策措施,则主要体现在2005年颁行的《国家能源政策法》之中,其主要通过税收减免政策、金融支持政策、电力配额政策、建筑节能政策等政策措施促进可再生能源的开发利用。

第三,综合可再生能源立法模式。此模式通过先行明确可再生能源立法的基本目的,体系化地确定可再生能源发展领域的基本战略、基本原则、基本管理体制以及基本制度等内容,在此指导下进一步针对可再生能源电力输送以及可再生能源类型领域中的具体问题,再行制定单行立法或规范性文件。我国即此种立法模式的典型代表。我国《可再生能源法》包括附则在内共8章,在第一章总则部分明确了立法目的、适用范围、基本原则以及管理体制,在第二章至第七章则分别就可再生能源的资源调查与发展规划、产业指导与技术支持、推广与应用、价格管理与费用补偿、经济激励与监督措施以及法律责任等基本制度进行了规定。在《可再生能源法》颁行后,国务院及国务院主管部门以及各地方,则围绕可再生能源开发利用的具体情况制定了不同类型的规范性文件。

三、可再生能源法的基本原则

(一)可再生能源法的基本原则概述

可再生能源法的基本原则是体现可再生能源法的价值理念及立法目的,并贯穿于可再生能源法的创制和施行的,必须遵循的具有拘束力的基础性和根本性准则。可再生能源法的基本原则既是可再生能源法解释论的根源,又是可再生能源法的本质、技术原理与国家能源政策在可再生能源法上的具体反映。可再生能源法的基本原则具有以下特征:第一,它的内容必须在可再生能源立法中有所体现,是对国家可

---

① Solar Energy Research, Development, and Demonstration Act of 1974, 42 U. S. C. A/ § 5555 – 56.

② Geothermal Energy Research, Development, and Demonstration Act of 1994, 30 U. S. C. A. § 1161.

③ Solar Photovoltaic Energy Research, Development, and Demonstration Act of 1978, 42 U. S. C. A. § 5581.

④ Solar Energy and Energy Conservation Act of 1980, 12 U. S. C. A. § 1451. etc. and U. S. C. A § 6347. etc.

⑤ Biornass Energy and Alcohol Fuel Act of 1980, 42 U. S. C. A § 8801 etc.

⑥ Geothermal Energy Act of 1980, 30 U. S. C. A. § 1501.

再生能源开发利用基本方针、政策的描述，并且贯穿整个可再生能源立法始终；第二，它的效力必须全面贯彻于可再生能源法律规范的始终，并可以弥补可再生能源立法之局限；第三，它的内容存在一定的变动性，因各国在一定时期内可再生能源政策的重点不同，所以各国可再生能源立法对基本原则的解释与认识也有所不同。一般而言，可再生能源法的基本原则一般体现在各国可再生能源立法总则部分的某个条文中。我国《可再生能源法》第4条规定："国家将可再生能源的开发利用列为能源发展的优先领域，通过制定可再生能源开发利用总量目标和采取相应措施，推动可再生能源市场的建立和发展。国家鼓励各种所有制经济主体参与可再生能源的开发利用，依法保护可再生能源开发利用者的合法权益。"一般认为，可以从我国《可再生能源法》第4条以及整体制度中概括出"国家责任和全民义务相结合原则"与"政府推动和市场引导相结合原则"两项原则。

（二）国家责任和全民义务相结合原则

在世界各国面对未来能源问题时，均把可再生能源的开发和利用，作为满足能源使用客观需求、解决未来能源枯竭问题的战略选择。从世界上大多数国家开发和利用可再生能源的经验来看，将发展可再生能源确立为国家责任，并通过全民分摊因可再生能源开发利用产生的额外成本，才有可能实现可再生能源的规模化开发利用。在我国，大规模开发和利用可再生能源，一方面，可以缓解大规模使用化石能源所造成的严重环境污染；另一方面，能够改善并提高全国人民的生活质量，与国家可持续发展的基本战略相契合。我国《可再生能源法》第五章关于"价格管理与费用补偿"的规定，就是在可再生能源发电领域中国家责任和全民义务相结合的具体方式。

（三）政府推动和市场引导相结合原则

开发利用可再生能源在起步阶段主要依靠政府作为推动力量，政府主要通过培育市场、规范市场秩序和制定市场规则等方式履行政府职责。更重要的是，要通过市场机制引导、激励各个市场主体开发利用可再生能源，通过发挥市场机制的基础性作用实现资源的有效配置和资本的合理使用。我国《可再生能源法》第4条规定就体现出了在可再生能源开发利用过程中，政府推动与市场引导之间的互动关系。此外，2007年12月4日公布的《能源法（征求意见稿）》第6条作出了专门规定，即"国家积极培育和规范能源市场，发挥市场在能源领域资源配置中的基础性作用，鼓励各种所有制主体依法从事能源开发利用活动"。加强可再生能源的开发利用是涉及政府、市场与社会多个层面、多种因素的系统工程，客观上需要政府、市场、社会分工协作，形成"三只手"共同配置资源的新模式。

四、可再生能源法的基本制度

可再生能源法的基本制度，是指按照可再生能源法基本理念和基本原则确立的、通过可再生能源立法具体表现的、普遍适用于可再生能源各个领域的法律规范的总称。结合世界各国及我国可再生能源立法，普遍认为可再生能源法基本制度包括总量目标制度、强制上网制度、分类电价制度、费用分摊制度、优惠补贴制度和强制配额制度。但是，值得注意的是，现阶段世界各国可再生能源开发利用尚处于起步阶段，上述可再生能源基本法律制度均以培育可再生能源行业的市场竞争能力、促进和鼓励相关科技的进步为目标。随着可再生能源开发利用的不断发展，其市场竞争力会不断提升，为避免为投机者不当利用，应当根据行业的发展情况对上述制度进行及时调整。

（一）总量目标制度

总量目标，是指在特定时间段内，可再生能源在整体能源消费市场中所占份额需要达到特定的目标。总量目标制度主要通过运用强制性的政策和措施，确保特定目标能够如期实现。总量目标制度的实质是，国家在综合评价可再生能源开发利用的资源条件、技术经济可行性以及国家整体能源需求状况等诸多因素后，确定在一定阶段内的发展目标，并通过具体措施的运用保证总量目标的实现。总量目标制度主要由两个部分组成：一是总量目标，即国家以强制性手段对一定时期内可再生能源开发利用的总量进行的规定，其属于国家在该时期内必须实现的目标；二是目标的实现手段。总量目标需要由一系列法律措施或机制来确保其得以实现，其基本原理在于通过总量指标层级化分解的方式，将指标配置到具体承担可再生能源开发利用的主体，其主要分为强制性配置措施和激励性配置措施。

根据总量目标制度的价值目标、实施手段等因素，可以总结出总量目标制度的以下特征：第一，战略性。制度中确定的可再生能源开发利用总量目标，属于国家在未来相当长的一段时间内所要实现的目标，其时间跨度一般在10～20年。因此，该目标本质上是一种中长期战略目标。第二，明确性。一方面，总量目标具有明确定量；另一方面，保障目标实现的手段也需要具有明确性。在两方面确定性因素的保证下，方能对未来一定时间段内可再生能源的发展速度、市场潜力以及对国民经济社会可持续发展等方面的趋势作出预判。第三，强制性。总量目标制度的强制性主要体现在总量目标的强制性，而在实现总量目标的过程中除运用强制性手段外，仍需要重视激励性手段的运用。第四，计划性。具有战略性的总量目标的实现需要依托明确的发展计划。第五，阶段性。一般而言，在一个实施周期内，实现该周期提出的目标需要通过分阶段的方式实现。第六，指导性。总量目标和实现手段的确定，对未来可再生能源产业的整体发展和市场规模具有明确的指导作用。

(二)强制上网制度

将自然界的一次能源通过机械能装置转化为电力,是现代社会能源利用的重要形式,也是可再生能源开发利用的主要形式。因此,确保可再生能源在电力领域中的开发利用是促进可再生能源发展的重要内容。强制上网制度,是对电网企业明确发展可再生能源的强制性法定义务。一方面,可再生能源开发利用技术和可再生能源自身的特性决定,可再生能源发电的持续性与稳定性较传统能源尚存在一定差距;另一方面,在现有技术和经济核算机制条件下,如风力发电、生物质能发电等大多数可再生能源电力产品因成本制约还不能与常规能源电力产品竞争。因此,电网企业从安全、技术以及经济效益等角度出发,对于可再生能源电力产品的选择多有忧虑和抵触。因此,为保障可再生能源产业的发展,针对可再生能源电力产品实行强制上网成为必然选择。这也是世界范围内发展可再生能源发电的通行做法。

(三)分类电价制度

经济成本较高是制约可再生能源电力开发和发展的主要原因。通常而言,相较传统能源,可再生能源发电的成本较高,难以通过市场化的竞价机制确定电价实现上网。虽然强制上网制度明确了电网企业接收可再生能源电力产品的强制性义务,但为了保证电网企业的正常运行和健康发展,需要通过政府定价的方式在一定时期内确定对可再生能源电力产品的价格,综合资源类型、供电地区和建设时间等因素实行分类电价制度。

(四)费用补偿制度

总体看来,受制于开发利用成本,可再生能源产品价格要高出常规化石能源产品的平均价格。但由于可再生能源开发利用,在优化能源结构、确保能源安全以及环境治理等领域,具有良好的生态效应和社会效益,以及很大的正外部效益。因此,费用补偿制度成为解决可再生能源发电的额外成本问题的有效措施。结合世界各国的具体实践,具有普遍性的补偿方式为让化石能源使用者分摊可再生能源成本。具体方式包括上网电价分摊、对化石能源使用征收能源税、对可再生能源使用免征或者减征能源税。其中最重要的措施,即在电力销售过程中,通过销售电价分摊常规化石能源上网平均电价与可再生能源上网电价的差额部分。

(五)强制配额制度

强制配额制度本质上是通过将总量目标制度中确定的可再生能源利用总量,通过强制性配额的方式予以分解。其通过明确可再生能源在全部能源消费中的比例,并将这一责任强制性地通过配额分解到能源供给主体、能源销售主体和能源消费主体。对能源供给主体来说,就是要求在能源供给的总量中需要存在一定比例的可再生能源;对能源销售主体来说,就是要求在销售的能源总量中可再生能源的占比必须达到特定比例;对能源消费主体来说,就是要求在能源消费中使用特定比例的可再生能源。

(六)优惠补贴制度

综合各国实践,可再生能源优惠补贴制度主要通过以下措施予以实现:补贴措施、税收措施、价格措施和金融融资措施等。世界各国在促进可再生能源开发利用的过程中,均对可再生能源的开发利用实行优惠补贴制度。只是各国在具体实践中,所运用的优惠补贴措施和优惠程度各有不同。总体而言,具体措施可以分为两类:一类是针对可再生能源供给侧的优惠补贴措施,具体包括投资补贴、优惠定价、税收减免、发电配额比例制度或招投标制度等,此类措施旨在通过降低风险、增加收益的方式,增加可再生能源供给侧领域的投资,实现可再生能源开发利用的产业化;另一类是针对可再生能源需求侧的优惠补贴措施,包括其他化石能源的税收制度、购买可再生能源设备津贴制度、提供低息贷款、购买多余电力、担保信贷等制度。此类制度旨在通过降低消费成本扩大可再生能源的消费需求。上述两类措施的运用,能够实现可再生能源供给侧和需求侧的扩张,在实现供需平衡的同时,促进可再生能源产业的整体发展。

第三节 我国可再生能源法基本体系与主要内容

一、我国可再生能源立法体系概况①

自2005年制定《可再生能源法》以来,经过10余年的不懈努力,在可再生能源法领域,我国已经初步形成了以《可再生能源法》为主干的可再生能源法律体系,基本上实现了可再生能源的开发、利用和管理等活动有法可依。我国可再生能源法律包括以下3个类型。

(一)可再生能源的综合性法律

我国可再生能源的综合性法律是《可再生能源法》(2005年2月28日通过,2009

① 参见蔡守秋:《我国可再生能源立法的现状与发展》,载《中州学刊》2012年第5期。

年12月26日修正)。该法包括总则、资源调查与发展规划、产业指导与技术支持、推广与应用、价格管理与费用补偿、经济激励与监督措施、法律责任和附则八章,设立了可再生能源发展规划制度,可再生能源总量目标制度,可再生能源发电全额保障性收购制度,可再生能源发电分类固定电价和发电费用分摊制度,可再生能源专项资金制度,可再生能源财政补贴和税收、信贷优惠措施等制度。《可再生能源法》的颁布实施,有效改善了我国的能源供应和消费结构,减少了我国在经济发展过程中大气污染物和温室气体的排放。

(二)可再生能源的专门性规范性文件

为了实施《可再生能源法》,我国制定了一系列有关可再生能源的部门规章和其他规范性文件。此外,一些地方立法机关和政府还根据国家法律规定,依法制定了大量有关可再生能源的专门性地方法规和其他规范性文件。其中,部门规章的代表包括:《风力发电场并网运行管理规定(试行)》(电力工业部1994年7月26日发布,已废止)、《可再生能源发电价格和费用分摊管理试行办法》(国家发展改革委2006年1月4日发布)、《可再生能源发电有关管理规定》(国家发展改革委2006年1月5日发布)、《可再生能源发展专项资金管理暂行办法》(财政部2006年5月30日发布,已废止)、《可再生能源建筑应用专项资金管理暂行办法》(财政部、建设部2006年9月4日发布)、《可再生能源电价附加收入调配暂行办法》(国家发展改革委2007年1月11日发布)等。专门性地方法规的代表包括:2005年《湖南省农村可再生能源条例》、2007年《山东省农村可再生能源条例》、2008年《黑龙江省农村可再生能源开发利用条例》、2010年《湖北省农村可再生能源条例》等。

国务院及其所属行政管理部门除依法分别制定行政法规、部委规章外,还可以制定决定、决议、规定、意见和规划等政策文件,其中,国家规划是国家政策的一种重要表现形式。目前,我国已经制订了大量含有可再生能源内容的规划,主要有2007年8月31日发布的《可再生能源中长期发展规划》、2016年12月26日发布的《能源发展"十三五"规划》,2016年12月10日发布的《可再生能源发展"十三五"规划》等。此类政策文件与前述我国《立法法》中规定的正式法律渊源,一同初步组成了我国较完整的可再生能源法律政策体系。但是总体而言,我国可再生能源政策法律体系尚处于初步建立的时期,诸如缺乏综合性的能源基本法作为支撑,包括风能、太阳能、水能、生物质能、地热能和海洋能在内的具体类型的可再生能源立法还存在不足之处,某些可再生能源法律制度还不够健全,可再生能源法律与应对气候变化联系不够密切,上述问题还有待在未来可再生能源法律政策体系发展的过程中加以解决。

（三）有关可再生能源的非专门性规范性文件

除可再生能源的专门性法律规范性文件外，我国有些非专门性的规范性文件中也有关于可再生能源的内容。这类非专门性的规范性文件和政策文件主要包括以下三方面：

1. 有关可再生能源的其他能源规范性文件

可再生能源法系我国能源法律体系的重要组成部分，虽然我国还未颁布综合性的能源立法，但能源法体系中各个部分的法律之间存在密切的关联性。因此，除可再生能源法律外，其他能源法律法规中也有涉及可再生能源的内容。例如，在《节约能源法》中，将发展可再生能源确立为实现节约传统化石能源的重要措施，规定“国家鼓励、支持开发和利用新能源、可再生能源”等涉及可再生能源开发利用的内容。又如，《电力法》也将可再生能源作为电力发展的重要组成部分，在第5条规定“国家鼓励和支持利用可再生能源和清洁能源发电”。

2. 有关可再生能源的环境保护方面的规范性文件

一般而言，可再生能源在开发利用的过程中，大都具有低碳、清洁、低污染的特点。因此，可再生能源的开发利用，不仅是优化能源结构、保障能源安全的重要措施，也是实现污染治理、绿色发展的重要抓手。故而，在诸多防治污染和保护环境的规范性文件和政策文件中大都涉及可再生能源开发利用的内容。其典型代表为《大气污染防治法》，传统化石能源的使用是我国大气污染的重要来源。通过可再生能源等清洁能源开发利用减少传统化石能源的使用，是我国治理大气污染的重要举措。因此，该法第32条明确规定：国务院有关部门和地方各级人民政府应当采取措施，调整能源结构，推广清洁能源的生产和使用。此外，可再生能源也属于重要的低碳能源，因此其在应对气候变化的过程中也有重要的地位，我国陆续制定了一些应对气候变化专门性的规范性文件和政策，其中大都含有使用可再生能源的措施。在应对气候变化的专门政策和规范性文件方面，国务院2007年6月3日发布的《中国应对气候变化国家方案》（已失效）中含有大量采用可再生能源的措施的内容。2016年10月27日国务院《“十三五”控制温室气体排放工作方案》明确提出，积极发展低碳能源，到2020年，非化石能源占一次能源消费比例达到15%。

3. 其他涉及可再生能源的非专门性规范性文件

除上述两个方面外，其他非专门性规范性文件和政策文件中也有可再生能源方面的内容。例如，《农业法》第57条规定：“发展农业和农村经济必须合理利用和保护土地、水、森林、草原、野生动植物等自然资源，合理开发和利用水能、沼气、太阳能、风能等可再生能源和清洁能源，发展生态农业，保护和改善生态环境。”

二、《可再生能源法》的主要制度

(一)资源调查与发展规划制度

资源调查与发展规划制度主要由资源普查制度、总量目标制度以及发展规划制度等方面的内容构成,《可再生能源法》在第二章确立了该制度,主要对政府职责及制度具体实施的要求进行了明确。首先,该法第6条主要明确了国务院能源主管部门、有关部门在可再生能源资源调查方面的职责,以及关于资源调查结果信息公开的要求。其次,该法第7条规定了国务院能源主管部门及各省、自治区、直辖市人民政府确定可再生能源中长期总量目标的依据和在执行过程中各自的职责。再次,该法第8条规定了国务院能源主管部门及各省、自治区、直辖市人民政府在可再生能源开发利用规划编制、实施中的职责,以及规划批准、修改的程序和信息公开的要求。最后,该法第9条明确了可再生能源开发利用规划编制论证过程中关于科学论证的要求,以确保可再生能源开发利用的要求明确,并有利于市场主体以及社会主体的参与。

(二)产业指导与技术支持制度

产业指导与技术支持制度主要由指导目录制度、技术标准制度以及支撑促进制度等方面的内容构成,《可再生能源法》在第三章确立了该制度,此部分实质上是对于总则中关于政府责任规定的细化。要求政府定期发布产业发展指导目录,编制可再生能源的产品标准和技术规范,并要求国务院职能部门在其职权范围内,发挥促进可再生能源开发利用的教育、科研、宣传等方面的作用,尤其强调政府在科技投入和教育投入方面的职责。首先,该法第10条明确了国务院能源主管部门在制定、公布可再生能源产业发展指导目录的职责。其次,该法第11条明确了国务院标准化行政主管部门在制定、公布国家可再生能源电力的并网技术标准以及可再生能源技术和产品国家标准的职责,以及国务院有关部门制定相关行业标准的职责。最后,该法第12条在明确国家在可再生能源开发利用科研领域发展中,制订发展规划、投入财政资金等方面责任的同时,也明确了国务院教育行政主管部门在普通教育、职业教育课程中纳入可再生能源知识和技术的职责。

(三)推广与应用制度

推广与应用制度主要保障可再生能源在可再生能源发电、生物质能、太阳能以及农村地区可再生能源等领域推广与应用,《可再生能源法》在第四章分别对上述领域中可再生能源推广与应用的要求予以明确。首先,关于可再生能源发电领域的推广与应用规定于第13条至第15条:一是在第13条规定了国家对于可再生能源并网发电的支持,以及对可再生能源并网发电项目的许可管理制度;二是在第 14 条规定了电网企业对于可再生能源发电企业生产电力的全额收购并网的义务;三是在第 15 条明确了对于国家电网未覆盖地区,建设可再生能源独立供电系统的支持。其次,对于生物质能的推广与应用规定于第 16 条:一是在该条第 1 款明确了对生物质燃料和能源作物发展的鼓励;二是在该条第 2 款明确了对可再生能源生产的燃气、热力产品在城市燃气网、热力网供应中的支持;三是在该条第 3 款明确了石油销售企业将生物液体燃料纳入燃料销售体系的要求。再次,对于太阳能的推广与应用规定于第 17 条:一是在该条第 1 款规定了对于个人和单位使用太阳能热水系统、供热采暖和制冷系统、光伏发电系统等太阳能利用系统的鼓励;二是在该条第 2 款明确了国务院建设行政主管部门制定太阳能系统与建筑结合的政策和规范的职责;三是在该条第 3 款要求建筑设计和施工中需要提供太阳能利用的必备条件;四是在该条第 4 款明确在保证建筑质量和安全的情况下,住户安装太阳能利用系统的权利。最后,对于农村地区可再生能源开发利用的推广与应用规定于第 18 条:一是在该条第 1 款明确了国家对于农村地区可再生能源开发利用的鼓励和支持;二是在该条第 2 款明确了县级以上地方人民政府制定农村地区可再生能源发展规划的职责,以及推广沼气、户用太阳能等可再生能源技术的职责;三是在该条第 3 款明确了县级以上地方人民政府对农村可再生能源利用项目的财政支持职责。

(四)价格管理与费用补偿制度

价格管理与费用补偿制度主要保障可再生能源价格的合理以及开发可再生能源的成本能够得以合理补偿,《可再生能源法》第五章通过 5 个条文构建合理的可再生能源定价机制,以引导可再生能源开发利用市场的形成。首先,在第 19 条确立了可再生能源发电项目上网电价的确定、调整及公布机制,并且明确了国务院价格主管部门在此机制中的职权。其次,在第 20 条明确了可再生能源上网电价与电网平均上网电价差额的分摊机制,并且授权国务院价格主管部门制定具体实施办法。再次,在第 21 条明确了电网企业可以将因收购可再生能源而产生的成本纳入输电成本,并通过销售回收。复次,在第 22 条规定国家支持建设的公共可再生能源独立电力系统的电价形成机制及额外成本补偿机制。最后,在第 23 条确立了进入城市管网的可再生能源热力、燃气的价格形成机制和价格确定权限。

(五)经济激励与监督措施制度

经济激励与监督措施制度主要保障可再生项目的实施获得有效经济激励,并且明确在促进和保障可再生能源发展过程中的监督措施。《可再生能源法》第六章,通过 4 个条文明确了国家对于可再生能源开发利用的经济激励措施及相应的监督措施。首先,在第24条明确国家财政通过设立专项资金的形式支持可再生能源的发展,并且明确了专项资金支持活动的具体类型。其次,在第25条规定了属于国家可再生能源产业发展指导目录的可再生能源开发利用项目,在符合信贷条件的前提下,可以获得财政贴息优惠贷款的支持。再次,在第26条明确应当对列入目录的可再生能源项目予以税收优惠,并且授权国务院制定具体办法。最后,在第27条明确了电力企业真实、完整保留可再生能源发电的资料以及接受监督检查的义务,同时明确了监管机构检查的基本程序以及对商业秘密保护的义务。

(六)法律责任制度

法律责任制度主要保障《可再生能源法》针对各类主体设置的强制性法律义务得以履行,具体包括国家机关工作人员的法律责任,以及行政相对人的法律责任。《可再生能源法》通过4个条文构筑了前述法律体系:首先,在第28条明确了国务院能源主管部门、县级以上地方人民政府以及其他有关部门工作人员,在可再生能源开发利用监管履职过程中的违法行为的类型、责任追究方式以及责任承担方式。其次,在第29条至第31条规定了各类行政相对人的法律责任:一是在第29条规定电网企业未全额收购可再生能源电量,造成可再生能源发电企业经济损失时的民事赔偿责任、行政救济方式及行政法律责任;二是在第30条规定了经营燃气管网、热力管网的企业不准许符合入网技术标准的燃气、热力入网,造成燃气、热力生产企业经济损失时的民事赔偿责任、行政救济方式及行政法律责任;三是在第31条规定了石油销售企业未按照规定将符合国家标准的生物液体燃料纳入其燃料销售体系,造成生物液体燃料生产企业经济损失时的民事赔偿责任、行政救济方式及行政法律责任。

三、我国可再生能源立法中的问题与完善

总体而言,我国可再生能源政策法律体系尚处于初步建立时期,缺乏综合性的能源基本法作为支撑,包括风能、太阳能、水能、生物质能、地热能和海洋能在内的具体类型的可再生能源立法还存在相当不足,某些可再生能源法律制度还不够健全、立法位阶较低,可再生能源法律与应对气候变化联系不够密切等问题。解决上述问题,应充分解构我国可再生能源开发利用的特点和实践,充分考量应对气候变化和环境保护的需要,在借鉴域外可再生能源立法实践的基础上,顺应可再生能源法发展的趋势,努力实现可再生能源法的本土化,进一步完善我国可再生能源立法体系。具体而言,应该主要从以下四个方面对我国的可再生能源法律体系予以完善。

(一)从政策性立法向应用性立法转变

可再生能源开发利用较发达的国家,其可再生能源立法都非常注重其法规的应

用性。因此,其法律规定体现了极强的技术性与实践性,在推进可再生能源发展的过程中都发挥了重要作用。反观我国《可再生能源法》具有突出的政策性立法的特征。具体而言,即整体法律规范的内容较抽象,多为原则性、引导性、方向性的法律规范,而对于具体内容则主要通过授权立法的方式,由相关主管部门通过制定具体规范实现具体化。在此种政策性立法的模式下,如果授权制定的具体规范未能及时出台,《可再生能源法》中较抽象的条款,在适用过程中将出现难以得到具体落实的困境。从本质上说,正是实践中的现实问题催生了可再生能源立法,而相关法律的使命就是调整社会关系,解决实践中的现实问题。如果相关立法过于抽象,将陷入立法无法完成使命、实践中的现实问题无以解决的恶性循环。因此,在我国可再生能源立法体系完善的过程中,需要着重增强包括《可再生能源法》在内的相关立法的可操作性,实现从政策性立法向应用性立法的转变。

一方面,应当淡化法律规范的政策性,凸显法律规范的规范性。《可再生能源法》除明确立法目的、基本原则等原则性、方向性的内容外,应当着重调整各类法律主体之间形成的不同类型的可再生能源开发利用关系,明确包括政府及相关主管部门、能源供应者、能源消费者、社会公众等各类法律主体的法律地位、权利义务与法律责任,通过权利义务与法律责任的设计,规范、引导相关主体的行为。另一方面,应当突出可再生能源的技术性,从一般性的政策性立法向技术性立法转变。可再生能源的立法,既需要把握可再生能源整体的共性,也需要准确把握不同类型可再生能源的属性、优劣、分布、特点、利用技术、利用现状与前景等个性。在综合整体确定可再生能源法的基本原则、基本制度的同时,也需要进行有针对性的专门立法。因此,在我国可再生能源立法体系完善的过程中,一方面,应在《可再生能源法》中实现可再生能源发展内在规律与法律规则的结合,在体现其作为可再生能源领域的基础性“政策法”地位的同时,体现“技术法”的特点;另一方面,应及时制定专门性可再生能源立法,结合具体类型可再生能源的特征,具体化开发利用过程中各类主体的权利义务及法律责任,贯彻可再生能源领域“技术法”的根本特性。

(二)注重专门性立法体系的构筑

如前所述,突出可再生能源法的“技术法”特征,是强化可再生能源立法实效性的根本支撑。源于不同种类的可再生能源各自的分布范围、利用方式和技术开发能力等各方面的要素均不相同,单一的可再生能源综合立法,难以满足包括风能、太阳能、水能、生物质能、地热能、海洋能等不同类型可再生能源开发利用的现实需求。可再生能源开发利用起步较早的国家,在早期可再生能源立法的过程中,大多采取专门性立法先行、综合性立法跟进的可再生能源立法发展路径。虽然我国在可再生能源立法发展的过程中,采取了综合性立法先行的发展模式,但发达国家在专门性立法中的有效经验,仍然对我国在综合性立法指导下,通过制定专门性立法构筑完善的可再生能源法体系有借鉴作用。美国在可再生能源法发展初期为了实现开发利用可再生能源的法律化、制度化,颁行了《太阳能研究、开发和示范法》《地热能研究、开发和示范法》《太阳能光伏能研究、开发和示范法》《太阳能和能源节约法》《生物能源和酒精燃料法》《地热能法》等一系列的专门性立法。"一种可再生能源一部法"的立法模式,有针对性地促进了各类型可再生能源的研究、开发和利用。因此,结合我国实际情况,可以在《可再生能源法》的指引下,结合不同类型可再生能源的开发利用情况,通过制定行政法规的方式,进一步完善我国可再生能源专门性立法体系,以明确各种可再生能源的开发、利用政策和管理办法。

(三)与其他法律制度相协调

在对我国可再生能源法律体系进行梳理的过程中,不难发现,可再生能源立法与污染防治立法、气候变化立法以及其他能源立法之间均存在密切的关联性。因此,在未来可再生能源立法体系的完善过程中,应当重视前述法律体系之间的关联性,优化可再生能源立法与关联立法之间的协调性。可再生能源的开发和利用,是一个涉及能源结构、环境保护、气候变化应对以及整体社会经济发展的综合性问题。运用综合性、整体性的手段,全面调整涉及技术、市场、政府、开发利用者等诸多方面的法律关系,是可再生能源开发利用对法律规范所提出的必然要求。因此,在未来完善的过程中,需要打破现有的部门立法分割的格局,借助多个法律部门的不同调整方法,以保证法律规制的综合性、系统性。

(四)进一步发挥政府的主导作用及法律的引导和促进作用

一般而言,可再生能源开发、利用和消费,确系保护环境、减缓气候变暖以及保障能源安全的重要举措。然而,在开发、利用和消费能源的过程中,对于能源类型的选择在传统法律观念中属于企业和个人的自由。换言之,为了避免对于自由的过度侵犯,法律不宜直接规定企业和个人开发利用可再生能源的强制性义务。因此,可再生能源立法,一方面,明确政府有关可再生能源的责任,要求政府积极促进可再生能源开发利用;另一方面,通过规定激励性的手段促进企业和个人自觉开发、利用、消费可再生能源。目前,我国可再生能源的开发利用还处于起步阶段,在此阶段中应当强化政府在市场培育中的主导作用,并且通过法律积极引导相关主体参与可再生能源开发利用。具体而言,一是应该继续从立法上规范政府的能源行为,强调政府在促进可再生能源方面的主导作用和责任;二是明确政府在鼓励、奖励、保护和保障企业及个人自觉开发、利用、消费可再生能源中的责任,落实法律对于相关开发利用行为的激励措施；三是进一步完善政府可再生能源责任制和问责制，通过对政府行为的有效监督约束，保证相关政府责任的落实。

第四节　我国可再生能源政策体系现状与未来发展

我国可再生能源法律政策体系尚处于初步形成阶段，在现有立法体系中除作为可再生能源领域综合性立法的《可再生能源法》外，尚未形成体系化的可再生能源法体系。在此情况下，《可再生能源法》的实施在实践中更多的是依靠政策性文件。此外，《可再生能源法》也授权相关部门颁布相关政策，作为《可再生能源法》实施的具体支撑。因此，可以将我国可再生能源政策体系视作我国可再生能源法律政策体系的有机组成部分。从现有可再生能源政策来看，可以分为关于可再生能源整体发展的综合性可再生能源政策和关于具体类型可再生能源发展的专门性可再生能源政策。

一、综合性可再生能源政策

（一）综合性可再生能源政策体系概况

《可再生能源法》实施后，依据《可再生能源法》的授权，国务院能源主管部门及相关部门制定的现行有效的有关可再生能源发展的代表性综合性政策，可以分为以下几个类型：

1. 可再生能源发展综合性政策，具体包括《可再生能源产业发展指导目录》（国家发展改革委 2005 年 11 月发布）、《可再生能源中长期发展规划》（国家发展改革委 2007 年 8 月发布）、《可再生能源发展“十三五”规划》（国家发展改革委 2016 年 12 月发布）等。此类政策主要以确立可再生能源发展的总体性目标、路径和支持手段为内容，在整体可再生能源政策体系中具有基础性地位，为我国一段时间内可再生能源的发展确立了目标、指明了实现相关发展目标的实现路径。例如，《可再生能源发展“十三五”规划》主要从发展目标、主要任务、优化资源配置、创新发展方式、完善产业体系以及明确保障措施等方面，确立了“十三五”期间整体可再生能源发展的总体战略。

2. 可再生能源电力政策，此类政策又可以分为：（1）可再生能源电网建设与发电管理政策，具体包括《可再生能源发电有关管理规定》（国家发展改革委 2006 年 1 月发布）、《关于做好分布式电源并网服务工作的意见》（国家电网公司 2013 年 2 月发布）、《分布式电源并网相关意见和规范（修订版）》（国家电网公司 2013 年 12 月发布)、《解决弃水弃风弃光问题实施方案》(国家发展改革委、国家能源局2017年11月发布)等。(2)可再生能源电力交易政策,具体包括《关于调整可再生能源电价附加标准与环保电价有关事项的通知》(国家发展改革委2013年8月发布)、《关于试行可再生能源绿色电力证书核发及自愿认购交易制度的通知》(国家发展改革委、财政部、国家能源局2017年1月发布)、《关于开展分布式发电市场化交易试点的通知》(国家发展改革委、国家能源局2017年10月发布)等。(3)可再生能源电力优惠政策,具体包括《关于可再生能源电价补贴和配额交易方案(2010年10月—2011年4月)的通知》(国家发展改革委、国家电监会2012年11月发布,已失效)等。

如本章第二节所述,将自然界的一次能源通过机械能装置转化成电力,是现代社会能源利用的重要形式,也是可再生能源开发利用的主要形式。因此,确保可再生能源在电力领域中的开发利用是促进可再生能源发展的重要内容。可再生能源电力政策即以促进可再生能源在电力领域中的运用为核心,现有政策体系紧紧抓住了电网建设与可再生能源发电制度、可再生能源电力交易制度以及可再生能源电力优惠制度三大关键环节。首先,可再生能源电网建设与发电制度是整体可再生能源电力发展的基础,更是可再生能源能够广泛利用的关键支撑。可再生能源电网建设与发电管理政策主要通过规范各类电网建设与发电设施的建设活动,以保证整体可再生能源电网建设与发电设施建设的有序、健康开展。例如,《解决弃水弃风弃光问题实施方案》针对由于电网建设、价格竞争力等问题导致部分地区放弃发展水电、风电、光伏发电等可再生能源发电项目的问题,从强化电网建设、优化可再生能源发电机制以及可再生能源电力市场交易机制等方面,破除各类制约可再生能源电力发展的障碍。其次,可再生能源电力交易制度是可再生能源电力发展保障制度的核心,也是可再生能源通过电力消费市场最终进入能源消费市场的"咽喉要道"。可再生能源市场交易政策主要通过明确可再生能源上网收购、价格确定、费用分摊以及交易规则等内容,保证可再生能源电力全额入网、定价合理、成本合理分担以及交易有序。例如,《关于试行可再生能源绿色电力证书核发及自愿认购交易制度的通知》通过建立可再生能源绿色电力证书自愿认购体系、试行可再生能源绿色电力证书的核发工作、完善绿色电力证书的自愿认购规则、明确绿色电力证书自愿认购责任分工,构筑绿色电力核发与认购交易规则,进而保证绿色环保的可再生能源电力能够得到有效的确认及有序的交易。最后,可再生能源电力优惠制度是可再生能源能够健康发展的支柱。总体而言,虽然近年来在国家的大力支持下,我国可再生能源电力乃至整体可再生能源发展取得了长足进步,但相较传统化石能源而言,仍然存在成本较高、市场竞争力不足的问题。因此,在现阶段对于可再生能源电力配套相应的优惠措施,仍是保障我国可再生能源电力行业健康、持续发展的重要抓手。可再生能源电力优惠政策主要以规范电价补贴、交易配额、专项资金等优惠措施的设置和运用为内容,进而通过合理有序运用相关优惠措施,避免过度优惠导致的市场失衡。

（二）域外综合性可再生能源政策的借鉴

从我国综合性可再生能源政策体系概况中不难发现,现阶段我国综合性可再生能源政策体系中的核心为可再生能源电力政策。这表明虽然我国在可再生能源立法模式中采用了综合性立法模式,但电力在现代能源体系中的桥梁性地位决定了,在可再生能源发展过程中,可再生能源电力立法与政策在整体可再生能源立法与政策体系中的关键性地位。德国作为可再生能源领域的先发国家,其在可再生能源电力领域的立法,值得借鉴。因此,充分了解并把握德国可再生能源电力领域的立法,对于完善我国可再生能源立法以及以可再生能源电力政策为核心的综合性可再生能源政策有极重要的意义。

德国可再生能源电力立法迄今已有30年历史,是德国可再生能源立法的成名作和代表作,给德国带来很高声誉。它先后经历了《电力输送法》和《可再生能源法》两个阶段。《电力输送法》制定于1990年,1994年和1998年两次修订,1999年年底失效。《电力输送法》的核心是将美国首创的可再生能源固定电价制度引入德国,即电网运营商不仅需要承担接纳可再生能源电力并网的强制性义务,并且需要按照政府指定的固定电价收购可再生能源电力。[①] 该制度极大促进了德国可再生能源电力尤其是风电的发展,20世纪90年代德国风电生产超过美国,成为最大的风电生产国。

2000年德国进入《可再生能源法》时代,该法于2000年1月1日正式施行。该法的核心内容为发展可再生能源电力,其对德国可再生能源发展起到了巨大的推动作用,尤其是风电、生物质发电和太阳能光伏发电发展迅速。《可再生能源法》后经过了2004年、2009年、2014年、2017年的4次重大修改。如果说《电力输送法》只是德国初步尝试固定电价制,那么2000年《可再生能源法》则是德国针对固定电价制进行的改革,其特点主要体现在三个方面:(1)分类精确定价,该法结合不同类型可再生能源的特点,针对不同类型的可再生能源电力分别确定价格,该内容是2000年《可再生能源法》的核心内容,占据了该法的大部分篇幅。(2)电价长期支持,新投产的可再生能源电站在投产以后20年内均享受固定电价。(3)建立全国共同分担机

---

① 参见曹治国:《德国分布式能源立法及其启示》,载高鸿钧、邓海峰主编:《清华法治论衡》第24辑,清华大学出版社2016年版,第363页。

制,即收购成本由全国各大电网运营商共同分担,最终转嫁给全国电力消费者。①

2004 年,德国《可再生能源法》修改。2004 年德国对于《可再生能源法》进行修订的目的,在于履行欧盟《可再生能源发电促进指令》②中所确定的义务。2004 年《可再生能源法》标志德国可再生能源法迈向成熟。具体而言,2000 年《可再生能源法》电力定价依据装机容量加以区分,但分类较简单;而 2004 年《可再生能源法》对装机容量进行了更加细致的区分,使电力定价的机制更精确、细致。欧盟 2009 年出台综合性指令《可再生能源指令》,并宣布于 2012 年废止《可再生能源发电促进指令》,德国为履行相关义务,于 2009 年再次修改《可再生能源法》。2009 年《可再生能源法》修订的又一重要原因在于,德国可再生能源电力发展势头已超出政府预期。2004 年《可再生能源法》要求 2010 年可再生能源电力份额要达到 12.5%,2020 年达到 20%,而德国 2007 年可再生能源电力份额就已达 14%,2008 年更是达到 14.8%。为此,2009 年德国《可再生能源法》将 2020 年目标提高了 10 个百分点,即可再生能源电力份额达到 30%。③

虽然固定电价制度推动了可再生能源的迅猛发展,但随之带来的巨大成本实质上系通过全面的电价分摊机制由民众负担,最终形成了德国可再生能源发展水平越高民众负担越大的困局。为解决此困局 2014 年、2016 年德国两次对《可再生能源法》进行了修订。一是严格限制各类可再生能源的年度新增规模,将可再生能源的发展重点转向促进低成本可再生能源的发展。二是在可再生能源项目领域全面引入市场机制:一方面,限制固定上网价格的适用范围,其仅适用于功率在 500 千瓦(自 2016 年起 100 千瓦)以下的设备,超过法定功率的大型可再生能源项目,出售电力时只能获得弹性市场价格。另一方面,引入了市场化的招标机制,通过招标确定补贴额度。④ 此次改革,使德国《可再生能源法》的成本分摊机制,既保护了本国工业竞争力,又体现了成本分摊的公平。

随着德国可再生能源发电的不断发展,发电设施建设与输电基础设施之间的矛

---

① 参见罗涛:《德国新能源和可再生能源立法模式及其对我国的启示》,载《中外能源》2010 年第 1 期。

② 英文文件全称"Directive 2001/77/EC of the European Parliament and of the council of 27 September 2011 on the promotion of electricity produced from renewable energy sources in the internal electricity market"。

③ 参见杜群、廖建凯:《德国与英国可再生能源法之比较及对我国的启示》,载《法学评论》2011 年第 6 期。

④ 参见曹治国:《德国分布式能源立法及其启示》,载高鸿钧、邓海峰主编:《清华法治论衡》第 24 辑,清华大学出版社 2016 年版,第 366 ~ 367 页。

盾日益凸显，使风力、光伏发电的利用效率难以得到有效提升。以风力发电为例，在世界范围内普遍存在具有巨大风力发电开发潜力的地区，因为缺乏必要的电力输送设施而制约了相关地区风电的发展。为解决可再生能源发电装机容量的增加与电力输送设施建设之间的矛盾，提高可再生能源开发利用效益，也为了充分挖掘可再生能源电力市场潜力，发挥市场在资源配置中的决定性作用，提高可再生能源开发利用效益、降低开发成本。2017 年德国再次对《可再生能源法》进行修订，此次修订的核心在于，全面构建精细化的可再生能源发电容量拍卖制度，该制度的核心在于，全面考量环境承载能力、可再生能源开发利用情况以及国家电网建设情况等因素，设立明确的扩建容量、发电量等目标，并将相关可再生能源发电容量，通过拍卖方式进行市场化配置，在降低开发成本的同时，实现电网建设与可再生能源电力消纳的同步性。①

（三）我国综合性可再生能源政策的未来发展

从德国以可再生能源电力立法为核心的可再生能源立法的发展历程中，不难发现，德国相关立法在发展中呈现极强的适应性和灵活性，重视平衡政府和市场在资源配置中的作用。一方面，可再生能源的发展在全球范围内均处于起步阶段，在此过程中整体产业发展的速度较快，同时市场情况的变动也极为迅速，故而相关立法及政策需要及时适应相关变化。德国 2009 年、2014 年和 2017 年对《可再生能源法》的修改即显现出了此特征，2009 年修改的重要原因在于修改可再生能源发展目标；2014 年修改的重要目的在于完善成本分摊机制，以适应整体产业发展的水平；2017 年修改的重要目的则在于实现电网建设与发电设施的同步性。这体现了德国可再生能源电力立法对于相关产业发展的支持手段从粗放逐渐转向精细，而支持目标也从初期的规模扩张到现阶段对发展效率地注重。另一方面，可再生能源的发展需要政府的引导和支持，而政府在引导和支持过程中的不当干预则又会造成对可再生能源发展的阻碍。因此，在可再生能源立法和政策中，需要平衡好在此过程中政府和市场的关系。德国的《可再生能源法》在发挥政府的引导和支持作用的同时，极为强调市场在电力价格定价、扩容配额配置等过程中的作用。

我国的可再生能源发展起步较晚，但在“十二五”“十三五”期间，我国可再生能源取得了极大发展。在现阶段，我国可再生能源发展已经逐渐呈现由初期的规模扩张，转向以效率为主导的高质量发展的趋势。因此，我国未来以可再生能源电力政策为核心的综合性可再生能源政策，需要在以下方面予以完善：第一，应当更加重视电网建设与可再生能源电力设施建设过程中的协调关系。近年来，我国不少地区出现

① 参见周鹿鸣等：《德国〈可再生能源法（2017 年）〉的启示》，载《科技导报》2019 年第 21 期。

“弃水弃风弃光”的现象,造成此现象的重要原因之一,系电网设施的建设与可再生能源电力设施建设之间协同性的缺失。德国2017年对于《可再生能源法》修改的内容对此有极大的借鉴价值。第二,应当注重对于可再生能源电力领域的优惠措施的调整以及多元化。随着我国可再生能源的不断发展,初期实施的相关优惠措施与可再生能源的发展程度将出现一定程度的脱节,可能会因不当优惠措施造成市场竞争的缺失或畸形。因此,需要注意对于可再生能源电力全额收购、价格形成、价格补贴等优惠措施的调整。第三,应当注重市场在资源配置中的决定性作用。政府在可再生能源产业发展的过程中,应始终立足于引导和支持的地位,需确立市场的决定性作用。未来,我国以可再生能源电力政策为核心的综合性可再生能源政策,应当更多地在价格形成、配额分配等方面探索市场化的资源配置手段,通过市场实现更加有效的资源配置,进而促进可再生能源产业的健康发展。

二、专门性可再生能源政策

我国专门性可再生能源政策主要涉及风电发展领域、太阳能发展领域以及生物质能发展领域。

(一)风电发展领域专项政策的基本情况

《可再生能源法》实施后,依据《可再生能源法》的授权,国务院能源主管部门及相关部门制定的现行有效的有关风能发展领域的专项政策,可以分为以下几个类型:

1. 风电发展综合性促进政策,主要包括《促进风电产业发展实施意见》(国家发展改革委、财政部2006年11月发布)、《风电发展“十三五”规划》(国家能源局2016年11月发布)、《关于做好风能资源详查和评价资料共享使用的通知》(国家能源局、中国气象局2013年3月发布)等。此类政策主要针对风电发展的阶段性总体目标、实现路径、支持手段以及其他必要条件等基础性内容,其在整体风电发展领域的政策体系中具有基础性地位,为我国一段时期内风电的发展确立了目标、指明了实现相关发展目标的实现路径以及基础性保障条件。例如,《风电发展“十三五”规划》从风电的发展基础和形势、发展目标和建设布局、重点任务、创新发展方式以及保障措施等方面,明确了“十三五”期间风电发展的整体性战略。

2. 风电项目建设管理保障政策,主要包括《关于加强风电项目核准计划管理有关工作的通知》(国家能源局2014年1月发布)、《关于加快推进分散式接入风电项目建设有关要求的通知》(国家能源局2017年5月发布)等。此类政策以风电场、分散式风电建设项目的建设规划、项目前期工作、项目核准、竣工验收、运行监督等具体环节的管理规范为主要内容,明确了风电建设项目在建设过程中的具体管理规则,明确了各类行政管理主体以及风电项目建设主体的权利义务,进而为各类风电建设项目的实施和管理提供相对明确的指引。例如,《关于加快推进分散式接入风电项目建设有关要求的通知》通过加快推动分散式风电开发、规范建设标准、加强规划管理、有序推进项目建设、加强并网管理以及加强监管工作六个方面的要求,对分散式风电项目实施和管理提供政策的指引和保障。

3. 风电市场交易引导政策,主要包括《关于完善风力发电上网电价政策的通知》(国家发展改革委 2009 年 7 月发布)、《关于加强风电并网和消纳工作有关要求的通知》(国家能源局 2012 年 4 月发布)、《关于印发风力发电场、光伏电站购售电合同示范文本的通知》(国家能源局、国家工商行政管理总局 2014 年 7 月发布)、《关于开展风电平价上网示范工作的通知》(国家能源局综合司 2017 年 5 月发布)、《关于完善风电上网电价政策的通知》(国家发展改革委 2019 年 5 月发布)等。风电市场交易引导政策主要通过风电上网消纳、上网价格确定及交易规则引导等方面的内容,保障风电全额入网、定价合理、交易有序。例如,《关于完善风电上网电价政策的通知》,在"科学合理引导新能源投资,实现资源高效利用,促进公平竞争和优胜劣汰,推动风电产业健康可持续发展"的指导思想的指引下,结合各类陆上风电项目和海上风电项目的特点,确定了风电项目的电力上网指导价,以保障 2020 年风电与煤电平价上网目标的实现。

4. 风电发展优惠政策,风电发展优惠政策主要通过税收减免等优惠方式,降低风电发展成本、提高风电竞争力,进而促进风电产业的整体发展。

(二)太阳能发展领域专项政策的基本情况

《可再生能源法》实施后,依据《可再生能源法》的授权,国务院能源主管部门及相关部门制定的现行有效的有关太阳能发展领域的专项政策,包括以下几种类型:

1. 太阳能发展综合性保障政策,主要包括《太阳能发展"十三五"规划》(国家能源局 2016 年 12 月发布)等。此类政策主要针对太阳能发展的阶段性总体目标、实现路径、基础性保障条件等内容,其在整体太阳能发展领域的政策体系中具有基础性地位,为我国一段时期内太阳能发展确立了目标、指明了实现相关发展目标的实现路径以及基础性保障条件。例如,《太阳能发展"十三五"规划》从太阳能的发展基础和面临形势、指导方针和目标、重点任务、保障措施以及经济社会与环境效益等方面,明确了"十三五"期间太阳能发展的整体性战略。

2. 太阳能光伏应用保障政策,太阳能光伏应用是我国太阳能利用中的重点领域,也是太阳能发展专门性政策集中的领域,此类政策包括以下类型:

(1)光伏产业发展保障政策,具体包括《关于促进光伏产业健康发展的若干意见》(国务院 2013 年 7 月发布)、《关于发挥价格杠杆作用促进光伏产业健康发展的通知》(国家发展改革委2013年8月发布)、《光伏制造行业规范条件》(工信部2013年9月发布,2015年3月、2018年1月两次修订)、《关于印发加强光伏产业信息监测工作方案的通知》(国家能源局2014年3月发布)、《关于加强光伏产品检测认证工作的实施意见》(国家认监委、国家能源局2014年2月发布)、《关于提高主要光伏产品技术指标并加强监管工作的通知》(国家能源局、工信部、国家认监委2017年7月发布)等。此类政策在光伏产业发展中具有基础性、支撑性的地位,相关政策通过明确促进光伏产业健康发展的基本措施、光伏制造行业的基本规范、光伏产品的基本指标要求及监测、检测、认证规范等内容,为光伏产业的健康发展提供明确的指引和必要的支撑。例如,《关于促进光伏产业健康发展的若干意见》从光伏产业发展的重要性、总体要求、光伏市场开拓、加快产业结构调整和技术进步、规范发展秩序、完善并网支撑、强化政策支持八个方面,提出了促进光伏产业健康发展的意见。

(2)光伏发电项目管理政策,具体包括《关于申报分布式光伏发电规模化应用示范区的通知》(国家能源局2012年9月发布)、《关于组织申报金太阳和光电建筑应用示范项目的通知》(财政部办公厅、科技部办公厅、住房和城乡建设部办公厅、国家能源局综合司2012年11月发布)、《关于开展分布式光伏发电应用示范区建设的通知》(国家能源局2013年8月发布)、《关于推进分布式光伏发电应用示范区建设的通知》(国家能源局2014年11月发布)、《关于进一步加强光伏电站建设与运行管理工作的通知》(国家能源局2014年10月发布)、《关于规范光伏电站投资开发秩序的通知》(国家能源局2014年10月发布)、《关于完善光伏发电规模管理和实行竞争方式配置项目的指导意见》(国家发展改革委、国家能源局2016年6月发布)、《关于推进光伏发电"领跑者"计划实施和2017年领跑基地建设有关要求的通知》(国家能源局2017年9月发布)、《关于2017年光伏发电领跑基地建设有关事项的通知》(国家能源局2017年12月发布)、《关于开展光伏发电专项监管工作的通知》(国家能源局综合司2018年1月发布)等。此类政策主要通过明确光伏发电项目规划指导与规模管理、项目备案管理、电网接入与运行、产业监测与市场监督、技术质量管理与安全监管以及示范项目建设与支持等方面的要求,为光伏发电项目的建设、运行以及维护提供全面的指引和支撑。例如,《关于进一步加强光伏电站建设与运行管理工作的通知》通过加强认识有序推进光伏电站建设的重要性、加强光伏电站规划管理工作、统筹推进大型光伏电站基地建设、创新光伏电站建设和利用方式、引导光伏电站与配套电网协调建设、规范光伏电站资源配置和项目管理、加强电网接入和并网运行管理、创新光伏电站金融产品和服务、加强工程建设质量管理、加强光伏电站建设运行监管工作、加强监测及信息统计和披露十一个方面的要求,对光伏电站建设与管理工作提供了支撑。

(3)光伏发电并网支撑政策。虽然可再生能源发电并网在综合性可再生能源政策中,已成为最重要的组成部分,但由于分布式光伏发电设备存在分布广、单机装机容量小的特点,光伏发电并网的支撑政策主要针对分布式光伏发电并网制定。围绕可并网的分布式光伏界定标准、并网优惠条件、并网服务职责、并网工程绿色通道以及接入系统技术五个方面的内容,为分布式光伏发电并网提供政策支持和保障;《分布式光伏发电接入配电网技术规定(暂行)》则明确了分布式光伏发电接入电网的技术要求,在确保安全的情况下,为相关并网实施工作提供技术规范的指引。

(4)光伏发电市场促进及优惠政策,具体包括《关于完善太阳能光伏发电上网电价政策的通知》(国家发展改革委 2011 年 7 月发布)、《关于分布式光伏发电实行按照电量补贴政策等有关问题的通知》(财政部 2013 年 7 月发布)、《关于支持分布式光伏发电金融服务的意见》(国家能源局、国家开发银行 2013 年 8 月发布)、《关于光伏发电增值税政策的通知》(财政部、国家税务总局 2013 年 9 月发布)、《关于对分布式光伏发电自发自用电量免征政府性基金有关问题的通知》(财政部2013 年 11 月发布)等。此类政策主要通过运用价格管理、电量补贴、金融支撑、税费减免等优惠措施,降低光伏发电利用的成本,以提升光伏发电的市场竞争力,进而促进光伏产业的发展。例如,《关于分布式光伏发电实行按照电量补贴政策等有关问题的通知》通过明确补贴适用的范围、补贴的具体标准、补贴电量的计算依据以及资金拨付的具体规范等内容,明确了按电量补贴措施的实施规则。

3. 太阳能热发电保障政策,具体包括《关于推进太阳能热发电示范项目建设有关事项的通知》(国家能源局 2018 年 5 月发布)等。太阳能热发电具有蓄热储能、电力供给可调可控的优势,能够较好地发挥发电调峰的作用。但相较太阳能光伏发电,我国太阳能热发电尚处于起步阶段。相关政策主要集中指向太阳能热发电示范项目的建设。《关于推进太阳能热发电示范项目建设有关事项的通知》围绕示范项目建设的电价机制、建设内容调整机制、退出机制等内容,对太阳能热发电示范项目的建设进行了相关部署,着力推进我国太阳能热发电领域的探索。

(三)生物质能发展领域专项政策概况

《可再生能源法》颁行后制定的生物质能发展领域专项政策主要可以分为以下几个类型:

1. 生物质能发展综合性政策,具体包括《全国林业生物质能源发展规划(2011—2020 年)》(国家林业局 2013 年 5 月发布)、《生物质能发展"十三五"规划》(国家能源局2016年10月发布)。此类政策主要针对生物质能发展的阶段性总体目标、实现路径、基础性保障条件等内容,其在整体生物质能发展领域的政策体系中具有基础性地位,为我国一段时期内生物质能开发利用的发展确立了目标、指明了实现相关发展目标的实现路径以及基础性保障条件。例如,《生物质能发展“十三五”规划》从生物质能发展的现状和问题、指导思想和发展目标、发展布局和建设重点、保障措施以及投资预估与环境社会效益等方面,明确了“十三五”期间生物质能发展的整体性战略。

2. 生物质发电支撑政策,具体包括《关于完善农林生物质发电价格政策的通知》(国家发展改革委2010年7月发布)、《关于完善垃圾焚烧发电价格政策的通知》(国家发展改革委2012年3月发布)、《关于开展燃煤耦合生物质发电技改试点工作的通知》(国家能源局、环境保护部2017年11月发布)等。生物质发电主要包括农林生物质直接发电、垃圾焚烧发电以及沼气发电等类型,此类支撑政策主要结合不同类型生物质发电应用的特点,对其给予针对性的指引和保障。《关于完善农林生物质发电价格政策的通知》主要明确了农林生物质发电的上网定价、费用分摊机制等内容,以保障农林生物质发电健康发展。《关于完善垃圾焚烧发电价格政策的通知》则明确了垃圾焚烧发电价格的补贴标准、垃圾焚烧发电的费用分摊制度以及垃圾焚烧发电价格的监管制度,尝试通过构筑完善的垃圾焚烧发电价格机制促进垃圾焚烧发电的良性发展。《关于开展燃煤耦合生物质发电技改试点工作的通知》则意在通过实施燃煤耦合生物质发电技术改革,实现煤电企业低碳发展转型的同时,兜底消耗城乡废弃生物质资源。

3. 生物质燃料支撑政策,具体包括《关于加强生物燃料乙醇项目建设管理,促进产业健康发展的通知》(国家发展改革委、财政部2006年12月发布)等。此部分政策旨在促进生物质燃料产业的发展和技术的提升,《关于加强生物燃料乙醇项目建设管理,促进产业健康发展的通知》从市场准入标准与政策、项目建设管理与核准等方面,明确了生物燃料乙醇项目建设管理及产业健康发展的促进措施。

4. 生物质供热支撑政策,具体包括《关于印发促进生物质能供热发展指导意见的通知》(国家发展改革委、国家能源局2017年12月发布)等。在现有利用条件下,生物质供热主要通过生物质热电联产和生物质燃料锅炉供热两种方式实现,其中,生物质燃料锅炉供热利用前景最广泛的为生物质成型燃料锅炉供热。《关于印发促进生物质能供热发展指导意见的通知》明确了生物质能供热的发展目标,以及大力发展生物质热电联产和加快发展生物质燃料锅炉供热的发展要求。《关于开展生物质成型燃料锅炉供热示范项目建设的通知》(已失效)则主要通过明确示范项目的发展目标、示范项目条件、示范项目的管理程序以及保障措施的方式,推进生物质成型燃料锅炉供热示范项目的建设,促进生物质成型燃料锅炉供热的发展。

(四)我国专门性可再生能源政策体系的未来发展

从对《可再生能源法》实施后国务院、国务院能源主管部门及相关部门制定的可再生能源专门性政策梳理中不难发现,我国可再生能源政策体系具有如下特点:第一,专门性可再生能源政策,均以中长期发展规划和五年发展规划等战略性政策为基础,以涉及电力并网、项目运营、项目建设、费用分摊、财政支持和税收优惠等具体性政策为支撑,形成了规划性政策确定发展目标、具体政策具体落实的层次较清晰的专门性可再生能源政策体系。第二,在专门性可再生能源政策中,涉及各具体类型可再生能源电力的政策文件处于绝对多数的地位,表明我国可再生能源开发利用以可再生能源电力发展为核心的发展路径。第三,从相关政策中不难发现,在我国各具体类型可再生能源中,除已经较成熟,在全球范围内利用较成熟的水电外,太阳能和风能开发利用是我国可再生能源开发利用的重点领域,而生物质能领域则处于较薄弱的起步阶段。第四,我国专门性可再生能源政策体系也存在政策与立法之间的界限模糊的问题,诸多具有普遍适用性的规范仍以政策性文件的方式体现。一方面,导致相关政策文件的效力及可运用的措施存在较大局限性;另一方面,因其内容未经立法程序审查,部分内容存在合法性、合理性不足的问题。

结合我国专门性可再生能源政策的特点,在未来我国专门性可再生能源政策体系完善的过程中,应注意以下几个方面的内容:首先,明确法律与政策之间的界限。一方面,发挥立法稳定性、普遍性与强制性的优势;另一方面,发挥政策灵活性、针对性等方面的优势。其次,针对风电、光伏发电等发展已经初具规模的可再生能源利用领域,其发展势态已经从初期的规模扩张阶段,转向现阶段注重发展效率和发展质量的阶段。在此情况下,一方面,应当注意相关领域发展规模与电网等基础性设施发展速度的匹配性;另一方面,应当及时调整相关优惠补贴措施,针对部分已经能够与传统化石能源开展竞争的领域,考虑及时降低或者取消相关优惠,以避免因不当优惠造成的市场发展扭曲。最后,针对生物质能、太阳能热发电等发展处于起步阶段、技术尚不成熟的领域,应当积极出台相关政策予以积极支持。尤其是在生物质能利用领域,我国在生物质液体燃料、生物质成型燃料、生物质供热等领域与世界先进国家仍存在一定差距,应当积极通过相关专门性政策的引导,促进相关领域可再生能源的开发利用。

课后思考题

1. 开发利用可再生能源在现代社会有什么重要意义?

2. 世界各国在实践中有哪几种可再生能源立法模式? 其各自有何特点?

3. 何为可再生能源法的基本原则? 我国《可再生能源法》确立了哪些原则? 其各自的内涵为何?

4. 我国可再生能源法立法体系由哪些部分组成? 各部分包含何种内容?

5. 我国可再生能源综合性政策有何特点? 其未来的发展趋势为何?

阅读材料

第一节　可再生能源概述

1.《可再生能源发展"十三五"规划》第一部分"发展基础和形式";

2. 国家可再生能源中心、国家发展和改革委员会能源研究所可再生能源发展中心编著:《中国可再生能源产业发展报告 2018》,中国经济出版社 2018 年版(第一章)。

第二节　可再生能源法概述

1. 李艳芳等:《新能源与可再生能源法律与政策研究》,经济科学出版社 2015 年版(第一章第二节、第三节);

2. 杜群、廖建凯:《德国与英国可再生能源法之比较及对我国的启示》,载《法学评论》2011 年第 6 期。

第三节　我国可再生能源法基本体系与主要内容

1. 李艳芳等:《新能源与可再生能源法律与政策研究》,经济科学出版社 2015 年版(第二章);

2.《可再生能源法》;

3. 李艳芳、岳小花:《论我国可再生能源法律体系的构建》,载《甘肃社会科学》2010 年第 2 期;

4. 蔡守秋:《我国可再生能源立法的现状与发展》,载《中州学刊》2012 年第 5 期。

第四节　我国可再生能源政策体系现状与未来发展

1.《可再生能源发展"十三五"规划》;

2.《风电发展"十三五"规划》;

3.《太阳能发展“十三五”规划》;

4.《生物质能发展“十三五”规划》。

典型案例1:

“云南盈鼎生物能源股份有限公司与中国石化销售有限公司云南石油分公司、中国石化销售有限公司拒绝交易纠纷案”

【案件材料】

1.《云南盈鼎生物能源股份有限公司与中国石化销售有限公司云南石油分公司、中国石化销售有限公司拒绝交易纠纷一审民事判决书》,载中国裁判文书网2019年4月22日,https://wenshu.court.gov.cn/website/wenshu/181107ANFZ0BXSK4/index.html? docId=afd5e426006c4de0a98daa3400f5074b。

2.《云南盈鼎生物能源股份有限公司、中国石化销售有限公司云南石油分公司拒绝交易纠纷二审民事判决书》,载中国裁判文书网2017年9月30日,https://wenshu.court.gov.cn/website/wenshu/181107ANFZ0BXSK4/index.html? docId=92ce615286f244d5b4dda7fe00c710cd。

3.《云南盈鼎生物能源股份有限公司、中国石化销售有限公司云南石油分公司拒绝交易纠纷再审审查与审判监督民事裁定书》,载中国裁判文书网2020年3月31日,https://wenshu.court.gov.cn/website/wenshu/181107ANFZ0BXSK4/index.html? docId=9dd4224a7d254fc88d68ab8e01158160。

【案例讨论】

该案的核心争议焦点为《可再生能源法》第16条第3款的适用,请进行以下问题的思考:《可再生能源法》于2005年2月28日通过,2006年1月1日实施。至纠纷发生的2014年12月8日,已历经8年。其间,国务院能源主管部门以及云南省人民政府均为针对生物液体燃料的生产和利用进行具体规定,致使该案中对于原告、被告双方之间权利义务的行使和履行缺乏强制性依据,最终原告败诉。

请对国务院能源主管部门与云南省人民政府行为的性质进行讨论。

典型案例2:

“北京市朝阳区自然之友环境研究所与国网甘肃省电力公司案”

【案件材料】

《北京市朝阳区自然之友环境研究所与国网甘肃省电力公司二审民事裁定书》,载中国裁判文书网2019年5月23日,https://wenshu.court.gov.cn/website/wenshu/

181107ANFZ0BXSK4/index. html? docId = d82c88f673ec4788b21eaa4b007e5b29。

【案例讨论】

结合案件中原告的诉讼请求中提出的事实与理由,思考以下问题:

第一,被告未履行《可再生能源法》中确立的义务,是否构成环境与资源保护法领域中不作为的环境损害?

第二,思考《可再生能源法》同环境与资源保护法之间的内在关联性,两者在具体实施过程中可能会形成怎样的互动关系?

本章课件

(请扫描二维码)

第八章 电 力 法

导 言

电力是以电能作为动力的能源,发明于19世纪70年代,电力的发明和应用掀起了第二次工业化浪潮。电力工业是国民经济发展中最重要的基础能源产业,是国民经济的第一基础产业,是关系国计民生的基础产业,是世界各国经济发展战略中的优先发展重点。作为一种先进的生产力和基础产业,电力行业对促进国民经济的发展和社会进步具有重要作用,并且与经济和社会发展有十分密切的关系。电力行业的发展是关系国家经济安全的战略大问题,同时又直接影响人们的日常生活和社会稳定。随着中国经济的发展,对电的需求量不断增大,电力销售市场的扩大又刺激了整个电力生产的发展。为了保障和促进电力行业的发展,维护电力投资者、经营者和使用者的合法权益,应当通过立法建立严格的电力管理制度,将电力生产、供应和使用纳入法制轨道。

本章主要讨论以下内容:

1. 电力法的概念、性质及我国电力法体系

2. 电力法基本制度。主要包括电力规划制度、电力业务许可制度、电力监管制度、电价定价制度、供用电合同制度以及绿色电力证书制度

3. 电力体制改革

第一节 电力法概述

一、电力法的概念

在我国,人们对于电力法的概念有不同理解,主要分为广义和狭义两种。广义上的电力法,是指调整整个电力建设、生产、供应、使用和电业管理关系的法律规范的总称;狭义上的电力法,是指调整由电网企业作为社会关系主体的一方与平等主体之间的电力买卖、输送、配送和供电服务关系以及作为管理者的政府之间的行政管理关系

的法律规范的总称。

电力法的调整对象包括:

1. 电力经营者和供给者、政府与第三人之间的电力经营关系。电力经营关系的内容是电力投资者经政府审查许可在特定区域垄断电力经营成为电力经营者和供给者,排除第三人干涉。这种关系使投资者从电力经营或供给中获得收益,因此,它是电业权发生的基础,是电力法主要规范对象。电业权,是指电业投资者申请,经政府许可,享有的在一定区域内的电业专营权。

2. 电力经营者和供给者同电力使用者之间的电力供给关系。电力供给关系是电力经营者和供给者与用户之间以电力为标的的交易关系,这种关系使电力经营者和供给者从事电力经营获得收益从可能成为现实,也使用户的一般电力需求得到满足。因此,这种关系是电业发展的动力结构,是电力法规范的重点。

3. 电力经营者和供给者、政府和第三人之间的电力工程与设施的管理以及规制关系。电力设施是电力生产、输送、供应的载体,是电力经营和供给及电业存在和发展的物质基础。这种关系是以电力经营者和供给者对电力工程和设施的合理支配,以及政府对其合理支配的监督和管理为内容的。

二、电力法的性质

电力法具有双重属性。一方面,具有公法属性,表现为其调整政府和电力企业、第三人之间的管理与被管理的关系,这种关系是一种不平等的行政监督关系;另一方面,具有私法属性,表现为其调整电力生产、经营、消费过程中不同主体之间的平等的民事法律关系。

电力法属于能源法,是能源法律体系的组成部分。电已经成为人类社会不可或缺的二次能源。对人类生产和生活活动都有极其重要的作用。

电力法是电力资源领域的基本法,作为调整因生产、输送、配售、消费而产生的各种社会关系的法律规范系统,理应对这些社会关系作出全面而系统的规定,成为该领域的基本法或综合性立法。

三、我国电力法体系

我国电力法制建设从 20 世纪 80 年代开始起步,目前已经形成了以《电力法》为核心的电力法律框架,涵盖了电力建设、电力生产与电网管理、电力供应和使用、电价与电费、农村电力建设和农业用电、电力设施保护、监督检查、标准化管理及相关法律责任等方面的内容。

1. 电力法律

《电力法》于1995年12月28日经第八届全国人民代表大会常务委员会第十七次会议通过和公布，并于1996年4月1日起实施。后于2009年8月27日、2015年4月24日、2018年12月29日经全国人大常委会3次修正。《电力法》共10章，包括电力建设、电力生产与电网管理、电力供应与使用、电价与电费、农村电力建设和农业用电、电力设施保护、监督检查和法律责任等方面的内容。《电力法》的制定和实施是我国电力法制建设的里程碑，标志我国电力产业步入了法治化的管理轨道。《电力法》保障和促进电力产业的持续、稳定、健康发展，保障电网安全稳定运行，满足国民经济和社会发展对电力的需求。随着电力体制的改革，《电力法》自实施以来，出现了一些与现实不相适应的问题，亟待进行修改。此外，相关法律也对电力资源作出了一定的规范，如《民法典》合同编对供电合同的规定，为厂网分开、输配分开、配售分开奠定了法律基础；《可再生能源法》对于利用可再生能源发电进行了规定，国家实行可再生能源发电全额保障性收购制度。

2. 电力法规

为了贯彻落实和实施电力法律，国务院制定了一系列行政法规。截至2021年6月，主要有7部，它们分别是《电力供应与使用条例》《电力安全事故应急处置和调查处理条例》《电力设施保护条例》《电网调度管理条例》《电力监管条例》《大中型水利水电工程建设征地补偿和移民安置条例》《核电厂核事故应急管理条例》。

《电力供应与使用条例》由国务院于1996年4月17日发布，自1996年9月1日起施行。分别于2016年2月6日、2019年3月2日进行了两次修订。该条例以加强电力供应与使用的管理，保障供电、用电双方的合法权益，维护供电、用电秩序，安全、经济、合理地供电和用电为立法宗旨，规定了供电营业区、供电设施、电力供应、电力使用、供用电合同、监督与管理、法律责任等方面的内容。

《电力安全事故应急处置和调查处理条例》由国务院于2011年7月7日发布，自2011年9月1日起施行。它对电力安全事故应急处置的主要措施作了规定，明确了电力企业、电力调度机构、重要电力用户以及政府及其有关部门的责任和义务，规定了事故报告的内容和流程、事故应急处置、事故调查处理等内容，为电力安全事故的应急处置和调查处理提供了基本遵循。旨在加强电力安全事故的应急处置工作，规范电力安全事故的调查处理，控制、减轻和消除电力安全事故损害。

《电力设施保护条例》由国务院于1987年9月15日发布，自发布之日起施行。分别于1998年1月7日、2011年1月8日进行了两次修改。规定了电力设施的保护范围和保护区、电力设施的保护、对电力设施与其他设施互相妨碍的处理、奖励与惩罚等方面的内容，以保障电力生产和建设的顺利进行，维护公共安全。

《电网调度管理条例》由国务院于1993年6月29日发布，自1993年11月1日起施行，并于2011年1月8日进行了部分修改。为了加强电网调度管理，保障电网安全，保护用户利益，适应经济建设和人民生活的需要，主要规定了调度系统、调度计划、调度规则、调度指令、并网与调度、罚则等内容。

《电力监管条例》由国务院于2005年2月15日发布，自2005年5月1日起施行。主要规定了监管机构、监管职责、监管措施、法律责任等内容，以加强电力监管，规范电力监管行为，完善电力监管制度。它是我国第一部专门规范电力监管的行政法规，初步建构了我国电力监管制度。

《大中型水利水电工程建设征地补偿和移民安置条例》由国务院于2006年7月7日发布，自2006年9月1日起施行，分别于2013年7月18日、2013年12月7日、2017年4月14日进行了3次修改。主要规定了移民安置规划、征地补偿、移民安置、后期扶持、监督管理、法律责任等内容，旨在做好大中型水利水电工程建设征地补偿和移民安置工作，维护移民合法权益，保障工程建设的顺利进行。

《核电厂核事故应急管理条例》由国务院于1993年8月4日发布，自发布之日起施行，并于2011年1月8日进行了部分修改。为了加强核电厂核事故应急管理工作，控制和减少核事故危害，规定了应急机构及其职责、应急准备、应急对策和应急防护措施、应急状态的终止和恢复措施、资金和物资保障、奖励与处罚等内容。

3. 地方性法规

为了加强电力设施保护，保障电力安全有序运行，维护社会公共安全和公共利益，促进经济社会可持续发展，一些省市结合本地区的实际情况，制定了与电力保护、电力设施建设及保护有关的地方性法规。如江苏省人大常委会批准的《泰州市电力保护条例》（2018年9月21日批准，2019年1月1日起施行）、广东省人大常委会批准的《中山市电力设施保护条例》（2017年9月28日批准，2018年1月1日起施行）、湖南省人大常委会通过的《湖南省电力设施保护和供用电秩序维护条例》（2008年9月28日通过，2009年1月1日起施行，2017年5月27日修改）、辽宁省人大常委会通过的《辽宁省电力设施保护条例》（2016年11月11日通过，2017年2月1日起施行）、广东省人大常委会批准的《汕头市电力设施建设与保护条例》（2004年8月24日通过，2005年1月1日起施行，2016年9月29日修改）、珠海市人大常委会通过的《珠海经济特区电力设施保护规定》（2015年9月25日通过，2015年11月1日起施行）、福建省人大常委会通过的《福建省电力设施建设保护和供用电秩序维护条例》（2015年9月25日通过，2015年12月1日起施行）、海南省人大常委会通过的《海南省电力建设与保护条例》(2011 年 5 月 31 日通过,2011 年 8 月 1 日起施行,2015 年 9 月 25 日修改)、黑龙江省人大常委会通过的《黑龙江省电力设施建设与保护条例》(2009 年 4 月 9 日通过,2009 年 6 月 1 日起施行,2015 年 4 月 17 日、2018 年 6 月 28 日修改)、天津市人大常委会通过的《天津市电力设施保护条例》(2014 年 11 月 28 日通过,2015 年 1 月 1 日起施行)、山西省人大常委会通过的《山西省电力设施保护条例》(2014 年 7 月 25 日通过,2014 年 9 月 1 日起施行)、河北省人大常委会通过的《河北省电力条例》(2014 年 5 月 30 日通过,自 2014 年 8 月 1 日起施行)、宁夏回族自治区人大常委会《宁夏回族自治区电力设施保护条例》(2012 年 9 月 25 日通过,2012 年 12 月 1 日起施行)、湖北省人大常委会通过的《湖北省电力设施建设与保护条例》(2011 年 9 月 29 日通过,2011 年 12 月 1 日起施行)、山东省人大常委会批准的《济南市电力管理条例》(1994 年 10 月 13 日批准,1995 年 1 月 1 日起施行,1997 年 10 月 15 日、2011 年 7 月 29 日修改)、山东省人大常委会通过的《山东省电力设施和电能保护条例》(2010 年 11 月 25 日通过、2011 年 3 月 1 日起施行)、内蒙古自治区人大常委会通过的《内蒙古自治区电力设施保护条例》(1994 年 7 月 17 日通过,公布之日起施行,1997 年 9 月 24 日、2010 年 3 月 25 日修改)、辽宁省人大常委会通过的《本溪市电力设施保护条例》(2010 年 1 月 8 日批准,2010 年 1 月 21 日公布,2010 年 3 月 1 日起施行)、吉林省人大常委会通过的《吉林省电力设施保护条例》(2009 年 11 月 27 日通过,2010 年 1 月 1 日起施行)、上海市人大常委会通过的《上海市保护电力设施和维护用电秩序规定》(2008 年 8 月 21 日通过,2009 年 1 月 1 日起施行)、云南省人大常委会通过的《云南省电力设施保护条例》(2007 年 9 月 29 日通过,2008 年 1 月 1 日起施行,2012 年 3 月 31 日修改)、安徽省人大常委会通过的《安徽省电力设施和电能保护条例》(2007 年 6 月 22 日通过,2007 年 12 月 1 日起施行)、陕西省人大常委会通过的《陕西省电力设施和电能保护条例》(2007 年 3 月 31 日通过,2007 年 7 月 1 日起施行)。

4. 电力规章

为了贯彻落实和实施电力法律和行政法规,国务院电力相关主管部门制定了一系列规章,在整个电力法律体系中具有重要作用。一方面使电力法律和行政法规具有现实可操作性,另一方面在某些领域填补了立法空白。主要包括:(1)在电力供应和使用方面,主要有 1994 年《电网调度管理条例实施办法》,1996 年《供用电监督管理办法》《供电营业区划分及管理办法》《用电检查管理办法》《居民用户家用电器损坏处理办法》《供电营业规则》,2004 年《电力生产事故调查暂行规定》,2006 年《电网运行规则(试行)》,2008 年《电力供需及电煤供应监测预警管理办法》,2014 年《电力监控系统安全防护规定》,2015 年《电力建设工程施工安全监督管理办法》。(2)在电力设施保护方面，主要有 1999 年《电力设施保护条例实施细则》。(3)在电力市场方面，主要有《承装(修、试)电力设施许可证管理办法》《电力业务许可证管理规定》《电力市场运营基本规则》《电力企业信息披露规定》《电力企业信息报送规定》。(4)在电力价格方面，主要有 2005 年《上网电价管理暂行办法》《输配电价管理暂行办法》等。(5)在电力监管方面，主要有 2005 年《电力市场监管办法》，2006 年《电力监管机构现场检查规定》《电力监管执法证管理办法》，2007 年《电力可靠性监督管理办法》《电力监管报告编制发布规定》，2015 年《电力安全生产监督管理办法》。(6)在电力争议解决方面，主要有 2006 年《电力并网互联争议处理规定》，2010 年《国家电力监管委员会行政复议办法》。(7)在其他方面，主要有 1997 年《电力知识产权管理暂行规定》和 2004 年《电力产品增值税征收管理办法》。

一些省市政府因地制宜地出台了一些地方政府规章，如 1991 年《江苏省〈电力设施保护条例〉实施办法》，1995 年《浙江省电力设施保护办法》(2005 年修订、2011 年修正)，1996 年《黑龙江省电力设施保护办法》，1997 年《江西省电力设施保护办法》(2012 年修改)，1997 年《天津市电力设施保护管理办法》(2004 年修订)，1999 年《湖南省实施〈电力设施保护条例〉办法》，2000 年《四川省电力设施保护实施办法》(2011 年修改)和《贵州省电力设施保护办法》(2008 年修正)，2005 年《青海省电力设施保护办法》，2006 年《广东省电力建设若干规定》《四川省承装(修、试)电力设施许可试行办法》《乌鲁木齐市电力设施保护办法》，2007 年《湖南省电力建设若干规定》，2008 年《新疆维吾尔自治区电力设施保护办法》，2009 年《福建省电力设施保护办法》，2011 年《广西壮族自治区电力设施保护办法》，2012 年《云南省电力用户安全用电管理办法》，2013 年《武汉市电力设施和供用电管理规定》，2016 年《深圳市电力设施和电能保护办法》，2019 年《东莞市电力设施保护管理办法》等。

5. 司法解释

为维护公共安全，依法惩治破坏电力设备等犯罪活动，最高人民法院于 2007 年 8 月 15 日公布了《关于审理破坏电力设备刑事案件具体应用法律若干问题的解释》。

第二节 电力法基本制度

一、电力规划制度

(一)电力规划制度的概念及规划制订的原则

电力规划，是指通过对电力系统中潜在的技术和经济问题进行预测分析，判断电力系统的充裕性,并以此提出解决方案,规划投资工作,在决策过程中要综合考虑社会、经济、技术、环境等因素,结合电力工业内部发、输、变之间的比例关系,妥善处理好电力工业布局、电力工业发展速度、电力工业经济效益等方面的问题,对电力建设作出长远安排。①

我国《电力法》第 10 条规定,电力发展规划应当根据国民经济和社会发展的需要制定,并纳入国民经济和社会发展计划。电力发展规划,应当体现合理利用能源、电源与电网配套发展、提高经济效益和有利于环境保护的原则。我国《电力规划管理办法》第 6 条规定,电力规划应在能源发展总体规划框架下,统筹衔接水电、煤电、气电、核电、新能源发电以及输配电网等规划;支持非化石能源优先利用和分布式能源发展,努力实现电力系统安全可靠、经济合理、清洁环保、灵活高效;鼓励创新,促进电力产业升级,积极推动能源生产、消费、供给与科技革命,促进能源与经济社会创新、协调、绿色、开放、共享发展。因此,制定电力规划应当遵循以下 4 项原则:

1. 合理利用能源原则

第一,应根据国民经济和社会发展对电力的实际需要,有计划、有步骤地对能源进行开发利用。不能只考虑局部暂时的利益,对能源进行盲目、超量的开发利用。第二,通过研究和推广综合利用新能源的技术,鼓励发展综合利用能源项目建设,进一步降低主要能源的消耗。第三,要注意改善能源利用的结构,使各种能源的利用做到均衡化。如保持电网水火电比例合理、鼓励利用各种可再生能源以及新能源发电等。

2. 电源与电网配套发展的原则

电力系统由电源和电网两部分组成。电源建设与电网建设配套发展的主要含义是,在规划电源布局和电网结构时,必须遵循电力发展的基本规律,对电源数量和输变电设施、调度通信自动化设施等电网配套设施协调安排,合理引导投资流向,保证电网配套设施与电源项目能够同时设计、同时建设。电源与电网配套发展是由电力生产、供应和销售 3 个环节相对独立但又不可分割的特点决定的。首先,配套建设符合科学规律和安全准则的要求,可以避免发生事故造成的停电和限电,控制事故影响范围;其次,配套建设可以改变无功补偿、电压调整手段不足等缺陷,使调度、通信等设施满足发、供、用电安全运行的要求;最后,配套建设可以改变高、低压电网不适应送电、用电的落后现象,保证安全经济地向用户供电。

① 参见夏提古丽·克尤木:《电力规划在电力建设过程中的影响》,载《科技与企业》2015 年第 18 期。

3. 提高经济效益原则

电力规划应该反映电力工业的长期供需关系，提高资源的配置效率，为电力项目的投资运行提供正确的经济信号，避免出现投资不足或者投资过剩的现象，使电力项目建设保持合理的投资回报率。

4. 有利于环境保护原则

一方面，要支持非化石能源优先利用和分布式能源发展，努力实现电力系统安全可靠、经济合理、清洁环保、灵活高效；另一方面，要鼓励创新，促进电力产业升级，积极推动能源生产、消费、供给与科技革命，促进能源与经济社会创新、协调、绿色、开放、共享发展。

（二）电力规划制度的主要内容

电力规划，是指以电力规划综合研究成果为依据，充分吸收电力规划建议，全面落实国家和地方经济社会发展目标要求，深入分析电力工业现状、面临的形势以及政策、资源和生态环境等约束性因素，提出电力发展的指导思想、基本原则、发展目标、重点任务及保障措施。电力规划主要包括全国电力规划（含区域电力规划，下同）和省级电力规划。全国电力规划由国家能源局负责编制，经国家发展改革委审定后，由国家能源局公开发布（保密内容除外）。省级电力规划由省级能源主管部门负责编制，报国家能源局衔接并达成一致后，由省级人民政府批准并公开发布（保密内容除外）。全国电力规划指导省级电力规划，省级电力规划服从全国电力和能源规划及省级能源发展规划，全国电力规划和省级电力规划应做到上下衔接、协调统一。

二、电力业务许可制度

电力业务许可制度，是指国家能源局根据法律的授权，对从事电力业务的市场主体提出的申请进行审查，决定是否颁发许可证，并对被许可人按照电力业务许可证确定的条件、范围和义务从事电力业务的情况进行监督检查的一种制度。在我国，申请电力业务许可证，应当向国家能源局派出机构提出，国家能源局派出机构负责实施辖区内电力业务许可证的颁发，由国家能源局及其派出机构负责电力业务许可证的监督管理工作。

（一）电力业务许可证的类别

电力业务许可证分为发电、输电、供电 3 个类别。公用电厂、并网运行的自备电厂及国家能源局规定的其他企业从事发电业务的，应当取得发电类电力业务许可证；跨区域经营的电网企业，跨省、自治区、直辖市经营的电网企业，省、自治区、直辖市电网企业，国家能源局规定的其他企业从事输电业务的，应当取得输电类电力业务许可证;省辖市、自治州、盟、地区供电企业,县、自治县、县级市供电企业、国家能源局规定的其他企业从事供电业务的,应当取得供电类电力业务许可证;从事两类以上电力业务的,应当分别取得两类以上电力业务许可证。

(二)申请电力业务许可证的条件

申请电力业务许可证,应当具备下列基本条件:具有法人资格;具有与申请从事的电力业务相适应的财务能力;生产运行负责人、技术负责人、安全负责人和财务负责人具有3年以上与申请从事的电力业务相适应的工作经历,具有中级以上专业技术任职资格或者岗位培训合格证书;法律、法规规定的其他条件。

申请发电类电力业务许可证的,除具备基本条件外,还应当具备下列条件:发电项目建设经有关主管部门审批或者核准;发电设施具备发电运行的能力;发电项目符合环境保护的有关规定和要求。

申请输电类电力业务许可证的,除具备基本条件外,还应当具备下列条件:输电项目建设经有关主管部门审批或者核准;具有与申请从事的输电业务相适应的输电网络;输电项目按照有关规定通过竣工验收;输电项目符合环境保护的有关规定和要求。

申请供电类电力业务许可证的,除具备基本条件外,还应当具备下列条件:具有经有关主管部门批准的供电营业区;具有与申请从事供电业务相适应的供电网络和营业网点;承诺履行电力社会普遍服务义务;供电项目符合环境保护的有关规定和要求。

(三)电力业务许可证的申请与受理

申请电力业务许可证的,应当提供下列材料:法定代表人签署的许可证申请表;法人营业执照副本及其复印件;企业最近2年的年度财务报告;成立不足2年的,出具企业成立以来的年度财务报告或者验资报告;由具有合格资质的会计师事务所出具的最近2年的财务状况审计报告和对营运资金状况的说明;成立不足2年的,出具企业成立以来的财务状况审计报告和对营运资金状况的说明;企业生产运行负责人、技术负责人、安全负责人、财务负责人的简历、专业技术任职资格证书等有关证明材料。

申请发电类电力业务许可证的,除提供基本材料外,还应当提供下列材料:发电项目建设经有关主管部门审批或者核准的证明材料;发电项目通过竣工验收的证明材料;尚未组织竣工验收的,提供发电机组通过启动验收的证明材料或者有关主管部门认可的质量监督机构同意整套启动的质量监督检查报告;发电项目符合环境保护有关规定和要求的证明材料。

申请输电类电力业务许可证的，除提供基本材料外，还应当提供下列材料：输电项目建设经有关主管部门审批或者核准的证明材料；输电项目通过竣工验收的证明材料；输电项目符合环境保护有关规定和要求的证明材料；电能质量和服务质量承诺书。

申请供电类电力业务许可证的，除提供基本材料外，还应当提供下列材料：供电营业区域的证明材料及其地理平面图；供电网络分布概况；设立的供电营业分支机构及其相应的供电营业区域概况；履行电力社会普遍服务义务的承诺书；供电项目符合环境保护有关规定和要求的证明材料。

国家能源局派出机构应当对申请人提交的申请材料进行审查。根据实际需要，可以对申请材料的实质内容进行核实。国家能源局派出机构作出电力业务许可决定，依法需要举行听证的，应当按照有关规定举行听证。

三、电力监管制度

（一）电力监管的概念

电力监管，是指为了加强电力监管、规范电力监管行为、完善电力监管制度，电力监管机构对电力企业及用户执行电力法律法规的情况进行监督检查，包括对电力企业在电力市场中的交易行为进行直接控制和间接调控，实现电力资源的市场配置。例如，对垄断性的输、配电环节的政府监管和对竞争性的发电市场和售电市场的监管。

（二）电力监管的目标

1. 维护电力市场秩序。电力产业的发展关系国家的经济发展及人民群众的生活，国家电力监管机构必须对其进行有力监管，而不能任由电力市场自由发展。

2. 依法保护电力投资者、经营者、使用者的合法权益和社会公共利益。电力投资者对其投资形成的电力，享有法定权益。电力监管机构在维护社会公共利益的同时，也要保障电力投资者、经营者和使用者的合法权益。

3. 保障电力系统安全稳定运行。由于电力产业是技术密集型和资金密集型的产业。电力发、输、配、用具有实时性，且电力无法大规模储存，必须加强对电力设施的检查，保障电力系统的安全稳定运行。

4. 促进电力事业健康发展。电力行业事关人民生活和经济发展安全，国务院及地方电力监管机构应当对电力市场、发电、电网调度交易、供电及电力安全等内容进行监督管理，确保电力事业保持健康发展的态势。

（三）电力监管的原则

1. 合法原则。电力监管应当依法进行，依法从事电力监管工作的人员在进行现场检查时,应当出示有效执法证件。

2.公开、公正和效率原则。公开,是指监管机构应该将与电力有关的信息透明公开;公正,是指电力监管机构应当公平地协调电力投资者、经营者和使用者的权益;效率是要求电力监管机构优化资源配置,有效实施监管活动。

(四)电力监管的内容

1.对电力市场的监管。电力监管机构按照国家有关规定,对发电企业在各电力市场中所占份额的比例实施监管。对电力市场向从事电力交易的主体公平、无歧视开放的情况以及输电企业公平开放电网的情况依法实施监管。

2.对发电企业的监管。电力监管机构对发电厂并网、电网互联以及发电厂与电网协调运行中执行有关规章、规则的情况实施监管。例如,发电企业竞价上网时上网报价的依据、最高和最低限额;单个发电企业装机容量所占市场份额;发电企业向电网企业和直接购买者申报和披露信息;发电企业竞价上网的电量、电价及其资产重组、股权转让、兼并等行为;与发电企业签约的客户的购买、消费电能等行为。

3.对电网企业的监管。对电力企业、电力调度机构执行电力市场运行规则的情况,以及电力调度交易机构执行电力调度规则的情况实施监管。例如,电网企业通过负荷预测提出的电源增容规划、计划,电源增容中的招投标活动过程,以及有关协议、合同;购电合同、购电价格及销售价格,以及电网经营企业向客户及发电企业披露提供的信息、数据资料;电网企业提出的电力系统发展规划是否实施优化决策;系统的质量、安全标准,对输配电系统的维护状况、电网的效率、财务业绩是否达到政府规定的标准;对用户的服务、供电质量及可靠性指标状况、对用户的投诉处理、安全经济调度是否达标。

4.对电力销售企业的监管。对电力销售企业按照国家规定的电能质量和供电服务质量标准向用户提供供电服务的情况实施监管。会同国务院价格主管部门依照法律、行政法规和国务院的规定,对市场电价实施监管。电力销售企业和客户之间的交易行为是否做到公正、公平、公开,是否及时向用户发布应该公布的信息,电力市场交易行为中买卖双方的履约情况,双方争议问题,违规、违章的市场行为等均属于被监管的内容。

(五)电力监管的措施

1.要求电力企业、电力调度交易机构报送与监管事项相关的文件、资料。电力企业、电力调度交易机构应当如实提供有关文件、资料。

2.建立电力监管信息系统。电力企业、电力调度交易机构应当按照国务院电力监管机构的规定将与监管相关的信息系统接入电力监管信息系统。

3. 责令电力企业、电力调度交易机构按照国家有关电力监管规章、规则的规定如实披露有关信息。

4. 进行现场检查。进入电力企业、电力调度交易机构进行检查;询问电力企业、电力调度交易机构的工作人员,要求其对有关检查事项作出说明;查阅、复制与检查事项有关的文件、资料,对可能被转移、隐匿、损毁的文件、资料予以封存;对检查中发现的违法行为,有权当场予以纠正或者要求限期改正。

5. 对并网和互联纠纷进行协调或裁决。发电厂与电网并网、电网与电网互联,并网双方或者互联双方达不成协议,影响电力交易正常进行的,电力监管机构应当进行协调;经协调仍不能达成协议的,由电力监管机构作出裁决。

6. 对电力生产安全事故采取处置措施。电力企业发生电力生产安全事故,应当及时采取措施,防止事故扩大,并向电力监管机构和其他有关部门报告。电力监管机构接到发生重大电力生产安全事故报告后,应当按照重大电力生产安全事故处置预案,及时采取处置措施。电力监管机构按照国家有关规定组织或者参加电力生产安全事故的调查处理。

7. 对电力企业、电力调度交易机构的违法行为向社会公开。电力监管机构对电力企业、电力调度交易机构违反有关电力监管的法律、行政法规或者有关电力监管规章、规则,损害社会公共利益的行为及其处理情况,可以向社会公布。

(六)违反电力监管的法律责任

1. 电力监管工作人员违反监管义务的法律责任

电力监管机构从事监管工作的人员有下列情形之一的,依法给予行政处分;构成犯罪的,依法追究刑事责任:违反有关法律和国务院有关规定颁发电力业务许可证的;发现未经许可擅自经营电力业务的行为,不依法进行处理的;发现违法行为或者接到对违法行为的举报后,不及时进行处理的;利用职务便利谋取不正当利益的。

电力监管机构从事监管工作的人员在电力企业、电力调度交易机构兼任职务的,由电力监管机构责令改正,没收兼职所得;拒不改正的,予以辞退或者开除。

2. 被监管对象违反相关规定的法律责任

(1)违反规定未取得电力业务许可证擅自经营电力业务的,由电力监管机构责令改正,没收违法所得,可以并处违法所得5倍以下的罚款;构成犯罪的,依法追究刑事责任。

(2)电力企业有下列情形之一的,由电力监管机构责令改正;拒不改正的,处10万元以上100万元以下的罚款;对直接负责的主管人员和其他直接责任人员,依法给予处分;情节严重的,可以吊销电力业务许可证:不遵守电力市场运行规则的;发电厂并网、电网互联不遵守有关规章、规则的；不向从事电力交易的主体公平、无歧视开放电力市场或者不按照规定公平开放电网的。

(3)供电企业未按照国家规定的电能质量和供电服务质量标准向用户提供供电服务的，由电力监管机构责令改正，给予警告；情节严重的，对直接负责的主管人员和其他直接责任人员，依法给予处分。

(4)电力调度交易机构违反《电力监管条例》规定，不按照电力市场运行规则组织交易的，由电力监管机构责令改正；拒不改正的，处10万元以上100万元以下的罚款；对直接负责的主管人员和其他直接责任人员，依法给予处分。

电力调度交易机构工作人员泄露电力交易内幕信息的，由电力监管机构责令改正，并依法给予处分。

(5)电力企业、电力调度交易机构有下列情形之一的，由电力监管机构责令改正；拒不改正的，处5万元以上50万元以下的罚款，对直接负责的主管人员和其他直接责任人员，依法给予处分；构成犯罪的，依法追究刑事责任：拒绝或者阻碍电力监管机构及其从事监管工作的人员依法履行监管职责的；提供虚假或者隐瞒重要事实的文件、资料的；未按照国家有关电力监管规章、规则的规定披露有关信息的。

四、电价定价制度

(一)电价的概念

电价，是指电力供应商向电力终端消费者所销售的电力商品的价格，是电力商品价值的货币表现形式，在垂直垄断一体化模式下，电价通常由政府制定或者严格监管，一般由成本加合理利润构成。在市场条件下，电价受到供求关系的影响，围绕电力商品的价值上下波动。

(二)我国现行电价的类别及确定

我国《电力法》规定的电价类别有电力生产企业的上网电价、电网间的互供电价以及电网销售电价。电价实行统一政策，统一定价原则，分级管理。制定电价，应当合理补偿成本、合理确定收益、依法计入税金、坚持公平负担、促进电力建设。上网电价实行同网同质同价。

电价的确定方法及程序如下：

1. 跨省、自治区、直辖市电网和省级电网内的上网电价，由电力生产企业和电网经营企业协商提出方案，报国务院物价行政主管部门核准；独立电网内的上网电价，由电力生产企业和电网经营企业协商提出方案，报有管理权的物价行政主管部门核准；地方投资的电力生产企业所生产的电力，属于在省内各地区形成独立电网的或者自发自用的,其电价可以由省、自治区、直辖市人民政府管理。

2. 跨省、自治区、直辖市电网和独立电网之间、省级电网和独立电网之间的互供电价,由双方协商提出方案,报国务院物价行政主管部门或者其授权的部门核准;独立电网与独立电网之间的互供电价,由双方协商提出方案,报有管理权的物价行政主管部门核准。

3. 跨省、自治区、直辖市电网和省级电网的销售电价,由电网经营企业提出方案,报国务院物价行政主管部门或者其授权的部门核准;独立电网的销售电价,由电网经营企业提出方案,报有管理权的物价行政主管部门核准。

此外,2002 年国务院印发了《电力体制改革方案》。2003 年国务院办公厅印发了《电价改革方案》。为了推荐电价改革的实施工作,促进电价机制的根本性转变,国家发展改革委会同有关部门制定了《上网电价管理暂行办法》《输配电价管理暂行办法》《销售电价管理暂行办法》。这些文件将电价划分为上网电价、输配电价和销售电价,标志我国尝试实行新的电价管理机制。

上网电价,是指发电企业与购电方进行上网电能结算的价格。分为竞价上网电价和非竞价上网电价两种形式。后者由政府价格主管部门根据多种因素而核定。由于购电方几乎都是电网经营企业,竞价上网的电价实际上非常少。

输配电价,是指电网经营企业提供接入系统、联网、电能输送和销售服务的价格总称。它由政府制定,实行统一政策,分级管理。政府制定输配电价的原则是"合理成本、合理盈利、依法计税、公平负担"。

销售电价,是指电网经营企业对终端用户销售电能的价格。它由政府定价、统一政策、分级管理。制定销售电价的原则是坚持公平负担,有效调节电力需求,兼顾公共政策目标,并建立与上网电价联动的机制。

五、供用电合同制度

(一)供用电合同的概念及内容

我国《民法典》第 648 条规定,供用电合同是供电人向用电人供电,用电人支付电费的合同。向社会公众供电的供电人,不得拒绝用电人合理的订立合同的要求。电是一种能量,是特殊物,需要通过电网交易才能履行合同义务,所以一般供电人与用电人还需和第三方输配电服务方签订输配电服务合同。供用电合同的内容一般包括供电的方式、质量、时间,用电容量、地址、性质,计量方式,电价、电费的结算方式,供用电设施的维护责任等条款。

(二)供用电合同的责任承担

供电人应当按照国家规定的供电质量标准和约定安全供电。供电人未按照国家规定的供电质量标准和约定安全供电，造成用电人损失的，应当承担赔偿责任。供电人因供电设施计划检修、临时检修、依法限电或者用电人违法用电等原因，需要中断供电时，应当按照国家有关规定事先通知用电人；未事先通知用电人中断供电，造成用电人损失的，应当承担赔偿责任。用电人应当按照国家有关规定和当事人的约定及时支付电费。用电人逾期不支付电费的，应当按照约定支付违约金。经催告用电人在合理期限内仍不支付电费和违约金的，供电人可以按照国家规定的程序中止供电。供电人依据前款规定中止供电的，应当事先通知用电人。用电人应当按照国家有关规定和当事人的约定安全、节约和计划用电。用电人未按照国家有关规定和当事人的约定用电，造成供电人损失的，应当承担赔偿责任。

六、绿色电力证书制度

（一）绿色电力证书的概念

2017 年 1 月国家发展改革委、财政部、国家能源局联合发布了《关于试行可再生能源绿色电力证书核发及自愿认购交易制度的通知》（发改能源〔2017〕132 号），标志我国绿色电力证书制度正式试行。“绿色电力证书”（以下简称绿证），是指国家可再生能源信息管理中心按照国家能源局相关管理规定，依据可再生能源上网电量通过国家能源局可再生能源发电项目信息管理平台向符合资格的可再生能源发电企业颁发的具有唯一代码标识的电子凭证。

（二）绿色电力证书制度的内容

三部委发布的绿证自愿认购政策对于绿证的核发对象、核发标准、核发规则、认购方式和价格限制作出了原则性规定。第一，关于绿证核发对象。我国目前可再生能源发电种类丰富，但相对而言，陆上风电和光伏发电项目的技术较成熟，目前仅将陆上风电和光伏发电项目（不含分布式光伏发电）作为绿证核发对象。第二，绿证核发标准。国家可再生能源信息管理中心负责复核企业所属项目的合规性和月度结算，按照 1 个证书对应 1 兆瓦时结算电量标准，向企业核发相应证书。不足 1 兆瓦时结算电量部分，结转到次月核发。第三，核发方式。发电企业登录国家能源局官网，点击进入国家可再生能源发电项目信息管理系统，提供项目核准（备案）文件、电费结算单、发票、银行转账证明等证明材料申请绿证。国家可再生能源信息管理中心将按照相关管理规定审核并按月发放绿证。第四，自愿认购。政府机关、企事业单位、自然人等均可以在全国绿证自愿认购平台上注册账户并认购绿证。通过资格审核的陆上风电和光伏发电企业可申请在认购平台上开户并出售绿证。为了避免交易主体利用绿证进行市场“炒作”，政策规定绿证经认购后不得再次交易。绿证认购采取以出售绿证数量冲抵补贴电量的方法，发电企业出售绿证后，相应的电量不再享受国家可再生能源电价附加资金的补贴。未出售绿证对应的电量部分仍享受原有补贴。

第三节　电力体制改革

一、电力体制改革内容

自2002年电力体制改革实施以来，在党中央、国务院领导下，电力行业破除了独家办电的体制，改变了指令性计划体制和政企不分、厂网不分等问题，初步形成了电力市场主体多元化竞争格局。同时，电力行业发展还面临一些亟须通过改革解决的问题：一是交易机制缺失，资源利用效率不高。售电侧有效竞争机制尚未建立，发电企业和用户之间市场交易有限，市场配置资源的决定性作用难以发挥。节能高效环保机组不能充分利用，弃水、弃风、弃光现象时有发生，个别地区窝电和缺电并存。二是价格关系没有理顺，市场化定价机制尚未完全形成。现行电价管理仍以政府定价为主，电价调整往往滞后成本变化，难以及时并合理反映用电成本、市场供求状况、资源稀缺程度和环境保护支出。三是政府职能转变不到位，规划协调机制不完善。各类专项发展规划之间、电力规划的实际执行与规划偏差过大。四是发展机制有待健全，新能源和可再生能源开发利用面临困难。光伏发电等新能源产业设备制造产能和建设、运营、消费需求不匹配，没有形成研发、生产、利用相互促进的良性循环，可再生能源和可再生能源发电无歧视、无障碍上网问题未得到有效解决。五是立法、修法工作相对滞后，制约电力市场化和健康发展。现有的一些电力法律法规已经不能适应发展的现实需要，有的配套改革政策迟迟不能出台，亟待修订有关法律、法规、政策、标准，为电力行业发展提供依据。为了进一步深化电力体制改革，中共中央、国务院于2015年3月15日下发了《关于进一步深化电力体制改革的若干意见》，主要包括电价、电力交易体制、电力交易机构、发用电计划、售电侧、电网及电力统筹规划和科学监管这七个方面的改革。

（一）有序推进电价改革，理顺电价形成机制

1. 总体目标

建立规则明晰、水平合理、监管有力、科学透明的独立输配电价体系，形成保障电网安全运行、满足电力市场需要的输配电价形成机制。还原电力商品属性，按照“准许成本加合理收益”的原则，核定电网企业准许总收入和分电压等级输配电价，明确政府性基金和交叉补贴，并向社会公布，接受社会监督。健全对电网企业的约束和激

励机制,促进电网企业改进管理,降低成本,提高效率。

2. 具体内容

(1)单独核定输配电价。政府定价的范围主要限定在重要公用事业、公益性服务和网络型自然垄断环节。政府主要核定输配电价,并向社会公布,接受社会监督。输配电价逐步过渡到按“准许成本加合理收益”原则,分电压等级核定。用户或售电主体按照其接入的电网电压等级所对应的输配电价支付费用。

(2)分步实现公益性以外的发售电价格由市场形成。放开竞争性环节电力价格,把输配电价与发售电价在形成机制上分开。合理确定生物质能发电补贴标准。参与电力市场交易的发电企业上网电价由用户或售电主体与发电企业通过协商、市场竞价等方式自主确定。参与电力市场交易的用户购电价格由市场交易价格、输配电价(含线损)、政府性基金三部分组成。其他没有参与直接交易和竞价交易的上网电量,以及居民、农业、重要公用事业和公益性服务用电,继续执行政府定价。

(3)分类推进交叉补贴改革。结合电价改革进程,配套改革不同种类电价之间的交叉补贴,逐步减少工商业内部交叉补贴,妥善处理居民、农业用户交叉补贴。过渡期间,由电网企业申报现有各类用户电价间交叉补贴数额,经政府价格主管部门审核后通过输配电价回收;输配电价改革后,根据电网各电压等级的资产、费用、电量、线损率等情况核定分电压等级输配电价,测算并单列居民、农业等享受的交叉补贴以及工商业用户承担的交叉补贴。鼓励试点地区积极探索,采取多种措施保障交叉补贴资金来源。各地全部完成交叉补贴测算和核定工作后,统一研究提出妥善处理交叉补贴的政策措施。

(二)推进电力交易体制改革,完善市场化交易机制

1. 总体要求

遵循市场经济基本规律和电力工业运行客观规律,积极培育市场主体,坚持节能减排,建立公平、规范、高效的电力交易平台,引入市场竞争,打破市场壁垒,无歧视开放电网。具备条件的地区逐步建立以中长期交易为主、现货交易为补充的市场化电力电量平衡机制;逐步建立以中长期交易规避风险,以现货市场发现价格,交易品种齐全、功能完善的电力市场。在全国范围内逐步形成竞争充分、开放有序、健康发展的市场体系。有序放开发用电计划、竞争性环节电价,不断扩大参与直接交易的市场主体范围和电量规模,逐步建立市场化的跨省跨区电力交易机制。

2. 具体内容

(1)规范市场主体准入标准。按照接入电压等级,能耗水平、排放水平、产业政策以及区域差别化政策等确定并公布可参与直接交易的发电企业、售电主体和用户

准入标准。按电压等级分期分批放开用户参与直接交易,参与直接交易企业的单位能耗、环保排放均应达到国家标准,不符合国家产业政策以及产品和工艺属于淘汰类的企业不得参与直接交易。进一步完善和创新制度,支持环保高效特别是超低排放机组通过直接交易和科学调度多发电。准入标准确定后,省级政府按年公布当地符合标准的发电企业和售电主体目录,对用户目录实施动态监管,进入目录的发电企业、售电主体和用户可自愿到交易机构注册成为市场主体。

(2)引导市场主体开展多方直接交易。有序探索对符合标准的发电企业、售电主体和用户赋予自主选择权,确定交易对象、电量和价格,按照国家规定的输配电价向电网企业支付相应的过网费,直接洽谈合同,实现多方直接交易,短期和即时交易通过调度和交易机构实现,为工商业企业等各类用户提供更加经济、优质的电力保障。

(3)鼓励建立长期稳定的交易机制。构建体现市场主体意愿、长期稳定的双边市场模式,任何部门和单位不得干预市场主体的合法交易行为。直接交易双方通过自主协商决定交易事项,依法依规签订电网企业参与的三方合同。鼓励用户与发电企业之间签订长期稳定的合同,建立并完善实现合同调整及偏差电量处理的交易平衡机制。

(4)建立辅助服务分担共享新机制。适应电网调峰、调频、调压和用户可中断负荷等辅助服务新要求,完善并网发电企业辅助服务考核新机制和补偿机制。根据电网可靠性和服务质量,按照"谁受益、谁承担"的原则,建立用户参与的服务分担共享机制。用户可以结合自身负荷特性,自愿选择与发电企业或电网企业签订保供电协议、可中断负荷协议等合同,约定各自的服务权利与义务,承担必要的辅助服务费用,或按照贡献获得相应的经济补偿。

(5)完善跨省跨区电力交易机制。按照国家能源战略和经济、节能、环保、安全的原则,采取以中长期交易为主、临时交易为补充的交易模式,推进跨省、跨区电力市场化交易,促进电力资源在更大范围内优化配置。鼓励具备条件的区域在政府指导下建立规范的跨省跨区电力市场交易机制,促使电力富余地区更好地向缺电地区输送电力,充分发挥市场配置资源、调剂余缺的作用。积极开展跨省跨区辅助服务交易。待时机成熟时,探索开展电力期货和电力场外衍生品交易,为发电企业、售电主体和用户提供远期价格基准和风险管理手段。

(三)建立相对独立的电力交易机构,形成公平规范的市场交易平台

1. 总体要求

坚持市场化改革方向,适应电力工业发展客观要求,以构建统一开放、竞争有序

的电力市场体系为目标,组建相对独立的电力交易机构,搭建公开透明、功能完善的电力交易平台,依法依规提供规范、可靠、高效、优质的电力交易服务,形成公平公正、有效竞争的市场格局,促进市场在能源资源优化配置中发挥决定性作用和更好地发挥政府作用。

2. 具体内容

(1)遵循市场经济规律和电力技术特性定位电网企业功能。改变电网企业集电力输送、电力统购统销、调度交易为一体的状况,电网企业主要从事电网投资运行、电力传输配送,负责电网系统安全,保障电网公平无歧视开放,按国家规定履行电力普遍服务义务。继续完善主辅分离。

(2)改革和规范电网企业运营模式。电网企业不再以上网电价和销售电价价差作为收入来源,按照政府核定的输配电价收取过网费。确保电网企业稳定的收入来源和收益水平,规范电网企业投资和资产管理行为。

(3)组建和规范运行相对独立的电力交易机构。交易机构不以营利为目的,在政府监管下为市场主体提供规范、公开、透明的电力交易服务。交易机构主要负责市场交易平台的建设、运营和管理;负责市场交易组织,提供结算依据和相关服务,汇总电力用户与发电企业自主签订的双边合同;负责市场主体注册和相应管理,披露和发布市场信息等。将原来由电网企业承担的交易业务与其他业务分开,按照政府批准的章程和规则组建交易机构。交易机构可以采取电网企业相对控股的公司制、电网企业子公司制、会员制等组织形式。其中,电网企业相对控股的公司制交易机构,由电网企业相对控股,第三方机构及发电企业、售电企业、电力用户等市场主体参股。会员制交易机构由市场主体按照相关规则组建。

(四)推进发用电计划改革,更多发挥市场机制的作用

1. 总体思路

在坚持市场化、保障民生、节能减排和清洁能源优先上网、电力系统安全和供需平衡、有序推进原则的基础上,通过建立优先购电制度保障无议价能力的用户用电,通过建立优先发电制度保障清洁能源发电、调节性电源发电优先上网,通过直接交易、电力市场等市场化交易方式,逐步放开其他的发用电计划。在保证电力供需平衡、保障社会秩序的前提下,实现电力电量平衡从以计划手段为主平稳过渡到以市场手段为主,并促进节能减排。

2. 具体内容

(1)有序缩减发用电计划。根据市场发育程度,直接交易的电量和容量不再纳入发用电计划。鼓励新增工业用户和新核准的发电机组积极参与电力市场交易,其

电量尽快实现以市场交易为主。

(2)完善政府公益性调节性服务功能。政府保留必要的公益性调节性发用电计划,以确保居民、农业、重要公用事业和公益性服务等用电,确保维护电网调峰调频和安全运行,确保可再生能源发电依照规划保障性收购。积极开展电力需求侧管理和能效管理,通过运用现代信息技术、培育电能服务、实施需求响应等,促进供需平衡和节能减排。加强老少边穷地区电力供应保障,确保无电人口用电全覆盖。

(3)进一步提升以需求侧管理为主的供需平衡保障水平。政府有关部门要按照市场化的方向,从需求侧和供应侧两方面入手,搞好电力电量整体平衡。提高电力供应的安全可靠水平。常态化、精细化开展有序用电工作,有效保障在供需紧张情况下居民等重点用电需求不受影响。加强电力应急能力建设,提升应急响应水平,确保在紧急状态下社会秩序稳定。

(五)稳步推进售电侧改革,有序向社会资本放开售电业务

1. 总体目标

向社会资本开放售电业务,多途径培育售电侧市场竞争主体,有利于更多的用户拥有选择权,提升售电服务质量和用户用能水平。售电侧改革与电价改革、交易体制改革、发用电计划改革等协调推进,形成有效竞争的市场结构和市场体系,促进能源资源优化配置,提高能源利用效率和清洁能源消纳水平,提高供电安全可靠性。

2. 具体内容

(1)鼓励社会资本投资配电业务。按照有利于促进配电网建设发展和提高配电运营效率的要求,探索社会资本投资配电业务的有效途径。逐步向符合条件的市场主体放开增量配电投资业务,鼓励以混合所有制方式发展配电业务。

(2)建立市场主体准入和退出机制。根据开放售电侧市场的要求和各地实际情况,科学界定符合技术、安全、环保、节能和社会责任要求的售电主体条件。明确售电主体的市场准入、退出规则,加强监管,切实保障各相关方的合法权益。电网企业应无歧视地向售电主体及其用户提供报装、计量、抄表、维修等各类供电服务,按约定履行保底供应商义务,确保无议价能力用户也有电可用。

(3)多途径培育市场主体。允许符合条件的高新产业园区或经济技术开发区,组建售电主体直接购电;鼓励社会资本投资成立售电主体,允许其从发电企业购买电量向用户销售;允许拥有分布式电源的用户或微网系统参与电力交易;鼓励供水、供气、供热等公共服务行业和节能服务公司从事售电业务;允许符合条件的发电企业投资和组建售电主体进入售电市场,从事售电业务。

(4)赋予市场主体相应的权责。售电主体可以采取多种方式通过电力市场购

电,包括向发电企业购电、通过集中竞价购电、向其他售电商购电等。售电主体、用户、其他相关方依法签订合同,明确相应的权利义务,约定交易、服务、收费、结算等事项。鼓励售电主体创新服务,向用户提供包括合同能源管理、综合节能和用能咨询等增值服务。各种电力生产方式都要严格按照国家有关规定承担电力基金、政策性交叉补贴、普遍服务、社会责任等义务。

(六)开放电网公平接入,建立分布式电源发展新机制

1. 总体目标

分布式电源主要采用“自发自用、余量上网、电网调节”的运营模式,完善并网运行服务,加强和规范自备电厂监督管理,全面放开用户侧分布式电源市场。

2. 具体内容

(1)积极发展分布式电源。分布式电源主要采用“自发自用、余量上网、电网调节”的运营模式,在确保安全的前提下,积极发展融合先进储能技术、信息技术的微电网和智能电网技术,提高系统消纳能力和能源利用效率。

(2)完善并网运行服务。加快修订和完善接入电网的技术标准、工程规范和相关管理办法,支持新能源、可再生能源、节能降耗和资源综合利用机组上网,积极推进新能源和可再生能源发电与其他电源、电网的有效衔接,依照规划认真落实可再生能源发电保障性收购制度,解决好无歧视、无障碍上网问题。加快制定完善新能源和可再生能源研发、制造、组装、并网、维护、改造等环节的国家技术标准。

(3)加强和规范自备电厂监督管理。规范自备电厂准入标准,自备电厂的建设和运行应符合国家能源产业政策和电力规划布局要求,严格执行国家节能和环保排放标准,公平承担社会责任,履行相应的调峰义务。拥有自备电厂的企业应按规定承担与自备电厂产业政策相符合的政府性基金、政策性交叉补贴和系统备用费。规范现有自备电厂成为合格市场主体,允许在公平承担发电企业社会责任的条件下参与电力市场交易。

(4)全面放开用户侧分布式电源市场。积极开展分布式电源项目的各类试点和示范。放开用户侧分布式电源建设,支持企业、机构、社区和家庭根据各自条件,因地制宜投资建设太阳能、风能、生物质能发电以及燃气“热电冷”联产等各类分布式电源,准许接入各电压等级的配电网络和终端用电系统。鼓励专业化能源服务公司与用户合作或以“合同能源管理”模式建设分布式电源。

(七)加强电力统筹规划和科学监管,提高电力安全可靠水平

1. 总体目标

进一步强化政府监管,强化电力统筹规划,强化电力安全高效运行和可靠供应。

减少和规范电力行业的行政审批,建立健全市场主体信用体系。

2. 具体内容

(1)切实加强电力行业特别是电网的统筹规划。政府有关部门要认真履行电力规划职责,优化电源与电网布局,加强电力规划与电源等规划之间、全国电力规划与地方电力规划之间的有效衔接。提升规划的覆盖面、权威性和科学性,增强规划的透明度和公众参与度,各种电源建设和电网布局要严格按照规划有序组织实施。电力规划应充分考虑资源环境承载力,依法开展规划的环境影响评价。规划经法定程序审核后,要向社会公开。建立规划实施检查、监督、评估、考核工作机制,保障电力规划的有效执行。

(2)切实加强电力行业及相关领域科学监管。完善电力监管组织体系,创新监管措施和手段,有效开展电力交易、调度、供电服务和安全监管,加强电网公平接入、电网投资行为、成本及投资运营效率监管,切实保障新能源并网接入,促进节能减排,保障居民供电和电网安全可靠运行。加强和完善行业协会自律、协调、监督、服务的功能,充分发挥其在政府、用户和企业之间的纽带作用。

(3)减少和规范电力行业的行政审批。进一步转变政府职能、简政放权,取消、下放电力项目审批权限,有效落实规划,明确审核条件和标准,规范简化审批程序,完善市场规则,保障电力发展战略、政策和标准有效落实。

(4)建立健全市场主体信用体系。加强市场主体诚信建设,规范市场秩序。有关部门要建立企业法人及其负责人、从业人员信用记录,将其纳入统一的信用信息平台,使各类企业的信用状况透明、可追溯、可核查。加大监管力度,对企业和个人的违法失信行为予以公开,违法失信行为严重且影响电力安全的,要实行严格的行业禁入措施。

(5)抓紧修订电力法律法规。根据改革总体要求和进程,抓紧完成电力法的修订及相关行政法规的研究起草工作,充分发挥立法对改革的引导、推动、规范、保障作用。加强电力依法行政,加大可再生能源法的实施力度,加快能源监管法规制定工作,适应依法监管、有效监管的要求,及时制定和修订其他相关法律、法规、规章。

二、电力体制改革与电力立法

我国于 1985 年开始研究起草《电力法》,1995 年 12 月 28 日经第八届全国人民代表大会常务委员会第十七次会议通过,并于 1996 年 4 月 1 日正式实施,结束了我国电力工业无法可依的历史。分别于 2009 年、2015 年和 2018 年进行了 3 次修改。它作为我国电力工业的基本规范,保障和促进了电力工业的发展,维护了电力投资者、经营者和使用者的合法权益,保障了电力安全运行,促进了国民经济的发展。但随着电力科技的进步、电力体制改革的深入、电力市场化改革的推进、电力产业的不断发展,我国现行《电力法》的内容相对滞后,制约了电力市场化的健康发展。有观点认为,电力革命尚无成熟的、可移植的样板,即使是欧美,也不敢称其电力改革已告完成,“摸着石头过河”自然无法预知应当制定什么样的法律。纵使根据当下的实践修改了《电力法》,一旦将来的改革脱离了法定的改革目标,法律就成了改革的阻碍,频繁修改刚刚通过的法律,既耗费社会成本又有损法律尊严。但是,这一“先破后立”的理论仅适用于不重视法治的年代。① 党的十八届四中全会《中共中央关于全面推进依法治国若干重大问题的决定》就明确指出,“做到重大改革于法有据”。在新的电力体制改革的背景下,对《电力法》进行修改,显得十分重要。

1. 明确立法目的。现行《电力法》的立法目的主要是:(1)保障和促进电力事业发展;(2)维护电力投资者、经营者和使用者的合法权益;(3)保障电力安全运行。可以看出,其与当下《电力法》的功能定位已经出现难以衔接之处。表现在:第一,“电力振兴”背景下的《电力法》以促进电力事业发展为根本目的,基于传统的自然垄断理论,其手段是通过“厂网分离”实现发电侧的竞争,而对当前电力体制改革所要求的售电侧竞争缺乏规定。第二,电力产业作为引起大气污染、气候变化的主要来源,理应承担起环境规制责任。在“生态文明建设”陆续写入《宪法》和《党章》的背景下,《电力法》有必要在立法目的部分体现其环保面向。为此,修改后的《电力法》可以将立法目的界定为:为了保障和促进电力事业发展,推动能源转型,保护生态环境,实现电力行业市场化经营,并维护电力投资者、经营者和使用者合法权益。

2. 培育和维护竞争性电力市场。现行《电力法》第3条构建了我国发电环节的竞争机制,输、配、售则由国家电网垄断经营。但是电力产业的垄断经营存在一些弊端。具体表现在,由于缺乏竞争压力,且政府顾及电力产业在国民经济中的基础地位而给予的巨额补贴,使电力产业丧失追求成本最小化、利润最大化的动机,最终造成电力产业生产效率低下、服务水平低劣、缺乏技术创新激励等负面效应。我国正在开展的新一轮电力体制改革的核心是“管住中间,放开两头”,实质是竞争性电力市场替代垂直一体化的电力产业模式,即输电业由国有资本垄断经营,配电业适度放开,发电与售电业则交由市场调节。市场主体的广泛参与,可以防止政府投资的盲目性和低效性,最大限度地满足未来用户的需求。《电力法》修改的首要任务,就是完整、妥帖地表达这一动向,使市场在电力资源配置中起到决定性作用,进而通过还原电力

---

① 参见刘宇晖:《对我国电力法体系的构想——以构建和维护竞争性电力市场为价值目标》,载《河北法学》2008年第7期。

的商品属性以释放改革红利。

3. 调整电价制度。放开竞争领域价格管制、保障公益性用电价格稳定是构建电力竞争性市场的核心要素。现行《电力法》第五章对“电价与电费”进行了专章规定。其核心是,电力竞价上网,销售电价根据政府审批,实行“同网同质同价”。这样的“半市场、半行政”格局,直接导致了电价失真、煤电不联动的问题。修改《电力法》第五章关于电价的行政干预已经成为培育电力竞争性市场的关键。电力市场的价格应该实行市场定价和政府定价相结合的原则,政府定价实行分时电价和阶梯电价;对符合国家规定的电力用户可以向发电企业直接购电或者通过售电市场根据公平竞争原则购买电力;供给普通居民与公益用电,电价应当由国务院物价行政主管部门根据成本加合理收益原则进行确定。总之,《电力法》的电价形成机制应当是无形之手(市场调节)与有形之手(政府调控)的组合,才能在释放电力市场竞争潜力的同时,保障社会用电的相对稳定。

4. 完善电力规划制度。电力发展规划是政府调控电力供需关系的行动纲领,其约束性指标是政府指导和管理能源的得力抓手。现行《电力法》第 10 条规定了电力发展规划制度。但是,基于信息的不对称以及缺乏监督的规划制定权,政府制定的电力发展规划难以充分考虑市场消纳能力,难以做到与电源建设、电网建设和市场需求有效衔接的通盘考虑。由此导致中国电力开发处于无序状态,可再生能源盲目扩张,火电利用小时数逐年下滑,水电、风电、光伏并网争议频发,说明当前的电力发展规划制度并未起到保障能源供需均衡、抑制投资过热的目的。究其根源,在于作为电力监管部门的国家能源局同时充当了电力产业的主管部门,一方面要控制电力行业滥用垄断权,另一方面又要促进电力产业的繁荣,相互冲突的职责势必带来不尽理想的调控效果。因此,对电力监管部门制定的电力发展规划,应当根据能源政策、环境保护、电能供需等因素,构建第三方主导的科学评估制度。以期形成规划制定的权力制衡,进而从源头上规避电力行业的产能过剩、资源浪费和环境破坏。

5. 推广利用可再生能源。可再生能源对于保护环境、延缓气候变化具有重要的价值。然而,可再生能源在发展初期成本高昂,特别是在化石能源发电所产生的环境污染外部成本没有内部化的情况下,可再生能源缺乏市场竞争力。因此,需要政府积极实施产业优惠政策,对可再生能源进行必要的扶持。《电力法》可以增设“清洁能源开发与使用”章节,规定以下措施以推动清洁能源的供给与使用:第一,电网经营企业应当加强电网建设,发展和应用智能电网、储能技术,提高可再生能源的消纳能力;第二,电网经营企业应当负责执行电力调度业务,在确保电力系统安全稳定的情况下,应当优先并网、调度可再生能源电力;第三,鼓励用户自愿认购具备可再生能源绿色电力证书的电力。①

6. 建立相对独立的电力交易机构。在现行《电力法》的框架下，电网企业由于承担输送、交易、调度等多种功能，形成了自然垄断。新一轮电力改革要将原来由电网企业承担的交易业务与其他业务分开，实现交易机构相对独立运行，打破电网垄断市场。因此，建立独立的电力交易机构势在必行。修改后的《电力法》需要明确电力交易机构的法律地位，规定其有关职责，例如，市场交易平台的建设、运营和管理，市场交易组织，提供结算依据和服务，汇总用户与发电企业自主签订的双方合同，市场主体的注册和相应管理，披露和发布市场信息等。

课后思考题

1. 简述我国电力法律体系。
2. 简述我国电价定价制度。
3. 简述我国绿色电力证书制度。
4. 论述我国电力体制改革。

阅读材料

1.《大唐贵州发耳发电有限公司与贵州兴化化工股份有限公司合同纠纷一审民事判决书》，载中国裁判文书网 2019 年 10 月 30 日，https://wenshu.court.gov.cn/website/wenshu/181107ANFZ0BXSK4/index.html? docId = 9cdb6a69e6f547a78eacaa1d0163e520。

2.《五家渠市旭阳光伏发电有限公司与新疆普新诚达能源科技有限公司侵权责任纠纷二审民事判决书》，载中国裁判文书网 2018 年 11 月 8 日，https://wenshu.court.gov.cn/website/wenshu/181107ANFZ0BXSK4/index.html? docId = 0183c60639194b5ead70a98a0022933a。

3.《绿证自愿认购政策解读》，载中国绿色电力证书认购交易平台，http://www.greenenergy.org.cn/gctrade/wshop/product/about.jhtml。

---

① 参见黄锡生、何江：《中国能源革命的法律表达：以〈电力法〉修改为视角》，载《中国人口·资源与环境》2019 年第 1 期。

本章课件

(请扫描二维码)

第九章　煤　炭　法

导　言

煤炭资源是我国目前能源领域重要的组成部分，煤炭产业的长足发展对我国有着极其重大的意义，原因在于我国对煤炭的需求量十分庞大且居高不下。但因过去传统煤炭产业的过度开采、利用率低、浪费量大等因素，导致了不少煤炭经济发展问题和生态环境问题。近年来，随着《煤炭法》的4次修订，以及国务院、各部委和各地方政府对煤炭持续健康发展的推动，在煤炭产业不断进行改革的过程中，我国煤炭法相关制度得以完善，煤炭产业逐渐走向可持续健康发展方向，生态环境亦得到较大改善。

对于作为重要能源的煤炭资源，本章主要讨论以下几个问题：

1. 我国煤炭产业发展历程和现存问题
2. 我国的煤炭法体系
3. 煤炭生产开发规划与煤矿建设制度
4. 煤炭生产与煤矿安全制度
5. 煤炭经营与监督检查制度
6. 煤矿矿区保护制度

第一节　煤炭法概述

一、我国的煤炭产业

作为我国重要的战略资源，煤炭资源在国民生产生活中一直扮演极其重要的角色，如居民日常供暖需要、重化工业的发展、火力发电等方面都对煤炭资源有较高需求量。从新中国成立至今，煤炭产业作为我国发展的基础产业和能源供应主体产业，逐步从技术落后走向科技现代化，年产量翻了几倍，供应支撑与安全保障能力得到飞跃式提升，为经济社会的快速发展提供了重要支撑。煤炭产业取得了不少的成就，逐渐从混乱无序往整体化、体系化、节能化方向发展,生产与科学技术水平持续提升,煤炭资源的整体产量不断加大,煤炭资源开采的安全生产条件也逐步得到改善。

(一)煤炭产业的发展

当前,我国煤炭产业的迅速发展主要表现为以下三个方面:

第一,煤炭产业内发展的调整步调加快,产业集中度提高,迎来了大规模兼并重组。

进入21世纪以来,我国煤炭企业兼并重组的数量迅速增多,加快了煤炭企业的调整步调。2001年山西省的3家大型企业即汾西矿务局、西山矿务局和霍州矿务局联合重组为山西焦煤集团公司;2002年宁夏回族自治区政府在亘元、太西、灵州三大煤业集团和原宁夏煤炭集团公司的基础上深度重新组建了煤炭一体化经营的宁夏煤业集团有限责任公司。

2003年中央政府开始着手制订大型煤炭基地建设规划方案,致力发展大型煤炭企业集团以提高煤炭产业的智能化水平。2003年年底,山西省委省政府将原大同煤矿集团公司和一些煤炭生产企业和销售企业重组,成立了新的大同煤矿集团有限责任公司。2004年陕西煤业化工集团有限责任公司经历了两次重组:第一次重组是陕西省的主要煤炭企业的重组,由陕西煤炭建设公司、陕西省煤炭运销集团公司、陕北矿业局等10个大型煤炭企业组成;第二次重组是与化工企业、机械制造企业进行重组,组建了陕西煤业化工集团有限责任公司。

2005年6月7日《关于促进煤炭工业健康发展的若干意见》开始实施,在煤炭产业内被称为纲领性文件,该意见提出了我国煤炭产业发展应"以建设大型煤炭基地、培育大型煤炭企业和企业集团为主线"的发展思路。该意见公布后,煤炭产业内企业的合并重组的步伐提速,各省先后组建了大型煤炭企业集团。2008年山西省政府引导煤炭企业朝着合并重组的方向前进,推动全国煤炭企业进行大规模重组。2008年6月峰峰矿业集团与金牛能源集团合并重组,组建了河北冀中能源集团。到2011年上半年,山西省煤炭企业减少90%,企业数量减少至100多家,矿井数量减半;合并重组出十几个大型煤炭企业集团以及几十个年产能约300万吨的地方煤炭企业集团。

2010年中国煤炭兼并重组峰会在北京召开。山东省采取"6+1"的模式对本省的煤炭企业进行合并重组,采取了大煤炭的集团战略,加强对省内外的煤炭掌控力度。2010年10月16日《关于加快推进煤矿企业兼并重组的若干意见》开始实施,各省政府开始加快促进企业进行兼并重组,组建了山东能源集团、晋能集团、河南能化集团等。2017年12月19日《关于进一步推进煤炭企业兼并重组转型升级的意见》

出台,提出到2025年,形成以大型企业为骨干、先进产能为主体的煤炭供给新格局。支持企业通过兼并重组,推广应用成熟、先进、适用的技术装备,加强技术攻关和科技成果转化,进一步提高机械化、自动化、信息化和智能化水平。

第二,煤炭产业改变投融资模式,不断向现代化、科技化、多元化发展。

2016年2月1日国务院出台《关于煤炭行业化解过剩产能实现脱困发展的意见》,帮助煤炭企业化解产能过剩,推进煤炭产业进行供给侧结构性改革。近年来,煤炭产业促进企业遵循煤炭资源建设与开发的市场秩序,同时促进煤炭产业采用多元化投融资机制进行改革发展。铁路、电力、金融等行业逐渐投资煤炭产业的大型项目,境外投资者也在逐年增加。煤炭与电力、化工等行业之间的隔阂逐渐消散,产业间与产业内的相关企业强强联合或重组,加快了煤炭产业与上下游相关产业相互融合、共同发展的步伐。

当前,我国煤炭产业生产与运输等环节的安全系数大幅提升,全国煤炭资源开发的机械化程度已经超过60%。因煤炭资源开采安全性的高低不仅关系国家能源安全,更重要的是关系数百万工人的生命安全,故当前煤炭产业已经大范围实现智能化发展,全国很多煤炭企业采用了地面远程控制与井下无人值守的方式对煤炭资源进行开发。2018年年底我国的清洁煤电系统远远领先于世界各国,煤炭排放标准也最严格。煤炭产业经过几十年的发展,煤炭运输逐渐由公路转向铁路,煤矿井下生产已不是陈旧的人力开采,已经逐渐实行煤炭产业的智能化开采,大大提高了生产和运输效率。

第三,煤炭资源实现市场定价,产业改革升级不断推进,打造新型煤炭产业。

在1993年,煤炭产业已经实施整体化市场管理,因煤炭价格由交易市场决定,政府不再过多干涉,煤炭产业发展迅速,旧企业管理模式被淘汰,新型发展模式崛起。到2002年,煤炭产业的定价由政府主导变成了市场主导。2009年煤炭订货会被政府取消,突出了企业自身的市场主体地位。2012年12月20日《关于深化电煤市场化改革的指导意见》发布,推进电煤价格联动机制,实现电煤产业实施两种不同的定价机制,即电煤价格双轨制。2014年5月15日《关于深入推进煤炭交易市场体系建设的指导意见》发布,大力推进煤炭产业新型改革走向市场化。近年来,煤炭产业中减少使用短期合同,致力于在中长期发展过程中对煤炭产业进行定价评估,保障煤炭交易时的定价公平。

2016年7月《关于实施减量置换严控煤炭新增产能有关事项的通知》发布,要求积极化解过剩产能,促进煤炭供需平衡,推动煤炭行业转型升级。煤炭产业改革步伐逐渐加快,到2018年,煤炭资源从总量上去产能转化为优产与精加工,重点处置“僵尸企业”。大量设施老化、操作程序效率低下的小煤矿逐渐跟不上产业的发展而退出市场,大型煤炭企业不断联合重组,提高煤炭产业的生产质量与安全供应能力,实现了煤炭由燃料效用向原料效用的改革。煤炭产业从传统的人工开采向智能化加工转变,实现了向煤制烯烃为主的新型产业发展,优化不同产业链的加工技术,采用融资联营、控股合作等各种不同方式,不断走上新型科技化产业发展之路。在政府的大力支持及煤炭发展整体规划不断更新的过程中,大型煤炭企业的现代化水平不断提升,小型煤炭企业的出产能力不断提高,增强了企业创新发展的能力,提高了整个煤炭产业更快、更迅速发展的能力。

(二)煤炭产业存在的问题

长期以来,煤炭产业在不断改革和发展的同时,也逐渐显现出不少问题,主要有以下几个方面。

第一,煤炭产业的发展过程中行政色彩浓厚,监管不够导致事故多发。

在煤炭企业合并重组的高潮时期,某些地方政府出台地方政策不断要求煤炭企业加大资金的投入、加快煤炭资源的整合,但在煤炭产业发展总体规划尚未形成时盲目投入巨额资金,在无宏观发展计划时随意整合煤炭资源,可能会导致企业无法掌控资源运转模式而给自身带来更大的负担,而不是巨大的收益。虽然我国煤炭企业不断地进行联合与重组,但我国煤炭产业集中度仍显不足,发展也稍显落后。同时,我国煤炭产业市场监督检查主体工作懈怠,无人检查或检查力度不够等现象时有出现,导致企业无证经营或越界经营的现象出现,煤炭安全事故多发,严重扰乱了煤炭资源的开发利用与煤炭产业的市场秩序。当前,很多煤炭企业还跟不上新型改革模式的步伐,创新能力、科技水平尚未提高,难以探索精细化的技术方法,故煤炭产业还要加强技术创新,促进产业改革,促进煤炭产业健康快速发展。

第二,煤炭产业的发展忽视生态保护,环境治理滞后。

几十年来,煤炭产业结构优化,煤炭产业的不断改革与进步在一定程度上促进了我国经济的快速发展,但是随着煤炭产能过剩以及产业的整体生产经营情况低迷,煤炭企业开始打价格战,煤炭行业的定价不断下降,但成本依然未减少,导致经营亏损加大,企业资金周转难,逐渐面临被淘汰的风险。与此同时,人力、物力的不断消耗,附近居住人群的身体素质变差和城市资源枯竭等危害,使全社会为煤炭产业的发展买单。某些地区在煤炭产业黄金发展时期繁荣壮大,但资源被开采消耗之后,变成资源枯竭型城市,如萍乡、铜川、钟祥、万盛、孝义等。资源枯竭型城市可用相同的关键词来形容,如能源、污染、沉陷区、陷坑密布、房屋倒塌、河流干涸等。

空气被污染、水资源被破坏,村民居住空间慢慢减小,但当地的居民仍需在恶劣的环境下生存。更严重的部分矿区因生态环境被破坏导致庄稼颗粒无收、房屋破裂、地面沉陷,整片地区荒凉惨淡。陷坑密布、河流干涸等生态环境退化是大力发展煤炭产业地区的共性问题,是产业无序发展的巨大代价,然而这些巨大代价却被开发者忽略,由社会为其买单,鲜少被计入企业开发的真实成本当中。在目前高度重视绿色发展以及生态保护的时代,若不对煤炭产业进行开发与发展的总体规划,采用科学的方式推进,就会导致煤炭产业发展的代价越来越大,从而阻碍煤炭产业的发展。

第三,煤炭产业产能过剩,行业间与行业内有待全面的优化调整。

当前煤炭产业的科技性与智能化水平不断提高,但煤炭产业内的发展极不均衡。根据煤炭协会大量的数据分析,个别大型煤炭企业的利润总和占整个煤炭产业利润的一半之多,小的煤炭企业发展缓慢技术不达标,导致产出的煤炭粗糙、利润极低,维持基本经营都十分困难。更严重的是,在煤炭企业自身运转问题还没解决好的同时,煤炭产能过剩将会成为常态。当前因国家核准的煤炭产能已经超过实际可消耗的产能,同时很多煤炭企业为了获得更多的利益而不断超产,煤炭产业的产量已经严重超过了煤炭的需求量,煤炭产能严重供大于求。煤炭市场环境较差,煤矿管理和安全生产难度较大,若煤炭企业自身不遵循煤炭产业的市场秩序,不按照需求量的大小组织生产,最终伤害的只会是煤炭企业自身。2015 年年底中央提出"推进供给侧结构性改革",为完成供给侧结构性改革"三去一降一补",即去产能、去库存、去杠杆、降成本、补短板的重点任务,国务院相继出台了《关于煤炭行业化解过剩产能实现脱困发展的意见》《降低实体经济企业成本工作方案的通知》《关于积极稳妥降低企业杠杆率的意见》等通知,自文件下发以来,煤炭产业积极贯彻落实并取得了一定成效。目前,煤炭产业仍需继续推进供给侧结构性改革,继续全面推进补短板措施等,以对接煤炭产业高质量发展。①

二、煤炭法的概念与特征

煤炭是重要能源,而且也是重要的工业原料,对我国经济安全关系重大。根据我国的总体经济发展水平以及相关趋势分析,在今后相当长的时期内,在根本上我国以煤炭为主的一次能源结构不会发生变化。煤炭产业的发展至关重要,关系生态保护、人民生活以及国家能源安全,因而通过立法加以合理的利用和保护是非常必要的。

煤炭法,是指调整对煤炭资源进行管理、规划、建设、生产和经营等不同过程中所发生的社会关系的法律规范的总称。根据《煤炭法》第 1 条之规定,煤炭法是为了合

---

① 参见中国煤炭经济研究院煤炭产业景气指数研究课题组、岳福斌、池亚楠等:《2018 - 2019 年中国煤炭产业经济形势研究报告》,载《中国煤炭》2019 年第 2 期。

理开发利用和保护煤炭资源,规范煤炭生产、经营活动,促进和保障煤炭行业的发展,而制定的法律。《煤炭法》的特征如下:

第一,内容覆盖面大,对煤炭产业的各个环节进行系统管理。《煤炭法》强调,煤炭产业在进行规划、实施煤炭生产与运输、保障操作安全等各个环节均有法可依,各个部分环环相扣,各方面内容均包含在内,形成了系统的一套法律规范。同时,在《煤炭法》总则部分,将相关的国家政策方针上升为法律,具体落实在各个条款中,提高其权威性。如总则部分规定了煤炭资源开发的基本原则,为煤炭资源的合理开发提供了法律指引。

第二,与相关法律进行衔接,有针对性地解决煤炭产业发展中频繁出现的各种障碍与冲突。《煤炭法》解决了与《矿产资源法》《矿山安全法》等相关法律之间的关系问题,并且针对煤炭产业的特殊性进行了更细致的规定。如《煤炭法》第三章"煤炭生产与煤矿安全"与《矿山安全法》相衔接,根据煤炭资源开采的危险性,将煤矿安全与煤炭生产单独列为一章进行规定。在处理与《矿产资源法》的关系中,《煤炭法》规定煤矿投入生产前,煤矿企业需经过政府审批取得安全生产许可证,与《矿产资源法》中确立的采矿许可证制度进行衔接,避免在执法中产生矛盾与冲突。

第三,规定了煤炭产业发展中遇到的重大程序问题。通过实践调研以及专题探讨,《煤炭法》中的条款紧紧地围绕煤炭产业中争议较大的以及无法可依的重大程序进行规定,提供了指引性的原则性规定及可操作性强的法律制度。比如,规定了煤炭行业的监督管理部门、煤矿建设的原则与依据,为煤炭管理部门对煤炭生产、安全、经营及矿区保护实行管理提供了法律依据;明确了安全生产许可的条件和要求,明确煤炭经营统一管理,对煤炭生产的质量标准作出了具体规定,规范了煤炭开采的秩序。

第四,明确相应的法律责任,加强对煤炭企业的监督检查,提高煤炭资源、职工人身、环境生态的安全性。《煤炭法》针对煤炭资源回采率、危险作业、煤炭经营等方面作出了强制性规范以及禁止性规范,并且明确了相应较严格的法律手段以及法律后果,规定了包括民事责任、行政责任、刑事责任和经济责任在内的法律责任,以及煤炭企业与相应管理人员的法律责任。同时,还以法条明文规定的形式确立了煤炭有关管理部门旨在监督管理开发规划、煤矿建设、生产、安全、经营与保护等方面的职责,切实提高了执法力度。

三、我国的煤炭法体系

(一)历史发展概述

我国将煤炭作为一种资源进行开采与使用已经有几千年之久,煤炭产业的发展与改革也已经持续了几十年,新中国成立之前煤炭产业已经形成了一套独有的、相对成熟的发展机制。新中国成立之后,国家及相关管理部门针对煤炭产业不同时期出现的问题出台了1000余个规范性文件,对其进行专业化、科学化、系统化的规范管理。煤炭资源生产、煤矿产业建设、矿场操作安全等工序与步骤受一系列科学技术理论、政府政策、强制法律法规所约束,为煤炭行业在全国经济迅速增长时期的优化发展创造了一系列充分的条件。

中国煤炭法体系发展主要经历了4个阶段:第一个阶段是1978~1992年,即煤炭产业的初步市场化时期。政府出台了8项措施推进煤矿的发展,同时成立能源部开始实施煤炭产业整体化管理。第二个阶段是1993~2001年,即煤炭产业的市场化发展时期。伴随煤炭价格实施市场定价,《煤炭法》出台规范煤炭市场的秩序。第三个阶段是2002~2012年,即煤炭产业的风起黄金时期。煤炭产业改革迅速使兼并重组达到了高潮,国家出台了《关于促进煤炭工业健康发展的若干意见》等一系列的规范性文件与政策对煤炭产业进行规范与监管。第四个阶段是2013年至今,即煤炭产业迭代转型期。国务院出台了《关于煤炭行业化解过剩产能实现脱困发展的意见》等相关文件帮助煤炭企业化解产能过剩问题,推进煤炭产业进行供给侧结构性改革,稳定煤炭产业的发展趋势。

随着社会与经济的不断发展,煤炭法体系中一些不符合时代要求和发展现状,与某些法律法规相冲突的规范性文件已经失去法律效力或者已经被替代。我国煤炭法律法规体系已经从重视煤矿资源的安全向重视职工与环境安全转变,强调煤炭产业在实施规划、生产、经营、运输等各个程序中均有法可依,促进煤炭产业规范化发展。目前,我国已形成以《煤炭法》《环境保护法》为主的煤炭法律法规体系,以《煤炭工业发展"十三五"规划》为主的煤炭规划体系,以国务院《关于促进煤炭工业健康发展的若干意见》和国家发展改革委《煤炭产业政策》为主的煤炭政策调控体系。煤炭法制建设持续深入,紧紧跟随遵循市场秩序、落实政府政策、遵守法律法规等步伐,引领煤炭产业走向新型化、科技化、智能化。

(二)国家政策及规划

煤炭政策对煤炭产业的发展起着重要作用,我国在制定煤炭政策的探索道路上也从未止步,如对价格限制的逐步放开以及产业结构的调整。现阶段,我国的煤炭10年黄金期已经结束,煤炭工业发展增速从高速转入低速,进入转型时期。在此期间,煤炭产业发展面临的多种问题也逐渐显露出来,包括产能严重过剩、库存积压、债务沉重、效益下滑等,如何帮助煤炭企业生存,如何实现煤炭企业转型升级发展成为重要议题。我国为解决该重要议题,作出了如下措施:第一,为了加强煤炭市场化改革力度,国家发展改革委于2014年颁布了《关于深入推进煤炭交易市场体系建设的指导意见》。第二,《关于煤炭行业化解过剩产能实现脱困发展的意见》《关于实施减量置换严控煤炭新增产能有关事项的通知》《煤炭行业淘汰落后产能专项行动实施方案》《关于进一步做好建设煤矿产能置换有关事项的通知》等一系列规定都是为了优化煤炭产业产能结构、化解煤炭产能过剩困境、实现煤炭企业转型发展而颁布的。[①] 第三,为了贯彻落实《清洁生产促进法》,指导和推动煤炭企业实施清洁生产,推进煤炭产业的清洁生产,减少煤炭生产污染,切实践行生态环境保护的要求,煤炭生产技术方面的政策指导也开始倾向节能减排。相关的战略指导类政策有《"十三五"节能减排综合工作方案》《煤炭清洁高效利用行动计划(2015—2020 年)》《关于促进煤炭安全绿色开发和清洁高效利用的意见》;实施方案类政策有《粉煤灰综合利用管理办法》《关于推进大气污染联防联控工作改善区域空气质量的指导意见》;2019 年 8 月 28 日国家发展改革委、生态环境部、工业和信息化部共同发布的 2019 年第 8 号令中还公布了《煤炭采选业清洁生产评价指标体系》。第四,为保障煤炭生产安全,减少煤矿事故发生,《煤矿井下紧急避险系统建设管理暂行规定》《加强煤矿建设安全管理规定》《煤矿安全监管监察工作要点》也对煤炭生产安全工作进行了详细周密的部署。第五,随着互联网的快速发展和大数据的推广适用,煤炭产业也走上了信息化、智能化的道路,其中 2016 年出台的《关于推进"互联网 +"智慧能源发展的指导意见》就是在煤炭产业中运用互联网技术的积极探索的成果。[②]

除了煤炭政策,煤炭规划也在我国煤炭产业的发展中起着规划全局的作用,其是基于对我国煤炭资源基础和社会发展需求的分析制定的,具有科学性。比如《国民经济和社会发展第十三个五年规划纲要》和《能源发展"十三五"规划》就为煤炭产业相关规划的制定提供了基本方向和要求,而《煤炭工业发展"十三五"规划》和《煤炭深加工产业示范"十三五"规划》则是专门针对煤炭产业具体领域制定的规划,能够为煤炭产业具体领域的发展提供更为详细的指导要求。其中由国家发展改革委和国家能源局于 2016 年制订颁布的《煤炭工业发展"十三五"规划》提出了规划的指导思想、基本原则和主要目标。2018 年全国人民代表大会财政经济委员会《关于〈中华人民共和国国民经济和社会发展第十三个五年规划纲要〉实施中期评估的调查报告》显示,"十三五"以来,累计退出钢铁产能 1.45 亿吨以上,煤炭产能前两年累计退出 5.4 亿吨。2020 年国务院在《关于落实〈政府工作报告〉重点工作部门分工的意见》

---

① 参见何增辉、何迎庆:《煤炭政策演变引导下的煤炭工业改革发展研究》,载《煤炭经济研究》2018 年第 11 期。

② 参见孙春升:《基于语义分析的我国煤炭行业政策趋势研究》,载《煤炭工程》2018 年第 11 期。

中明确,要继续推动煤炭清洁高效利用,发展可再生能源,完善石油、天然气、电力产供销体系,提升能源储备能力。当前我国煤炭深加工产业已经初具规模,但其作为一个新兴产业仍然不可避免地存在一些问题需要解决和完善。第一,煤炭深加工生产工艺和环保技术需要完善,可以改进生产工艺,更换符合环保要求的技术设备。第二,示范项目建设秩序需要规范,可以通过研究制定相关规范文件,实现项目建设秩序有章可循。第三,企业运营管理水平需要提高,可以改良企业运营管理模式,引进管理人才。第四,产业支撑体系需要健全,可以从煤炭深加工产业的其他多个方面入手,实现对产业支撑体系的巩固。《煤炭深加工产业示范"十三五"规划》就是在这样的背景下制定并推出的,其主要任务就是推动煤炭深加工产业向更高水平、更优化的方向发展。

(三)我国的煤炭法体系

我国对煤炭资源的开发利用现已形成了一整套关于煤炭资源的科学技术理论和开采利用的技术规范。在今后相当长的时期内,我国的国民经济和社会发展仍然离不开煤炭资源,用法律手段保障煤炭资源的安全在一定程度上决定国家的长治久安。煤炭资源法律体系,是指我国涉及煤炭资源开发、利用、保护的所有法律规范的统一整体。按照现行煤炭资源立法状况,我国煤炭资源法律体系内容如下:

1. 宪法。《宪法》(2018 年)中虽然没有与煤炭资源直接相关的法律条款,但依据我国宪法的母法地位,宪法中对自然资源的原则性规定,对煤炭资源法律体系起到了纲领性作用。任何有关煤炭资源的法律制度都不得与宪法的内容相违背,否则不具有法律效力。《宪法》第 9 条第 1 款规定:"矿藏……等自然资源,都属于国家所有,即全民所有……"这在根本上确立了我国煤炭资源的国家所有的权属制度。《宪法》第 26 条第 1 款规定:"国家保护和改善生活环境和生态环境,防治污染和其他公害。"上述条款对煤炭资源法律体系作出了原则性规定。

2. 煤炭资源法律。煤炭资源法律是我国煤炭资源法律体系的主要内容,由全国人民代表大会及其常务委员会制定和修改。按照煤炭资源各法律所起的作用划分,又分为煤炭资源基本法和煤炭资源一般法。煤炭资源基本法规定煤炭资源基本法律制度和主要法律原则,对煤炭资源一般法起到统领作用。我国现行煤炭资源基本法主要包括:《煤炭法》(1996 年)、《矿产资源法》(1986 年)、《环境保护法》(1989 年)、《大气污染防治法》(1987 年)、《节约能源法》(1997 年)、《循环经济促进法》(2008 年)等。此外,其他有关煤炭资源的法律构成煤炭资源一般法,主要是细化煤炭资源基本法的规定以及规定基本法以外的问题。主要包括:《矿山安全法》(1992 年)、《大气污染防治法》(1987 年)、《环境影响评价法》(2002 年)、《安全生产法》(2002

年）等。

3. 煤炭资源行政法规。我国现行煤炭资源的开发、利用与保护主要由国务院制定的有关煤炭资源的行政法规调整。我国现行煤炭资源行政法规主要分为以下几类：第一，有关煤炭资源管理的行政法规，例如，《乡镇煤矿管理条例》（1994 年）、《矿产资源法实施细则》（1994 年）、《探矿权采矿权转让管理办法》（1998 年）、《矿产资源勘查区块登记管理办法》（1998 年）等；第二，关于煤炭资源开采的行政法规，例如，《矿产资源开采登记管理办法》（1998 年）、《矿产资源补偿费征收管理规定》（1994 年）等；第三，关于煤炭资源安全生产与监察管理的行政法规，例如，《矿山安全法实施条例》（1996 年）、《矿产资源监督管理暂行办法》（1987 年）、《煤矿安全监察条例》（2000 年）、《安全生产许可证条例》（2004 年）、国务院《关于预防煤矿生产安全事故的特别规定》（2005 年）、国务院《关于特大安全事故行政责任追究的规定》（2001 年）等；第四，关于煤矿工人权益保护的行政法规，例如，《尘肺病防治条例》（1987 年）、《工伤保险条例》（2003 年）等；第五，关于矿区环境保护的行政法规，例如，《土地复垦条例》（2011 年）、《自然保护区条例》（1994 年）。

4. 煤炭资源部门规章。国务院关于煤炭资源的部委以及国务院授权的其他直属机构制定的行政规章，用于弥补煤炭资源法律法规的不足。主要包括：《资源税暂行条例实施细则》（1993 年）、《煤炭工业环境保护暂行管理办法》（1994 年）、《煤矿安全培训规定》（2018 年）、《煤炭生产许可证环境保护审查管理规定》（1995 年）、《开办煤矿企业审批办法》（1997 年）、《煤矸石综合利用管理办法》（1998 年）、《煤炭矿区总体规划管理暂行规定》（2012 年）、《进出口煤炭检验管理办法》（2006 年）、《防治尾矿污染环境管理规定》（1992 年）、《矿山地质环境保护规定》（2009 年）等。

5. 煤炭资源地方性法规与行政规章。基于我国煤炭资源分布不均、煤炭质量差异大等特点，各省、自治区、直辖市以及设区的市的人民代表大会及其常务委员会。制定本地区的地方性煤炭资源法规，用于对地方性的煤炭资源进行个别调整。例如，《江西省实施〈中华人民共和国煤炭法〉办法》（2018 年）、《临汾市燃煤污染防治规定》（2017 年）、《淄博市煤炭清洁利用监督管理条例》（2017 年）、《河南省煤炭条例》（2016 年）、《山西省煤炭管理条例》（2016 年）等。地方性煤炭资源行政规章，是指省、自治区、直辖市或设区的市、自治州的人民政府制定的与煤炭资源有关的规章。如《烟台市煤炭清洁利用管理办法》（2018 年）、《新疆维吾尔自治区煤田火区管理办法》（2017 年）等。

6. 其他法律中关于煤炭资源的规定。在我国的法律体系中，存在间接调整煤炭资源的法律制度，这是考察煤炭资源法律体系时必不可少的部分。例如，《民法典》

(2020年)中关于民事责任、权属关系、相邻关系等条款也适用于煤炭资源。《刑法》(1979年)中关于非法采矿行为、破坏性采矿行为、环境污染行为等规制。还包括我国民事诉讼法、刑事诉讼法和行政诉讼法中关于煤炭资源纠纷的程序性规定等。

7. 我国缔结或参加的关于煤炭资源的国际条约和协定。有关煤炭资源的国际条约和协定也是我国煤炭资源法律体系的组成部分,因为我国的缔结或参加而对我国的煤炭资源起到约束作用。其主要包括《联合国气候变化框架公约》(1992年)、《保护臭氧层维也纳公约》(1985年)、《关于消耗臭氧层的物质的蒙特利尔议定书》(1989年)等。

第二节　煤炭法的基本制度

一、煤炭生产开发规划与煤矿建设制度

(一)煤炭生产开发规划制度

煤炭规划是在掌握煤炭资源状况的基础上,根据国民经济发展规划和国家产业政策编制的,关于煤炭资源开发、利用、保护等一系列政策措施的总体安排。国家煤炭规划属于国家能源规划的重要组成部分,编制并实施好国家煤炭规划,对确保国家能源安全有重要意义。我国目前与煤炭有关的规划主要包括四个方面,即煤炭矿区总体规划、煤炭生产开发规划、煤炭资源勘查规划、煤炭工业发展规划。①

《煤炭法》中共有4条内容与煤炭规划方面存在直接关联,分别为第一章第4条以及第二章第14条、第15条、第16条。第一章第4条阐述了煤炭规划编制的指导方针。第二章第14条至第16条则是对第一章第4条作出的具体规定,如制定依据、制定主体等一系列内容。煤炭生产开发规划的制定主体为煤炭管理部门,其结合中国经济发展水平、社会运行状况、工业需求等多个层面,通过合理化的方式制定合理、完善并与中国国情相符的煤炭生产开发规划,将其与国民经济与社会发展计划相融合,作为国家发展的战略指南。国务院煤炭管理部门参照全国矿产资源勘查规划,编制了目标明确、分工合理的煤炭资源勘查规划,然后又在此基础之上,根据社会发展需求,制订了煤炭生产开发规划。国内各个地区又以全国矿产资源规划为指导,结合本地区经济条件、矿产资源分布情况,制订了与本地区发展相符的煤炭生产开发规

① 参见李瑞峰:《关于煤炭规划体制的思考》,载《煤炭工程》2011年第4期。

划,并将具体的规划内容上报国务院煤炭管理部门备案,通过之后才可以正式实施。

通过对目前《煤炭法》针对煤炭规划方面所作出的规定深入分析,可以发现,相关内容仍存在一系列矛盾问题,主要是下列几个方面:首先,煤炭规划体系不健全,煤炭规划中各规划间的关系不明确。2005 年国家发展改革委办公厅、国土资源部办公厅共同出台了《关于做好煤炭资源开发规划管理工作的通知》,其中明确规定,煤炭勘查开发规划包括多方面内容,如矿区总体规划、煤炭勘查规划等。煤炭勘查开发规划在进行编制的过程之中,社会发展规划、国民经济等均是重要参考依据,并且煤炭勘查开发规划不可存在与之相冲突之处。但是,《关于做好煤炭资源开发规划管理工作的通知》的规定并不足以明晰煤炭规划中各个具体规划间的关系,现在看来依旧是没有梳理清楚的状态。其次,存在部分煤炭规划缺乏应有的法律地位问题。《煤炭法》对煤炭生产开发规划、煤炭资源勘查规划等诸多内容进行了明确规定,但在矿区总体规划、煤炭工业发展规划这两个方面,均未有所涉及,该两个规划缺乏应有的法律地位。最后,与煤炭生产开发规划相关的内容较原则性,对于违反规划的法律责任和相应的制裁措施也处于缺位状态。《煤炭法》规定了煤炭生产开发规划的制定主体、制定依据和制定原则,但无论是在第二章"煤炭生产开发规划与煤矿建设"中,还是在第七章"法律责任"中都没有违反规划的法律责任的相关规定。关于煤炭规划制度的规则可操作性较差,造成煤炭规划未得到贯彻落实,与实际发展存在相悖之处。而具体后果主要体现在勘查混乱、建设混乱等,并且矿产资源未得到充分利用。

对于上述问题的解决,需要在未来对《煤炭法》进行修订时注意完善。首先,建立全面的、科学合理的煤炭规划体系,明晰各项煤炭规划之间的关系。其次,明确煤炭工业发展规划和煤炭矿区总体规划的法律地位,完善煤炭资源的规划管理体系,为煤炭资源规划管理提供切实有效的法律保障。[①] 最后,对违反规划的法律责任和制裁措施进行具体规定,赋予规划强制执行的效力和约束力,加强煤炭资源开发利用的统筹规划和合理配置。

(二)煤矿建设制度

依据国家相关法律、法规和煤炭产业政策,新建煤矿项目的程序主要包括勘探、可行性研究、前期工作、建设实施、竣工验收、证照办理等内容。[②] 煤矿建设除应当遵

---

① 参见刘文革、司坡森:《加强煤炭资源规划管理应是〈煤炭法〉修订的重要内容》,载《中国能源》2006 年第 10 期。

② 参见姜晓编:《煤矿建设项目程序及内容管理》,煤炭工业出版社 2013 年版,第 1 ~ 3 页。

循相关程序外，还须遵守保护耕地、合理利用土地的原则，以及“三同时”制度和环境影响评价制度在煤矿建设中的相关要求。

《煤炭法》有关煤矿建设的内容共有4条，表现在第一章“总则”的第6条，以及第二章“煤炭生产开发规划与煤矿建设”的第17条至第19条。第一章第6条明确规定，国家保障国有煤矿的健康发展。对于乡镇煤矿，国家主要采取扶持、改造、整顿等一系列手段，提高乡镇煤矿生产的安全性、有序性，从而推动乡镇煤矿迈上正轨。第二章第17条明确规定，国家制定优惠政策，支持煤炭工业发展，促进煤矿建设。通过上述分析可知，国家不但注重国有煤矿的发展，也一直在扶持乡镇煤矿，确保中国煤矿产业蓬勃发展，再创新辉煌。国家支持煤炭工业的整体发展以及煤矿的建设，并且为此制定了各项优惠政策。此外，《煤炭法》第17条还规定，煤矿建设项目均需要在严格遵循煤炭产业政策、煤炭生产开发规划等一系列内容的前提下立项实施，不可存在与之相冲突之处。该法第18条主要介绍了煤矿建设用地在选址、审批、应用等一系列过程之中应当遵循的规定，即煤矿建设过程之中，应当严格遵循“保护耕地、合理利用土地”的基本准则，还应当参照相关法律法规，按照正常流程办理有关手续。如若征收土地，应当根据法律规定，支付相应的土地补偿费用、安置补偿费用，并为迁移居民做好安置，使对居民所造成的影响降到最低。该法第19条规定主要对“三同时”制度在煤矿建设过程中的具体应用进行了详细分析与阐述，具体为：煤炭开发与环境治理同步进行，对于与煤矿建设项目相配套的环境保护设施，应当与主体工程保持“三同时”，并且环境保护设施不可与环境影响评价文件相违背，不可以私自改造或者拆除，直接弃置的做法更不可取。另外，《资源税法》第6条第1款第2项规定，煤炭开采企业因安全生产需要抽采的煤成(层)气免征资源税。

除上述《煤炭法》中所规定的一系列内容外，煤矿建设制度还应将环境影响评价方面纳入其中。其主要是指煤矿建设项目在建设之前，必须按照特定流程，从多个层面、多个维度对煤矿建设项目的地址、设计、施工、验收等一系列过程对环境所造成的影响进行预测与分析，并结合实际情况制定合理、完善、科学的防护手段，从而为煤炭建设项目的选址、设计、应用等过程的环境管理提供全面、详细、可靠、真实的科学依据与技术指导。与此同时，制定合理、完善、全面的环境影响与防治方案报告，上报主管部门，经批准后才能进行建设。此外，《煤矿建设项目竣工验收管理办法》(修订版)围绕煤炭建设项目竣工验收标准、验收程序等一系列内容进行了详细阐述，确保煤炭建设项目的验收质量切实满足要求。

二、煤炭生产与煤矿安全制度

（一）煤炭生产制度

2016年修正的《煤炭法》有关煤炭生产的内容集中表现在第三章“煤炭生产与煤矿安全”的第20条至第29条，其中包括煤矿生产实施安全生产许可制度，主要是指煤矿在正式投入生产之前，煤矿企业按照相关流程，办理安全生产许可证，该证件审批通过之后才可以正式开工。对于国内所有的矿山企业来说，安全生产许可证是必不可少的证件，《安全生产许可证条例》中明确规定，矿山企业和危险化学品、烟花爆竹等生产企业均需要办理安全生产许可证。其中，煤矿安全监察机构主要负责煤矿企业安全生产许可证的办理、审批等，如果煤矿企业未顺利取得安全生产许可证，则不可从事一切煤炭生产活动。2013年《煤炭法》进行了修正，煤炭经营许可证、煤炭生产许可证被彻底取消，由传统的“两证”改变为“四证一照”，即采矿证、安全生产许可证、矿长安全资格证、矿长资格证、营业执照，使矿产生产活动的规范性、安全性得到了极大提升。①

煤炭企业在开展煤炭开采活动过程之中，必须要严格遵循煤矿开采流程，贯彻执行开采工序，确保煤炭资源回采率达到标准要求。煤炭资源回采率是一个系数，如果煤炭资源回采率未达到标准要求，煤炭管理部门要对其进行审查，并责令企业限期整改；若在规定期限之内仍未整改或者整改不到位，煤矿企业应当立即停产整改，直至煤炭回采率达到标准要求。2012年《生产煤矿回采率管理暂行规定》正式出台，对煤炭开发中的监督检查、回采率标准等一系列内容作出了详细规定。对于煤矿企业来说，其应当进一步规范煤炭产品的质量监管工作，根据行业标准、国家标准进行分级，使煤炭产品质量得到进一步提升，降低环境污染，使空气质量得到进一步改善。在生产过程之中，煤炭企业不可以超越批准的开采范围作业，不可以对保安煤柱进行开采，同时还不能应用爆破、决水等一系列危险方式进行开采。如若企业违反上述规定，劳动主管部门、煤炭管理部门应当对该企业进行审查，并责令其限期整改，并将所有违法收入全部上缴，并处罚违法所得资金1倍以上5倍以下的罚款；如果企业行为构成犯罪，那么应当交由司法机关进行处理，对于生产过程中所产生的损失，应当依法赔偿。由于煤炭开采导致地表塌陷等不良现象，应当由采矿者承担相应的责任，对土地进行复垦，直至恢复到可用形态；若对他人合法权益造成损害，应当按照相关法律和标准进行赔偿。最后，将报废矿井全部关闭，并根据相关法律条例、政策文件办

---

① 参见代海军：《从〈煤炭法〉修改看煤炭生产许可制度改革》，载《中国能源》2014年第7期。

理相关手续。

为了推动中国煤矿产业蓬勃发展、确保煤炭资源得到合理化运用,政府部门构建了煤矿企业积累煤矿衰老期转产资金制度,并围绕煤矿企业的发展制定了一系列科学化、合理化的扶持机制。同时,将煤矿转产发展资金投入至矿山建设方面,促使企业实现健康、高效发展,其实施为企业的转产发展创造了资金条件,增强了企业的市场竞争力和发展后劲。煤炭资源作为一种不可再生能源,决定了煤矿企业这种资源开采类企业必定会迈向资源枯竭而被迫关闭的道路。因此,如若针对一座煤矿而言,其发展并不是可持续的,但对于煤矿企业来说,其可以通过转型发展模式,结合时代发展需求,开发一系列新产业项目,从而实现可持续发展的目的。[①] 一些国家已经有成功设立煤矿衰老型发展基金的案例,如美国煤矿,从建矿开始,就按照一定的比例提取煤矿衰老报废资金,并全部交由煤矿集中管理,主要用作煤矿转产或者关闭之后的职工安置、地貌修复等方面。

《煤炭法》还针对具备一定价值的稀缺煤种、特殊煤种的开采准则进行了详细阐述。政府大力提倡煤矿企业对一系列边角残煤、极薄煤进行开采,并鼓励煤矿企业大力发展煤化工、煤电联产等一系列项目,对煤炭进行精加工处理。同时,还鼓励煤矿企业开发煤炭洗选加工项目,对泥煤、煤层气等进行开发,上述一系列规定均是为了使煤炭产品质量得到进一步提升,实现煤矿企业的多方面发展,促进煤炭产业结构升级,以改善生态环境,贯彻落实可持续发展的重要措施。此外,根据《煤炭法》第一章"总则"部分的第9条规定,国家支持煤炭企业积极引入现代化高新技术,采用更加合理、科学的方式对煤炭资源进行开发。所以,国家大力发展洁净煤技术,摒弃传统污染大、效率低的土法炼焦模式,创新出高效、环保的炼煤技术。

(二)煤矿安全制度

由于煤炭资源开采的程序烦琐,大量开采也容易导致地貌出现问题,从而导致安全事故的发生,煤炭安全关系人民群众的生命、财产安全和煤矿企业的生存发展,所以煤矿安全不仅是政府部门始终重视的一大问题,同时也是社会关注的热点问题。中国煤矿安全生产法律制度由多方面内容组成,如安全生产责任制、市场准入制度等。2019年1月全国煤矿安全生产工作会议正式召开,会议中明确指出,2018年中国煤矿事故共224起,死亡人数高达333人,较2017年相比均有所下降,降幅分别为0.9%、13.1%。无论是煤矿事故总量、较大事故数量,还是重特大事故数量,发生率均明显降低。但事故总数仍然是较大的,煤矿安全生产的形势依然严峻。2020年1

① 参见孙喜民、牛克洪:《我国衰老煤矿转产升级发展方略的研究》,载《中国煤炭》2018年第6期。

月全国煤矿安全生产工作会议在北京召开，会议指出2019年各产煤地区、煤矿安全监管监察部门、煤矿企业强化红线意识，监管监察执法效能不断提高，防灾治灾能力不断提升，煤矿智能化建设不断加快，煤矿安全基础不断夯实。2019年全国煤矿发生死亡事故170起、死亡316人，同比分别下降24.1%和5.1%；百万吨死亡率8.3%，同比下降10.8%。2020年全国煤矿安全生产工作会议同时强调，尽管近年来煤矿安全生产成效明显，但面临的形势依然严峻，保稳定、防反弹的任务仍然艰巨，蓄意违法违规行为屡禁不止、安全风险意识不强、"一通三防"工作依然薄弱、落后产能淘汰退出不坚决、监管监察执法"宽松软"等问题亟待解决。《煤炭法》第一章第7条、第8条明确规定，煤矿企业在生产过程之中，必须要始终坚持"安全第一、预防为主"的安全生产方针，结合实际情况，构建并完善安全生产责任制、群防群治制度等一系列保障制度；同时，还要根据实际生产需求，制定完善的劳动保护措施，使煤矿职工所受到的危害降到最低，对于煤矿井下作业的职工，应当制定相应的特殊保障措施，以保护矿井职工的人身安全和健康。

《煤炭法》第30条至第38条是对总则中安全生产方针作出的具体规定。在安全监督管理方面，监管主体有多个，如县级以上各级人民政府及其煤炭管理部门等；同时，在煤矿企业安全监管过程之中，还采取了矿长负责制、矿务局长负责制，切实保障煤矿生产的安全性。矿务局长、矿长等各级管理人员均需要严格遵循与矿山安全相关的法律法规等，提高煤矿安全生产工作管理水平，并实施安全生产责任机制，根据煤矿生产过程中存在的问题制定一系列合理化措施，避免安全事故的发生。煤矿企业应当定期组织安全教育培训讲座，为员工讲解安全生产方面的内容，并采取岗前培训机制，未通过培训的人员不可上岗。煤矿企业还应当为企业职工配备一些必需的劳保用品，并根据国家法律标准为职工办理工伤保险，对于企业所应用的安全仪器、安全设备等均需要满足国家标准。煤矿企业工会的主要职责是寻找煤矿企业在行政、生产、管理等各个方面出现问题，找出企业存在的安全隐患并及时上报，提出相应的意见与建议。如果企业拖延处理或者拒绝处理，工会可以进行批评、控告。煤矿企业职工应当遵循安全生产方面的法律法规。

关于煤矿安全生产方面的法律包括《劳动法》《安全生产法》《矿山安全法》等。《刑法》中规定了重大劳动安全事故罪、强令违章冒险作业罪以及重大责任事故罪等，在一定程度上遏制了煤矿安全事故犯罪势头。目前，我国在规制煤矿安全生产问题上主要采取的是行政法手段，即当煤矿出现安全问题时，相关行政部门将对其实施罚款或责令停止生产。此外，还有一些民法、刑法和经济法手段作为补充，例如，煤矿企业应当结合实际情况设定安全风险抵押金、专项储存金等，主要用于安全事故的善后处理,确保各项工作稳步开展。这些制度都为保障煤矿安全生产起到了重要作用,但中国在煤矿安全生产法律机制方面仍存在一系列矛盾问题。首先,煤矿安全生产法体系仍需进一步改进、完善,立法指导思想滞后于社会发展需求是最大问题,同时还存在法律机制不健全、安全生产法律不协调等问题。其次,监管机制不合理,煤矿生产的安全监管通过煤矿安全监察局、安全生产监督管理局、煤炭管理局、公安机关、劳动部门和工商部门实现,多部门监管存在职能上的交叉重合,因此容易导致在执法过程中产生冲突与矛盾。再次,工会发挥的监督作用不大,主要原因是工会可以管辖的范围太窄,并且工会享有的权利仅是建议权,并不能带来较多实质上的改变。最后,煤矿企业及其员工的安全意识不强,虽然很多相关法律都规定了煤矿安全培训和安全教育的要求,但是真正落实到位的并不多,安全意识的缺乏是导致煤矿安全事故发生的重要原因之一。

为了进一步完善与改进煤矿安全生产法律制度,首先,要对煤矿安全生产法律体系进一步完善,转变指导思想,并根据实际生产需求修订《矿山安全法》,重视协调关于煤矿安全的法律,确保法律的高效运行。其次,应完善煤矿安全生产检查监督法律机制,做到安全检查工作定期化,必要时建立安全检查突袭制度,安全检查员的任命流程和检查监督行为做到透明化、规范化,企业做好日常的检查工作并建立相应的责任制,努力提升监察队伍的工作能力。再次,提高工会对煤矿企业的监督能力,改进工会领导人员的选举模式,从基层中选举工会领导,听取更多、更广泛的民意,帮助矿工需求得到落实,完善工会经费缴纳形式,赋予工会有效的维权措施。最后,使煤矿企业、全体职工的安全意识得到进一步提升,强化安全教育工作。同时,政府要通过多种渠道大力宣传安全观念,将安全生产理念与各项工作相融合。企业召开相关安全生产的宣讲会,树立安全第一的企业文化,相关的安全生产准则手册做到员工人手一本。员工之间也要相互传递安全生产常识,营造互帮互助的良好氛围。①

三、煤炭经营与监督检查制度

煤炭企业的生产经营活动是煤炭资源法律体系的立法侧重点,因此,我国《煤炭法》将“煤炭经营”和“监督检查”设为专章加以规制。煤炭经营与监督检查法律制度的设立,有利于管理煤炭产业的经营流通,规范煤炭市场的经营秩序以及各市场主体的经营行为,打击和制裁违法行为,促进煤炭企业的蓬勃发展。《煤炭法》第 39 条至第 47 条的主要内容是对煤炭资源的销售条件、经营资格许可与审批、经营方式以及

① 参见陈宇:《我国煤矿安全生产法律机制研究》,华中师范大学 2017 年硕士学位论文,第 7 ~ 28 页。

对煤炭销售的价格、质量、进出口等进行规制。《煤炭法》第63条至第66条主要是对煤炭企业的监督部门与监督对象的权利与义务等内容加以规定。此外,1999年国家经济贸易委员会颁布了《煤炭经营管理办法》,用于弥补和完善《煤炭法》中关于煤炭经营相关规定的不足。该制度于2004年被国家发展改革委颁布的《煤炭经营监管办法》所取代,后者于2019年3月28日被废止。煤炭经营和监督检查制度的主要内容有:

(一)煤炭企业经营资格制度

企业经营资格经历了审批制、备案制到取消煤炭经营资格审查的过程。我国《煤炭法》第3条明确规定,"煤炭资源属于国家所有"。煤炭资源属于对国民经济发展具有重要价值的资源,因此国家对其实行保护性开采。2014年以前,在审批制度之下,我国从事煤炭生产和经营的企业必须向国务院指定的部门或省、自治区、直辖市人民政府指定的部门提出申请,通过资格审查方可取得煤炭经营资格证书,以此来申请领取营业执照。国家发展改革委于2014年颁布了新《煤炭经营监管办法》,这次新法的颁布彻底废除了对煤炭生产与经营的资格审查,煤炭生产许可证和煤炭经营许可证也同时废止。从此,煤炭企业经营资格备案制开始施行。该制度是指从事煤炭经营的企业只需在工商登记注册后30个工作日内向当地煤炭管理部门备案,即可从事煤炭经营行为。此外,煤炭经营企业应当在每年一季度向煤炭经营监督管理部门报告上一年度的有关经营状况,包括执行煤炭计量、质量、环境保护等规定或者标准的情况,煤炭经营主体的备案也要接受本地区的煤炭监管部门的定期抽查。从煤炭企业经营资格的审查制到备案制,体现了从事前监督到事后监督的市场化改革思路,减少了行政审批环节,增强了煤炭价格在市场中的灵活性。由于煤炭工业经历了一个快速发展的时期,严格控制市场准入已不再必要。随着市场经济体制的逐步深化,对煤炭企业经营资格的限制已经不适应煤炭行业的发展。国家发展改革委于2019年3月28日废止了《煤炭经营监管办法》,煤炭企业不需要申请经营活动的备案,但应遵守相关法律法规,改善服务、确保供应,禁止一切非法经营活动。

(二)煤炭资源定价管理制度

煤炭资源的生产、经营和消费活动中最核心的问题是煤炭价格,加强对煤炭资源价格的监督管理尤为重要。自20世纪80年代开始,我国对煤炭资源产品的定价权开始初步放开,煤炭行业从政府计划分配逐渐引入市场竞争机制,实行多层次的煤炭价格机制:(1)国家指令性定价,针对全国统一配置和重点煤矿企业生产的煤炭资源价格;(2)国家指导价,主要用于超出计划产量的煤炭产品和不同地区之间的煤炭差价,用以鼓励各地区提高煤炭产量;(3)市场定价,对于国家计划生产之外的煤炭,可以由煤矿企业自行定价,自产自销。但这一时期电力用煤的价格仍然实行国家指令性定价。1993～2001年我国的煤炭产品市场实行国家指导价和市场价的“双轨制”定价。电力用煤的价格由国家计委指导定价,其他煤炭产品的价格通过供求关系统一由市场定价。2002～2006年电力用煤的国家指导价废止,取而代之的是国家在煤炭订货会上对煤炭产品发布的市场参考价,辅之以供需双方的协商议价。如今,国家对电力用煤不再进行政策干预,煤炭产品市场完全放开,确定了以市场为导向的价格改革方向,煤炭产品价格由供需企业根据市场情况确定。我国《煤炭法》第42条规定,由国务院物价行政主管部门、煤炭管理部门和有关部门负责煤炭销售价格的监督管理工作。其主要职责是组织开展煤炭市场价格巡查,打击个别煤炭经营市场主体垄断、哄抬煤炭价格的行为,协调和处理煤炭管理部门与其他部门之间关于煤炭销售的事宜,开展对煤炭销售价格确定的相关信息服务等。

(三)煤炭企业直销制度

《煤炭法》首次规定了煤炭企业直销制度,对中间环节的设立作出了相应限制和禁止规定。《煤炭法》第40条规定,国家鼓励有条件的煤矿企业进行煤炭直销,减少中间经销环节或者取消不合理的环节。这一制度意味着国家鼓励大型煤矿生产与经营企业同煤炭能耗量大的用户企业签订中长期直销合同,严厉打击低价倾销扰乱市场秩序的行为。生产和消费的直接挂钩是市场经济的内在需求,这对于促进煤炭产品的流通、规范煤炭市场的秩序,起到了积极作用。在能源紧张的大环境下,若煤炭资源的市场流通出现太多中间环节,容易造成转手倒卖、层层加价的乱象。过多中间环节首先会导致煤炭市场秩序混乱、生产与消费脱节,难以保证煤炭商品的正常供应;其次会出现不法分子和非法盈利单位恶意哄抬煤价,趁机牟取暴利,使煤炭市场其他生产者和消费者的合法权益受到侵犯;最后会导致煤炭商品质量良莠不齐,掺假掺杂现象严重,不利于煤炭市场的可持续发展。因此,必须采取煤炭直销的手段来减少煤炭市场流通的中间环节和消除不合理的中间环节。这就要求国家煤炭经营管理部门加强煤炭市场流通的监督和检查,按照法律规定整治和惩处转手倒卖和哄抬煤价行为,重视煤炭资源的优化配置,增强煤炭市场的经济活力与利用率。

(四)煤炭质量管理制度

煤炭资源是不可再生能源,煤炭资源的质量关系国民经济的健康发展。我国的经济建设对煤炭资源的需求量极大,在供求关系的刺激下,出现了大量的中小型煤矿企业。其中,一些小型煤矿由于资金薄弱、技术含量不足,不仅在开采煤炭的过程中造成了极大的资源浪费,也导致生产的煤炭质量不高,严重影响我国煤炭市场的总体质量水平。因此,对煤炭资源源头质量的管理亟待加强。《煤炭法》第43条至第45

条规定了煤矿企业、煤炭经营企业的煤炭质量责任以及具体的质量标准。煤炭及煤炭产品的质量由煤矿企业和煤炭经营企业负责,应当做到所供应的煤炭质量符合国家标准或行业标准,做到质量与等级相符、质量与价格相符。对于煤炭质量不符合相关质量标准或者与合同约定不符,或者质级不符、质价不符,给用户造成损失的,煤矿企业和煤炭经营企业应依法承担赔偿责任。其中,国务院标准化行政主管部门负责制定国家质量标准,国务院煤炭管理部门负责制定行业质量标准,并报国务院标准化行政主管部门备案。同时,对煤炭资源的质量负责是每一个煤炭产业生产者的法定义务。严禁煤矿企业在煤炭中掺假、掺杂,煤炭在运输过程中应按照不同的质量等级分开堆放和装存。

(五)煤炭企业监督检查制度

煤炭经营管理制度的重点就是加强对煤炭行业的行业监管。《煤炭法》在一定意义上具有行业管理法的性质,其在总则中确立了促进和保障煤炭行业发展的原则。《煤炭法》第53条至第56条规定了煤炭管理部门和有关部门应当依法对煤矿企业和煤炭经营企业进行监督检查以及行使监督检查职责的人员在履行职务时的权利和义务。煤炭资源经营的监督检查制度,是指煤炭产业的主体在国家煤炭资源管理部门的监管下从事相关活动的制度。目的是保障煤炭管理部门依法行政,为管理煤炭行业的经营活动提供法律依据。首先,监督检查具有强制性和专属性的特征。强制性,是指监督检查行为以国家强制力保障实施,接受监督检查的一方必须接受并配合。专属性,是指监督检查的职能只能由县级以上煤炭管理部门和有关部门行使,其他任何部门、单位和个人无权行使。但有关部门对煤炭行业的监督管理仅限于各自的职权范围。其次,监督检查权是一种国家授权的具体行政行为。根据依法行政原则,行使监督检查权的主体在履行职责过程中必须严格遵守法律规定的程序,承担法律义务。《煤炭法》第55条规定,煤炭管理部门和有关部门的监督检查人员在行使监督检查权时所享有的权利包括了解询问权、查阅资料权和实地检查权。对于违反《煤炭法》相关规定的行为,有权进行行政处罚。同时,还明确了煤炭管理部门和有关部门的监督检查人员的义务。例如,进行监督检查时,应当出示证件;必须熟悉煤炭法律法规和掌握有关煤炭专业技术,秉公执法;不得徇私枉法、滥用职权等。

四、煤矿矿区保护制度

煤矿矿区的生产建设,经常会受到工农关系和矿地关系的制约,盗窃、哄抢、破坏煤矿矿区的行为时有发生。加上煤矿矿区通常外部环境差、利益主体多元化、生产危险系数高,因此,必须保证煤矿企业的电力、通信、水源、交通等方面的生产设备时刻处于安全状态。《煤炭法》首次确定了煤矿矿区保护制度,旨在维护煤矿企业的正常生产秩序,保护矿区企业的设施和财产,促进矿区企业生产和工作的安全进行,也有利于维护矿区职工的生命健康和财产,保护矿区当地的生态环境和矿区人民的生活环境。煤矿矿区保护制度,是指要落实煤矿安全生产、保护矿区财产设施的法律制度。《煤炭法》对此制度进一步加以规范,总则中对"国家维护煤矿矿区的生产秩序、工作秩序"进行了原则性规定。其主要内容包括以下几个方面。

1. 明确规定对煤矿矿区保护的范围。主要把握两个原则:一是规定受保护的煤矿矿区包括国有煤矿、集体煤矿、个体煤矿以及外商投资煤矿等在我国境内的所有煤矿矿区;二是规定受本法保护的是煤矿矿区的生产设施,主要包括电力、通信、水源、交通等。

2. 明确了煤矿矿区土地使用的优先性。由于煤炭资源的开采需要在地下进行挖掘,容易造成地面沉降、土地塌陷,因此煤矿矿区必须要保证在生产过程中及时排水、排污和换气等,这就决定了煤矿矿区的生产必须占用大量土地。其他单位和个人需要在煤矿企业依法取得使用权的土地上进行种植、养殖、取土或者修建建筑物、构筑物等,需要经过煤矿企业的同意。此外,煤矿企业对所开采的煤矿土地进行使用时,具有一定的使用有效期。根据《土地管理法》规定,若连续两年未使用或未按规定使用国有土地的,经原批准机关批准,由县级人民政府无偿收回用地单位的土地使用权。

3. 规定煤矿矿区专用线、路的保护。基于煤矿开采工作具有较大危险性的特点,因此对于煤矿地下开采工作有更严格的保护。必须保证井下的通风设施、运输设施、供电设施等的良好运转,否则极易造成重大事故。为此,煤矿企业通常会有专用的铁路、道路、航道、码头以及电力专用线、专用供水管路。这些专用线、路必须得到有力保护,才能为煤矿企业的安全生产提供良好的外部条件。

课后思考题

1. 简述煤炭法基本制度及其内容。
2. 思考当前煤炭产业供给侧结构性改革进程中的困境与出路。

阅读材料

胡雪坤:《改革开放四十年煤炭法治建设研究》,载《中国煤炭》2019 年第 4 期。

本章课件

（请扫描二维码）

第十章　石油天然气法律制度

导　言

石油天然气作为国家战略性能源和基础能源，关乎国家经济安全和国防安全，关乎社会生活的方方面面。改革开放以来，我国经济体制一直在从计划经济向市场经济转型过程中，石油天然气行业的管理体制也在不断发生变化，从垄断逐步走向竞争。石油天然气立法不仅能够为行业发展提供方向、为行业管理提供依据，也有利于为市场主体提供保障。2019 年 1 月 18 日国家能源局印发《能源行业深入推进依法治理工作的实施意见》，其中提到加快推进重点立法项目，再次提出要积极做好石油天然气法的立法研究和起草修改工作，研究论证制定天然气管理行政法规。

本章以石油天然气法律制度为主题，主要讨论以下内容：

1. 国外石油法立法模式及主要内容
2. 石油法的主要制度
3. 国外天然气立法发展及天然气立法经验
4. 天然气法的主要内容与制度

第一节　石　油　法

一、石油法概述

石油是重要的不可再生资源，是关系国民经济安全和社会发展的重要战略物资。[①] 石油立法是规范石油行业和市场的重要手段。当今世界，全球石油资源以及中国石油资源在储量和分布方面的现状极其严峻，我国现有石油立法已难以应对复杂多变的国际能源形势。因此，加快立法进程，完善石油立法，将有利于我国有效应

---

① 参见孟雁北：《中国〈石油天然气法〉立法的理论研究与制度构建》，法律出版社 2015 年版，第 8 页。

对石油问题和挑战，稳定国民经济安全，促进社会经济发展，推进生态文明建设。

（一）石油及石油问题

1. 石油的概念

根据1983年第十一届世界石油大会给出的定义，石油（Petroleum），是指自然界中存在于地下的以气态、液态和固态的烃类混合物为主并含有少量杂质的复杂混合物。① 即直接从油井中开采出来未加工的石油，在实践中也称原油。在此所称石油，采用《石油天然气管道保护法》第3条中的"石油"的范围，包括原油和成品油。

2. 我国石油产业发展状况

从1949年至今，我国石油产业发展状况大致可分为4个阶段，分别是初步发展阶段（1949～1963年）、快速发展阶段（1964～1982年）、稳定发展阶段（1983～1998年）以及绿色发展新阶段（1999年至今）。

第一阶段，初步发展阶段（1949～1963年）。新中国成立伊始，我国原油产量低，1949年的石油产量为12万吨。直到20世纪50年代末，我国初步形成了玉门、新疆、青海、四川4个石油天然气基地。1960年大庆油田投入开发。1963年我国原油产量达到648万吨，扭转了我国石油工业长期落后的局面。1963年年末周恩来同志在第二届全国人民代表大会第四次会议上宣布"我国需要的石油，现在可以基本自给了"。实现自给的石油产量使我国的石油产业发展进入了新阶段。

第二阶段，快速发展阶段（1964～1982年）。继大庆油田的成功勘探开采后，大港油田、胜利油田、辽河油田、长庆油田等"大会战"，在短时间内以最快速度为祖国建设贡献了大量稀缺的石油资源。1978年我国石油产量达到1.04亿吨，成为世界第八大产油国。② 这一阶段，我国的产油量有巨大的提升。1978年国家重新设立石油工业部，这是改革开放后我国对石油产业管理的新探索，但石油产业管理的行政色彩依然较为明显。

第三阶段，稳步发展阶段（1983～1998年）。至1985年我国原油产量达到1.25亿吨，居世界第六位。20世纪80年代中期，石油外汇曾是我国外汇的主要来源。1989年起，西部地区逐渐成为我国重要的石油基地。至1998年，我国又有24个省市发现了油气资源，建成了24个油气生产基地。③ 中国海洋石油总公司于1982年组

---

① 参见王庆一主编：《能源词典》，中国石化出版社2005年版，第6页。

② 参见孟雁北：《中国〈石油天然气法〉立法的理论研究与制度构建》，法律出版社2015年版，第10页。

③ 参见汪夔卿、刘济瀛：《石油树结奇异果》，暨南大学出版社、清华大学出版社2000年版，第7页。

建,中国石油化工总公司于1983年组建,这均是我国石油产业市场化的重大事件。1988年通过的《国务院机构改革方案》,决定撤销石油工业部,组建能源部,并通过推动政企分开,组建行政性总公司,形成中国石油、中国石化、中国海油、新星、中华5家公司上下游分割、陆海分治、内外贸分开的产业组织结构。① 这一阶段,我国石油产业已经开始逐渐走向更开放的市场。

第四阶段,绿色发展新阶段(1999年至今)。20世纪末,我国石油产业开始致力发展节能减排工作。随着我国对国有企业的改组和中国石油、中国石化、中国海油三大集团的上市,我国石油产业的市场化也进一步打开。21世纪,我国加入WTO,促使我国石油行业的进一步发展加快了步伐。"西气东输"工程的完成标志我国油气产业进入大规模消费时期。经过"十一五"后,我国石油产业向着绿色、清洁的方向稳步前进。《石油蓝皮书:中国石油产业发展报告(2018)》指出,中国炼油工业历经几十年的发展,产能位居全球第二,已成为国民经济战略性和支柱性行业。未来,产业结构调整及市场化改革将成为炼油行业转型升级的重要内容,成品油行业监管将继续深入推进。②

(二)石油法的概念、分类和特征

1. 石油法的概念

石油法是规范石油法律关系主体及其生产经营活动、调整因石油的开发利用活动而产生的经济关系和行政关系的法律规范的总称。这一概念主要包含以下两层含义:

一是石油法是众多石油法律规范的总称。石油法包含有关石油的勘探、开采、储存、运输、销售、对外合作和行业监管等多个方面的法律制度,其表现形式和效力层级多样,这是由石油经济活动的复杂性、多变性、专业性和技术性等特性所决定的。同时,石油法既包括石油民事法律规范,也包括石油行政法律规范。

二是石油法的调整对象是石油经济关系。石油经济关系,是指因从事石油的勘探、开采、储存、运输、销售、对外合作和行业监管等活动而产生的与经济相关的社会关系,包括石油民事关系和石油行政关系。石油民事关系,主要是指作为平等民事主体的双方当事人因从事石油生产经营活动而产生的财产关系。石油行政关系,是指

---

① 参见孟雁北:《中国〈石油天然气法〉立法的理论研究与制度构建》,法律出版社2015年版,第11页。

② 参见《报告精读|石油蓝皮书:中国石油产业发展报告(2018)》,载社会科学文献出版社官网,https://www.ssap.com.cn/c/2018-02-01/1065842.shtml。

行政主体对石油资源的权属及其生产经营活动实施行政管理和监督而产生的关系。

2. 石油法的分类

按照不同的标准,石油法可以划分为不同的种类。

(1)以调整对象的性质为标准分类

按照调整对象的不同性质,石油法可分为石油生产经营法和石油监管法。石油生产经营法,是指规范石油市场主体的生产经营活动的石油法律规范,主要由规范石油产业链上中下游各个环节中的生产经营活动的法律规范构成。石油监管法,是指规范石油管理机关和行业监管机构的监管活动的石油法律规范。

(2)以规范的环节为标准分类

按照石油法对石油生产经营活动不同环节的规范,可将石油法分为石油勘探法、石油开采法、石油储运法、石油销售法、石油对外合作法等。

(3)以是否具有涉外因素为标准分类

按照所调整的社会关系是否具有涉外因素分类,可将石油法分为国内石油法和涉外石油法。国内石油法,是指调整国内公民、法人或非法人组织之间的石油经济关系的石油法律规范。涉外石油法,是指调整国内公民、法人或非法人组织与外国公民、法人、非法人组织之间的石油经济关系的石油法律规范。

(4)以法律规范的内容为标准分类

按照法律规范内容的不同,可将石油法分为石油实体法和石油程序法。石油实体法是规定石油法律关系主体的实体权利义务的法律规范。石油程序法是规定石油法律关系主体行使具体实体法所需遵循的程序的法律规范。

3. 石油法的特征

石油法具有法律的一般特征,如规范性、普遍性、稳定性、国家意志性、强制性等,同时,它也具有其自身的特征。

(1)调整对象的特定性

石油法调整对象的特定性,是指石油法所调整的社会关系不同于民法、行政法、经济法所调整的社会关系。石油法的调整对象,是指因从事石油的勘探、开采、储存、运输、销售、对外合作和行业监管等活动而产生的与经济相关的社会关系。

(2)调整方式的多样性

石油法的调整方式既包括调整石油民事关系时所采用的平等协商的民事方式,也包括调整石油行政关系时所采用的监督管理的行政手段。

(3)法律规范的综合性

从石油法的分类可以看出,石油法律规范在内容上具有综合性,具体表现在:既包括属于私法范畴的石油生产经营法，也包括属于公法范畴的石油监管法；既包括石油实体法，也包括石油程序法。

（三）我国石油立法的发展

1950年通过的《矿业暂行条例》（已失效）是新中国的第一部矿业法规，这部法规也被认为是新中国在石油产业立法进程中迈出的意义重大的一步。1954年《宪法》第6条第2款规定："矿藏、水流，由法律规定为国有的森林、荒地和其他资源，都属于全民所有。"1954～1982年虽然我国石油产业发展较迅速，但是石油产业相关立法较少。1982年之后，随着国务院机构的重组和改革开放的加深，石油产业的立法逐渐丰富起来。尽管目前我国石油法仍然缺位，但是与石油相关的法律规定仍有不少。我国石油立法中现行有效的法律、行政法规、部门规章主要包括：

1. 石油勘探开发和运输环节相关的立法：1982年颁布，经过2001年、2011年1月、2011年9月、2013年4次修订的《对外合作开采海洋石油资源条例》；1986年颁布，经过1996年、2009年两次修正的《矿产资源法》；1994年发布的《矿产资源法实施细则》；1989年发布的《石油地震勘探损害补偿规定》；1993年发布，经过2001年、2007年、2011年和2013年4次修订的《对外合作开采陆上石油资源条例》；1998年发布，2014年修订的《矿产资源勘查区块登记管理办法》；1998年发布，2014年修订的《矿产资源开采登记管理办法》；2010年颁布的《石油天然气管道保护法》；2016年颁布的《深海海底区域资源勘探开发法》等。

2. 石油产业中下游市场管理以及税费相关的立法：1988年发布的《石油及天然气勘查、开采登记收费暂行规定》；1994年发布，1997年修订的《矿产资源补偿费征收管理规定》；2016年公布的《石油价格管理办法》；2019年公布的《资源税法》等。

另外，我国石油相关的法律还涉及环境保护、安全生产、劳动保障等方面的内容，整体涉及面广，内容较丰富，但综合性和基础性的石油立法仍然缺位。

（四）石油法的目的

石油法的目的，是指制定和实施石油法所追求的目标或希望实现的结果。这一目标能否达到、结果能否实现，需要根据石油法的具体实践来检验。

总结已颁布的石油相关法律的立法目的，可以为明确石油法的立法目的带来思路。我国《矿产资源法》第1条规定："为了发展矿业，加强矿产资源的勘查、开发利用和保护工作，保障社会主义现代化建设的当前和长远的需要，根据中华人民共和国宪法，特制定本法。"我国《石油天然气管道保护法》第1条规定："为了保护石油、天然气管道，保障石油、天然气输送安全，维护国家能源安全和公共安全，制定本法。"我国《对外合作开采陆上石油资源条例》第1条规定："为保障石油工业的发展，促进国际经济合作和技术交流,制定本条例。"我国《对外合作开采海洋石油资源条例》第1条规定:"为促进国民经济的发展,扩大国际经济技术合作,在维护国家主权和经济利益的前提下允许外国企业参与合作开采中华人民共和国海洋石油资源,特制定本条例。"上述相关法律的立法目的中包含维护国家安全、促进经济发展和保护资源等内容。由此,结合当前我国"两个一百年"计划的具体落实,可以认为,石油法的最终目的是推动社会生态文明建设,实现经济和社会的协调可持续发展;具体目的是规范我国石油的开发利用和监管行为,加强石油资源的保护工作,促进石油及相关产业的健康发展,保障石油经济的安全与稳定。

(五)石油法的效力范围

1. 石油法的效力范围的概念

石油法的效力范围,亦称石油法的适用范围,是指石油法在什么时间、空间对什么人的何种活动具有约束力。根据法的一般理论,法的效力范围分为法的空间效力范围、时间效力范围和对象效力范围三个方面。[①] 对于石油法的时间效力范围,石油法实施的起止时限以及对其实施前的行为和事件是否具有约束力的问题,将会在石油法中作出具体明确的规定。因此,以下仅对石油法的空间效力范围和对象效力范围进行具体阐述。

2. 石油法的空间效力范围

石油法的空间效力范围,是指石油法在什么地方适用和有效。一般而言,一个国家的石油法在该国主权范围内有效。主权范围包括领土、领水、领空和底土,还包括延伸意义上的领土,如在外船舶、航空器等。我国《矿产资源法》第2条规定:"在中华人民共和国领域及管辖海域勘查、开采矿产资源,必须遵守本法。"我国《对外合作开采陆上石油资源条例》第2条规定:"在中华人民共和国境内从事中外合作开采陆上石油资源活动,必须遵守本条例。"我国《对外合作开采海洋石油资源条例》第2条规定:"中华人民共和国的内海、领海、大陆架以及其他属于中华人民共和国海洋资源管辖海域的石油资源,都属于中华人民共和国国家所有。在前款海域内,为开采石油而设置的建筑物、构筑物、作业船舶,以及相应的陆岸油(气)集输终端和基地,都受中华人民共和国管辖。"我国石油法的空间效力范围应尽可能与现行有效的法律规定的合理内容保持一致。而在非我国主权范围内的石油开发利用活动,如在国际海底区域或者存在争议的领域进行的石油开发利用活动,是否适用我国石油法,需要

① 参见朱景文主编:《法理学》,中国人民大学出版社2008年版,第357页。

根据具体情况进行分析。①

3. 石油法的对象效力范围

石油法的对象效力范围,是指石油法适用于什么人,对哪些人具有约束力。确定石油法对人效力的原则有:属人原则、属地原则、保护主义原则和折中主义原则。除法律另有规定外,我国石油法适用于中国公民和在中国管辖的领域内从事石油开发利用活动的外国人和无国籍人。

(六)石油法律关系

1. 石油法律关系的概念

石油法律关系,是指石油法所规定的石油法主体在石油生产经营活动和石油行政监管活动中所形成的权利义务关系。根据石油法的调整对象,石油法律关系可以分为石油生产经营主体因从事石油生产经营活动而与其他公民、法人和非法人组织等平等主体间产生的石油民事法律关系,以及行政主体在对石油生产经营活动实施行政监督管理的过程中与行政相对人之间所产生的石油行政法律关系。

2. 石油法律关系的构成要素

石油法律关系的主体,是指依照石油法的规定享有权利、承担义务的石油法律关系的参与者。判断一个主体是否是石油法律关系的主体,关键在于判断这一主体是否受到我国石油法的规范和约束。因此,在我国境内参与石油生产经营活动和石油行政管理活动的行政机关、企事业单位、公民、国际组织等都可成为我国石油法律关系的主体。

石油法律关系的内容,是指石油法的主体享有的法律上的权利和承担的法律上的义务。所谓法律权利,是指社会主体享有的,由法律确认和保障,以某种正当利益为追求的自由。② 石油法的主体所享有的权利有:依法或者依照约定获得相应服务的权利,依法获得石油相关信息的权利,依法获得赔偿、补偿的权利;依法开展勘探、开采、运输、储存、加工、销售等业务的自由与权利等。③ 石油法上的权利还包括国家的职权。法律义务,是指社会主体根据法律的规定必须作为或不作为,是对人们行为提出的要求,要求人们的行为不能妨碍对方的权利,或者有助于对方权利的实现。④

① 参见孟雁北、陈正红:《论我国〈石油天然气法〉的调整范围条款》,载《公民与法(法学版)》2010年第7期。

② 参见付子堂主编:《法理学进阶》,法律出版社2016年版,第27页。

③ 参见于文轩:《石油天然气法研究——以应对气候变化为背景》,中国政法大学出版社2014年版,第33页。

④ 参见付子堂主编:《法理学进阶》,法律出版社2016年版,第30页。

石油法的主体所承担的义务有：遵守法律的义务，如节约能源、保障能源安全的义务；遵守与其所从事的业务相关的特定法定义务和约定义务等。①

石油法律关系的客体，是指石油法所确认和调整的社会关系，包括石油生产经营活动中所产生的受石油法调整的社会关系和对石油生产经营活动进行监督管理所形成的受石油法调整的社会关系。石油法律关系的客体与其所指向的对象不同。石油法律关系的客体所指向的对象包括物、行为和智力成果。

二、域外石油立法概况

他山之石，可以攻玉。在现代立法和法学研究中，法律借鉴是必不可少的方法。通过学习和借鉴别国经验，既能更加完善本国法律，亦能增进各国法律文化交流，促进法律文化全球化发展。尽管各国对于石油的监管模式、制度等各有特色，石油产业发展阶段不同，但发展进程大同小异。在经济和文化全球化的进程中，各国对于石油产业的监管正呈现相互交融、相互学习的发展态势。作为石油大国的美国、加拿大、巴西、澳大利亚等国家，作为重要的油气资源汇集、生产和消耗地区的欧洲，以及作为石油进口大国的日本等国家，石油产业市场化程度高，石油产业监管体系较完善，能为我国石油立法提供较好的经验借鉴。

（一）域外石油立法模式

由于不同国家的法律文化和石油产业发展情况有差异，各国对于石油立法模式的选择亦不一致。国外石油立法主要有以下几种模式，不同专业领域分别立法模式、上下游分开立法模式、行业统一立法模式。

1. 不同专业领域分别立法模式

对于石油产业按照不同专业领域分别立法的模式，其特点是针对石油行业某特定领域单独立法，一般见于法制较完善、市场经济较成熟的国家，如美国、加拿大和英国。由于这些国家石油行业下游领域大多是私有化的，市场经济运行较成熟，除个别专门立法外，下游领域主要适用关于竞争、环保和消费等一般性法律。因此，这种模式主要侧重勘探开发、能源安全、能源效率、环境保护等上游领域。② 如在美国，《矿藏土地租赁法》和《联邦陆地石油和天然气租赁改革法》就适用于调整陆上石油勘探和开发；《水下土地法》和《外大陆架土地法》调整海上石油勘探和开发；《石油污染

---

① 参见于文轩：《石油天然气法研究——以应对气候变化为背景》，中国政法大学出版社 2014 年版，第 34 页。

② 参见方忠于、朱英、石宝明：《国外石油立法（一）》，载《当代石油石化》2003 年第 10 期。

法》和《清洁空气法》等解决环境保护问题。[①]

2. 上下游分开立法模式

这种模式的最大特点是,石油行业上游和下游领域一般各有一个基本法律,多见于自产不足的石油消费国,如日本、韩国和印度就是采用这种模式。[②] 采用上下游分开立法模式的国家,一般其国内石油自产量远远不能够满足要求,石油进口量极大,需要针对上下游的不同情况制定不同的法律规范来保障国内的石油供应。[③] 譬如,日本石油产业的上游领域主要通过《石油天然气资源开发法》的适用,规范石油天然气的勘探和开采;下游领域则主要通过《石油业法》调整石油产业的加工、销售和进出口等。

3. 行业统一立法模式

这种模式的特点是整个石油行业适用一个基本法律,这个基本法律涵盖了勘探开发、炼油、运输、进出口和销售等所有领域,一般见于经济对石油的依赖性较强、国家对石油行业干预较多的国家。[④] 采用这种立法模式的国家有巴西、印度尼西亚、委内瑞拉等,其石油法主要强调国家对石油的主权控制和国家从石油中获得基本收益,石油业务基本由国家石油公司垄断。[⑤] 比如,巴西《石油法》、印度尼西亚《石油和天然气法》和委内瑞拉《石油基本法》等。但近年来,采用这一模式的国家也在逐渐放松对石油产业的干预,扩大市场对石油产业的影响。

(二)域外石油立法主要内容

各国石油立法一般表现为法律、法规、规章和政策,内容包括石油资源所有权制度、石油矿业权管理制度、石油行业监管制度、石油储备制度等。

1. 石油资源所有权制度

石油资源属于矿产资源,关于石油资源所有权,国际上存在5种主要基本制度:土地所有权附属制度、公有制度、发现者所有制度、无所有权制度和不规定所有权但由国家(政府)控制的制度。[⑥] 大多数国家的石油法律都采用了石油资源公有制或者国家控制制度,如英国、丹麦、沙特阿拉伯、尼日利亚等。而美国的石油资源所有权制度较复杂,美国联邦法律和州法律对石油资源所有权的规定原则上采用土地所有权

---

① 参见胡德胜主编:《能源法学》,北京大学出版社2017年版,第156页。

② 参见方忠于、朱英、石宝明:《国外石油立法(一)》,载《当代石油石化》2003年第10期。

③ 参见黄振中、赵秋雁、谭柏平:《中国能源法学》,法律出版社2009年版,第186页。

④ 参见方忠于、朱英、石宝明:《国外石油立法(一)》,载《当代石油石化》2003年第10期。

⑤ 参见黄振中、赵秋雁、谭柏平:《中国能源法学》,法律出版社2009年版,第186页。

⑥ 参见胡德胜主编:《能源法学》,北京大学出版社2017年版,第157页。

附属制度，此外，对于陆上的原油石油资源的所有权，还采用发现者所有制度和无所有权制度，对于海上原油石油资源的所有权采用公有制度。

2. 石油矿业权管理制度

石油矿业权，是指按照国家的有关法律规定，经申请人申请，矿业权登记管理机构批准并办理登记后，矿业权申请人依法获得的从事勘查、开采矿产资源以及其他与此相关的活动之权利，它是一种准用益物权，兼具公法和私法性质。① 矿业权的主要内容可分为探矿权和采矿权两种，基于此，各国的石油矿业权管理制度基本上可分为两种制度，即许可证制度和工作合同制度。美国、加拿大、英国、挪威、巴西、日本、韩国、印度和委内瑞拉等国采取的是许可证制度，俄罗斯和印度尼西亚等国采取的是工作合同制度（更多的是采用产量分成合同制度）。② 许可证制度是通过行政行为授权的制度，是指政府授权从事石油产业的公司代表国家进行石油勘探、开发或生产，从而体现国家对石油资源的控制的制度。许可证包括单项许可证和组合许可证（或称单独许可证和综合许可证）。工作合同制度是通过合同行为进行授权的制度，具体是指从事石油产业的公司，与代表国家的政府机构或拥有许可证的国家石油公司签订合同，从而能够获得开展油气业务活动的权利的制度。工作合同主要包括单纯服务合同、风险服务合同和产量分成合同。

3. 石油行业监管制度

虽然各国对石油行业的监管经历了从强制性监管到激励性监管的演变，但各国石油法律仍然强调政府对石油行业的行政监管权。各国石油行业监管的对象涉及土地征用、矿区管理、运输、市场、财税、技术、职业安全、环境、进出口贸易等石油勘探、开采或生产经营各个环节的事物。各个国家在具体监管范围内主要依据本国市场的管理体制和开放程度，确定具体监管内容，其中，市场准入、价格管理和环境监管是目前各国共同关注的监管内容。③ 许多国家将石油行业的管理放在综合性的能源或矿产主管部门，譬如，美国是能源部，加拿大是自然资源部，俄罗斯是能源部和自然资源部，日本是经济产业省，韩国是产业资源部，印度尼西亚是能源和矿产资源部，而印度设立了专门的石油天然气部。④

---

① 参见李显冬、刘志强：《论矿业权的法律属性》，载《当代法学》2009 年第 2 期。

② 参见《中国石油企业》编辑部：《矿权管理海外模式与启示》，载《中国石油企业》2017 年第 6 期。

③ 参见廖玫：《世界石油天然生产业监管体制的演变和发展》，载《经济导刊》2008 年第 3 期。

④ 参见黄振中、赵秋雁、谭柏平：《中国能源法学》，法律出版社 2009 年版，第 188 页。

4. 石油储备制度

石油储备制度，是指以保障石油的不间断供给、维护国家能源安全为目的，国家或者企业依法储备一定数量的石油，用于应对因区域关系、战争等突发事件而引发的石油供应突然中断或减少等短期石油供应的异常现象。许多国家都建立了石油储备制度，譬如，英国、美国、日本、德国、巴西、南非、印度等国家的石油法律制度中就包含石油储备的内容。① 例如，德国《原油和石油产品储备法》建立了德国石油储备体系的基本制度和组织框架，确立了体系运营的基本准则，包含石油储备联盟机构、义务储备、管理和执行方式等内容。② 又如，美国的石油储备制度包括国家战略储备和企业商业储备，并通过与能源法律和政策相结合的方式对石油储备进行管理和监督。③

总之，从形成到变迁的60多年中，石油法已从单纯的石油矿业法，发展成以石油矿业法为主、多种单行法相结合的石油法律体系。④ 各国石油法律体系都不仅仅只是一部法律，均另有配套法律和规章。同时，由于立法目的的相似性，各国石油法律体系在立法模式和主要制度内容上也有不少相同之处。我国在选择和借鉴外国石油法律时，不仅应当考虑法律制度的优越性，还要结合本国的政治、经济、文化、历史、环境等各方面因素，使其更加符合我国发展需要。

三、我国石油法的框架结构和石油立法主要制度

我国石油法律体系在表现形式上有宪法、法律、法规、规章等，目前主要以《矿产资源法》和《石油天然气管道保护法》为主体、以相关行政法规和部门规章为补充而构建起来。⑤ 我国石油法应当与现行石油法律体系相衔接，与现行基本法律制度相统一，符合法律逻辑和现实逻辑，契合时代发展趋势。

(一)我国石油法的框架结构

石油法是产业法，石油工业的产运销各个环节，既自成体系，又紧密联系。因此，石油法宜按产运销的顺序排列，同时突出主要法律制度。⑥ 经初步论证，大致可分为

---

① 参见胡德胜主编：《能源法学》，北京大学出版社2017年版，第159页。

② 参见杨侃：《德国〈原油和石油产品储备法〉的主要内容及德国石油储备体系的发展趋势》，载《国际石油经济》2017年第1期。

③ 参见黄承雷：《美国石油储备体系综述》，载《中国石油和化工标准与质量》2013年第13期。

④ 参见莫神星：《能源法学》，中国法制出版社2019年版，第302页。

⑤ 参见胡德胜主编：《能源法学》，北京大学出版社2017年版，第161页。

⑥ 参见郭进平：《我国〈石油法〉立法研究(4)——石油法框架结构》，载《石油规划设计》1996年第1期。

如下几部分：(1)总则，应包括立法宗旨和根据，适用范围，石油资源所有权，石油工业发展方针，国家鼓励投资的原则，国家鼓励外商投资和管理的原则，国家鼓励国内企业跨国经营的原则，石油企业税费制度，国务院石油主管部门的职责，国家石油公司的法律地位和职责，有关法律专业术语的含义，保护油气田的责任。(2)石油勘探，应规定标准区块的划定，勘探招标，勘探企业的资格审查，勘探合同和探矿权人的权利义务，国家鼓励风险勘探的措施，勘探资料的归属、保护、转让及管理，勘探环境保护，勘探作业损害补偿，储量申报与评估，资源战略储备，资源管理与分配的原则。(3)石油开采，应涵盖开采许可制度，采矿合同和采矿权人的权利义务，油气田建设与城市规划、土地利用规划的关系，合作开采油气田及控股，合理开采油气资源，矿区使用费，生产安全与环境保护，油质鉴定与计量，国家鼓励中后期油田和边际油田的措施，天然气开采的特殊规定，油气田终止开采及善后处理。(4)石油储运与销售，应包括管道、站库的统一规划与管理，管道建设工程与其他工程的关系处理，管道运营的监理，管道企业与生产、加工企业的关系(合同制)，石油价格的制定，国家对石油进出口的管理。(5)石油加工利用，应包含加工企业的布局，加工企业设立的审批及生产许可，加工炼制涉及的环境与安全，禁止小炼厂、土炼炉的规定，国家鼓励深加工的措施。(6)油田保护，应包含油田保护的范围，油田保护的主要措施，油田企业对保护油田的责任，地方政府保护油田的责任。

一部完整的石油法不仅要包括上述主体内容，还应包含指导思想、基本原则、适用范围、法律责任等规定。另外，也要涵盖石油产业上中下游、国内外合作等产业链的全部内容，使石油法对石油产业不仅能起到规范作用，还能发挥促进作用，保证石油产业在法制的轨道上前行。

(二)我国石油立法的主要制度

从我国石油法现有的法律规定和未来发展趋势来看，我国石油法主要有以下几种制度：

1. 石油资源所有权制度

石油资源所有权制度是石油法律制度的规范基础，二者是经济基础与上层建筑的关系。[①] 我国《宪法》第 9 条第 1 款规定："矿藏、水流、森林、山岭、草原、荒地、滩涂等自然资源，都属于国家所有，即全民所有；由法律规定属于集体所有的森林和山岭、草原、荒地、滩涂除外。"我国《矿产资源法》第 3 条第 1 款、第 2 款规定："矿产资源属于国家所有，由国务院行使国家对矿产资源的所有权。地表或者地下的矿产资源的

---

① 参见莫神星：《能源法学》，中国法制出版社 2019 年版，第 302 页。

国家所有权,不因其所依附的土地的所有权或者使用权的不同而改变。国家保障矿产资源的合理开发利用。禁止任何组织或者个人用任何手段侵占或者破坏矿产资源。各级人民政府必须加强矿产资源的保护工作。"在我国,矿产资源所有权制度实行"矿权主义",不区分地域或矿种,均为国家享有所有权,石油资源亦属于国家所有,由国务院代表国家行使对石油资源的所有权。

2. 石油勘探开采制度

石油作为重要的能源矿产资源,石油勘探开采制度也是在矿产资源勘探开采制度上发展起来的制度,受《矿产资源法》和《矿产资源法实施细则》中关于矿产资源勘探开采制度的约束。我国的石油勘探开采制度主要是对探矿权和采矿权进行规定的制度。我国《矿产资源法》将矿业权分为探矿权和采矿权,该法第 3 条规定探矿权、采矿权必须依申请、经批准取得,并办理登记;但是,已经依法申请取得采矿权的矿山企业在划定的矿区范围内为本企业的生产而进行的勘查除外。国家保护探矿权和采矿权不受侵犯,保障矿区和勘查作业区的生产秩序、工作秩序不受影响和破坏。《矿产资源法》第 5 条规定,我国实行探矿权、采矿权有偿取得制。

《矿产资源法实施细则》规定了我国探矿权、采矿权实行许可证制度,第 5 条第 1 款规定:"国家对矿产资源的勘查、开采实行许可证制度。勘查矿产资源,必须依法申请登记,领取勘查许可证,取得探矿权;开采矿产资源,必须依法申请登记,领取采矿许可证,取得采矿权。"《矿产资源法实施细则》第 6 条明确了探矿权和采矿权的含义。探矿权,是指在依法取得的勘查许可证规定的范围内,勘查矿产资源的权利。取得勘查许可证的单位或者个人称为探矿权人。采矿权,是指在依法取得的采矿许可证规定的范围内,开采矿产资源和获得所开采的矿产品的权利。取得采矿许可证的单位或者个人称为采矿权人。《矿产资源法》第 6 条规定,除该条规定情形外,探矿权、采矿权不得转让,禁止将探矿权、采矿权倒卖牟利。

3. 石油市场准入制度

市场准入制度,是指有关国家或政府准许自然人、法人进入市场从事经营活动的法定条件和程序规则的总称,包括一般市场准入和特殊市场准入。一般市场准入制度,是指自然人、法人进入市场从事经营活动所必须具备的一般法定条件和必须遵循的基本程序规则。特殊市场准入制度,是指自然人、法人进入对公共利益有重大影响的特殊市场所必须具备的条件和必须遵循的程序规则。① 石油市场准入制度重点关注的是特殊市场准入制度。

---

① 参见李昌麒主编:《经济法学》,法律出版社 2008 年版,第 188 ~ 189 页。

石油市场准入制度根据不同的标准可分为不同的种类。根据政府管理形式的不同,石油市场准入可以分为核准、登记、备案、审批、许可、特许等形式。譬如,《国务院对确需保留的行政审批项目设定行政许可的决定》规定,石油成品油批发、仓储、零售经营资格,由商务部、省级人民政府商务行政主管部门审批。根据石油产业链的环节分类,石油市场准入可以分为上游、中游、下游的准入。上游主要包括石油的勘探、开采,中游大体上有储存、运输,下游重点是加工、销售等内容。例如,《原油市场管理办法》①中规定,向省级人民政府商务主管部门申请原油销售、仓储经营资格的企业,由省级人民政府商务主管部门审查后,需经商务部决定是否批准。② 根据准入资本所有制性质的不同,石油市场准入可以分为国有资本准入、民营资本准入和外资准入。由于石油产业事关国家安全和社会公共利益,国有资本控股始终是重要选择,民营资本和外资的市场准入有较多限制。③ 但自 2013 年以来,能源市场的民营资本准入已不断开放。《能源发展"十二五"规划》指出,进一步放宽能源投融资准入限制,鼓励民间资本进入法律法规未明确禁入的能源领域,鼓励境外资本依照法律法规和外商投资产业政策参与能源领域投资。《能源发展"十三五"规划》中明确能源投资进一步向民间资本开放。同时,我国法律鼓励外商投资石油勘探、开发,但仅限于合资、合作。《鼓励外商投资产业目录(2020 年版)》第 18 条鼓励外商投资石油、天然气的勘探、开发和矿井瓦斯利用。

4. 石油储备制度

石油储备事关国家安全和社会稳定,石油战略储备制度是石油储备的重要法律依据。我国 1995 年在"九五规划"中最早明确提出要建立国家战略石油储备,到 2007 年国家石油储备中心经国务院批准成立并运行,④再到《国家能源局 2016 年度法治政府建设工作情况报告》明确《国家石油储备管理条例》为 2016 ~ 2020 年能源立法重点推进项目,石油储备立法一直是近年来的立法重点。2016 年 5 月国家能源局发布《国家石油储备条例(征求意见稿)》,其中规定了政府储备石油和企业义务储备石油。政府储备石油的模式是国务院能源主管部门负责监督管理,国家石油储备单位负责石油储备基地的建设、运行和管理,石油储备基地公司进行保管。企业义务

---

① 该办法已于 2020 年 7 月 1 日废止。

② 参见商务部《原油市场管理办法》(商务部令 2006 年第 24 号公布,商务部令 2015 年第 2 号修正)第 5 条。

③ 参见孟雁北:《中国〈石油天然气法〉立法的理论研究与制度构建》,法律出版社 2015 年版,第 137 页。

④ 参见徐梦堃:《论战略石油储备的二元属性》,载《中外能源》2019 年第 9 期。

储备石油则是石油的采购、存储和轮换由企业自行决定,费用由企业自行承担,但储备轮换数量和期限应符合国务院能源主管部门的规定。该征求意见稿还规定了储备石油的动用、监督管理、法律责任等内容。但无论是始终呼吁的石油储备法,还是已经公布征求意见稿的《国家石油储备条例》,当前都尚未出台。

目前,我国战略石油储备基地已经陆续建成并投入使用,十大战略石油储备基地的战略格局已经形成,从事原油加工、成品油批发和原油进出口的企业也承担起企业义务储备的社会责任,但并未有相关法律法规对战略石油储备进行规范化监督管理,我国战略石油储备立法已然落后于石油储备实践。石油储备立法无疑是迫在眉睫。

5. 石油定价制度

价格作为市场机制发挥作用的核心要素之一,在市场经济中具有举足轻重的作用。石油定价制度按石油的种类可以分为原油的定价和成品油的定价。由于原油是初级矿产品,较少直接进入消费市场,并且原油价格与国际原油市场价格直接接轨,而成品油价格与国际成品油市场价格是有控制地间接接轨(成品油出厂价格以国际市场原油价格为基础,加国内平均加工成本、税金和适当利润确定①),所以成品油定价是目前我国石油定价制度中的重点关注内容。

国家发展改革委 2016 年发布的《石油价格管理办法》第 4 条规定:“原油价格实行市场调节价。成品油区别情况,分别实行政府指导价和政府定价。(一)汽、柴油零售价格和批发价格,向社会批发企业和铁路、交通等专项用户供应汽、柴油供应价格,实行政府指导价。(二)向国家储备和新疆生产建设兵团供应汽、柴油供应价格,实行政府定价。”该办法的主要内容还包括:设定成品油价格调控下限,建立油价调控风险准备金,放开液化石油气出厂价格,简化成品油调价操作方式等。虽然修订后的《石油价格管理办法》对石油定价作出了完善,但仍面临部分需要解决的关键问题,如价格调整不能达到根据市场供需现状实时调整的要求,影响成品油市场的规范、健康运行;国内外成品油流通市场并未完全接轨,大部分企业不能自由进出口成品油,存在贸易壁垒;政府调整成品油价格的决策程序尚不公开透明;现有的国际石油定价机制不能充分反映我国的石油供需格局,导致我国石油价格偏高等问题。②

6. 国际石油合作制度

国际石油合作,是指资源国政府或资源国石油公司与外国政府或外国石油公司,在石油勘探、开发、交易等事项上进行主要以合同为载体的合作。国际石油合作已经

---

① 参见莫神星:《能源法学》,中国法制出版社 2019 年版,第 308 页。

② 参见张林山:《我国成品油管理体制改革的关键问题与对策》,载《中国经贸导刊》2016 年第 3 期。

在多年的实践发展中形成了较稳定的模式，主要有传统租让制合同模式、现代租让制合同模式、产品分成合同模式、服务合同模式、回购合同模式、联合经营合同模式等。① 租让制合同模式亦被称作许可证协议模式，与其他合同模式的本质差异在于外国合作者需要交付一定租金以获得特许，与资源国签订特许协议。产品分成合同是投资者从石油作业的成果中逐年收回作业成本后，有权分割剩余产品利润作为承担勘探风险报偿的一种合同，其本质是投资者对资源国的油气区块进行勘探开发并承担全部风险，若发现油气资源，在投资者回收全部作业成本后，与资源国按比例分割产品利润。服务合同又可分为单纯服务合同和风险服务合同。回购合同实际是风险服务合同的变种，是指外国石油公司承担油田勘探开发的费用和技术服务，从投产后交由资源国政府管理的销售收入中回收费用、获取报酬的合同。联合经营合同是资源国政府或资源国石油公司与外国政府或外国石油公司对于规模较大的石油项目进行共同投资、共同经营、共担风险、共负盈亏的一种协议。

我国国际石油合作制度中的合作方式包括我国海洋石油对外合作、我国陆上石油对外合作和我国石油公司海外发展。我国石油公司海外发展主要体现在中国石油、中国石化、中国海油三大公司在海外的勘探、开发和收购活动等。我国海洋石油和陆上石油对外发展活动主要依靠《对外合作开采海洋石油资源条例》和《对外合作开采陆上石油资源条例》调整。《对外合作开采海洋石油资源条例》自 1982 年发布以来，经历了 2001 年、2011 年 1 月、2011 年 9 月和 2013 年 4 次修订；1993 年发布的《对外合作开采陆上石油资源条例》，已进行了 2001 年、2007 年、2011 年和 2013 年的 4 次修订。两部条例规定了石油对外合作中应当遵守的基本原则、合作中各方权利义务、石油作业等内容。随着我国技术服务、经营模式和法律监管等方面的发展，石油合作"引进来"和"走出去"的能力都有了明显提升。

7. 石油环境保护制度

石油勘探、开采、加工利用等环节都极易产生废水、废气、废渣，给生态环境带来的污染和损害比一般工业更严重，对此，我国法律对石油的开发利用进行了多方面、多层次的规定。我国的石油环境保护制度主要体现在专门立法和石油企业内部管理制度当中。

《环境保护法》《海洋环境保护法》都规定，石油开发利用应当遵循环境影响评价制度和"三同时"制度。环境影响评价制度，是指对石油开发利用项目可能造成的环境影响进行分析、预测和评估，提出预防或减轻不良环境影响的措施，进行跟踪监测。

---

① 参见卫德佳主编：《石油天然气法律制度研究》，石油工业出版社 2010 年版，第 102 ~ 106 页。

“三同时”制度,是指防治环境污染和破坏的设施应当与主体工程同时设计、同时施工、同时投产使用。《清洁生产促进法》规定了石油勘探开发应遵循的基本原则,即应当采用有利于合理利用资源、保护环境和防止污染的勘查、开采方法和工艺技术,提高资源利用水平。《水污染防治法》规定,排放工业废水的企业应当采取有效措施,收集和处理产生的全部废水,防止污染环境。含有毒有害水污染物的工业废水应当分类收集和处理,不得稀释排放。《大气污染防治法》规定,石油、化工等企业生产过程中排放粉尘、硫化物和氮氧化物的,应当采用清洁生产工艺,配套建设除尘、脱硫、脱硝等装置,或者采取技术改造等其他控制大气污染物排放的措施。石油、化工企业,应当采取措施对管道、设备进行日常维护、维修,减少物料泄漏,对泄漏的物料应当及时收集处理。《固体废物污染环境防治法》规定了工业固体废物申报登记制度、设施设备污染防治措施、企业污染环境防治责任制度等内容。

另外,我国石油环境保护制度中还存在大量行政法规、部门规章、地方法规和地方政府规章,为现有环境保护法律框架下所作出的具体、细化的规定,比如,1983 年国务院公布的《海洋石油勘探开发环境保护管理条例》,1990 年公布并经过 2016 年修正的《海洋石油勘探开发环境保护管理条例实施办法》,2012 年公布的《石油天然气开采业污染防治技术政策》,2011 年通过并分别经过 2016 年、2019 年两次修正的《辽宁省石油勘探开发环境保护条例》,2006 年通过并分别经过 2017 年、2019 年两次修订的《甘肃省石油勘探开发生态环境保护条例》,1996 年通过并分别经过 2010 年、2015 年、2018 年 3 次修正的《黑龙江省石油天然气勘探开发环境保护条例》,2014 年通过并于 2018 年修正的《新疆维吾尔自治区煤炭石油天然气开发环境保护条例》,2000 年通过并分别经过 2007 年、2019 年两次修订的《陕西省煤炭石油天然气开发生态环境保护条例》等。

我国三大石油公司即中国石油、中国石化、中国海油也通过公司内部管理制度构建了石油天然气工业健康、安全和环境管理体系(HSE 管理体系),并在生态保护、清洁生产促进、环境风险管理和资源可持续利用等方面承担起企业环境责任。

第二节 天然气法

一、天然气法的概念

天然气,是指自然界中天然存在的一切气体,包括大气圈、水圈和岩石圈中各种自然过程形成的气体(包括油田气、气田气、泥火山气、煤层气和生物生成气等),这是天然气的广义解释。如果从能源的角度来说，作为天然气资源的天然气，是指天然蕴藏于地层中的无色无味的一种可燃性气体，即气态化石燃料，这是天然气的狭义解释。作为能源法调整对象的客体，天然气包括天然气资源和成品天然气（对开发出来的天然气资源或其他能源资源进行加工提炼而产生的可以用作能源的产品，包括天然气、煤层气和煤制气等）。

天然气法，是指调整人们在天然气勘探、开采、储存、运输、加工、销售、国际合作等过程中所形成的社会关系的法律规范的总称。天然气法的立法目的是合理开发、利用、节约和保护天然气资源，保障天然气供应安全，实现天然气资源的可持续利用，适应国民经济和社会发展的需要。

天然气法的调整对象是围绕天然气勘探、开采、储存、运输、加工、销售、对外合作等天然气产业链中的活动产生的社会关系，按照主体在社会关系中的法律地位不同，大致可以分为纵向的监管关系和横向的交易关系两大类。前者是指国家作为社会事务的管理者，为保障国家安全、保护生态、发展经济，由政府监管机构和相关部门对天然气行业、天然气公司进行监督管理过程中形成的权利义务关系，包括天然气政府主管部门和相关部门的职责、地位、监管原则、运行机制、天然气运营模式，以及天然气市场准入规则、天然气定价机制和管输费确定的原则、管道建设及运营的审批、对外合作模式和领域的规定等。后者是指市场经济条件下、以意思自治为原则建立的作为天然气所有权人的国家和天然气矿业权人在天然气勘探开采阶段建立的民事关系、天然气公司与消费者之间的利用消费关系以及天然气公司相互之间的经营协作关系，这种关系旨在营造公平竞争的市场环境，调动天然气资源勘探者和开发者、天然气产品生产者和经营者的积极性，促进天然气行业的健康发展。

二、域外天然气立法发展及天然气立法实践

天然气作为绿色清洁的低碳能源，是我国推进能源消费革命的资源基础，加快推进天然气利用是我国建设清洁低碳、安全高效的现代能源体系的必由之路。美国、英国、日本、阿根廷、罗马尼亚等国家在天然气立法方面已有多年实践，这些国家普遍走的是一条法律先行的路径。①

（一）域外天然气立法发展

1. 美国天然气立法

美国天然气资源丰富，目前已成为世界上最大的产气国和天然气消费国，在天然

① 参见郜婕、赵忠德等：《世界典型国家天然气发展历程及对中国的启示》，载《国际石油经济》2017年第8期。

气产业的法律管制方面有多年实践。

20 世纪初,美国出现了天然气的城际贸易,超出了城市政府监管的权限范围,因此各州政府建立公用事业委员会或公共服务委员会对天然气输配进行监管。随着州际贸易的出现和壮大,美国国会于 1938 年通过《天然气法》(The Natural Gas Act, NGA),组建美国联邦动力委员会(Federal Power Commission, FPC),明确了管辖范围,同时对许可制度、定价和技术性问题进行了较系统的规定,这标志美国天然气产业正式进入监管阶段。

1954 年美国为抑制过高的井口价格并加强监管,颁布了《菲利普斯决议》,赋予了 FPC 设定州际天然气贸易的井口价格的权力,至此,天然气供应链各个环节的价格均受到政府机构的监管。直至 20 世纪 80 年代中期,美国天然气产业处于垄断和严格规制之下,天然气价格持续偏低,但也因此导致天然气市场供求失衡。

1978 年美国联邦政府颁布《天然气政策法》(The Natural Gas Policy Act, NGPA),成立联邦能源管理委员会(Federal Energy Regulatory Commission, FERC),进行定价改革,计划逐步解除对井口价格的管制,以逐步推进天然气的市场化改革。

1985 年 FERC 发布《436 号法令》,鼓励各州际管道公司向第三方提供管道运输服务,剥离中间商的职能,明确运营商的身份,以方便终端用户直接与生产商进行天然气贸易。

1989 年美国国会出台《天然气井口价格解除管制法》,正式取消了所有对天然气井口价格的控制,全面引入自由竞争机制,随后于 1992 年颁布的《FERC636 号法令》进一步扩大了天然气市场的自由化程度,间接保障了美国天然气产业的稳定发展。

2. 英国天然气立法

英国的天然气产业发展同样经历了天然气的发现、天然气市场的培育和垄断经营、促进天然气市场竞争和最终形成天然气市场的全面竞争阶段。为实现天然气市场的全面竞争,英国政府采取了不同的法律政策措施。1965 年北海天然气发现之前,英国的燃气资源主要为煤制气,1948 年英国政府颁布了《燃气法案》,将私有和市属煤气公司收归国有,并入 12 个煤气管理委员会,并成立了行业协会——燃气理事会,开始对燃气行业进行政府垄断管理和经营。1964 年英国政府颁布《大陆架法案》,赋予了英国燃气公司采购北海油气生产商所有上岸天然气的第一选择权,①使英国天然气行业形成一体化垄断格局,但也因此出现天然气行业效率低下、缺乏竞争

① 参见车明、于小迪等:《英国天然气产业的行业发展历程、现状与启示》,载《中外能源》2017 年第 11 期。

等弊端。

1965～1995 年英国对天然气行业的法律进行了 5 次修订，重点调整了天然气产业结构和市场规则，推动上中下游逐步向市场化方向迈进，①其中 1982 年的《石油与天然气法》奠定了英国天然气行业自由化的基础，1986 年英国政府颁布的《天然气法》实现了天然气公司的私有化。1995 年《天然气法》的修订确立了天然气市场的准入规则，推动了天然气各个领域的竞争，同时促成了 1996 年英国《统一管网规则》（Uniform Network Codes）的产生。《统一管网规范》重点对天然气管道运行规则、交易制度进行了规定。2000 年的《公用事业法》对 1986 年的《天然气法》和 1995 年的《天然气法》中的天然气执照和天然气的执行标准等作出了修改和新的规定，进一步完善了天然气方面的立法。②

3. 日本天然气立法

在日本，天然气上游领域主要适用《石油天然气资源开发法》，规定石油天然气资源开采的批准程序等。天然气下游领域适用《燃气公用事业法》。1995 年日本修订了《天然气公用事业法》，规定合同气量超过 200 万立方米的大型用户实现市场自由化，要求大阪燃气、东京燃气和东邦燃气起草"第三方准入"（Third Party Access，TPA）准则，推出燃气费率修订的标准评价方法。1999 年日本再次修订了《天然气公用事业法》，规定市场自由化范围扩大到年合同量超过 100 万立方米的用户（占 40%的市场份额），要求大阪燃气、东京燃气、东邦燃气和西部燃气提交 TPA 条款和条件。2003 年日本第三次修订《天然气公用事业法》，2004 年将市场自由化范围扩大到年合同量超过 50 万立方米的用户（占 44% 的市场份额），在 2007 年扩大到 10 万立方米的用户（占 50% 的市场份额），要求更多公司提交 TPA 条款和条件；规定 LNG 接收站采用谈判实行"第三方准入"准则，允许小型燃气企业经营天然气业务。

（二）域外天然气立法经验总结

经过数十年的发展，国外天然气市场，尤其是北美、欧洲及亚太地区的日本等的天然气市场运行机制日趋成熟，虽然各国所处的国际国内环境各有差异，但在天然气行业立法方面都体现出一些共同特点，积累了丰富经验，对我国天然气立法发展具有很大的借鉴意义。

在制度设计上，国外天然气立法呈现明显的阶段性和针对性特征，与当时的天然气市场状况相适应，在初期普遍采取严格的国家监管模式，根据行业的发展逐步推进

---

① 参见刘夏兰、段言志等：《我国天然气法立法研究》，载《天然气技术与经济》2019 年第 2 期。

② 参见胡孝红主编：《各国能源法新发展》，厦门大学出版社 2012 年版，第 60 页。

市场化改革,而并非一步到位。我国目前与美国1978年放开井口价格管制、英国1986年初步市场化时的背景相似。在策略选择上,各国普遍遵循逐步放开市场、鼓励市场竞争的规律。天然气作为重要的国家战略性能源,关乎国家的经济命脉,国家对天然气的监管不能完全放开,应当循序渐进地建立有竞争性的市场。在法律地位上,在天然气市场发展期及成熟期,天然气市场行为复杂,有必要制定全国统一的天然气法,以有效规范各种商业行为。在监管机制上,国外大多通过天然气法设立了独立的监管机构,天然气的管理部门和监管部门各自独立是欧美国家的普遍做法。各国天然气法律规定,监管部门的官员不得与天然气企业有任何直接或间接的从属或经济利益关系,确保了监管机构不受外来因素的影响,促进天然气市场的健康发展。

三、我国天然气法的立法原则

通过对国外天然气立法经验的总结,立足于我国天然气行业发展现状和市场经济改革的形势,我国天然气立法除了更遵循科学发展原则、法制统一原则等一般的立法原则以外,也必须遵循以下指导原则:

第一,坚持天然气开发利用的可持续发展原则,有节制地开发天然气资源,充分考虑环境保护的要求,为后代人保留足够数量和合理质量的资源,同时通过节约利用和开发替代能源等方式实现资源持续利用。

第二,坚持安全与效率兼顾原则,作为行业管理法,石油天然气法既要提高产业效率,又要高度重视勘探、开采、运输、炼制、贸易、消费等各个环节的安全性,保障天然气安全也是天然气立法的首要目的。

第三,对天然气行业的调整应当综合运用市场机制和行政管理多种手段,充分发挥多种手段的优势,在天然气的开发利用方面形成互为补充、相得益彰的综合性法律调整机制,促进天然气市场的健康竞争。

第四,坚持利益平衡原则,正确处理经济利益、社会利益、环境利益的关系,正确处理现实利益于长远利益的关系,正确处理国家利益、企业利益与公众利益的关系,实现天然气法各种利益之间基于天然气法的价值取向和立法目的的内在统一。

四、我国天然气法的主要内容与制度

(一)我国天然气法的主要内容

1. 总则

总则是一部法律的总纲和总章程,具体到天然气法,则是规定天然气法的立法目的、适用范围、基本原则、天然气资源的权属和保护、天然气行业发展的宗旨、天然气资源开发利用的基本制度和天然气行业主管部门、监管机构及其职能,以明确我国天然气行业的发展战略,确立天然气行业公平竞争和政府监管的综合性法律调整机制。

2. 天然气行业监管体制

这部分应主要规定天然气行业的监管机构及其监督检查手段和权限,打破天然气行业监管中固有的重事前审批、轻事后监督的传统管理模式,明确天然气行业独立的监管体制。独立监管是现代监管体制中的一项重要原则,从国外天然气立法经验来看,欧美国家普遍将天然气行业的管理部门和监管部门相互分立,以使监管部门可以独立公正地执行政策而不受其他利益相关方的干扰。独立监管的意义在于:第一,便于归口管理,提高管理效率;第二,能够确保监管部门公正公平地执行监管政策,不受外来压力的干扰。①

3. 天然气资源的勘探、开采、储运和销售

首先,天然气立法应当为天然气的勘探和生产开发制订统一的规划,主要规定天然气勘探与生产开发规划的依据、编制机构、政策优惠等,并将其纳入国民经济和社会发展规划,明确其地位。其次,规定天然气资源勘探的登记和开采的审批,对天然气勘探的区块登记制度、申请勘探和开采的取得程序、转让制度、勘探报告的审批制度等进行明确规定。最后,天然气的储运和销售作为天然气产业链下游经营环节的主要内容,应当受到天然气立法的重点关注,天然气法应当明确天然气勘探、生产、储运和销售的条件、生产许可、安全生产、保护性方案、环境保护、质量及管道设施保护的具体制度,并对天然气监管与城市燃气管理的衔接与分工作出明确规定,以体现统一规划、合理布局、公平竞争、合理开采和综合利用的行业发展方针。②

4. 对外天然气合作

在对外天然气合作方面,天然气立法要规定对外天然气合作的法律运用、保护外国投资、征收、合作规划、中方合作企业的条件、对外合作合同的签订和审批、合作前的勘探活动的处理、合作开采应遵循的原则、纳税义务、进口设备的优惠等。此外,外国企业的投资回报、利润处理、外汇处理、向中方企业提供资料、投资期满后的资产归属、天然气作业制度、土地使用、作业资料权属和争议解决制度等也应加以规定。③通过规定对外合作领域相关的制度,明确对外天然气合作的基本原则和具体的法律制度。

---

① 参见黄振中、赵秋雁、谭柏平:《中国能源法学》,法律出版社2009年版,第233页。

② 参见卫德佳、周秋旭:《我国石油天然气立法探析》,载《西南石油大学学报(社会科学版)》2010年第3期。

③ 参见卫德佳:《天然气立法的两个基本点》,载《中国石油石化》2007年第22期。

5. 法律责任

法律责任是一部法律执行力的重要保障，因此，天然气法应设专章明确规定违反该法的法律责任，针对违法行为的不同性质，作出承担民事法律责任、行政法律责任和刑事法律责任的规定，依据天然气法的管理法性质，当以行政法律责任居多。其主要内容包括天然气勘探、开采、储运、销售、对外合作以及管道设施保护中各种违法行为的法律责任和追究机制，关于天然气经营者不服处罚的救济制度和天然气勘探、开采争议的裁决制度等，赋予天然气法必要的威慑力，保证法律命令的遵守和执行。

（二）我国天然气法的主要制度

1. 天然气资源的国家所有制度

根据《宪法》第 9 条及《矿产资源法》第 3 条的规定，矿产资源属于国家所有，由国务院行使国家对矿产资源的所有权。国家依法保障矿产资源的合理开发利用，禁止任何组织或者个人用任何手段侵占或者破坏矿产资源。勘查、开采矿产资源，必须依法分别申请、经批准取得探矿权、采矿权，并办理登记。国家保护探矿权和采矿权不受侵犯，保障矿区和勘查作业区的生产秩序、工作秩序不受影响和破坏。从事矿产资源勘查和开采的，必须符合规定的资质条件。因此，与石油资源相同，天然气资源的所有权属于国家，天然气资源的所有者与使用者分离，国家所有者设置矿业权，以此实行天然气资源的有偿使用，通过社会利益的回报达到调节矿业经济、体现社会公平的目的。

在对外合作领域实行合同制，即将国家天然气资源的所有权授予特定的天然气公司专营，由获得授权的天然气公司用批准的区块与外国石油天然气公司合作勘探、开采，并按一定比例分成。①

2. 天然气行业监管制度

天然气行业监管体制，主要是指国家以法律形式确定的天然气监管机构以及相应的职能配置、组织结构等共同构成的稳定模式。我国天然气行业一直没有专门的监管机构，其监管职能是由政府部门行使的。我国的油气行业政府监管主要实行的是“政监合一”的模式，政策制定是为油气行业建立国家总体目标，主要包括基础设施、定价、税收、健康、安全、环境等政策目标；而监管则是实施国家的政策，以许可证、标准、费率等方式保障政策目标实现。② 2008 年国务院启动新一轮机构改革，组建了国家能源局。2010 年为加强能源战略决策和统筹协调，国务院决定成立国家能源委

① 参见黄振中、赵秋雁、谭柏平：《中国能源法学》，法律出版社 2009 年版，第 235 页。

② 参见王浩：《我国油气行业政府监管体制改革的路径选择》，载《国土资源情报》2017 年第 5 期。

员会,由国家发展改革委管理,行使天然气行业部分监管职权。从我国现有的政府机构组建格局来看,为了在不扩张现有组织部门的同时提高监管效能,可以将包括天然气行业在内的能源领域的监管职能统一归于国家能源局。

3. 天然气市场定价制度

天然气定价体制改革是深化石油天然气体制改革的一项重点任务,也是影响竞争性环节天然气市场活力的重要因素。天然气价格构成一般包括管输费用、门站价格、最终用户价格等内容。作为一种特殊商品,天然气管道运输和配送一般带有自然垄断性质,其价格机制的形成也因此体现出浓厚的政府管制色彩。从国外天然气立法历程来看,对应天然气行业从垄断经营到市场化经营的过程,天然气价格机制也经历了从政府严格监管到市场定价的过程。

2005 年以前,我国天然气定价机制是政府定价。2005 年天然气价格市场化改革启幕,国家发展改革委决定将天然气出厂价统一改为实行政府指导价。2011 年部分地区试行价格联动,两广试行"市场净回值法"。这一模式在 2013 年推广到全国非居民用气领域,居民用气则开始逐步推行阶梯气价。2014 年、2015 年国家发展改革委又两次推出价改措施,非居民存量气和增量气真正完成并轨。2015 年 11 月的价改措施又将最高门站价格管理放宽为基准门站价格管理。[①] 天然气价格改革是一项长期工作,随后,国家又出台了一系列旨在完善天然气价格管理、提高天然气价格市场化程度的政策,一些地方立法机关和政府还根据国家政策规定制定了有关天然气价格管理的相关规范性文件。如福建省 2017 年制定的《福建省天然气价格管理办法》,湖北省 2017 年制定的《湖北省天然气价格管理办法(试行)》等。2018 年 5 月国家发展改革委下发《关于理顺居民用气门站价格的通知》,决定从 2018 年 6 月 10 日实现居民用气与非居民用气基准价并轨,1 年以后允许价格上浮,实现居民用气与非居民用气价格完全并轨,至此,我国天然气价格体系重构工作基本完成。在我国现行天然气价格体系中,由国家发展改革委管理的门站销售价格居于核心地位,采取"基准价 + 浮动幅度"的管理办法,主要分为两类:一类执行政府指导价,上浮的浮动幅度受不超过 20% 的限制;另一类完全市场化,浮动幅度不受限制,具体由供用气双方协商决定。由此可见,我国目前对天然气定价实行政府管控与市场调节相结合的管理办法。

4. 天然气市场准入制度

营造天然气行业公平竞争的市场环境关键是要引入市场竞争机制,打破行业垄

---

① 参见胡德胜主编:《能源法学》,北京大学出版社 2017 年版,第 187 页。

断,激发天然气市场竞争活力,鼓励市场主体之间的平等竞争,从而全面提升天然气产业链的效率。因此,天然气市场准入制度有必要在天然气法中予以明确,且主要应当从以下几个方面进行规范:第一,明确市场准入主体类型和资质条件。培育多元化的投资主体是天然气行业改革的要求,首先要做到明确市场准入主体的类型。考虑到保障天然气资源开发的稳定性、降低开发风险,现阶段天然气市场准入主体不应包括个人,但应当赋予企业平等的参与投资的权利,并对从事天然气资源勘探、开采、输送、销售和对外合作等经营活动的具体资质条件在天然气法中加以规定。第二,明确市场准入主体的平等权利。凡是符合天然气法规定的天然气市场准入资质条件的单位,均有权取得市场准入行政许可。各单位从事天然气资源勘探、开采、输送、销售和对外合作等一项或多项经营活动,都必须按照规定分别取得行政许可方能从事。第三,明确市场准入的方式和程序,规定行政机关实施天然气经营活动的行政许可,必须做到程序公开公正,通过招标、拍卖、挂牌出让等方式实现市场主体的公平竞争。

5. 天然气管道安全制度

天然气管道平稳运行是天然气行业安全健康发展的重要基础。在天然气管道安全制度方面,我国基本形成了以《石油天然气管道保护法》为主体、以地方性法规和地方政府规章为补充的法规体系。我国于2010年制定实施的《石油天然气管道保护法》以保护石油和天然气管道、保障石油和天然气输送安全、维护国家能源安全和公共安全为立法目的,形成了比较完整的管道保护基本制度。在监管机构上,规定国务院能源主管部门主管全国管道保护工作,负责组织编制并实施全国管道发展规划,统筹协调全国管道发展规划与其他专项规划的衔接,协调跨省、自治区、直辖市管道保护的重大问题。在内容上,主要从管道规划与建设、管道运行中的保护、管道建设工程与其他建设工程相遇关系的处理三方面对管道的保护进行详细规定:首先,管道的规划、建设应当符合管道保护的要求,遵循安全、环保、节约用地和经济合理的原则;其次,管道企业对维护管道安全负主要责任,应当建立健全管道巡护制度,定期对管道进行检测、维修,发现管道存在安全隐患,应当及时排除等;最后,管道建设工程与其他建设工程相遇时,都应当以管道安全防护为重,依照法律规定处理或协商解决。在法律责任上,规定得较详细,以行政责任为主,形成了兼具民事责任和刑事责任的责任体系,对天然气管道安全进行长效、切实保护。2015~2018年山西省、江西省、贵州省、河南省、广州市等地方政府也相继发布实施了有关石油天然气管道保护的地方政府规章,结合地方实际加强石油、天然气管道的建设和保护。在地方性法规方面,以浙江省2014年发布的《浙江省石油天然气管道建设和保护条例》和山东省2018年发布的《山东省石油天然气管道保护条例》为代表。

6. 天然气利用制度

为了鼓励、引导和规范天然气下游利用领域，国家发展改革委于2012年发布了《天然气利用政策》，规定了天然气利用的基本原则：坚持统筹兼顾，整体考虑全国天然气利用的方向和领域，优化配置国内外资源；坚持区别对待，明确天然气利用顺序，保民生、保重点、保发展，并考虑不同地区的差异化政策；坚持量入为出，根据资源落实情况，有序发展天然气市场。此外，该政策对天然气利用的政策目标、天然气利用领域和顺序、保障措施、政策适用有关规定等也作出了规范。在我国境内所有从事天然气利用的活动均应遵循该政策，其中，天然气包括国产天然气、页岩气、煤层气（煤矿瓦斯）、煤制气、进口管道天然气和液化天然气（LNG）等。

该政策根据不同用气特点，将天然气用户分为城市燃气、工业燃料、天然气发电、天然气化工和其他用户；在天然气利用顺序方面，将天然气用户分为优先类、允许类、限制类和禁止类。城市燃气中除分户式采暖用户为允许类，其他均为优先类。大部分工业燃料、天然气发电、天然气化工被列为允许类。限制类包括：已建的合成氨厂以天然气为原料的扩建项目、合成氨厂煤改气项目；以甲烷为原料，一次产品包括乙炔、氯甲烷等小宗碳一化工项目；新建以天然气为原料的氮肥项目。禁止陕、蒙、晋、皖等13个大型煤炭基地所在地区建设基荷燃气发电项目（煤层气发电项目除外）；禁止新建或扩建以天然气为原料生产甲醇及甲醇生产下游产品装置；禁止以天然气代煤制甲醇项目。

在保障措施方面，要求国家发展改革委、国家能源局做好供需平衡；各省（区、市）发展改革委、能源局认真做好天然气利用规划，按照天然气利用优先顺序加强需求侧管理，优化用气结构；鼓励天然气高效节约使用；国家通过政策引导和市场机制实现天然气安全稳定保供，合理调控价格，做好相关配套政策。①

总之，将天然气利用制度纳入法治轨道，有利于缓解天然气供需矛盾，促进国家对天然气利用的统筹规划，引领天然气产业有序健康发展，对实现节能减排目标也有重要的战略意义。

课后思考题

1. 简述石油法的主要制度内容。
2. 思考目前我国天然气行业法律层面的主要问题及改革方向。

---

① 参见国家发展改革委：《天然气利用政策》，2012年10月14日发布。

阅读材料

1.《石油天然气管道保护法》(中华人民共和国主席令第30号);

2.《天然气利用政策》(中华人民共和国国家发展和改革委员会令第15号),载中央人民政府官网,http://www.gov.cn/gongbao/content/2013/content_2313190.htm;

3. 李显冬、刘志强:《论矿业权的法律属性》,载《当代法学》2009年第2期。

本章课件

(请扫描二维码)

第十一章　民用核能法律制度

导　言

民用核能在不同的国家和地区受到了几乎截然不同的对待,一些国家因为对民用核能安全性的担忧而制订了详细的核能退出计划并逐步实施;一些国家则基于对能源可持续的考虑而引入或增加核能在国内能源中的发电比重。由此引发的问题在于,民用核能究竟为何物?为何世界各国对民用核能的态度会产生如此大的分歧?

基于民用核能的经济性、清洁性和可持续性的特征,为了保障国家能源安全、保护生态环境,我国确立了"'确保安全'前提下积极发展核电"的方针政策。目前,我国已经建立起以宪法为统摄,以法律、行政法规、部门规章和国际条约等为主体的民用核能安全管理法律体系,并且建立了以国家核安全局、国家能源局以及国防科技工业局为主导的民用核能安全监管体系,推动民用核能的可持续发展已经具备了基本的安全保障基础。较之其他能源形态的法律制度,民用核能法律制度有怎样的独特设计也是本章学习的重点。

民用核能安全主要体现在4个环节:核燃料开采、运输与管理环节,民用核设施建设、运行与退役环节,放射性废物与乏燃料处置环节,以及核事故应急与核损害赔偿环节。本章基本依循民用核能安全监管的各个环节论述我国及国际民用核能的基本法律制度。

民用核能法律制度章节主要论述以下问题:

1. 民用核能的基本原理
2. 民用核能的主要特征
3. 我国民用核能的立法现状
4. 我国民用核能的监管机构设置及其职权
5. 核燃料开采、运输与管理环节的法律制度
6. 民用核设施建设、运行与退役法律制度
7. 放射性废物与乏燃料处置的法律制度
8. 核事故应急管理部门与举措

9. 核损害赔偿的基本框架

第一节 民用核能法律制度概览

民用核能是一项极具争议的能源类型,争议大到就连其名称也未在学术界或实务界达成共识。肖乾刚、肖国兴①、莫神星②将这一能源形态称为“原子能”,托梅因、卡达希③、胡德胜④将其称为“核电”,黄振中、赵秋雁、谭柏平⑤则将其称为“核能源”。《原子能法(征求意见稿)》第 53 条规定,原子能,也称核能,是指核反应(裂变或聚变)或者核跃迁时释放的能量。由于已经出台的《核安全法》使用了“核能”这一称谓,加之核能可以分为军用核能与民用核能,而作为能源形态的核能仅是指民用核能,因此,本书将这一能源形态统称为“民用核能”,但在特定场合也会基于实践中的用语习惯而使用“核电”或“原子能”等称谓。

一、民用核能的基本原理

获取核能的方式有裂变和聚变两种。核裂变,是指铀原子被撕裂,并释放出热能;核聚变则是相反的过程,即由原子核的聚合来产生能量。相对来说,核聚变能是未来核电的发展方向,因为地球上所蕴藏的核聚变能远比核裂变能丰富,核聚变能所需的主要燃料是氘,大量存在于海水中;而且核聚变具有产生辐射废物更少,因而更安全、更清洁的特点。然而受到技术和经济上的限制,核聚变能在未来几十年实现商用的挑战巨大。⑥ 现阶段民用核能普遍利用的是核裂变技术,全球核电站采用的堆型都是裂变堆。在核反应堆内部,链式核反应如同传统化石能源如煤和石油的燃烧,释放出大量的热,这些热能被用来加热水产生蒸汽以推动汽轮发电机,由此产生出电。所以,核电站可以被视为“一个用加热水发电的、大型且昂贵的‘茶炉’”。⑦ 核反应堆一般分为压水堆和沸水堆,在压水堆中,核反应堆加热压力水,压力水通过蒸

---

① 参见肖乾刚、肖国兴编著:《能源法》,法律出版社 1996 年版,第 192 页。

② 参见莫神星:《能源法学》,中国法制出版社 2019 年版,第 361 页。

③ 参见[美]约瑟夫·P. 托梅因、[美]理查德·D. 卡达希:《能源法精要》,万少廷、张利宾、顾伟译,南开大学出版社 2016 年版,第 315 页。

④ 参见胡德胜主编:《能源法学》,北京大学出版社 2017 年版,第 240 页。

⑤ 参见黄振中、赵秋雁、谭柏平:《中国能源法学》,法律出版社 2009 年版,第 292 页。

⑥ 参见刘振亚:《全球能源互联网》,中国电力出版社 2015 年版,第 37 页。

⑦ [美]约瑟夫·P. 托梅因、[美]理查德·D. 卡达希:《能源法精要》,万少廷、张利宾、顾伟译,南开大学出版社 2016 年版,第 317 页。

汽发生器驱动汽轮机来发电,做功后的乏汽被排出;在沸水堆中,核反应堆加热的水直接产生蒸汽,蒸汽在做功后返回并冷却反应堆,形成闭路系统。① 我国采用的核电机组堆型主要是压水堆,此外,还有少量的快堆、高温气冷堆等堆型。②

二、民用核能的主要特征

较之传统化石能源以及风电、水电等可再生能源,民用核能具有不同于其他能源形态的独有特征。

(一)经济性

从理论上讲,民用核能较之其他能源形态具有极大的经济性,因为核能具有较高的费效比,1000 克铀释放的能量相当于 2400 吨标准煤释放的能量。一方面,民用核能的运输成本较之传统的化石能源大大降低;另一方面,由于核能的高费效比,核电的燃料成本只占总成本的 20%,因此核电运行成本低于占主导形态的火电运行成本。据统计,法国核电成本是煤电的 0.57 倍,日本是 0.66 倍。③

然而,民用核能的经济性特征正在遭受质疑,因为民用核能的安全运行不仅是靠核燃料在核设施中的核反应。实际上,天然铀资源的勘探与储备,核电站的建设,核废料的处置,核电站关闭以及核事故应急处置等事宜,都需要大量的资金。《原子能法(征求意见稿)》第 21 条、第 22 条就概括性地规定了核电站乏燃料处理处置基金制度和预提核燃料循环设施关闭和退役费用制度。国务院《关于核事故损害赔偿责任问题的批复》进一步规定,核设施营运者应当提供适当的财务保证,以确保核损害赔偿,而且要求核设施营运者购买足以履行其责任限额的保险。可见,民用核能是资本高度密集型产业。鉴于此,有外国学者指出:"一个重要的因素日益暴露:核电站成本高得惊人。"④

(二)清洁性

民用核能的清洁性是相对传统的化石能源而言的。我国"十二五"时期,以燃煤为主的火力发电占到全国发电装机容量的 65%。化石能源燃烧会释放出大量的烟尘、二氧化碳、二氧化硫、氮氧化物等物质,容易形成酸雨,对植物及水产资源造成有害影响;而包括二氧化碳在内的温室气体的排放则会造成"温室效应",引发气候异

---

① [美]约瑟夫·P.托梅因、[美]理查德·D.卡达希:《能源法精要》,万少廷、张利宾、顾伟译,南开大学出版社 2016 年版,第 317 页。

② 参见桑东莉:《气候变化与能源政策法律制度比较研究》,法律出版社 2013 年版,第 206 页。

③ 参见杨解君主编:《变革中的中国能源法制》,世界图书出版广东有限公司 2011 年版,第 140 页。

④ [英]沃尔特·帕特森:《电力革命》,曹乐人等译,科学普及出版社 2007 年版,第 67 页。

常,加速土地荒漠化。相比而言,民用核能不直接产生二氧化碳、氮氧化物等与传统化石燃料有关的污染物,其排出的尾水、尾气数量甚微,对环境没有实质性影响。[①]这就使发展核能成为减少温室气体排放、遏制全球变暖的重要路径。

然而,民用核能的清洁性特点也遭到了部分质疑。一方面,核燃料加工、核电厂建设、核废料处置与核电厂拆除等过程中,仍然会因为消耗能源而释放温室气体;[②]另一方面,德国弗莱堡生态研究所的报告显示,德国核电厂的二氧化碳排放水平是每千瓦时31~51克,而风力发电和水力发电的二氧化碳排放水平是每千瓦时23克和39克。相比之下,一些热电联产厂要比核电更有益于气候。[③] 鉴于此,美国学者指出:"核电曾被认为是安全、清洁、廉价和丰富的未来能源。现在看来,这些预测没有一项是准确的。"[④]

(三)可持续性

能源领域最根本的问题是能源的可持续利用问题。核能的可持续性特点,是核能最少被质疑或反驳的特点。"不管是否原本就拥有丰富的化石燃料储量,所有国家迟早都得面对能源短缺的问题。"[⑤]从理论上讲,核能可以被视为一种取之不尽、用之不竭的能源。因为基于核能的高费效比,根据当前地球已经探明的铀和钍矿资源所蕴含的能量算,全球核能相当于有机燃料的20倍。而且上述核能仅指核裂变能,倘若核聚变能技术发展成熟,1吨氘聚变产生的能量相当于1100万吨标准煤,而地球上存在约40万亿吨氘。根据目前世界能源消费水平,地球上可供核聚变的燃料能供人类使用上千亿年。所以从理论上讲,核聚变反应堆成功后,人类就将再也不会为能源问题所困扰。[⑥] 核能的可持续性还体现在,电力供应系统的波动会对电网造成极大压力,而太阳能只能在白天发电,风能只能在有风的时候发电,水电也会受枯水季节的影响;相反,核电是能够持续、稳定供应的优质能源。[⑦]

虽然很多国家忌惮于核事故引发的灾难性后果,但是基于能源在国民经济与生

① 参见杨解君主编:《变革中的中国能源法制》,世界图书出版广东有限公司2011年版,第140页。

② 参见[美]霍华德·格尔勒:《能源革命:通向可持续未来的政策》,刘显法、代存峰、吴施勤译,中国环境科学出版社2006年版,第20页。

③ 参见桑东莉:《气候变化与能源政策法律制度比较研究》,法律出版社2013年版,第216页。

④ [美]约瑟夫·P.托梅因、[美]理查德·D.卡达希:《能源法精要》,万少廷、张利宾、顾伟译,南开大学出版社2016年版,第315页。

⑤ [美]阿尔弗雷德·克劳士比:《人类能源史——危机与希望》,王正林、王权译,中国青年出版社2009年版,第176页。

⑥ 参见李响、陈熹、彭亮编著:《能源法学》,山西经济出版社2016年版,第207页。

⑦ 参见中国法学会能源法研究会编:《能源法学总论》,法律出版社2019年版,第121页。

产生活中的基石性地位以及核能的可持续性特点,民用核能具有不可替代性,这也是世界各国难以对核能进行割舍的根本原因。相反,发展核能在应对气候变化、保护环境方面的考虑,则多少显得有点微不足道,毕竟核能发展对于生态环境的隐性负面影响并不亚于其正面影响。所以各国重视核能的开发利用根源于“供应安全”而非“环境保护”。[①] 概言之,发展核能是降低国家能源对外依存度,保障国家能源安全的重要选择。

三、民用核能的发展概况

1954 年苏联建成世界上第一座核电站——奥布灵斯克核电站,由此掀开了核能民用的序幕。截至 2021 年 7 月,全世界在运核电机组共 444 台,装机容量 3.942 亿千瓦,在建核电机组 51 台,装机容量 0.539 亿千瓦。[②] 民用核能发电量排在前 10 位的国家分别是美国、法国、日本、德国、俄罗斯、韩国、加拿大、乌克兰、英国和瑞典。其中,美国和英国的核电发电量占国内总发电量的 20%,法国则占到 80%,是世界上核电占比最高的国家,法国也是仅次于美国的第二核电大国。[③]

民用核能的优点众多,但是其缺点也显而易见,例如,核泄漏引发核辐射的问题、核武器扩散风险、未能开发出安全长久的核废料处置方法、核电成本缺乏竞争力、缺乏公众支持等。1979 年美国三里岛核电站核泄漏事故、1986 年切尔诺贝利核电站爆炸事故、2011 年日本福岛核电站核泄漏事故,将上述担忧从情景拉向现实。世界各国并未就是否发展核电达成广泛共识。

(一)域外民用核能发展现状

世界各国对于民用核能的态度并不统一,即使是某一国家,在不同的历史时期也对民用核能展现出不一样的态度。2007 年在维也纳闭幕的 6 国(澳大利亚、德国、爱尔兰、意大利、拉脱维亚和挪威)环境部长会议所发布的联合声明坚称,“核电与可持续发展并不相容”,确信“核能不是应对气候变化挑战的一个选择”。德国是停止发展核电态度比较坚决的国家之一,其已经颁布《德国逐步淘汰商业化核电法》,并且要求已经关闭的 8 座核电站不再重新与电网对接。[④] 日本的能源资源匮乏,其长期依赖核能提供的能源,是世界第三大核电生产国。但是鉴于石油价格降低、福岛核事故等因素的影响,其民用核能发展态度也日益从积极走向平稳甚至消极。此外,瑞

---

① 参见桑东莉:《气候变化与能源政策法律制度比较研究》,法律出版社 2013 年版,第 216 页。

② 载国际原子能机构网,https://pris.iaea.org/PRIS/home.aspx。

③ 参见桑东莉:《气候变化与能源政策法律制度比较研究》,法律出版社 2013 年版,第 196 ~ 197 页。

④ 然而受 2006 年乌俄天然气纠纷的影响,德国国内又重新燃起了对是否延长核能使用期限的争议。参见桑东莉:《气候变化与能源政策法律制度比较研究》,法律出版社 2013 年版,第 198 ~ 199 页。

士、意大利、瑞典也曾先后表示过要放弃发展核电。但是曾于1987年宣布暂停发展核电的意大利在2008年宣称,只有核能可以一种安全的、成本具有竞争力且有益于环境的方式大规模地生产能源,因而决定重启核反应堆。瑞典也已彻底放弃其反核政策,认为继续扩大核电在电力部门中的比重是必要的。①

相比之下,积极发展核电的国家则更多,这与重新认识到核能在未来世界能源结构中的地位有关。美国、法国、英国、俄罗斯、越南、埃及、土耳其、尼日利亚等国明确表示将在高安全标准下发展核电。② 因为发展核电,法国从一个纯电力进口国发展成为一个纯电力出口国,这归功于法国对核能开发和利用的重视,以及法国建立的较完备的民用核能安全监管法律体系。英国也曾在切尔诺贝利核电站爆炸事故发生之后停止建设新的民用核能设施,但是近年来英国在发展民用核能方面迈出了实质性步伐。2014年中英两国联合发布《中华人民共和国政府和大不列颠及北爱尔兰联合王国政府关于民用核能合作的联合声明》,开启了英国民用核能发展的新征程。虽然美国在1979年三里岛核电站核泄漏事故之后未新增一座核电站,但是美国的核电站数量依然是世界之最。近年来,美国积极开展核电外交,2006年与印度签署了《美印民用核能合作协议》,2008年与俄罗斯签署了一项和平利用核能的协议(被称为"123协议")。③ 可以看出,受能源需求扩大、降低能源对外依存度、减缓全球变暖等因素的影响,确保安全宗旨下的"核能复兴"是世界各国的主流趋势。④

(二)我国民用核能发展现状

中国是世界上少数几个拥有完整的核工业体系的国家之一,建立了从地质勘查、采矿到组件加工、后处理等相当完整的核燃料循环体系,配备有一支专业齐全、技术过硬的人才队伍,也积累了多年的民用核能安全管理经验。根据《中华人民共和国国家核安全局2019年报》,截至2019年12月,我国共有47台运行核电机组(不含我国台湾地区),15台在建核电机组,是目前世界上核电机组在建规模最大的国家。

与其他国家和地区相比,我国发展核电的信心比较坚定。《核电中长期发展规

① 参见桑东莉:《气候变化与能源政策法律制度比较研究》,法律出版社2013年版,第201~202页。

② 参见刘振亚:《全球能源互联网》,中国电力出版社2015年版,第37页。

③ 参见桑东莉:《气候变化与能源政策法律制度比较研究》,法律出版社2013年版,第201~204页。

④ 论者就此指出,毕竟公共和私人机构为开发和利用核能投入了太多的时间、资金和努力,彻底抛弃核能在政治和经济上都是不现实的。参见[美]约瑟夫·P.托梅因、[美]理查德·D.卡达希:《能源法精要》,万少廷、张利宾、顾伟译,南开大学出版社2016年版,第349页。

划(2005~2020 年)》提出,“积极推进核电建设,是我国能源建设的一项重要政策”。《原子能法(征求意见稿)》第 28 条也规定,“国家鼓励核电发展,对核电实行保障性消纳政策”。我国之所以积极发展核电,原因至少包括以下三个方面:其一,发展核电是降低能源对外依存度,保障国家能源安全的重要手段。其二,提升核电占比有利于优化我国的能源结构,改善生态环境。2017 年中国核能发电量仅占全国累计发电量的 4.37%,低于世界平均水平(10%)。① 其三,发展核电有利于提高我国装备制造业水平,促进科技进步。核电工业属于高技术工业,加快我国的核电工业自主化建设,有利于推广高新技术、促进技术创新。此外,我国总结日本福岛核事故的经验教训,已经自主研发出第三代核电技术,正在推出第四代核电技术,具有极高的安全保障。②

美国麻省理工学院的研究报告表明,如果能够解决好核不扩散、安全性、核废料处理等问题,核电能够为全球能源需求作出积极贡献。③ 我国的核电积极发展政策正是以安全性作为前提的。《核安全法》第 4 条就规定:“从事核事业必须遵循确保安全的方针。核安全工作必须坚持安全第一、预防为主、责任明确、严格管理、纵深防御、独立监管、全面保障的原则。”在法律原则条款同时规定“确保安全”方针和“安全第一”原则,可见国家对核安全的重视程度。下文就将从民用核能安全运行的诸环节分别论述我国的民用核能法律制度。

四、我国民用核能的立法现状

民用核能立法是调整民用核能运行中产生的社会关系的法律规范的总称。我国已经建立起涵盖核燃料勘查、开采到核电厂建设运营,再到核废料处置、核事故应急与核损害赔偿等环节,从法律、行政法规、部门规章到包括国际条约在内的较完整的核能安全立法体系。

(一)法律

我国出台的关于民用核能开发利用与监督管理的法律已经为数不少。2017 年我国出台的《核安全法》主要从核设施安全、核材料和放射性废物安全、核事故应急、信息公开和公众参与以及监督检查五个方面对核能利用相关安全问题进行了总括性规定。原子能法尚处于征求意见阶段,从原子能法的草案内容来看,其主要调整原子

---

① 参见中国法学会能源法研究会编:《能源法学总论》,法律出版社 2019 年版,第 121 页。

② 参见胡德胜主编:《能源法学》,北京大学出版社 2017 年版,第 243 页。

③ 参见[美]约瑟夫·P. 托梅因、[美]理查德·D. 卡达希:《能源法精要》,万少廷、张利宾、顾伟译,南开大学出版社 2016 年版,第 350 页。

能研究、开发和利用以及核进出口与国际合作活动。概括而言,原子能法侧重对核能产业发展问题的规制,《核安全法》侧重对核安全相关问题的调整,二者存在一定的交叉关系。①

此外,《矿产资源法》将铀矿资源作为"特定矿种",对其勘探、开发作了规定。《放射性污染防治法》确立了"预防为主、防治结合、严格管理、安全第一"的方针,针对核设施选址、建造、运行、退役,核技术利用,铀(钍)矿、伴生放射性矿开发利用,以及放射性废物管理中的放射性污染防治进行了规定。《清洁生产促进法》《电力法》关于清洁能源的规定,《环境保护法》《环境影响评价法》关于环境保护的规定,以及《安全生产法》关于安全生产的规定,也适用于民用核能利用领域。2020 年 4 月 3 日发布的《能源法(征求意见稿)》也在能源结构调整、核电开发利用与核电安全监管等方面对民用核能的开发利用进行了概括性规定。

(二)行政法规

我国现行有效的直接规制核工业领域的行政法规有 7 部,分别是《民用核安全设备监督管理条例》《放射性同位素与射线装置安全和防护条例》《核电厂核事故应急管理条例》《放射性物品运输安全管理条例》《核出口管制条例》《核材料管理条例》《民用核设施安全监督管理条例》。这些行政法规基本涵盖了民用核能领域最紧迫的几个问题:核材料管理、核设施安全、核废料处置、核事故应急、核出口管制等内容。因此,从效力层级和体量来看,行政法规构成我国核工业立法的主体。

(三)部门规章

法律和行政法规划定了民用核能的管理框架,至于具体的管理细节,则多由部门规章进行统摄。具体而言,我国民用核能部门规章立法主要包括以下方面:其一,民用核设施建设管理方面的立法。如《核电厂厂址选择安全规定》《核电厂设计安全规定》《核动力厂、研究堆、核燃料循环设施安全许可程序规定》。其二,民用核设施运行管理方面的立法。如《核电厂运行安全规定》《核电厂运行报告制度》。其三,民用核能技术开发和利用管理方面的立法。如《核产品转运及过境运输审批管理办法(试行)》《核进出口及对外核合作保障监督管理规定》。其四,核材料运输、使用和存储方面的立法。如《核材料管制条例实施细则》。其五,核废料运输和处置方面的立法。如《放射性固体废物贮存和处置许可管理办法》。其六,核事故应急方面的立法。如《核事故辐射影响越境应急管理规定》。

---

① 参见汪劲:《论〈核安全法〉与〈原子能法〉的关系》,载《科技与法律》2014 年第 2 期。

（四）国际条约

核大国内部及其与周边国家之间的沟通、协调是确保核安全、处置核泄漏问题的重要前提和手段。我国缔结或参加了诸多涉及民用核能的国际条约。1984 年我国加入了《国际原子能机构规约》，1986 年中国参与制定并签署了《及早通报核事故公约》和《核事故或辐射紧急情况援助公约》。1988 年中国参加了《核材料实物保护公约》，1994 年签署了《核安全公约》，2006 年又加入了《乏燃料管理安全和放射性废物管理安全联合公约》。①　这些国际条约对于核能的安全开发与利用的国际协作以及民用核能的进出口具有重要意义。

除国际条约外，我国还与其他国家签订了诸多关于核能和平利用的双边条约。截至目前，我国已经与德国、英国、美国、日本、俄罗斯、哈萨克斯坦、沙特阿拉伯等 30 多个国家签订了和平利用核能的合作协定。②

五、我国民用核能监管机构设置及其职权

我国民用核能的监管单位主要有国家核安全局、国家能源局以及国防科技工业局。

（一）国家核安全局

国家核安全局即《核安全法》与《原子能法（征求意见稿）》中的国务院核安全监督管理部门，其行政上隶属于生态环境部，主要负责民用核能的安全监督管理以及相关国际条约的国内履约。为履行上述职能，国家核安全局下设华北、华东、华南、西南、西北与东北 6 个核与辐射安全监督站。具体而言，国家核安全局的业务范围主要包括以下七个方面：（1）制定核安全相关的方针、政策和法规，发布核安全规定、导则和实施细则，审查核安全技术标准；（2）负责对核设施的设计、选址、建造、运行阶段的环境影响评价的批复，签发或吊销核电站运行等许可证；（3）核准从事核设备设计、制造和安装等单位的资质，颁发许可证；（4）对民用核材料的生产、储存、运输，以及放射性废物的处置进行监督管理；（5）负责审批核设施营运单位的应急计划；（6）组织开展核安全相关核科学研究；（7）参与进口核设备的安全检验，审查核设施、核材料的出口申请等事项。③

（二）国家能源局

国家能源局即《核安全法》与《原子能法（征求意见稿）》中的国务院能源主管部

---

① 参见中国法学会能源法研究会编：《能源法学总论》，法律出版社 2019 年版，第 241 页。

② 参见胡德胜主编：《能源法学》，北京大学出版社 2017 年版，第 245 页。

③ 参见黄振中、赵秋雁、谭柏平：《中国能源法学》，法律出版社 2009 年版，第 303 页。

门,其行政上隶属于国家发展改革委,负责我国核电行业的监督管理工作。国家能源局与国家核安全局均围绕民用核能进行监督管理,之所以要分设两个机构,是因为促进核能开发利用的职能与保障核能安全运行的职能之间存在内在张力,倘若由同一行政机关掌握上述两项职能,则可能因职能冲突和矛盾而使行政机关左右为难,进而为民用核能的安全利用埋下隐患。因此,由国家核安全局作为独立机构专职负责民用核能的安全和许可,再由国家能源局专职负责核能的开发和利用,更加契合"确保安全"前提下积极发展核电的方针政策。具体而言,国家能源局负责拟定核电发展规划、准入条件并组织实施,提出核电发展布局,负责组织核电厂的核事故应急等管理工作。与此同时,国家能源局还要负责对石油、天然气、煤炭和其他能源行业的管理。由国家能源局统一领导包括核能在内的能源形态,有利于加强能源领域的统一宏观调控与管理。

(三)国防科技工业局

国防科技工业局即《核安全法》与《原子能法(征求意见稿)》中的国务院核工业主管部门,其行政上隶属于工业和信息化部,对外保留国家原子能机构、国家核事故应急办公室的牌子。根据相关法律法规的规定,国防科技工业局的职能主要包括:(1)研究和拟定我国和平利用原子能的政策和法规;(2)负责民用核能之外的核工业管理;(3)实施核材料管制,开展核出口审查和管理;(4)负责落实《核安全法》第6条中的核安全工作协调机制,负责制定国家核事故应急计划并组织实施。①

第二节 核燃料勘查开采、运输与管理法律制度

核燃料的获取是民用核能开发利用的逻辑起点,本节拟从核燃料勘查开采法律制度、核燃料运输法律制度与核燃料管理法律制度三个方面论述核燃料的相关法律制度。

一、核燃料勘查开采法律制度

核燃料是民用核能运行的前提,生产核燃料的第一步则是勘查和开采铀资源。从理论上讲,铀资源转化成核燃料大致会经过以下环节:经开采的铀首先会被加工成被称为"黄饼"的氧化铀,然后将氧化铀转化成气体氟化铀,在这个过程中,会提纯以

① 参见杨解君主编:《变革中的中国能源法制》,世界图书出版广东有限公司2011年版,第145页。

降低不可裂变的铀238含量并提高可裂变的铀235同位素的含量。经提纯的气体氟化铀会被冷却成铅笔橡皮头大小的颗粒,然后将这些颗粒组装成可供核反应堆使用的核燃料棒。①

新中国成立以来,我国一直对铀矿实行勘查、开采专营制度,中核集团独家享有铀矿的探矿权和采矿权。《矿产资源法》第16条就规定,开采放射性矿产的,由国务院授权的主管部门进行审批,并颁发采矿许可证。这种专营制度为多国政府所遵循。但是铀矿勘查、开采专营制度导致铀矿地质勘查开发工作投资主体单一、资金投入严重不足,加之我国的铀矿资源禀赋不佳,因此我国铀矿的对外依存度逐年攀升,2015年的铀矿对外依存度已经高达85%。② 为了增大铀矿勘查开发力度,铀矿勘查、开采的市场化改革由此拉开了序幕。2008年国土资源部(现自然资源部)、国防科工委(现国防科技工业局)出台了《关于加强铀矿地质勘查工作的若干意见》,提出允许社会资本投入铀矿资源勘查、开发领域。这一呼吁得到了《原子能法(征求意见稿)》的响应,该征求意见稿第25条规定,国家鼓励社会资本投入核燃料循环产业,有效利用资本市场,逐步形成核燃料循环产业多元化投入机制。学术界虽然也呼吁开放民间资本进行铀矿勘探业务投资,但也有观点认为改革应当分几步走,首先将铀矿的采矿权向中广核、国家电投等核电国企开放,市场化改革成熟之后再向其他具有相应资质的国企或民营企业开放。③

铀矿资源的普查、勘探有较高的安全防护和污染防治要求。根据《矿产资源法》第26条的规定,普查、勘探含有放射性元素的矿产,必须采用省级以上人民政府有关主管部门规定的普查、勘探方法,并且需具备必要的技术装备和安全措施。为了防止勘探、开发中的放射性污染,《放射性污染防治法》《环境影响评价法》等法律法规还要求开发利用铀矿的单位应当在申领采矿许可证之前编制环境影响报告书,并报国务院生态环境主管部门批准。同时,要求铀矿开发利用单位对铀矿的流出物和周边环境进行环境监测,并定期向主管部门报告监测结果。④ 铀矿尾矿具有放射性元素镭,镭可以形成一种放射性气体氡,镭的衰变期长达数千年,所以铀矿尾矿对公众的安全和健康具有潜在威胁。对于开采结束之后的铀矿矿区,除提交常规的关于土地复垦利用、安全隐患、采掘工程等资料外,还要求在办理铀矿退役审批手续之前再次

---

① 参见[美]约瑟夫·P. 托梅因、[美]理查德·D. 卡达希:《能源法精要》,万少廷、张利宾、顾伟译,南开大学出版社2016年版,第318页。

② 参见唐超、邵龙义、邢万里:《中国铀矿资源安全分析》,载《中国矿业》2017年第5期。

③ 参见中国法学会能源法研究会编:《能源法学总论》,法律出版社2019年版,第122页。

④ 参见汪劲:《环境法学》,北京大学出版社2018年版,第218页。

履行环境影响评价程序,并且对于铀矿尾矿应当建造符合放射性污染防治要求的尾矿库进行储存、处置。

二、核燃料运输法律制度

《放射性污染防治法》和《放射性物品运输安全管理条例》对包括核燃料在内的放射性物品运输的安全管理进行了较详细的规定。具体而言,放射性物品被划分为一类、二类和三类物品,等级越高,辐射和危害越大,适用的运输管理措施就越严格。国家核安全局对放射性物品运输的核与辐射安全实施监督管理,国防科技工业局则负责协调乏燃料运输管理活动,公安、交通运输等其他部门在各自职责范围内负责放射性物品运输的安全管理。放射性物品的运输应当使用专门的放射性物品运输包装容器,并且要求放射性物品的托运人制定核与辐射事故应急预案,采取有效的辐射防护和安全保卫措施,并对运输途中的核与辐射安全负责。

对于承运人来说,国家要求承运放射性物品的单位应当取得国家规定的运输资质,并且要求根据国家规定在放射性物品运输容器和运输工具上设置警示标志。而且无论是托运人还是承运人,均需对直接从事放射性物品运输的工作人员进行个人剂量监测,建立个人剂量档案和职业健康监护档案。对于运输一类、二类放射性物品的,托运人应当向国家核安全局提交核安全分析报告,经批准后才能开展运输活动,且国家利用卫星系统对运输过程实行在线监控。通过道路、水路和铁路运输放射性物品的,相关职能部门应当明确运输时间、路线、速度,并配备押运人员,使放射性物品处于严密监管之下。对于从境外进口的核燃料或者途经我国境内进行运输的,托运人应当编制放射性物品运输的核与辐射安全分析报告书,并报国家核安全局批准。

三、核燃料管理法律制度

《核材料管理条例》与《核材料管制条例实施细则》对核燃料的持有和管理进行了规定,上述规定的主要内容被纳入了《核安全法》。具体而言,核燃料的持有采取许可证制度,许可的办理程序是:由持有单位向中核集团提出申请,中核集团上报国家核安全局与国防科技工业局进行批准,然后颁发核材料许可证。取得许可证之后,持有单位还应当采取措施防止核材料被盗、破坏、丢失、非法转让和使用。《核材料管制条例实施细则》规定的举措包括:其一,建立专职机构或者指定专职人员进行核材料的保管,建立账目与报告制度,保证账物相符;其二,建立核材料的衡算制度,保持核材料的收支平衡;其三,建立与核材料保护等级相适应的实物保护系统,落实保卫措施;其四,建立信息保密制度,准确划定密级,对接触核材料及其秘密的人员,根据相关规定进行严格审查。

第三节　民用核设施建设、运行与退役法律制度

民用核设施安全是核安全最重要的环节之一，根据民用核设施的建设、运行与退役流程，民用核设施安全管理大致可以分为选址阶段、建造阶段、运行阶段和退役阶段的核安全管理。

一、选址阶段

民用核设施的选址和设计往往是融合在一起的，因为地址的选择与民用核设施的建造设计往往是相辅相成的。《放射性污染防治法》《核电厂厂址选择安全规定》《核电厂设计安全规定》《核动力厂抗震设计与鉴定》《核动力厂防火与防爆设计》等法律文件要求，核设施营运单位应当对拟选址地区的地质、地震、气象、水文、环境和人口分布情况进行评估，在满足核安全技术评价要求的前提下，提交核设施选址安全分析报告。经国家核安全局审查批准后，取得核设施场址选择审查意见书。民用核设施的设计同样以“确保安全”为指导方针，要求采用科学合理的构筑物、系统和设备参数与技术要求，实现核设施的纵深防御，确保核设施的可靠、稳定与安全。

二、建造阶段

在取得核设施场址选择审查意见书之后，核设施营运单位应当提交核设施建设初步安全分析报告、环境影响评价报告、质量保证文件等法律法规规定的文件，向国家核安全局申请核设施建造许可，申请正式开工建设。核设施营运单位在取得建造许可证之后，应当根据经主管部门批准的建造方案，在确保核设施整体性能满足核安全标准的前提下开展施工建设。核设施建造许可证的有效期为10年，倘若有效期满尚未建成的，应当申请延期。国家能源局通过《核电工程建设报告制度》建立了核电厂建设定期报告和事件报告制度，前者是指对工程建设的基本情况进行的月度报告和年度报告；后者是指对项目建设中引起严重关注的事项或需要加以注意和处理的事项的特别报告。根据《放射性污染防治法》的规定，与核设施相配套的放射性污染防治设施应当与建设工程主体同时设计、同时施工、同时投入使用，从而确立了核设施建设领域的“三同时”制度。

三、运行阶段

《核安全法》《核电厂运行安全规定》《核电厂质量保证安全规定》等法律文件对民用核设施运行过程中的安全管理作了详细规定。《核安全法》第27条规定，核设

施在首次装投料前，营运单位应当向国家核安全监督管理部门提出运行申请，并提交核设施运行申请书、最终安全分析报告、质量保证文件、应急预案等材料以申请运行。经审查批准获得核设施运行许可证后，核设施营运单位应当严格遵循许可证的规定运行，国家核安全监督管理部门有权根据最新的法律法规和标准对许可的内容进行调整。倘若核设施营运单位需要调整可能影响核设施安全运行的重要事项，需要向国家核安全局重新报批。核设施运行许可证的有效期为民用核设施的设计寿期，需要继续运行的，可以在有效期届满前5年向国家核安全局提出申请，并重新根据核安全标准论证核设施继续运行的安全性，经批准后方可继续运行。

在民用核设施运行过程中，核设施营运单位、国家能源局和国家核安全局是主要的安全责任单位。其中，民用核设施营运单位主要职责包括：贯彻"安全第一"原则，对民用核设施安全运行负全面责任；根据《核电厂运行报告制度》对运行情况进行定期报告和事件报告；负责堆芯和燃料管理的全部活动；制定辐射防护大纲并组织实施等职责。国家能源局的主要职责是领导民用核能的安全运行，定期审查民用核能的运行情况，并对已查明的问题采取适当的纠正措施。国家核安全局负责对核电厂的运行安全进行监督管理，执行核安全检查，并根据实际需要采取法律赋予的强制措施，如命令民用核设施营运单位采取安全措施或停止危及安全的活动。①

四、退役阶段

有别于传统建筑物废弃使用后的"一拆了之"，民用核设施的终止运行和退役有相当严格的安全管理规定。《核安全法》《放射性污染防治法》《反应堆退役环境管理技术规定》等法律文件基本架构出民用核设施退役的制度框架。根据相关法律文件的要求，民用核设施营运单位应当提前制订核设施退役计划，并将退役费用和放射性废物处置费用进行预提，列入投资概算或生产成本。在正式退役时，核设施营运单位应当提交核设施退役申请书、安全分析报告、环境影响评价文件、质量保证文件等材料，向国务院核安全监督管理部门提出退役申请。核设施退役后，核设施营运单位应当按照合理、可行和尽可能低的原则，将构筑物、系统和设备的放射性水平降低至满足核安全标准的要求。从理论上讲，核设施退役的方式主要有3种：一是完全拆除核反应堆中的放射性材料，并将它们存储在专用处理场所；二是核电站被停用，但是仍然被维护和监视，直至放射性衰退至安全水平；三是现场用混凝土包裹反应堆，防止

① 参见胡德胜主编：《能源法学》，北京大学出版社2017年版，第248页。

残留的核辐射扩散。① 切尔诺贝利核电站就采用了第三种退役方式。在正式退役之后,民用核设施所在地的省级政府生态环境主管部门应当对核设施场址及周围环境中所含的放射性核素的种类和浓度进行监测和安全管理。

第四节 放射性废物与乏燃料处置法律制度

放射性废物,是指核设施运行、退役产生的,含有放射性核素或者被放射性核素污染,其浓度或者比活度大于国家确定的清洁解控水平,预期不再使用的废弃物。乏燃料,是指在反应堆堆芯内受过辐照并从堆芯永久卸出的核燃料。② 由于放射性废物与乏燃料的生命周期长,会持续释放核辐射,而且其处置也面临技术方面的掣肘,因此放射性废物与乏燃料处置问题成为核工业发展面临的一个"瓶颈"问题。我国核电站运行产生的大量放射性废物现阶段仍然处于暂存状态,发达国家的核设施也逐渐达至寿命的终端,或者因为强制关闭核电站等因素,使世界范围内的核能利用国家均面临紧迫的放射性废物与乏燃料处置问题。为了保护未来子孙后代的利益,《核安全法》明确规定,"放射性废物处置场所的建设应当与核能发展的要求相适应",从而避免先前只顾新建核设施,不顾核废物和乏燃料安全处置问题可能引发的灾难性后果。

一、放射性废物处置法律制度

放射性废物处置的首要责任人是产生放射性废物的单位。核设施营运单位对其产生的超过放射性污染物排放标准的放射性废物,应当首先进行处理,能够达到国家放射性污染防治标准的,可以排放,不能达到国家放射性污染防治标准的,应当待其转变为稳定的、标准化的固体废物之后,再交由放射性废物处置单位处置,并承担处置费用。

我国的放射性废物实行分类处置制度。放射性废物可以分为高阶、中阶和低阶放射性废物,高阶放射性废物放射性元素活性高、半衰期长,但是数量较少,如乏燃料和核燃料处理后的废弃物;中、低阶放射性废物放射性元素活性低、半衰期短,但数量

---

① 参见[美]约瑟夫·P. 托梅因、[美]理查德·D. 卡达希:《能源法精要》,万少廷、张利宾、顾伟译,南开大学出版社 2016 年版,第 343 页。

② 关于民用核能相关专业性概念的定义,可参见《核安全法》第 2 条与第 93 条。

较多,如受到核污染的衣服、清洁工具,或者核反应堆设备和工具等。[①] 针对不同位阶的放射性废物,应当采取不同的处置方案。经验表明,无论是高阶放射性废物还是中、低阶放射性废物,地质处置都是管理放射性废物的最佳途径。根据《核安全法》《放射性污染防治法》的规定,高阶放射性废物应当实行集中深地质处置,高阶放射性废物处置场所选址规划由国务院核工业主管部门会同国务院有关部门编制,报国务院批准,并且由国务院指定的单位专营。中、低阶放射性废物应当根据国家规定进行近地表或者中等深度处置,中、低阶放射性废物处置场所的选址由国务院核工业主管部门会同省级政府编制,并报国务院批准。同时,我国原则上禁止将放射性废物从境外输入境内处置或者在境内转移。

我国建立有放射性废物管理许可证制度,设立专门从事放射性固体废物贮存、处置单位,必须经国务院生态环境主管部门批准并颁发许可证,禁止将放射性固体废物委托给无许可证的单位贮存和处置。贮存主要是暂时性的,即为放射性废物的管理提供时间和空间上的缓冲,促使短半衰期的核种衰变,降低其活性;处置则是将放射性废物永久地隔离处置,也被称为最终处置。[②] 前已述及,由于我国放射性废物处置环节的体制机制构建尚不健全,因此在实践中不少核设施营运单位对于其产生的中、低阶放射性废物往往在本单位进行贮存。法律规定,这种贮存、处理行为无须申请许可。放射性废物处置单位应当根据放射性污染防治要求,对放射性废物的来源、数量、特征、存放位置等与处置相关的事项进行记录,记录档案永久保存。虽然国外的民用核能领域掀起了私有化浪潮,但是对于放射性废物的管理,国外也仍然是由公权力主导。例如,德国的核电站由私人所有和运营,但是由联邦和州共同负责放射性废物的处理和贮存。[③]

与民用核设施退役的严格管控类似,我国也建立起放射性废物处置设施关闭制度。当放射性废物处置设施设计服役期届满,处置的放射性废物达到设计容量,设施所在地区的地质、水文结构发生重大变化等因素导致不适宜继续处置放射性废物的情形,放射性废物处置单位应当依法办理关闭手续,并划定区域设置永久性标记。放射性废物处置单位应当根据其拟定并通过国家核安全局批准的,包括安全监护责任人及责任、费用、措施和期限等在内的安全监护计划进行安全监护,经国务院相关部门批准,可以将放射性废物处置设施交由省级政府进行监护管理。

---

① 参见闫海、高宁主编:《中国能源革命的法制建构研究》,法律出版社 2017 年版,第 56 页。
② 参见闫海、高宁主编:《中国能源革命的法制建构研究》,法律出版社 2017 年版,第 56 页。
③ 参见杨解君主编:《欧洲能源法概论》,世界图书出版广东有限公司 2012 年版,第 100 页。

二、乏燃料处置法律制度

按照最初的设想,反应堆的核燃料铀将被闭环循环使用,即核燃料将从开采铀、加工铀、在反应堆中使用铀、将使用后的乏燃料进行再处理后继续使用,以此来避免核废料的产生。但是铀被再处理会生成钚,钚有剧毒,而且有自然界中已知最长的半衰期。民用核能对钚的开发和利用引起了公众的担心,因此世界各国政府均不允许对乏燃料进行再处理,乏燃料最终就只能作为废料被处理。① 乏燃料实际上可以归入广义的放射性废物领域,对乏燃料的处置也基本遵循放射性废物的处置原理和方法。根据《核安全法》的规定,产生、贮存、运输和后处理乏燃料的单位对持有的乏燃料承担核安全责任,核设施营运单位应当按照规定缴纳乏燃料处理处置费用,并将其列入生产成本。对于乏燃料的永久性处置,深层地质填埋仍然是首选方案。根据《伦敦公约》等国际公约的规定,对包括乏燃料在内的放射性废物不得进行深海处置,但是近海的深度处置并未被完全禁止。②

第五节 核事故应急与核损害赔偿法律制度

核事故应急和核损害赔偿是核安全监管的尾端环节,由于二者时常一并出现,因此本书将二者进行一并论述。

一、核事故应急法律制度

《核安全法》专章规定了核事故应急,明确了核能监管相关职能部门以及民用核设施营运单位在核事故应急中的职责。

(一)核事故应急管理立法

核事故应急是保障核安全的重要手段。早在 1993 年,我国就吸取切尔诺贝利核电站核爆炸事故的教训,出台了《核电厂核事故应急管理条例》,规定了核事故应急的管理单位、应急准备、应急举措、应急状态终止、应急资金和物资保障等内容。2003 年《放射性污染防治法》规定了国家建立健全核事故应急制度。2006 年国务院出台了更加细致、专业的《国家核应急预案》,对可能出现的核应急问题及其对应的核应急举措等进行了详细规定。2013 年根据《突发事件应对法》等法律和我国加入的核

---

① 参见[美]约瑟夫·P. 托梅因、[美]理查德·D. 卡达希:《能源法精要》,万少廷、张利宾、顾伟译,南开大学出版社 2016 年版,第 317 页。

② 参见杨解君主编:《欧洲能源法概论》,世界图书出版广东有限公司 2012 年版,第 100 页。

相关公约,国务院修订了《国家核应急预案》。目前,我国已经基本形成了以法律、行政法规、部门规章和规范性文件组成的完整的核应急法律体系。

(二)核事故应急管理部门与举措

由于公安、卫生、环保、能源、国防等职能部门均享有民用核能的部分管理权限,因此核事故应急的协调工作就尤为重要。我国设立有核事故应急协调委员会,由国防科技工业局牵头,负责组织、协调我国的核事故应急管理工作,省级人民政府可以根据辖区核能利用情况设立核事故应急协调委员会。国防科技工业局负责牵头制定国家核事故应急预案,国家核安全局、国家能源局、核设施营运单位等单位也应当制定本单位的核事故应急预案,并报国防科技工业局备案。

核设施营运单位是落实核安全责任、开展核事故应急的第一责任人。《核安全法》规定,核设施营运单位应当根据核事故应急预案,配备应急设备,开展应急演练,做好应急准备。核设施所在地省级政府指定的部门也应当组织开展核事故应急演练以及开展核事故应急知识普及工作。核事故可以根据程度的不同划分为不同的种类,国家由此建立根据核事故程度开展不同应急举措的分级管理制度,发生核事故时,应当首先由核设施营运单位开展场内应急,减轻事故后果,并立即向国防科技工业局、国家核安全局以及省级政府报告,上述部门根据核事故程度决定是否开展场外应急响应。需要强调的是,核事故应急不仅包括核设施应急,核材料、放射性废物运输等事项的应急也属于核事故应急的辐射范围。核事故应急响应结束后,应当根据法律及有关规定和授权,由各级人民政府及其有关部门、核设施营运单位等开展核事故后的恢复行动、损失评估等工作。

(三)信息公开与公众参与

民用核设施及放射性废物处置场所无论选定何地,都可能引发剧烈的争议,此即学界所谓的"邻避问题"。因此,民用核能的健康发展离不开公众的支持,为此世界各国都十分重视核能相关的信息公开与公众参与。我国《核安全法》总则规定,公民享有获取核安全信息的权利,而且该法第五章还专章对"信息公开和公众参与"进行了规定。

核信息公开与公众参与主要体现在以下几个方面:其一,核设施选址等影响公众利益的重大核安全事项,应当通过听证会、论证会、座谈会等方式征求利益相关方的意见;其二,国家核安全局应当依法公开与核安全有关的行政许可,以及核安全监督检查报告、总体安全报告、辐射环境质量等信息,在审批核设施建造、运行许可申请时,应当征询核设施所在地省级政府的意见;其三,核设施营运单位应当公开本单位核安全管理文件、核设施安全状况、流出物和周围环境辐射监测数据、年度核安全报告等信息;其四,国防科技工业局或省级政府指定的部门应当公布核事故应急信息。

二、核损害赔偿法律制度

核损害赔偿责任在国内法层面主要是指民事责任,是核损害责任中最主要的责任形式。具体而言,核损害赔偿责任,是指在和平开发利用核能的过程中,核营运人与所在国政府对发生核事故造成的公众健康、财产和环境损害所应承担的赔偿责任。虽然我国迄今未加入任何国际核损害赔偿责任公约,但是我国参照《关于核能领域中第三方责任的公约》(以下简称《巴黎公约》)《关于核损害的民事责任的维也纳公约》(以下简称《维也纳公约》)等规定,出台了国务院《关于处理第三方核责任问题给核工业部、国家核安全局、国务院核电领导小组的批复》《关于核事故损害赔偿责任问题的批复》等与核损害赔偿责任相关的法律文件,基本确立了我国的核损害赔偿规则。

(一)责任主体

根据《维也纳公约》的规定,核设施营运人须根据投保金额赔偿因核事故造成的损失,国家在一定限额内予以补偿。可见,国际核损害赔偿的责任主体为核设施营运单位和国家,这被称为国际核损害赔偿的国家和核营运单位的双重责任原则。[①] 这一原则在我国的与核损害赔偿相关的法律文件中得到了体现。2007 年国务院《关于核事故损害赔偿责任问题的批复》规定,核设施营运单位应当对核事故造成的人身、财产或环境损害进行赔偿,不足部分由国家提供最高限额为 8 亿元人民币的财政补偿,营运单位以外的其他人不承担赔偿责任。需要注意的是:其一,虽然为核设施营运单位提供设备、工程以及服务等的单位不承担核损害赔偿责任,但是核设施营运单位与其有约定的,可以在赔偿后追偿;其二,核事故损害涉及 2 个以上的营运者,且不能明确区分各自责任的,相关营运者承担连带责任;其三,核事故损害是由自然人故意或者不作为造成的,营运者向受害者赔偿后,可以对该自然人行使追索权。

(二)赔偿客体

《核安全法》第 90 条规定,因核事故造成他人人身伤亡、财产损失或环境损害的,核设施营运单位应当承担赔偿责任。我国核损害赔偿客体的确定基本符合国际主流趋势。其中,财产损害主要包括财产减少或丧失的直接损失,以及既得利益损失。[②] 人身伤亡理论上应当包括直接损害和间接损害,因为间接损害较隐蔽且潜伏期长,因此,如何确定核损害赔偿的诉讼时效就成为一个见仁见智的问题。国务院

---

① 参见闫海、高宁主编:《中国能源革命的法制建构研究》,法律出版社 2017 年版,第 73 ~ 74 页。

② 参见闫海、高宁主编:《中国能源革命的法制建构研究》,法律出版社 2017 年版,第 80 页。

《关于处理第三方核责任问题给核工业部、国家核安全局、国务院核电领导小组的批复》规定,核事故受害人有权在已知或应知核损害之日起3年内要求核设施营运人赔偿,但是超过核事故发生之日起10年的,请求权丧失。2004年通过的《修正“巴黎公约”议定书》则将诉讼时效由10年延长至30年。考虑到核损害的隐蔽性和间接性,适当延长受害人的诉讼时效实有必要。

人身损害议题中的另一项争议点在于,受害人是否可以就人身损害中的精神损害提起赔偿请求。因为核事故会造成生命、财产和生存环境的破坏,而上述破坏往往会对受影响区域的民众造成精神上的巨大创伤。但是鉴于精神损害赔偿的计算相对困难且不易把握,且精神损害赔偿与其他损害赔偿责任的叠加可能给核营运人及政府带来“不可承受之重”,由此影响民用核能的健康发展。因此,目前国际立法和国内立法均未明确规定对核损害造成的精神损害予以赔偿。

核损害赔偿的另一项新生议题是关于生态环境损害的赔偿问题。1997年修正的《维也纳公约》扩展了核损害的范围,除人身、财产损害外,还包括已经采取或即将采取的环境损害恢复措施的费用。实际上,核领域迄今尚无一例追究国际环境损害责任的成功案例。因为国际立法往往规定只有造成“严重的”“实质性的”环境损害才能引起国际赔偿责任,由于环境的价值难以估量,所以环境损害赔偿金额难以确定。① 但是随着我国生态环境损害赔偿制度的持续推进,以及《生态环境损害鉴定评估技术指南总纲》《生态环境损害鉴定评估技术指南损害调查》《生态环境损害鉴定评估技术指南 土壤与地下水》等评价办法的出台,客观、科学、准确地追究环境侵害人的生态环境损害责任已经不存在技术和制度上的阻碍。因此,核损害造成的生态环境损害赔偿责任也将成为核损害责任追究的重要内容。

(三)归责原则

《巴黎公约》等规定的国际核损害赔偿规则均确立了严格责任,即受害人只要证明所受损害与核事故之间具有因果关系,无论核营运人是否存在过错,均应承担核损害赔偿责任。换言之,核损害赔偿责任的构成要件包括:侵权行为、损害后果以及因果关系。如果说结果责任原则是基于秩序维护为核心目的,过错责任原则是以个人自由的保护为核心要义,那么无过错责任原则的核心则是对不幸损害的合理分配,构成一种“分配正义”。无过错责任的理论基础包括:其一,报偿责任主义,即所谓的“利之所生,损之所归”,具体是指在取得利益的过程中给他人造成损害的,用该利益进行赔偿是公平的。其二,危险责任主义,即危险物的所有人或管理人既然制造了危

---

① 参见闫海、高宁主编:《中国能源革命的法制建构研究》,法律出版社2017年版,第72~81页。

险,就应当对危险物所产生之损害进行赔偿。其三,风险分担主义,即加害人,特别是当加害人是企业的时候,比受害人处于更有利的地位,因此由加害人承担损失更合理。因为加害企业可以通过价格机制来分担损失,即加害企业可以将赔偿费用打入生产成本,从而使损失分摊到顾客和消费者身上。相反,若由不拥有损失分散方法的受害人负担则明显的不公平。[①] 为了减轻核设施营运人的负担,我国法律规定,因战争、武装冲突、暴乱等情形造成的核损害,核设施营运人可以免责。

(四)赔偿标准

根据《公司法》第3条的规定,公司以其全部财产对公司的债务承担责任。但是《巴黎公约》《布鲁塞尔补充公约》均规定,核设施营运人在法律规定的限额内承担赔偿责任,核设施营运人所在国政府在一定限额内承担补充责任。例如,1986年国务院《关于处理第三方核责任问题给核工业部、国家核安全局、国务院核电领导小组的批复》规定,对于一次核事故造成的核损害,营运人承担最高赔偿额为1800万元,如果核损害赔偿总额超过最高赔偿额,中国政府提供最高3亿元的财政补偿。2007年国务院《关于核事故损害赔偿责任问题的批复》提高了赔偿限额,规定核设施营运人对一次核事故造成的核事故损害承担3亿元最高赔偿额,其他营运者对一次核事故造成的核损害承担的最高赔偿额为1亿元,应赔总额超过最高赔偿额的,国家提供最高限额为8亿元的财政补偿。

核损害赔偿领域之所以突破《公司法》关于公司以其全部资产承担赔偿责任的规定,是因为倘若如此要求,提供核反应堆的供应商往往会以“存在严重的破产风险”为由,退出核反应堆的开发利用活动。鉴于此,美国国会通过了《1957年布莱斯·安德森法》,限定了公用设施公司承担赔偿责任的上限。[②] 即使规定了赔偿上限,动辄上亿的赔偿额对核设施营运单位仍然是一笔不菲的支出。因此,国家要求核设施营运单位通过投保责任保险、参加互助机制等方式作出财务保证安排,以确保发生核事故时能够及时、有效地履行赔偿责任。

课后思考题

1. 民用核能较之传统化石能源的特征是什么?

---

① 参见张梓太:《环境法律责任研究》,商务印书馆2004年版,第75~79页。

② 参见[美]约瑟夫·P. 托梅因、[美]理查德·D. 卡达希:《能源法精要》,万少廷、张利宾、顾伟译,南开大学出版社2016年版,第321页。

2. 我国积极发展民用核能的原因是什么？
3. 我国的核信息公开与公众参与体现在哪些方面？
4. 核损害赔偿法律制度的基本内容？

阅读材料

典型案例 1：

日本福岛核泄漏事件

（请扫描二维码）

典型案例 2：

中国首例核辐射受害者宋某文

（请扫描二维码）

本章课件

（请扫描二维码）

第十二章 气候变化法

导 言

科学研究表明,近百年来,地球气候正经历一次以全球变暖为主要特征的显著变化。气候变化既有自然变化的原因,也包括人类活动的结果。应对气候变化,人类需要同时采取“减缓”和“适应”两种方式,不仅需要国内采取措施,还需要国际合作,共同应对气候变化。在国际气候治理的合作中,形成了以气候变化为主题的一系列国际条约、宣言或者决议,并带动了国内法的进一步完善与修正,形成了应对气候变化的政治框架和法律制度,推动了气候变化法的发展。气候变化法,是指调整人们在应对气候变化过程中所产生的社会关系的法律原则、规则制度的总称。气候变化法应该包括3个基本部分,即气候变化法的基本原则、减缓部分和适应部分。气候变化的基本原则应该包括可持续发展原则、共同但有区别的责任和各自能力的原则、科学应对原则以及减排与适应并重原则4项原则。气候变化法的主要内容应当包括气候变化法总则、应对气候变化的权利与义务、气候变化的减缓与适应、气候变化的监管与责任四个方面,而气候变化的减缓与适应应该是气候变化法的主体部分。

通过本章的学习,应掌握以下内容:

1. 气候变化的成因以及应对措施
2. 气候变化法的国际发展和国内发展
3. 气候变化法的原则和主要内容

第一节 气候变化的成因与应对措施

一、气候变化的科学认知

现代气候变化研究始于19世纪初,20世纪80年代以来,已从纯科学研究扩展到与社会经济可持续发展相结合,演变成当今国际政治、经济和外交的热点议题。①

气候,是指长时期内(月、季、年、数年、数十年和数百年以上)天气的平均或统计状况,通常由某一时段的平均值以及相对于平均值的偏差(距平)来表示,主要反映一个地区的冷暖干湿等基本特征。气候平均值的升降表明气候平均状态的变化;气候距平值增大,表明气候状态不稳定,气候异常越明显。

目前,有越来越多的科学研究表明,近百年来,地球气候正经历一次以全球变暖为主要特征的显著变化。预测表明,未来 50 ~ 100 年,全球的气候将继续向变暖的方向发展。2013 年政府间气候变化专门委员会(Intergovernmental Panel on Climate Change, IPCC)第五次评估报告(AR5)第一工作组报告指出:全球气候变暖是一个不容争议的事实,特别是自 20 世纪 50 年代以来,观测到的绝大多数变化都是几十年甚至几千年来前所未有的。大气和海洋变得更加温暖,许多雪山和冰川逐渐消融,海平面开始上升,温室气体的浓度不断增加。最近 30 年地球表面持续变暖,超过了自 1850 年以来任何相继的 10 年。而且较可信的是,1983 ~ 2012 年可能是过去 1400 年以来最温暖的 30 年。②

气候变暖对全球自然生态系统和各国社会经济已经产生并将继续产生重大而深刻的影响,使人类生存和发展面临巨大挑战。2014 年 3 月发布的 IPCC 第五次评估报告(AR5)第二工作组报告指出,气候变化可能导致海平面上升、海洋酸化、冰冻圈退缩、水循环紊乱(水资源短缺等)、极端事件频发、生物多样性受损、食物安全受到威胁、人体健康受到损害、灾害加剧等问题,从热带到两极、从小岛到大陆各地区、从最富裕国家到最贫困国家,气候变化的影响遍及全球各个区域。③

气候系统变化的复杂性决定了人类对气候变化科学研究在确定性认识方面不可能一蹴而就,因此在对全球变暖问题的认识上也产生了分歧和争议,包括全球气候变暖是否存在、气候变化成因以及潜在环境和社会经济影响等问题。但是,很多科学家鉴于气候变化会造成严重的或不可逆转的破坏风险,认为缺乏充分的科学确定性不

---

① 参见葛全胜、王绍武、方修琦:《气候变化研究中若干不确定性的认识问题》,载《地理研究》2010 年第 2 期。

② 参见《气候变化 2013:自然科学基础》,载政府间气候变化专门委员会网,https://archive.ipcc.ch/pdf/assessment-report/ar5/wg1/WG1AR5_SummaryVolume_FINAL_CHINESE.pdf,最后访问日期:2020 年 3 月 14 日。

③ 参见《气候变化 2014:影响、适应和脆弱性》,载政府间气候变化专门委员会网,https://archive.ipcc.ch/pdf/assessment-report/ar5/wg2/WGIIAR5-IntegrationBrochure_zh.pdf,最后访问日期:2020 年 3 月 14 日。

应成为推迟采取行动的借口。

世界上第一个为全面控制二氧化碳等温室气体排放,应对全球气候变暖给人类经济和社会带来不利影响的国际公约,《联合国气候变化框架公约》(United Nations Framework Convention on Climate Change,UNFCCC)第1款将“气候变化”定义为“指除在类似时期内所观测的气候的自然变异之外,由于直接或间接的人类活动改变了地球大气的组成而造成的气候变化”。将因人类活动而改变大气形成的“气候变化”与自然原因所引起的气候变化区分开来,以期通过法律调整人类行为来应对“气候变化”这一重大科学和技术问题。因此,法律上的气候变化,是指由人类活动导致大气组成成分的改变而引起的气候变化,不包括气候的自然变异。

二、气候变化的成因

气候变化受到诸多因素的影响,“气候系统由大气圈、水圈、冰冻圈、岩石圈和生物圈构成,气候变化是上述各圈层相互作用的结果。”①气候变化既有自然变化的原因,也包括人类活动的结果。

(一)自然原因

形成并影响地球气候的基本因素是太阳辐射、大气环流和地表状况。其中,太阳辐射是主导因素,是大气及海陆增温的主要能量来源,也是大气中一切物理及天气气候过程和现象的基本动力。全球气候地区差异、季节及年际变化不同,主要是太阳辐射地球表面分布不均及其变化的结果。

大气环流是操纵天气气候变化的无形机器,大气,是指包围在地球表面的整个气层,大规模的大气环流,再加上地球自转偏向力的作用等复杂因素,形成各种风系及气候带,并造成地球温度分布的现存状况。

地表状况包括地理纬度、海陆分布、洋流、地形、植被等地理环境因素。陆地与海洋具有不同的辐射性质、反射率、热容量、传热方式和热量分配方式,因而形成大陆性气候和海洋性气候,海洋不仅决定了海洋气候的特殊性,而且还极大地影响陆地。地形对气候的影响错综复杂,往往一山之隔,山前与山后、南坡与北坡的气候大不相同;森林气候与荒漠气候更是差别极大。总之,地表状况不同形成的气候是不同的,地表状况是形成气候的基本因素之一。

(二)人为原因

自然原因是全球气候变暖的重要因素,但是单纯的自然原因并不能完全解释当

---

① 吴国雄、林海等:《全球气候变化研究与科学数据》,载《地球科学进展》2014年第1期。

前的气候变化状况。1990 年 IPCC 认为,观测到的全球气候增温可能主要归因于自然变率,也可能和人类活动相关或是二者叠加。1996 年 IPCC 则指出,有可以检测出的证据说明人类活动对气候有影响。2001 年 IPCC 提出,新的、更有力的证据表明,过去 50 年观测到的全球大部分增暖"可能"①归因于人类活动。2007 年 IPCC 第四次评估报告则指出,人类活动"很可能"是导致过去 50 年气候变暖的主要原因。2013 年 IPCC 第五次评估报告(AR5)第一工作组报告显示,"极有可能"的是,人为影响是造成观测到的 20 世纪中叶以来变暖的主要原因。不断深化的认识与科学水平的提高有关。

根据 IPCC 第五次评估报告,自 1750 年以来,人类活动导致温室气体中的二氧化碳、氧化亚氮和甲烷的浓度显著增加,特别是在 1750~2011 年,来自化石燃料(煤、石油、天然气)的二氧化碳排放量高达 375 亿吨,占温室气体排放的大部分。如果这种温室气体继续排放,那么全球气温还将进一步升高,而它所带来的灾害将是不可逆转的。届时,气温的升高将使农作物无法生长,引起的海平面升高也将使地球上一些国家和城市消失,从而严重威胁人类的基本生存条件。要应对气候变化,就要积极改变人类的活动方式,特别是人类能源的利用方式,减少温室气体排放。

三、气候变化的应对措施

全球气候变化是当前人类面临的最大威胁之一,促进经济发展方式向低碳转型,是保障经济社会持续发展的同时,应对气候变化挑战的根本途径和战略选择。

应对气候变化,人类需要同时采取"减缓"和"适应"两种方式。所谓减缓气候变化,是指人类通过削减温室气体的排放源和增加温室气体的吸收而对气候系统实施的干预。适应气候变化,是指自然或人类系统回应实际的或预期的气候刺激及其影

---

① 根据《IPCC 第五次评估报告主要作者关于不确定性一致处理的指导说明》,第一工作组的《技术摘要》和《决策者摘要》依靠两种度量标准表达重要发现中的确定性程度,这是基于作者团队对基础科学认知作出的评价:根据证据的类型、数量、质量和一致性(如机理认知、理论、资料、模式、专家判断)以及一致性程度,对某项发现有效性的信度。信度以定性方式表述。对某项发现的不确定性进行量化衡量,并用概率表示(基于对观测资料或模式结果的统计分析或专家判断)。在评估报告中,不同的术语表示可能性的程度不一,如"几乎确定"表示 99% ~100% 的概率,"很可能"表示 90% ~100% 的概率,"可能"表示 66% ~100% 的概率,"或许可能"表示 33% ~66% 的概率,"不可能"表示 0~33% 的概率,"很不可能"表示 0~10% 的概率,"几乎不可能"表示 0~1% 的概率,"极有可能"表示 95% ~100% 的概率,"多半可能"表示 50% ~100% 的概率,"极不可能"表示 0~5% 的概率。具体参见《气候变化 2013:自然科学基础》,载政府间气候变化专门委员会网,https://archive. ipcc. ch/pdf/assessment-report/ar5/wg1/WG1AR5_SummaryVolume_FINAL_CHINESE. pdf,最后访问日期:2020 年 3 月 14 日。

响所作出的调整，以减轻损害或开发关于气候变化的有利机会。[①] "减缓"能够降低气候变化的速率和范围，而"适应"则能够降低对气候变化的敏感性，从而最终降低由气候变化所带来的脆弱性。

应对气候变化的核心是减少人为活动的温室气体排放，因此各国采取的应对气候变化的措施最初以减缓气候变化为主。减缓气候变化的措施包括：(1)优化产业结构：改造提升传统产业，培育和壮大战略性新兴产业。(2)节约能源：推广节能技术和节能产品，发展循环经济，实行节能激励政策。(3)发展低碳能源：加快发展天然气等清洁能源，积极开发利用非化石能源。(4)控制非能源温室气体的排放。(5)增加碳汇：主要包括增加森林碳汇和提高农田、草地碳汇。[②]

但是随着科学认知的加深，发现"减缓"是一项相对长期、艰巨的任务，而"适应"则更现实、紧迫，尤其对于经济和社会系统相对脆弱的发展中国家与贫困小岛国来说，气候问题将首先是"适应"问题。IPCC 第五次评估报告(AR5)第一工作组报告评估了气候变化对不同领域和区域的影响，确认了气候变化是导致自然和人类社会系统不利影响和关键风险的主要原因。该报告建议，为了减轻气候变化的不利影响、降低自然和人类社会系统的脆弱性，人类社会主动适应气候变化的行动应在全球和区域尺度上共同展开；加强灾害风险管理，增强人类社会系统的恢复能力是适应气候变化和降低气候变化风险，减少极端气候事件影响的有效途径。[③]

适应措施的有效性取决于各种复杂条件的局限性和各影响要素的共同作用。适应具有高度地域性，适应气候变化并受限于特定背景。适应并非普遍适用，需要因地制宜地选择相应措施。以中国为例，中国为了适应气候变化，在农业、水资源、海洋等领域采取了相应措施。(1)农业领域：加强农田水利等基础设施建设，提升农业综合生产力，建立和完善农业气象监测和预警系统。(2)水资源领域：编制全国水资源综合规划、七大江河流域防洪规划、全国城市饮用水水源地安全保障规划、全国主要河湖水生态保护规划等专项规划。(3)海洋领域：加强海洋气候观测网络建设，开展海域海岸带等海洋灾害的观测预警工作，开展海平面上升、海岸侵蚀、海水入侵和土壤盐渍化监测、调查和评估工作，系统梳理中国海洋灾害的时空分布特征。(4)卫生健

---

① See International Panel on Climate Change, *Working Group Ⅱ: Impacts, Adaptation and Vulnerability*, (May 12, 2020), https://www.ipcc.ch/working-group/wg2/? idp = 689.

② 参见叶笃正、严中伟、马柱国：《应对气候变化与可持续发展》，载《中国科学院院刊》2012 年第 3 期。

③ 参见姜彤、李修仓等：《〈气候变化 2014：影响、适应和脆弱性〉的主要结论和新认知》，载《气候变化研究进展》2014 年第 3 期。

康领域:印发了《全国自然灾害卫生应急预案(试行)》《高温中暑事件卫生应急预案》《国家环境与健康行动计划(2007 - 2015)》等。(5)气象领域:制订天气和气候研究的一系列研究计划,促进中国气候变化监测、预估和评估工作的开展。建立新一代短期气候预测模式系统,研发新一代全球气候系统模式,开展气候变化对国家粮食安全、水安全、生态安全和人体健康安全等方面的影响评估工作。①

应对气候变化是全社会共同的事务,应当通过政府的积极引导、民间组织的积极行动和配合、新闻媒体的大力宣传,推动广大公众积极参与,提高公众的低碳发展意识。应对气候变化也是全人类共同的事务,需要全世界各国共同努力,协同应对气候变化,减少因使用化石燃料等所产生的温室气体的排放。尽管气候变化在科学上仍有某些争议,在应对气候变化责任和义务的分担上发达国家和发展中国家也存在尖锐的矛盾和斗争,但全球合作减缓温室气体排放,保护全球气候也已达成广泛共识,包括发展中大国在内的世界主要国家也都开展了实质性的减缓行动。② 各国通过一系列的谈判、交流与合作,形成了应对气候变化的政治框架和法律制度,以更好地共同应对气候变化。

第二节　气候变化法的发展

气候变化作为科学问题,其带来的影响已经成为国际社会的共识,并促进了国际气候治理的合作,形成了以气候变化为主题的一系列的国际条约、宣言或者决议,并带动了国内法的进一步完善与修正,形成了应对气候变化的政治框架和法律制度,推动了气候变化法的发展。但是气候变化问题错综复杂,不仅涉及气候,还关涉能源、经济以及社会等方面,并面临诸多不确定性问题,全球气候治理为气候变化法的发展带来了机遇,也使其面临各种挑战。

一、气候变化法的国际发展历程

从一定意义上讲,气候变化法是一个发端于国际社会的制度安排,正是建立在国际社会共同努力的基础上,气候变化法才呈现不断深化发展的过程,具体表现在以下

---

① 参见叶笃正、严中伟、马柱国:《应对气候变化与可持续发展》,载《中国科学院院刊》2012 年第 3 期。

② 参见何建坤、刘滨、王宇:《全球应对气候变化对我国的挑战与对策》,载《清华大学学报(哲学社会科学版)》2007 年第 5 期。

方面。

(一)由科学问题转为政治和法律议题:《联合国气候变化框架公约》的建立①

19世纪初,法国物理学家傅立叶提出了一个看似简单而实则不然的问题:什么决定了一个像地球这样的星球的平均气温?自此,人类踏上了对气候变化问题研究的科学之路。1896年瑞典科学家阿列纽斯在研究冰河时代之谜时,通过计算得出这样一个结果:若大气中的二氧化碳含量增加1倍,就会导致地球温度升高5℃~6℃。1938年英国工程师柯兰达在英国皇家气象协会的会议上大胆地提出这样一个论断:是人类的工业、到处都在使用的矿物燃料所释放的上百万吨二氧化碳,正在改变地球的气候。

世界气象组织于1950年建立,后来成为联合国的一个专门机构,这为气候学研究提供了重要的组织和资金支持。随着环境问题进入人类的视线,人们从担心贫困转向了担心健康状况。1953年伦敦严重的雾霾天气,使人们意识到大气污染对人类有致命的危险性。1963年美国科学家基林等人发表了一份报告并指出:地球中二氧化碳含量在不断增加着,它可能会导致下个世纪地球气温升高4℃,而这将可能产生冰川融化、海平面上升等一系列严重后果。20世纪70年代,印度、美国、俄罗斯以及非洲出现大面积干旱并引起了粮食歉收,饥荒问题再次引起公众对气候变化问题的关注。20世纪80年代开始,不同的科学研究不断表明全球气候变暖正在成为人类社会最大的气候威胁。在来自科学家、公众甚至官员要求建立一个全球性气候变化研究组织的呼声不断加强的压力下,世界气象组织和联合国环境署于1988年成立了IPCC,负责联合世界各国的科学家对全球气候变化问题进行科学研究。1990年IPCC第一次气候变化评估报告指出,温室气体是造成全球气温升高的主要原因;来自人类的排放对温室气体的增加产生了实质性影响,如果不加以控制,将导致更为严重的后果。1990年联合国大会通过第45/212号决议,成立气候变化框架公约政府间谈判委员会(INC/FCCC),具体负责《联合国气候变化框架公约》的谈判和制定工作,以期在1992年召开的联合国环境与发展大会上得以签署。

1992年联合国环境与发展大会在巴西里约热内卢召开,并签署了具有历史性意义的UNFCCC,该公约旨在"将大气中温室气体的浓度稳定在防止气候系统受到危险的人为干扰的水平上",并且强调这一目标应当在尊重发达国家与发展中国家不同的历史责任和各自能力的基础上,在坚持"共同但有区别的责任"原则的前提下实现。该公约于1994年3月21日生效,包括中国在内的195个国家是其缔约方。

---

① 参见胡德胜主编:《能源法学》,北京大学出版社2017年版,第259~260页。

(二)由政治和法律议题转为制度安排问题:《京都议定书》到《哥本哈根协议》①

UNFCCC是世界上第一个全面控制二氧化碳等温室气体排放、应对全球气候变暖的国际公约,也是国际社会应对全球气候变化、进行国际合作的基本框架,生效后,每年召开一次缔约方大会。然而,由于它并没有规定每个国家的具体减排份额,制定一份具有法律拘束力的、能够规定各国具体减排分配的议定书就提上了联合国气候变化缔约方大会的法律议程。

UNFCCC第3次缔约方大会于1997年在日本京都举行,通过了《京都议定书》,对2012年之前主要发达国家减排温室气体的种类、减排时间表和额度等作出具体规定,要求主要工业发达国家温室气体在2008~2012年承诺期内的全部排放量从1990年水平至少减少5%。然而,美国布什政府2001年以"减少温室气体排放将会影响美国经济发展"和"发展中国家也应该承担和限排温室气体"为借口,拒绝批准《京都议定书》,这给全球温室气体减排蒙上了一层阴影。因为根据议定书的规定,只有在占1990年全球温室气体排放量55%以上的至少55个国家核准后,该议定书才能生效。可喜的是,随着俄罗斯的批准,《京都议定书》在2005年2月16日生效,成为人类历史上首份限制温室气体排放的国际法律文件。《京都议定书》建立了旨在减排温室气体的3个灵活合作机制——国际排放贸易机制、联合履行机制和清洁发展机制,以帮助缔约方完成他们的义务和更符合成本效益的减排承诺,并发挥了重要作用。

2007年UNFCCC第13次会议暨《京都议定书》第3次缔约方大会在印度尼西亚巴厘岛举行,讨论"后京都"问题:《京都议定书》第一个承诺期在2012年到期后如何进一步降低温室气体的排放,会议通过的"巴厘路线图"(Bali Roadmap)启动了加强UNFCCC和《京都议定书》全面实施的谈判进程,致力于在2009年年底前完成第一个承诺期,2012年到期后进行全球应对气候变化新安排的谈判并签署有关协议。

2009年12月7日联合国气候变化大会在丹麦首都哥本哈根召开,来自119个国家的领导人和国际组织的负责人出席了会议。会议的召开宣示了国际社会应对气候变化的希望和决心,也体现了各国加强国际合作,共同应对挑战的政治愿景。然而,各方在对2012年之后温室气体的减排目标,对发展中国家的技术转让和资金支持以及发展中国家是否应当承担减排义务等方面存在严重分歧,会议几乎以失败而告终。经过马拉松式的艰难谈判,联合国气候变化大会在2009年12月19日达成了不具法

① 参见吕江:《气候变化立法的制度变迁史:世界与中国》,载《江苏大学学报(社会科学版)》2014年第4期。

律约束力的《哥本哈根协议》。

（三）由制度安排问题转为重构制度问题：气候变化谈判德班平台的开启

《哥本哈根协议》未能解决2012年之后全球温室气体减排的具体承担义务问题。2010年在墨西哥坎昆召开的UNFCCC第16次缔约方大会通过了《坎昆协议》，进一步深化了“后京都”谈判以来的各项成果。但仍如《哥本哈根协议》一般，在关于《京都议定书》的命运、未来气候机制的法律形式和结构，以及发达国家与发展中国家不同待遇的性质和范围上仍没有得到根本性解决。

2011年11月UNFCCC第17次缔约方大会在南非德班召开，欧盟抛出了气候变化路线图，企图将中国、印度等发展中国家以及美国纳入全球强制减排行列中。然而，美国始终坚持其自拒绝批准《京都议定书》以来的一贯立场，中国、印度等发展中国家则强调平等的可持续发展权以及不可动摇的“共同但有区别的责任原则”。在延迟了一天之后，会议达成了一系列的德班决议。其中，通过了《京都议定书》第二期的承诺安排：承诺从2013年1月1日起生效，到2017年或2020年12月31日结束；发达国家到2020年将温室气体排放总量在1990年的基础上减少25%～40%。由于加拿大、俄罗斯和日本明确表示不参加《京都议定书》第二期承诺以及美国一直拒绝承诺强制减排，《京都议定书》第二期承诺将主要由欧盟国家来完成。因此，德班平台的主要特点是单轨制模式。特别令人遗憾的是，在德班会议结束后的第二天，加拿大突然宣布退出《京都议定书》，这无疑给本来就居弱的全球温室气体减排又蒙上了一层阴影。

（四）新的气候变化制度安排：《巴黎协定》

自2012年UNFCCC第18次缔约方大会（多哈会议）起，全球气候变化谈判在德班平台上进行。2013年11月UNFCCC第19次缔约方大会在波兰华沙召开，就进一步推动德班平台达成了决议，为下一步谈判沿着加强公约实施的正确方向不断前行奠定了政治基础。2014年12月UNFCCC第20次缔约方大会在秘鲁首都利马召开，通过的《利马决议》为2015年新的气候变化制度安排提供了前期准备工作。2015年11月UNFCCC第21次缔约方大会在法国巴黎召开，经过15天的艰难谈判于12月12日形成了《巴黎协定》。与之前的其他决议相比，《巴黎协定》具有法律拘束力，它不仅为2020年后全球温室气体减排奠定了重要的法律基础，而且将所有国家纳入减排行列。

（五）气候变化落实和行动的新时代

《巴黎协定》是一个制度框架，其生效后，国际社会仍需解决一些重要问题，即制定具体的实施规则和方案。2016年11月UNFCCC第22次缔约方大会在摩洛哥马拉喀什召开,各缔约方代表达成《马拉喀什行动宣言》,明确了各国履约和采取行动的政治意愿,是国际社会向气候变化宣战的再次承诺,标志全球进入"落实和行动"的新时代。①

2017 年 11 月 UNFCCC 第 23 次缔约方大会在德国波恩举行。大会通过了名为"斐济实施动力"的一系列成果,就《巴黎协定》实施涉及的各方面问题形成了谈判方案,为 2018 年完成协定实施细则谈判奠定了基础。

2018 年 12 月 UNFCCC 第 24 次缔约方大会在波兰卡托维兹举行,达成长达 150 多页的《卡托维兹规则手册》,就国家自主贡献、减缓、适应、资金、技术、能力建设、透明度、全球盘点等制定了一套详细的技术规定,并加强了各方的资金承诺和行动,以确保《巴黎协定》能在 2020 年如期上路及落实。但大会仍留下一些分歧有待进一步谈判:一是关于温控目标;二是有关碳排放权交易市场机制。

随着气候变化国际合作的推进,气候变化问题的解决逐步开始进入落实和行动的新时代,虽然在个别问题上,各国并未达成共识,但并不能阻止全球共同推进解决气候变化问题的决心。目前,全球越来越多的经济体正在将碳减排行动转化为战略,全球已有 30 多个经济体作出了碳中和承诺。其中,欧盟最先制定长期减排目标,已有 11 个成员国提出碳中和目标年。此外,还有州政府(美国加利福尼亚州)、城市(芬兰赫尔辛基市)、跨国公司(苹果公司)等自发加入低碳发展战略,提出碳中和目标。2020 年 9 月,国家主席习近平在第七十五届联合国大会一般性辩论上郑重承诺,我国二氧化碳排放力争于 2030 年前达到峰值,努力争取 2060 年前实现碳中和。这是我国在《巴黎协定》之后第一个明确的长期气候目标愿景。截至 2021 年 6 月,全球已有英国、法国、德国、日本、韩国等 30 多个主要经济体确定了碳中和目标。

二、各国或地区气候变化立法的发展

随着气候变化国际合作的推进,以及各国对气候变化问题的重视,越来越多的国家或地区开始制定专门立法,以更好地落实气候变化应对措施。各国国内立法也成为保障国际气候变化协定中其自主贡献目标如期落实的关键。自 1997 年《京都议定书》诞生以来,国际上已有近 20 个国家和地区制定了有关应对气候变化、控制温室气体排放、低碳绿色发展和征收碳税方面的国内专门法律法规。如欧洲于 2019 年年底出台《欧洲绿色新政》,并于 2020 年 3 月初完成《欧洲气候法》的起草并公开征求意见。2021 年 6 月,欧洲议会和欧盟理事会先后通过《欧洲气候法》,该法将在发布于欧盟官方公报后 20 天生效。欧洲已正式颁布的立法成果有瑞士《联邦二氧化碳减排

---

① 参见韩一元:《〈巴黎协定〉以来的全球气候治理进程》,载《国际研究参考》2019 年第 11 期。

法》、英国《气候变化法》、法国《绿色增长能源转型法》、芬兰《气候变化法》、德国《联邦气候保护法》、丹麦《气候法案》等；在美洲，墨西哥正式颁布了《气候变化基本法》，美国虽然在联邦气候政策上“开倒车”，但加利福尼亚州出台了《加利福尼亚州全球变暖解决方案法案》，引领了美国州级层面积极应对气候变化的政策与行动；在亚太地区，有日本《地球温暖化对策推进法》、新西兰《2002 年应对气候变化法》、菲律宾《2009 年气候变化法》、韩国《气候变化对策基本法》和《低碳绿色增长基本法》等；非洲大陆的立法代表是南非，已经正式出台了《碳税法案》，完成了《国家气候变化法案》的起草并正式公开征求意见（见表 12－1）。①

表 12－1　国外应对气候变化专门立法基本情况

国家或地区	法律名称	时间
欧洲	欧洲气候法	2021 年 6 月通过
丹麦	气候法案	2019 年 12 月通过
德国	联邦气候保护法	2019 年 11 月通过
南非	碳税法案	2019 年 6 月生效
南非	国家气候变化法案（征求意见稿）	2018 年征求意见
日本	气候变化适应法	2018 年生效
法国	绿色增长能源转型法	2015 年生效
芬兰	气候变化法	2015 年生效
墨西哥	气候变化基本法	2012 年生效
韩国	低碳绿色增长基本法	2010 年生效
韩国	气候变化对策基本法	2009 年生效
菲律宾	2009 年气候变化法	2009 年生效
英国	气候变化法	2008 年生效
美国加利福尼亚州	加利福尼亚州全球变暖解决方案法案	2006 年生效
新西兰	2002 年应对气候变化法	2002 年生效
瑞士	联邦二氧化碳减排法	2000 年生效（经多次修订，最新版本 2013 年生效）
日本	地球温暖化对策推进法	1998 年实施

① 参见李艳芳：《各国应对气候变化立法比较及其对中国的启示》，载《中国人民大学学报》2010 年第 4 期；田丹宇、郑文茹：《国外应对气候变化的立法进展与启示》，载《气候变化研究进展》2020 年第 4 期。

综观应对气候变化专门立法,各个国家或者地区根据其特定的历史、社会条件和法律传统,以及生态脆弱性程度和应对气候变化的能力强弱等因素,选择了不同的立法模式,主要表现为综合型立法模式、分散型立法模式以及单行法模式3种。实务界又将未规定量化减排目标而只是作出较原则性的综合立法模式称为"政策型立法模式"。(1)综合型立法模式,是指在一国立法体系内,由国家最高立法机关制定的,对应对气候变化基本目标、温室气体减排量、基本原则、基本制度、监督管理以及法律责任等内容作总括性规定的法律文件。英国、墨西哥、日本、韩国、菲律宾等国的气候变化立法采用的即为此种模式,系统规定应对气候变化的法律框架。由于日本、韩国和菲律宾未在法律中设置量化的减排目标,相关条文内容也较原则化,实务界又将这一类国家的立法模式称为"政策型立法模式"。(2)分散型立法模式,即应对气候变化的法律规范并未整合规定在一部法律之中,而是分散地规定在不同领域的法律之中。如美国与应对气候变化相关的法律规定主要体现在各个能源立法之中。这些立法主要包括《能源政策法》(2005年)、《能源独立与安全法》(2007年)和《清洁能源与安全法案》(2009年)。《能源政策法》(2005年),内容非常庞大,规定具体、细致,几乎涵盖能源利用的所有领域。(3)单行法模式,是指在没有综合性的牵头法律情况下,国家针对应对气候变化某一方面的需要制定和颁布专门法律、法规对相关法律关系加以调整的立法形式。如孟加拉国并未制定以应对气候变化为直接目的的立法,而是制定了《应对气候变化信托基金法》,对应对气候变化的资金运用问题进行规范。①

从气候变化立法内容来看,虽然各个国家或者地区在立法内容方面有很多差异,但是普遍规定了以下内容:第一,建立应对气候变化的管理体制,包括应对气候变化主管部门,以及高级别、跨部门、综合性的应对气候变化协调组织。新西兰《应对气候变化法》规定了财政部、国家登记处、国家清单署等机构的职责,构建了新西兰应对气候变化的管理和监督体系。英国《气候变化法》建立了独立于政府的应对气候变化委员会,负责对碳预算的制定、分配提出建议,制定年度进展报告,并监督政府落实预算目标的情况。第二,注重多种制度的综合运用。从各国制定的众多应对气候变化的法律来看,综合运用各项制度措施,全方位减缓和适应气候变化是一种普遍可行的办法。例如,各国(或地区)基本上都采用了碳排放量控制制度、报告制度、交易制度,通过政府强制与市场机制等多种手段,达到控制或减排的目标;规定了政府、企业、公众的职责,使全社会的每一个单元都参与到应对气候变化的行动中来,有效推

① 参见王灿发、刘哲:《论我国应对气候变化立法模式的选择》,载《中国政法大学学报》2015年第6期。

行应对气候变化的各项政策措施。①

越来越多的国家和地区开始制定专门立法应对气候变化,这是气候治理的要求,也是以法治应对气候变化的趋势。

三、中国气候变化法形成与发展

中国正处于现代化建设的关键时期,而且气候条件十分复杂、生态系统脆弱、自然灾害频发、易受气候变化影响,经济和社会正面临气候变化的严峻挑战,尤其自2007年成为世界最大的温室气体排放国以来,承受越来越大的温室气体减排国际压力。作为负责任的发展中大国,中国不仅积极地参与了联合国各项气候变化协议的制定工作,而且还是UNFCCC和《京都议定书》的缔约国,特别是先后于2016年4月22日、9月3日签署和批准了《巴黎协定》,并于批准当日交存了批准书,成为率先批准《巴黎协定》的国家之一。中国是较早在国内通过制度安排应对气候变化的国家,出台了密集的气候变化应对政策,覆盖了农业、林业、制造业、电力行业、交通运输业、建筑业等对应对气候变化具有重要意义的领域,形成了一系列应对气候变化的制度安排。在此基础上,我国的气候变化应对立法工作也逐步展开。

(一)中国气候变化应对政策的演进发展

中国从1990年开始正式制定气候变化应对政策,逐步完善,形成气候变化政策体系,不断加强组织机构建设,落实气候变化应对目标,经历了起步期、探索期、深化期3个阶段。

1. 中国应对气候变化的起步期(1990~2006年)。1990年国务院环境保护委员会通过了《我国关于全球环境问题的原则立场》,首次明确中国在气候变化问题上的立场,并建立了国家气候变化协调小组,1998年更名为国家气候变化对策协调小组,指导参加有关国际谈判,制定和协调应对气候变化的政策措施。在此阶段,中国积极参加了有关气候变化的国际谈判。1990年起,中国政府派出代表团参加《联合国气候变化框架公约》的谈判,1992年签署公约,1993年全国人民代表大会及其常务委员会批准了这一公约。1998年中国政府签署了《京都议定书》,2002年核准了这一议定书,并积极参与该议定书项下的清洁发展机制(Clean Development Mechanism, CDM)项目。中国将气候变化应对作为可持续发展战略的优先领域,1994年发布《中国21世纪议程——中国21世纪人口、环境与发展白皮书》,提出了中国可持续发展的总体战略方案,保护大气层和全球变暖对策被单列为中国实现可持续发展的一

---

① 参见邵道萍:《国外应对气候变化立法及对中国的启示》,载《环境保护》2010年第17期。

个重要政策领域。

2. 中国应对气候变化的探索期(2007 ~ 2014 年)。随着中国经济的迅速发展,中国的能源消费总量和温室气体排放量跃居世界前列,环境矛盾凸显、减排压力骤增。为了应对气候变化以及由此带来的国际压力,中国自 2007 年正式颁布了首个应对气候变化的全面政策性文件《中国应对气候变化国家方案》(已失效)开始,密集出台了诸多政策。从宏观基础性政策到对外合作,特别是国际间 CDM 合作基金的使用政策,再到碳排放权交易试点的相关政策,体现国家对应对气候变化相关工作的重视,利用政策逐步引导各项具体工作的开展,通过政策发挥引导机制,加强对应对气候变化工作的促进和掌控。① 同时,气候变化应对领域开始拥有更多的独立政策,不只是依附能源政策。2011 年中国开始探索碳排放交易市场建设,并批准北京、上海、天津、重庆、湖北、广东和深圳 7 个省市及地区开展碳排放交易试点工作,同时开始进行相关的制度建设。

2007 年我国正式成立了国家应对气候变化及节能减排工作领导小组,负责统筹协调我国国内应对气候变化和节能减排相关工作,并为我国参与国际气候谈判制定相应策略。2014 年成立了由国家发展改革委、国家统计局等 23 个部门组成的应对气候变化统计工作领导小组,建立了以政府综合统计为核心、相关部门分工协作的工作机制,强化应对气候变化基础统计工作和能力建设。

3. 中国应对气候变化的调整期(2015 年至今)。《巴黎协定》于 2015 年通过并在 2016 年生效,确立了 2020 年后全球气候治理新机制,标志应对气候变化国际合作进入新阶段,也为中国带来了新的压力,一方面国际推动力量开始减弱,另一方面国内气候政策进入调整期,各种原因使气候政策和行动的前进步伐暂时放缓。② 但是,总体来说,中国已经拥有了门类齐全、覆盖广泛的气候政策,不仅有已经形成特色的行政指令性政策(如目标责任考核制度)和“由点及面”的试点示范优良实践,也有经济激励类(如价格政策、总量—交易政策以及财税补贴政策,也包括取消补贴)、直接规制类(如法律、法规和标准)、低碳科技研发类等政策。③ 随着碳排放交易试点工作的深入,2017 年以发电行业为突破口率先启动全国碳排放交易体系建设,并在 2021 年 7 月正式启动发电行业全国碳排放权交易市场上线交易,在“十四五”期间,将推动石

---

① 参见李俊峰、杨秀、张敏思:《中国应对气候变化政策回顾与展望》,载《中国能源》2014 年第 2 期。

② 参见朱松丽、朱磊等:《“十二五”以来中国应对气候变化政策和行动评述》,载《中国人口 · 资源与环境》2020 年第 4 期。

③ 参见朱松丽、朱磊等:《“十二五”以来中国应对气候变化政策和行动评述》,载《中国人口 · 资源与环境》2020 年第 4 期。

化、化工、建材、钢铁、有色金属、造纸、航空七大行业逐步纳入全国碳市场。

（二）中国气候变化应对立法的发展

虽然中国的气候变化应对政策已经逐步完善，但是由于缺乏基础法律的支撑，导致在政策执行过程中效力大打折扣。但是，有了上述政策的铺垫与制度的积累，我国的气候变化应对立法工作也逐步展开。

2009 年 8 月，全国人民代表大会常务委员会通过《关于积极应对气候变化的决议》。该决议指出，把加强应对气候变化的相关立法作为形成和完善中国特色社会主义法律体系的一项重要任务，纳入立法工作议程；适时修改完善与应对气候变化、环境保护相关的法律，及时出台配套法规，并根据实际情况制定新的法律法规，为应对气候变化提供更加有力的法制保障。

2008 年以来，我国不断出台与应对气候变化有关的立法。例如，《循环经济促进法》、第一次修订后的《节约能源法》都在 2008 年开始实施。同年，国家发展改革委设立了应对气候变化司，该司的主要职责是：(1) 综合分析气候变化对经济社会发展的影响，组织拟订应对气候变化重大战略、规划和重大政策；(2) 牵头承担国家履行 UNFCCC 相关工作，会同有关方面牵头组织参加气候变化国际谈判工作；(3) 协调开展应对气候变化国际合作和能力建设；(4) 组织实施清洁发展机制工作；(5) 承担国家应对气候变化领导小组有关具体工作。毫无疑问，这一机构的设立，在一定程度上加强了中国在气候变化问题上的组织体制建设，促进了中国应对气候变化的制度安排。

2009 年 12 月在哥本哈根气候变化大会刚刚结束之际，我国修正后的《可再生能源法》开始实施。2010 年全国人民代表大会常务委员会把能源法的制定和《大气污染防治法》的修改纳入立法工作计划。青海省政府颁布中国第一个有关气候变化的地方政府规章《青海省应对气候变化办法》，在国家应对气候变化领导小组框架内设立了协调联络办公室以加强部门间协调配合。2011 年山西省政府出台了《山西省应对气候变化办法》。2015 年《大气污染防治法》修订，将“温室气体”写入其中，明确了“对颗粒物、二氧化硫、氮氧化物、挥发性有机物、氨等大气污染物和温室气体实施协同控制”。为规范碳排放交易，国家发展改革委发布了《碳排放权交易管理暂行办法》（2014 年 12 月 10 日发布，已失效），生态环境部出台了《碳排放权交易管理办法（试行）》以及《碳排放权登记管理规则（试行）》《碳排放权交易管理规则（试行）》《碳排放权结算管理规则（试行）》等配套制度，不断加强碳排放交易立法建设。截至 2020 年 10 月，中国为减少温室气体排放、节约能源、发展可再生能源和循环经济、建设资源节约型和环境友好型社会，已经制定和实施了《可再生能源法》《节约能源法》

《清洁生产促进法》《大气污染防治法》《循环经济促进法》《煤炭法》《电力法》,即将出台能源法,进一步激励清洁、低碳能源开发和利用。

自2009年全国人民代表大会提出制定应对气候变化法以来,国家气候变化立法设计工作从不同层面展开。2010年中国社会科学院与瑞士联邦国际合作与发展署启动了双边合作项目《中华人民共和国气候变化应对法》(社科院建议稿);2012年4月该建议稿全文公布。2011年国家发展改革委委托中国政法大学组织开展中国应对气候变化立法研究,2012年该项目顺利结题。2012年9月受国家发展改革委应对气候变化司委托,中国政法大学和江苏省信息中心承担的"省级气候变化立法研究—以江苏省为例"项目启动。2012年12月国家发展改革委批准了由中国清洁发展基金赠款项目资助的"湖北省气候变化立法研究";项目由武汉大学作为牵头单位,联合另外国内3家高校开展湖北省气候变化立法工作研究。四川省也正在开展气候变化立法工作。2013年11月中国《国家适应气候变化战略》公布,提出了中国适应气候变化的原则和指导方针。2015年9月国家发展改革委应对气候变化司召开《应对气候变化法(初稿)》交流研讨会。2017年国家应对气候变化战略研究和国际合作中心承担《应对气候变化法的立法路线图和核心问题研究》项目,2018年11月项目结题。2018年组建生态环境部,国家发展改革委的应对气候变化和减排职责划归生态环境部。2019年11月《中国应对气候变化的政策与行动2019年度报告》发布,"十四五"期间将健全应对气候变化法律法规。

毫无疑问,随着气候治理的深入,中国应对气候变化的制度安排将进入一个全面深入发展的时期,如何制定一部既具科学性又能适应国内经济建设和国际气候谈判的法律,正在成为中国未来应对气候变化工作的重点。

第三节　气候变化法的原则和主要内容

制定专门的气候变化法,完善我国应对气候变化法律体系,有利于明确应对全球气候变化的政策、方针和制度。尽管在很多方面仍有争议,但对气候变化法的原则和内容已形成了一些基本共识。我国应加快立法进行,尽快制定气候变化法。

一、气候变化法的概念和体系

(一)气候变化法的概念

气候变化法,是指调整人们在应对气候变化过程中所产生的社会关系的法律原则、规则制度的总称。对之可从以下几个方面进行理解:

1. 气候变化法以应对气候变化过程中产生的社会关系为调整对象

气候发生变化主要是由自然和人为原因引起的。在应对气候变化方面，对自然原因引起的气候变化，人类基本上只能采取适应性举措。例如，人类随着气候变化进行的迁徙和对生存环境的适应、改造。然而，对人为原因引起的气候变化，人类则应该采取减缓的策略和行动，如对温室气体排放进行控制。

从一定程度上讲，自然原因引起的气候变化并不属于气候变化法的主要内容，因为自然性的气候变化是人类赖以生存的根本环境，其和谐变化、季节更替是一种常态。但是，人为因素造成的气候变化则是对大自然乃至气候正常变化的一种破坏，甚至有可能对人类生存带来不可逆转的重大威胁或者风险。因此，气候变化法主要是针对导致气候变化的人为因素、造成气候变化的异常状态。UNFCCC 第 1 条第 2 款明确规定，它所调整的气候变化是指“除在类似时期内所观测的气候的自然变异之外，由于直接或间接的人类活动改变了地球大气的组成而造成的气候变化”。

然而，由于气候变化的复杂性，自然与人为原因引起的气候变化有时难以区分，如过多的极端天气等气候变化。因此，气候变化法对应对这类气候变化中所产生的社会关系也予以调整。一方面，在对这种气候变化的成因没有科学界定之前，采取适应性的举措更合理；另一方面，由于应对气候变化需要改变人类的行为方式，必然会引起社会关系的变化，气候变化法主要调整人们在应对气候变化过程中所产生的社会关系。通过法律的形式确定人们应对气候变化的权利与义务，通过奖惩的形式鼓励人们维护正常气候变化的行为或者禁止人为的对气候变化的干扰，以促进社会和自然的和谐、稳定和可持续发展。

2. 气候变化法是国际法和国内法相结合的法律规范

一个主体影响气候变化的行为具有全球性的外部效应和经济上外部性。因此，试图仅通过国内法来实现治理人为气候变暖的效果是不切实际的，气候变化法需要具有较强传统国际法属性。从历史演变中可以看出，应对气候变化的制度安排最早发端于国际社会，正是联合国及其他国际组织的积极推动，才促成了 UNFCCC 的出台，产生了诸多指导全球应对气候变化的重要国际文件。

应对气候变化需要国家间的积极合作。任何一个国家，特别是温室气体排放大国，如果游离于国际气候法律制度之外，将无法满足全球应对气候变化的需要。因此，构建与国际气候变化相应的国内法是最终实现全球应对气候变化的国内法律制度保障。气候变化法只有发挥国际法与国内法相结合的特点，才能既保障满足全球应对气候变化的需要，又能适应本地区温室气体减排的特殊性。

（二）气候变化法的体系

气候变化法应该包括3个基本部分，即气候变化法的基本原则、减缓部分和适应部分。具体而言：

（1）基本原则。基本原则是气候变化法的纲领性规范，它包括可持续发展原则、共同但有区别的责任和各自能力的原则、科学应对原则、减排与适应并重原则等。这些原则大多是针对应对气候变化创设，其中有些是气候变化法特有的原则。通过实施这些原则，确保应对气候变化能建立在公平的基础之上。

（2）减缓部分。减缓气候变化的活动是气候变化法的主要内容，该部分主要涉及气候变化的减缓机制。不同减缓机制的适用往往会产生不同效果。就国际角度而言，有清洁发展机制、排放交易机制等不同的减缓制度安排。

（3）适应部分。适应气候变化的活动是气候变化法中另一项主要内容，该部分包括基础设施、水资源、森林资源、草原、农业以及海洋等领域对气候变暖采取的适应措施。通过这些适应措施，能够有效减少自然灾害的发生、抵御因气候变化造成的破坏性损失和负面影响。

此外，气候变化法还应该包括能力建设、社会参与、国际合作、科学研究以及监督与责任机制等规范。根据不同的性质，有些被纳入气候变化法的基本原则之中，有些则包含在减缓和适应部分之内。

二、气候变化法的基本原则

气候变化法的基本原则，是指由气候变化法所确立和认可的，反映其指导方针和目的的，对应对气候变化活动具有普遍性指导意义的基础性和根本性的准则。气候变化法的基本原则应该包括可持续发展原则、共同但有区别的责任和各自能力的原则、科学应对原则以及减排与适应并重原则4项原则。

（一）可持续发展原则

气候变化法的可持续发展原则，是指应对气候变化的行为或活动应按照可持续的方式进行和开展。UNFCCC第3条第4款规定，“各缔约方有权并且应当促进可持续发展”。

世界环境与发展委员会1987年的报告《我们共同的未来》这样定义可持续发展：“既满足当代人的需要，又不对后代人满足其需要的能力构成危害的发展。”随着社会经济的发展，不同的学者不断充实定义并从不同角度理解可持续发展，例如，荷兰著名国际法学家尼科·斯赫雷费提出了多元概念的可持续发展，认为可持续发展概念应该包括7项要素：可持续利用的自然资源、健全的宏观经济发展、环境保护、时间要素(暂时性、长久性与及时性)、公众参与和人权、善治以及一体化与相互联系。

可持续发展原则已成为国际法的一项基本原则。2002 年国际法协会通过了《与可持续发展有关的国际法原则的新德里宣言》,提出关于可持续发展的 7 项国际法原则:各国确保可持续利用自然资源的义务、公平及消除贫困原则、共同但有区别的责任原则、预防原则及环境影响评价、公众参与、善治原则以及一体化与相互联系的原则。正如该宣言中所宣称的,这 7 项原则的制定是为了"实现全人类获得适当生活水平的权利,同时适当顾及后代的需求和利益"。

然而,由于可持续发展原则的内涵和外延的模糊性,不同的人从正反的角度都可以被认为是按照可持续发展原则采取了行为或活动。为了严格规范这一原则,UNFCCC 第 3 条第 4 款规定了气候变化法中可持续发展的具体含义,即"保护气候系统免遭人为变化的政策和措施应当适合每个缔约方的具体情况,并应当结合到国家的发展计划中去,同时考虑到经济发展对于采取措施应付气候变化是至关重要的。"不难看出,UNFCCC 所指的可持续发展,是指应在考虑每一国家的具体情况和经济发展的前提下开展气候变化应对措施,是对可持续发展最初的概念进行深化的一种表述方式。可以理解为,应对气候变化是始终围绕着发展主题开展的,是在各国经济均衡发展的前提下应对气候变化的,盲目地不顾经济发展水平而进行的应对气候变化是违反气候变化可持续发展根本理念的。当然,这也要求在保障经济发展的同时,更多地促进经济与环境、自然的和谐发展。气候变化法的制定和实施,需要做到经济发展与应对气候变化相结合,既促进经济发展又实现应对气候变化的目标。

在气候变化领域,中国始终坚持可持续发展原则。2007 年《中国应对气候变化国家方案》(已失效)中指出:中国不仅早在 1994 年就制定了可持续发展战略,而且将其作为经济社会发展的重要指导方针和战略目标;中国将继续根据国家可持续发展战略,积极应对气候变化问题。

(二)共同但有区别的责任和各自能力的原则

气候变化法的共同但有区别的责任和各自能力的原则,是指应对气候变化是世界各国的共同责任,但是发达国家应承担更严格和更大的责任,各国应该根据自己的能力履行责任。

UNFCCC 第 3 条第 1 款明确规定,"各缔约方应当在公平的基础上,并根据它们共同但有区别的责任和各自的能力,为人类当代和后代的利益保护气候系统。因此,发达国家缔约方应当率先对付气候变化及其不利影响"。从而在法律上第一次明确表述了共同但有区别的责任和各自能力的原则。然而,人们一开始强调和关注的是"共同但有区别的责任",术语上使用的是"共同但有区别的责任的原则"。

但是,UNFCCC 只是一个框架性公约,没有规定如何来执行共同但有区别的责任原则,缺乏在具体层面上的可操作性。如何实施这一原则,1987 年《关于消耗臭氧层物质的蒙特利尔议定书》和 1997 年《京都议定书》都作出了较具有可操作性的规定,特别是前者被认为是环境公约中履约最好的条约。

然而,总体上,发达国家与发展中国家在如何落实和细化"共同但有区别的责任的原则"方面存在较大差异。其中核心分歧点是,是否需要以及如何考虑国家,特别是发展中国家承担和履行责任的能力。于是,"共同但有区别的责任的原则"发展成为"共同但有区别的责任和各自能力的原则"。《巴黎协定》关于各国根据其能力而编制、通报并保持其拟实现的国家自主贡献及采取国内减缓措施的规定,就是这一原则的充分体现。

共同但有区别的责任和各自能力的原则,首先出现在 UNFCCC 中,应该是气候变化法中特有的原则,可从以下角度对这一原则进行理解:它主要适用于国际法领域。从该原则的含义来看,它既强调了发达国家与发展中国家之间共同但有区别的责任,也注重和考虑不同国家之间履行责任的能力因素,适用于国家在应对气候变化时的责任分配。根据这一原则,发达国家应带头减少温室气体排放,并向发展中国家提供资金和技术支持;发展经济、消除贫困是发展中国家压倒一切的首要任务,发展中国家履行公约义务的程度取决于发达国家在这些基本的承诺方面能否得到切实有效的执行。因此,该原则是发展中国家与发达国家建立新的气候变化协议的基础,脱离了它将不利于全球应对气候变化行动和制度安排的达成。

(三)科学应对原则

气候变化法的科学应对原则,是指应对气候变化应该建立在科学的基础之上。UNFCCC 序言写道,"认识到了解和应付气候变化所需的步骤只有基于有关的科学、技术和经济方面的考虑,并根据这些领域的新发现不断加以重新评价,才能在环境、社会和经济方面最为有效"。可从以下三个方面理解科学应对原则:

(1)应该按科学的整体性评估来应对气候变化。一方面,应对气候变化的法律规范必须建立在气候变化科学研究成果的基础之上,没有科学的依据将无法建立科学的气候变化法。另一方面,应该从科学的整体性上,认识、理解和应用气候变化科学的研究成果,不能以偏概全。这在《京都议定书》、《巴厘路线图》、《哥本哈根协议》和《巴黎协定》及"巴厘路线图"中均有所规定和体现。

(2)科学上尚未确定的方面不应该影响气候变化的制度安排。在气候变化领域,科学是不断演进的过程,而不是静态的、一成不变的过程,存在一些尚不能确定的方面是正常的。但是,气候变化的结果却存在不可逆转的产生重大损害的风险或者威胁;如不尽快采取行动,而是等到科学上能够充分证明之时再采取行动,产生的不利影响将是巨大的,甚至是不可逆转的。因此,根据环境法上的风险预防原则(谨慎原则),对于科学尚未完全确定证明的内容,不应该影响对气候变化采取相应的举措,特别是作出法律等相关制度的安排。为此,UNFCCC 第 3 条第 3 款规定,当存在造成严重或不可逆转的损害的威胁时,不应当以科学上没有完全的确定性为理由推迟采取这类措施。这项规定是将科学与风险预防原则相结合,实现预防或尽可能地减少引起气候变化的原因并缓解其不利影响。

(3)对于科学上尚未确定的方面应该按科学进步的方式加以规定。由于对气候变化科学尚未确定的内容需要采取相应的措施,因而如何设计这些措施至关重要。对此,UNFCCC 第 3 条第 3 款表达了这种认识,即“考虑到应付气候变化的政策和措施应当讲求成本效益,确保以尽可能最低的费用获得全球效益”。这就要求气候变化的法律制度安排从科学进步的角度出发,不应该将现有的科学认识当作一成不变的理论来设计气候变化法,而是以科学发展的角度,通过促进经济发展、实现能源变革的方面出发,实现减少温室气体排放和经济发展共同收益。

(四)减排与适应并重原则

气候变化法的减排与适应并重原则,是指应对气候变化不仅要加强温室气体减排,还要加强人类活动与行为的适应性,从而实现减排与适应的相互协调,从根本上降低气候变化对人类生存环境造成的损害、威胁或者风险。对这一原则的理解,可从以下两个方面来看:

(1)气候变化法应该采取减排与适应并重的路径。UNFCCC 制定之初,温室气体减排与气候变化的适应被作为同等重要的两种举措。但是,随后的发展逐渐将重点放在了减排之上,《京都议定书》的出台就是证明。无疑,温室气体减排是稳定全球气温的关键因素,将重点放在减排之上具有更直接的重大意义。然而,过分注重减排对经济和社会发展产生了重大或者实质性不利影响,在一定程度上造成了新的不公平,从而迫使国际社会加强了对适应措施的重视。2007 年“巴厘路线图”建议:“加强适应行动,除其他外,包括考虑……”2009 年《哥本哈根协议》再次明确了适应的重要意义,指出“适应气候变化的不利效应和适应应对措施的潜在影响,这是所有国家面临的一项挑战。迫切需要加强关于适应的行动和国际合作,以确保执行 UNFCCC,为此要扶持和支助执行相关适应行动”。2010 年《坎昆协议》规定:“适应必须与减排同样优先处理,需要适应的体制安排,以加强适应行动和支助。”2013 年华沙会议最后文件赋予减排和适应以同样重要的地位。《巴黎协定》第 2 条规定,加强对气候变化威胁的全球应对措施,包括减少温室气体排放以控制气温,提高适应气候变化不利影响的能力以增强气候抗御力和温室气体低排放发展，以及使资金流动符合温室气体低排放和气候适应型发展的路径。

(2)适应是减排的有力补充和最终目标。一方面，温室气体减排是维持气候稳定的关键因素，但是减排过程具有长期性、会受各种因素的影响，而适应正是对减排的有力补充。特别是对于发展中国家来说，它们的排放量并不大，减排并不能为其带来更多益处；相反，这些国家多以农牧业为主，适应气候变化对它们来说具有更深远的意义。另一方面，适应应该是减排的最终目标，人类之所以能在不同的环境下生存，是因为其有强有力的适应能力。减排的最终目的依然是要使人类能在更大的范围内去适应不断变化的气候。只有将减排建立在适应这一基础上，减排才是具有现实意义的。

三、气候变化法的主要内容

气候变化法的主要内容应当包括气候变化法总则、应对气候变化的权利与义务、气候变化的减缓与适应、气候变化的监管与责任四个方面，而气候变化的减缓与适应应该是气候变化法的主体部分。

(一)气候变化的减缓

气候变化的减缓主要包括气候变化减缓的主要领域和温室气体减排的主要机制这两部分内容。

1. 气候变化减缓的主要领域

气候变化减缓的主要领域包括基于能源消费调整产业结构、优化能源结构、节能和提高能效、增加森林碳汇以及其他领域的排放控制五个方面。

(1)基于能源消费调整产业结构。在三大产业中，第二产业排放温室气体较多，第一产业、第三产业较少，因此，应该着手调整产业结构，特别是调整第二产业的结构。具体包括：推动传统产业改造升级，促进和培育高新技术和战略性新兴产业发展，大力发展服务业，加快淘汰落后产能。

(2)优化能源结构。传统能源是温室气体排放的主要来源，能源结构的优化在于降低传统能源的使用，提高新能源的利用。具体包括：积极开展传统能源的清洁化利用；提高天然气等低碳化石能源的利用比重，降低煤炭等高碳化石能源的利用比重；积极扶持新能源的发展，例如发展水能、风能、太阳能、生物质能、地热能等新能源或者可再生能源。

(3)节能和提高能效。节能和提高能源效率是减少温室气体的主要手段，具体包括：①建立节能目标责任制。将节能目标进行细化并纳入政府的考核内容中，增强节能意识。②实施重点节能改造工程。在重点节能改造项目、高效节能技术、产品产业化示范、重大合同能源管理、节能监察机构能力建设、建筑节能以及绿色照明等工程方面加大投资力度和鼓励措施。③建立能效标准和标识制度。提高终端用能产品能效水平，对家电、办公用品、工业设备、照明设备以及商用设备推行能效标识制度。④实施价格财税金融政策。建立节能激励机制。

(4)增加森林碳汇。林木具有吸纳温室气体的功效，因此增加森林资源可以有效地减少温室气体。具体包括：①加强森林的可持续经营，提高森林的质量和碳汇潜力；②保护现有森林资源和碳储存，减少毁林；③植树造林，扩大森林面积；④开发林业产业，实现木材的高效循环利用。

(5)其他领域的排放控制。具体包括：①控制和减少农业温室气体排放，推进清洁生产，增加土壤碳储量；②实施配方施肥减少农田氧化亚氮排放；③开展保护性耕作，增加农田碳汇；④发展健康养殖，减少畜牧业甲烷排放；⑤积极促进农村沼气等废弃物资源化利用项目；⑥建立草原生态补偿机制，落实草畜平衡、禁牧休牧轮牧制度，减缓草原退化。

2. 温室气体减排的主要机制

温室气体减排的机制主要有清洁发展机制和排放交易机制(Emission Trading Scheme，ETS)这两种类型。

(1)清洁发展机制。是指根据《京都议定书》建立的一种在发达国家与发展中国家之间进行温室气体减排合作的机制，通过发达国家在发展中国家开展温室气体减排项目，发展中国家获得可持续的先进技术和资金，发达国家则获得减排份额来履行京都机制下的减排义务。根据《京都议定书》第 12 条的规定，清洁发展机制的主要内容为：①目的是协助未列入附件一的缔约方实现可持续发展和有益于 UNFCCC 的最终目标，以及遵守第 3 条规定的其量化的限制和减少排放的承诺。②未列入附件一的缔约方将获益于产生经证明的减少排放的项目活动。③附件一所列缔约方可以利用通过此种项目活动获得的经证明的减少排放，促进遵守 UNFCCC 缔约方大会确定的、依据议定书第 3 条规定的其量化的限制和减少排放的承诺之一部分。④置于 UNFCCC 缔约方大会的权力和指导之下，并由清洁发展机制的执行理事会监督。⑤所产生的减排量须经 UNFCCC 缔约方大会指定的经营实体根据以下各项作出证明：一是经每一有关缔约方批准的自愿参加；二是与减缓气候变化相关的实际的、可测算的和长期的效益；三是减少排放对于在没有进行经证明的项目活动的情况下产生的任何减少排放而言是额外的。⑥如有必要，清洁发展机制应协助安排经证明的项目活动的筹资。⑦作为议定书缔约方大会的 UNFCCC 缔约方大会，应在第一届会议上拟订方式和程序，以期通过对项目活动的独立审计和核查，确保透明度、效率和可靠性。⑧UNFCCC缔约方大会应当确保经证明的项目活动所产生的部分收益用于支付行政开支和协助特别易受气候变化不利影响的发展中国家缔约方支付适应费用。⑨对于清洁发展机制的参与,包括对上述第②项所指的活动及获得经证明的减少排放的参与,可包括私有和/或公有实体,并须遵守清洁发展机制执行理事会可能提出的任何指导。⑩在自2000年起至第一个承诺期开始这段时期内所获得的经证明的减少排放量,可用以协助在第一个承诺期内的遵约。

自2004年第一个项目运行以来,已有近7000多个清洁发展机制项目申请登记。这些节能项目覆盖了水能、风能、生物质能、太阳能等可再生能源利用以及节能与能效等众多项目,有力地促进了全球温室气体减排,同时为发展中国家提供了可持续发展的技术和资金。中国是清洁发展机制的主要参加国,清洁发展机制有力地促进了中国温室气体减排和可再生能源的发展。

(2)排放交易机制。是指在限制温室气体排放总量的基础上,通过交易许可的方式进行排放的一种控制温室气体排放机制。为了实现《京都议定书》项下2008~2012年较1990年温室气体减排8%的目标,欧盟2003年《欧盟温室气体排放交易指令》创设了这种排放交易制度,其制度安排是:在履行《京都议定书》减排义务的基础上,根据欧盟成员各自历史排放、预期排放以及排放标准等因素的考虑,在欧盟内部达成《减排分享协议》,各成员承担一定比例的温室气体减排份额,再由各成员根据分配计划分配给各企业。一家企业通过技术升级、改造等手段,达到自身温室气体排放份额要求后,如有剩余的排放权,可以卖给未完成减排任务的其他企业。

欧盟排放交易机制在2005年开始运行,2005~2007年为试运行阶段,主要涉及能源行业、有色金属行业、建材行业和造纸行业的温室气体排放。2008~2012年是排放交易机制的正式运行阶段,扩大到欧盟境内的各个企业,并建立拍卖方式以弥补试运行阶段市场化低的弊端。2013年起,欧盟排放交易机制进入了第二阶段。从运行情况来看,试运行阶段由于排放分配额过于宽松,几乎所有的企业都达到了排放要求,为了激励更多的减排,在正式运行阶段开始后,欧盟对排放交易机制进行了一些改革,主要是引进了拍卖方式。2013年第二阶段开始后,由于受到全球金融危机的影响,排放交易机制的完善与修改成为欧盟排放交易机制当前主要解决的问题。

欧盟排放交易机制是建立在以市场为基础的总量控制与交易规则之上,有利于通过市场措施来解决温室气体排放问题。作为全球最大的总量控制与交易机制,欧盟排放交易机制为国际和其他国家的温室气体减排制度安排提供了良好的示范作用。

(二)气候变化的适应

气候变化的适应是气候变化法中与减缓并重的内容。随着对气候变化科学认识的深入,对气候变化适应制度的安排日益成为越来越重要的内容。

气候变化适应的主要内容包括基础设施、农业、水资源、海岸和海洋资源、森林和其他生态系统、人类健康以及旅游业等领域。

(1)气候变化的基础设施适应,包括:①加强风险管理,建立气候变化的风险评估与信息共享机制,制定灾害风险管理措施和应对方案;②修订相关标准,根据气候条件的变化修订基础设施建设、运行调度和养护维修的技术标准;③完善灾害应急系统,建立和完善保障重大基础设施正常运行的灾害监测预警和应急系统;④规划城市建设系统,科学规划建设城市生命线系统和运行方式,根据适应的需要提高建设标准。

(2)气候变化的农业适应。气候变化对农业安全的威胁,使农业的气候变化适应具有更重大的紧迫性。包括:①加强农业生态建设,采取因地制宜的方式,促进传统农业向生态农业转变;②加强农业监测力度,提高农业防灾、抗灾和减灾的能力;③加强农业基础设施建设,提高农业的气候变化应对能力;④调整农业种植结构,建设农业适应示范点;⑤研发推广适应气候变化的旱作节水农业技术。

(3)气候变化的水资源适应,包括:①加强水资源保护与水土流失治理,在全面规划的基础上将预防、保护、监督和修复相结合;②加强水利基础设施建设,增强气候变化适应能力;③构建水资源配置格局,建立节水型社会,促进水资源可持续利用;④加强国家水资源管理信息系统建设;⑤将气候变化影响纳入水资源评价和规划范畴。

(4)气候变化的海岸和海洋资源适应,包括:①合理规划涉海开发活动,建设覆盖海岸带地区及海岛的气候变化影响评估系统;②加强沿海生态修复和植被保护,实施海岛、海岸带及近海生态系统修复工程;③加强海洋灾害监测预警,建立健全海洋灾害应急预案体系和响应机制,全面提高沿海地区防御海洋灾害能力。

(5)气候变化的森林和其他生态系统的适应。气候变暖对森林和其他生态系统的影响是巨大的,加强森林的适应性有助于保护森林和其他生态系统。包括:①完善林业发展规划,促进森林资源的恢复和增长;②加强森林经营管理,实施森林的可持续经营和提高森林的整体质量;③有效控制森林灾害,提高森林火灾防范能力,减少森林火灾发生,开展森林有害生物监测预警工作;④促进草原生态良性循环,加强生态保护和治理。

(6)气候变化的人类健康适应,包括:①完善卫生防疫体系建设,加强饮用水安全保障服务;②开展监测评估和公共信息服务,建立和完善中国气候变化预警系统,强化对极端天气的监测网络;③加强应急系统建设,制定对低温、雨雪、冰冻、雾霾等极端天气气候事件的卫生应急预案。

(7)气候变化的旅游业和其他产业适应,包括:①维护产业安全,强化旅游、采矿、建筑、交通等安全事故防范,制订应急预案,建立应急救援机制;②合理开发旅游资源,对新开发旅游资源进行保护,防止气候变化对旅游资源的破坏;③利用气候变化推动旅游产业发展。

课后思考题

1. 气候变化的国际立法经历了哪些重要会议?
2. 中国采取了哪些气候变化应对措施?
3. 气候变化法的原则有哪些?
4. 气候变化法的主要内容有哪些?

阅读材料

第一节 气候变化与能源变革

登陆联合国政府间气候变化专门委员会(IPCC)网站(https://www.ipcc.ch/)阅读以下报告:

1. IPCC 第一次评估报告(AR1);
2. IPCC 第二次评估报告(AR2);
3. IPCC 第三次评估报告(AR3);
4. IPCC 第四次评估报告(AR4);
5. IPCC 第五次评估报告(AR5);
6. 全球 1.5℃增暖特别报告。

第二节 气候变化法的发展

1. 阅读以下气候变化相关国际公约等文件:

(1)《联合国气候变化框架公约》;

(2)《京都议定书》;

(3)《哥本哈根协议》;

(4)《巴黎协定》。

2.《青海省应对气候变化办法》。

第三节　气候变化法的原则和内容

《中华人民共和国气候变化应对法(中国社会科学院研究项目组征求意见稿)》,参见杨泽伟、吕江主编:《〈湖北省应对气候变化办法(草案)专家建议稿〉与说明》,武汉大学出版社2017年版,第216~243页。

本章课件

(请扫描二维码)